SOCCER

1등 축구팀을 만드는 비결

| 김기호 지음 |

추천의 글

노력하는 사람 반드시 이루리 !

이 수 열

　김기호 선생님이 다시 책을 내신다는 소식을 듣고 팬으로서 무척 기뻤다.
　그간 김기호 선생님이 내신 책들을 읽고 생각의 범위를 넓혀온 나로서는 이번에 나오는 책 역시 두근거리는 마음으로 기다리지 않을 수 없다.
　최종 원고를 받아 읽어본 후 격려의 글을 쓰는 지금 이 순간에도 벅찬 감정을 주체할 수가 없다.

　김기호 선생님은 축구에 대한 열정으로 한 평생을 사시는 분이다. 아무런 보상도, 대가도 없는 척박한 환경에서도 오로지 한국 축구를 발전시키겠다는 사명 하나로 일생을 바치시는 분이다. 현재 'soccer cosmos' 라는 축구 카페를 10여 년간 운영해 오면서 각지의 축구인들은 물론 유소년 축구선수, 축구선수 자녀를 둔 학부모들과 끊임없이 소통하고 있다. 이 카페에는 하루에도 수십 건씩 양질의 콘텐츠가 올라오고 있으며, 이 자료들은 세계 최고의 선수를 꿈꾸는 국내 축구 유망주들과 축구 감독 코치, 축구선수 자녀를 둔 학부모들에게 귀중한 정보가 되고 있다.
　김기호 선생님은 온라인에서 뿐만 아니라 오프라인에서도 활발하게 활동해오고 계신다. 선생님은 자신이 공부하여 터득한 코칭 지식을 토대로 전국 방방곡곡을 오가며 직접 유망주들을 지도도 하신다. 나아가 축구 행정 및 분석 등 축구와 관련하여 다방면에서 두각을 보이는 학생들을 찾아가 격려하고 용기를 북돋아 주시기도 한다. 큰 지식을 보유한 사람이 아무런 대가 없이 순수한 열정만 가지고 자신의 모든 것을 헌신한다는 것은 놀라운 일이다. 한국 축구 발전을 위한 선생님의 의지와 희생 정신은 그런 의미에서 금전으로 환산하기 힘든 가치다.

　이러한 열정과 노력 속에 나오는 선생님의 책들은 확실한 퀄리티가 보장된다.
　선생님의 책은 우리가 서점에서 흔히 접할 수 있는 딱딱한 개론서나 교양서 타입의 축구 전문 서적과는 거리가 있다. 선생님의 책에는 전문성은 물론이고, '훌륭한 인격과 공부에 대한 의지를 가진 사람이 훌륭한 축구 선수 및 축구인(축구 감독 코치, 구단 운영자, 학부모 등)이 될 수 있다'는 일종의 철학적인 메시지가 담겨 있다. 그래서 읽는 이, 즉 축구인으로서의 삶을 살아가는(혹은 살아가고자 하는) 이들에게 많은 생각거리를 던진다. 이것이 김기호 선생님의 책에서 나타나는 가장 큰 특징이다.

이번에 출간되는 '1등 축구팀을 만드는 비결' 역시 이러한 가치에 기반을 둔 '김기호표' 축구 서적이다. 축구단을 경영하기 위해 구단 경영자, 프런트, 감독 코치 그리고 선수들이 숙지해야할 경영 지침, 마인드, 철학에 대한 내용들이 50개 파트로 나뉘어 상세하게 정리되어 있다. 각 파트에는 축구인들이 팀을 운영할 때 간과하고 넘어가기 쉬운 소소한 부분까지 자세히 알려주고 있다. 또한 매 구절 강한 어조로 비판 혹은 조언하고 있다. 책을 읽으면 읽을수록 축구인으로서 자기 스스로를 깊게 돌아보는 시간을 가지게 될 것이다. 축구 관련 관계자들과 선수, 선수 부모, 축구매니아들에게 강력 추천한다.

우리나라에는 한국어판으로 출간되는 축구 전문 서적이 많지 않다. 몇 안되는 서적들 역시 대부분은 딱딱한 이론서인 경우가 대부분이다. '생각'이나 '토론'을 이끌어낼 수 있는 서적은 드물다. 근래 들어 축구 서적을 전문적으로 내겠다는 출판사가 하나 둘씩 나오고 있고 그만큼 출간되는 관련 책의 종수도 증가하는 추세이기는 하지만, 여전히 '축구 서적'을 놓고 축구인들이 서로 여러 이야기를 나누는 문화는 조성되지 못하고 있다. 그런 의미에서 김기호 선생님의 책들은 대한민국 축구계의 소중한 자산이 될 것이라 확신한다.

아무쪼록 이 책을 통해 '축구'를 업으로 삼고 살아가는 모든 이들이 많은 영감과 지혜를 얻었으면 하는 바람이다. 선생님의 노고와 열정에 다시 한 번 박수를 보낸다.

이수열 선생은 축구 칼럼리스트이며 자유기고가이다. 한국 축구계에서 독보적인 9권의 축구 서적을 상재했으며, 아래와 같다. 「축구 전술사, 남미 — 브라질 편」 (사람들, 2016. 7. 23), 「이수열의 축구 전술 노트 1 : 스위퍼 시스템의 일곱가지 유형」 (키메이커, 2016), 「한눈에 훑어보는 월드컵 강자들의 전술 이야기」 (북랩, 2014), 「이수열의 축구 전술 리포트」 (에세이 퍼블리싱, 2012), 「한눈에 훑어보는 축구 전략의 역사」 (제이엔씨, 2010), 「한눈에 축구의 전략을 읽는다」 (책이 있는 마을, 2006), 「월드컵 삼바」 (도서출판 경남, 2004), 「삼바축구, 그들은 강하다」 (가림출판사, 2002), 「수열이의 브라질 축구 이야기」 (도서출판 경남, 2001) 이다.

주요 활동으로는 'Fanther Football 콘텐츠 크리에이터' (2016 현재), 'BFC 축구 마케팅 아카데미 4기' (부천 FC, 2013), '축구전술 칼럼니스트' (한국축구신문, 2010 ~ 2012), '2006 독일 월드컵 한국 대표팀 경기 분석' (MBC, 2006), '2006 독일 월드컵 칼럼니스트' (인천일보, 2006) 등 꾸준하고 왕성한 활동을 보여 주고 있다.

격려의 글

또 한 권의 축구서적 출간을 축하드립니다!

김태열

가을이 심원하게 깊어가고 있습니다. 청명하고 선선한 대기, 저 멀리 끝없이 달려가는 산봉우리들, 무얼하기에도 좋은 계절입니다. 이 가을 김기호 선생의 축구 서적 출판 소식을 듣고 통쾌했습니다.

부족한 저에게 '격려의 글'을 써달라는 청을 받고 망설이다 용기를 내어 마음을 전합니다. 그동안 저는 저자를 자주 만나왔기에 김기호 선생에 대해 어느 정도 알고 있습니다.
항상 책을 가지고 다니며 틈만 나면 책을 읽기에 방대한 독서량을 보여주고 있습니다. 생활하면서 떠오르는 영감이나 정보를 바로 메모하여 활용하는 사람이지요.
조용한 성품이나 마음 속에는 한국축구와 세계축구를 지금보다 한 차원 이상 발전시키려는 열정으로 가득한 사람입니다. "꿈꾸는 사람은 멈추지 않는다" 라는 말을 연상시키는 축구학자입니다.
저자는 예사롭지 않은 축구지도자인 동시에 현저하게 탁월한 축구경영자입니다.
그동안의 한결같은 축구 공부로 5종 6권의 축구전문서를 상재했고, 이번에 다시 이 책을 출판하니 다음에는 무슨 책을 낼지 벌써부터 궁금해집니다.

대화를 하다 문득 '이미 축구 세계에서 일가를 이룬 경지에 도달했다'는 느낌을 받곤 합니다.
이 책의 '저자 서문'을 읽으면서 김기호 선생의 화수분같은 축구에의 열정을 확인하셨지요?
원고를 읽고, 이 책이 축구팀을 운영하는 책임을 지고 있는 각급 팀의 감독에게 참으로 요긴한 책이라는 확신이 들었습니다. 마치 저를 위해 쓴 책처럼 다가 왔으며, 책 내용을 적극 활용할 것입니다. 이 책이 두고 두고 한국 축구계의 소중한 지적 자산으로 활용될 것이며, 선수들의 경기력 향상에 결정적으로 기여할 것입니다. 그리하여 한국이 월드 클래스 선수를 지속적으로 배출하는 시스템 정립에 다함없는 영감을 제공할 것입니다.

말로 하기는 쉽습니다. 말을 글로 쓰기는 쉽지 않습니다. '책 내용'과 '판매'라는 두 가지 면에서 출판사의 편집실을 통과하고 책으로 나오기는 더욱 어렵습니다. 앞으로도 왕성한 축구전문서 출간을 부탁드리며 그간의 집필 노고에 거듭 감사와 격려의 마음을 전합니다.

김태열 신북FC 감독은 독특한 코칭 철학을 가지고 있는 축구지도자다.
초 중 고 클럽축구 체계를 조직하여 기술축구 전수에 총력을 기울이고 있다.
특히 드리블 지도에서는 단연 태산북두, 군계일학의 경지에 이르렀다.
이러하기에 토, 일요일 드리블을 배우러 오는 다른 팀의 선수들이 많이 있다.
새로운 드리블 기술을 찾으러 수시로 기술의 나라 브라질을 다녀오며 브라질 코치를 채용하여 앞서 있는 브라질의 개인기를 선수들에게 침투시키고 있으며 세계적인 축구선수 육성을 목표로 전력투구하고 있다.

저자 서문

꿈꾸는 사람은 멈추지 않는다 !

　평소 각급 축구팀 운영에 깊은 관심을 가지고 지켜 보고 있습니다. 가끔 축구팀을 방문하여 연습을 지켜 보기도 합니다. 감독 코치, 선수, 학부모와 대화를 나누며 이런 저런 고충을 듣기도 합니다. 그러면서 팀 운영에 개선할 점이 많고, 얼마든지 그렇게 할 수 있다는 확신을 가지게 되었습니다. 이 확신을 구체화하여 지금보다 더 잘하려는 감독 코치, 학부모 그리고 관심있는 분들이 활용할 수 있도록 책을 내기로 했습니다.
　이 책의 주제는 '축구팀 경영'입니다. 초 중 고 대학팀을 주 대상으로 했으며, K리그 구단이나 각급 대표팀에도 활용할 수 있는 내용도 상당 부분 있습니다. 야구 농구 육상 등 모든 종목에 공통적으로 적용할 수 있는 내용도 적지 않지요. 다른 종목의 감독들도 읽고 팀에 적용하기를 기대합니다. 이 책의 메세지 수신자는 감독입니다. 팀 경영을 책임지고 있는 사람이기 때문입니다.
　책을 읽어가면서 어떤 감독은 "감독이 이런 일까지 해야 하나" 하고 반문할지도 모르겠습니다. 저자는 감독이 책 내용 그 이상을 해주기를 바라는 마음입니다.
　책장을 넘기면서 "다 알고 있는 내용이네" 라고 말하는 감독들이 있을 것입니다.
　성공학에서는 "다 알고 있다는 건 하나도 적확하게 알고 있지 못하다" 로 판정합니다. '수박 겉핥기'가 아닌지 스스로 점검해볼 일이 아닐까요? 책 내용의 15% 정도라도 이미 시행하고 있는 팀이 한국에 한 팀이라도 있는지 궁금합니다. 보다 중요하고 사용 빈도가 높다고 판단되는 50편의 주제를 담고 있으나 이 밖에도 해결 방안을 내놓아야할 주제가 매우 많습니다. 우선 이 50편을 바탕으로 하여 새로운 과제를 찾아내어 최선의 해결책을 팀에 적용하기 바랍니다.
　한국의 모든 축구 감독들이 이 책을 읽고 소속팀에 바로 적용하기를 기대합니다. 그리하여 선수 성장에 혁명이 일어나기를 학수고대하고 있습니다. 책 내용 중 15%만 적용해도 팀 경기력과 선수 실력이 지금보다 최소 200% 이상 향상됩니다. 책 내용 모두를 활용하면 실로 혁명적인 변화가 일어나지요. 축구선수인 자녀의 발전을 위해 부모가 소속팀 감독 코치에게 이 책을 추천하기를 권유드립니다. 선수 부모가 읽으면 축구 인식이 획기적으로 향상되어 자녀의 성공에 대한 지혜를 얻을 수 있을 것입니다. 감독 코치를 준비하는 사람들, 대학의 축구학과 교수와 학생들, 언론사의 축구담당기자들, 열혈 축구매니아, 대한

축구협회를 비롯한 산하 8개 연맹 및 23개 프로축구단 종사자들도 반드시 읽어야할 책이지요.

한국은 축구하기가 너무나 힘들고 어려운 나라입니다. 우선, 돈이 많이 듭니다. 비용 부담으로 노후준비를 포기하는 분들이 있을지도 모릅니다. 몇몇 K리그 프로 유스팀을 제외하고 거의 대부분의 팀이 학부모가 내는 돈으로 팀을 운영합니다. 매달 내는 회비, 겨울 여름 전지훈련지, 전국대회 참가비, 유니폼비, 간식비, 설 추석 떡값, 고사비, 김장비, 경기 관람비, 후원의 밤 기부금, 심판 로비비, 진로 지도비, 성적 사례비 등등 그 종류가 많기도 하지요. 이런 비용을 부담하느라 선수 부모의 허리가 휘고 간담이 녹습니다. "겨우 겨우 돈벌어 자식 축구 뒷바라지에 다 갖다 바친다" 고 말하는 학부모가 적지 않고 대부분의 선수 학부모가 너무나 힘들어 합니다.

"돈 없으면 축구 못시킨다" 고 말하는 분들이 많으며 현실이 그러합니다.

축구하면 공부도 제대로 하기 어렵습니다. 고등학생이 되면 그동안의 학습 결손의 누적으로 교사의 설명을 이해하지 못하고 공부와 담을 쌓습니다. 주말리그 정착을 통한 '공부하는 선수'는 아직도 요원합니다. 그리하여 축구 외에는 다른 길이 없게 되고 더욱 축구에 올인하게 되는 악순환이 계속되고 있습니다. 그러나 프로 선수가 될 가능성이 지나치게 낮습니다. 4,5,6학년 등 초등학교 동학년 선수가 K리그 프로선수가 될 확률은 겨우 0.8 %에 불과합니다.

이러한데도 대부분의 감독이 혼자 힘으로 선수를 성장시키려고 하고 있습니다. 유럽이나 남미의 프로 구단처럼 '집단 지성'을 조직하지 못하기에 활용은 생각조차 할 수 없습니다. 외부 전문가에게 배우는 걸 무척이나 망설이고 힘들어하며 자존심의 상처로 여기는 듯 합니다. 그 결과로 선수의 성장이 늦고 탁월한 선수를 배출할 수 없는 구조를 만들고 있습니다. 일일이 열거하자면 이 외에도 너무나 많습니다.

그때나 지금이나 선수와 학부모를 보면서 안타까운 마음 금할 수 없습니다. 제도 개선이 시급하지만 광복 이후 지금까지 근본적인 문제를 해결하는 혁신이 있었나요? 감독 한 사람이 규제 개혁이나 제도 정비 등 축구 행정을 손보는 건 쉽지 않을 것입니다. 그러나 감독의 의지로 소속팀은 얼마든지 향상시킬 수 있습니다.

이 책은 처음부터 끝까지 치열하게 감독의 분발을 촉구하고 있습니다.

쓴 소리도 많이 합니다. 책을 읽고 저자를 비난하는 감독 코치도 있을 것입니다.

속좁은 어떤 감독은 반감을 품고 있을 지도 모르겠습니다. 여기서 오해가 없어야 합니다.

이 책은 감독의 업무에 대해서 말할 뿐 인간으로서의 감독에 대하여 비난하지 않습니다. 책 속의 지적은 깊은 애정에서 비롯되며 잘못된 생각과 행위를 그치고 올바르게 지도하기를 바랄 뿐 결코 사람을 미워하지 않습니다. "한 사람이 온 천하보다 귀하다"는 말씀 그대로 모든 사람을 존중합니다. 잘못을 계속 방치하는 건 옳지 않으며 선수와 학부모가 피해자가 될 수 있습니다. 오히려 "슬픔도 분노도 없는 사람은 더 이상 한국축구를 사랑하고 있지 않다"는 태도가 산적한 당면 문제를 해결하는 출발이 될 것입니다. 이 책에 도전받아 새롭게 출발하는 감독 코치가 많이 많이 나오기를 학수고대하고 있습니다. 오히려 이 책에서 적극적으로 배워 팀 경영에 활용하려는 감독이 많기를 희망합니다.

감독은 선수에게 한없는 자비와 깊은 책임감을 가지고 있어야 합니다. 자비는 자타불이(自他不二)의 마음과 실천이지요. 즉, '너와 내가 남이 아니고 하나다' 라는 깊은 통찰과 사랑의 실천입니다. 감독은 중학교에서 고등학교로 진학하면서 공부도 제대로 못하고 축구에 올인하는 선수의 목표 성취에 전력투구해야 합니다. 치열한 공부로 최고 최선의 방법을 찾아내어 선수들에게 전수해야 합니다. 혼(魂)을 던져서 선수를 가르쳐야 합니다. 매일 매일의 코칭이 세계에서 가장 뛰어난 지도가 되어야 하고, 그 결과로 매일 매일 선수의 경기력이 지구에서 가장 크게, 가장 많이, 가장 수준 높게 향상되도록 만들어야 합니다. 일례로, 고교 감독이라면 늦어도 3년 안에 선수를 완성시켜 해마다 선수가 목표로 한 유럽의 빅3(잉글랜드 스페인 독일) 명문구단 주전으로 진출시켜야 합니다. 3년이라면 충분한 시간이 아닌가요!

자신의 지도력이 유럽과 남미를 능가하는 경쟁 우위를 가져야 합니다. 이렇게 하려면 감독이 공부하지 않을 수 없습니다. 「공부하다가 죽어라」는 책 이름 그대로 한국축구에도 공부하다 죽는 감독들이 속출해야 합니다. 그런데 공부에 천착하면 죽게 되는가요? 아닙니다. 더욱 건강해집니다. 독서하면 평균적으로 23개월 더 장수한다는 미국 예일대의 연구 보고도 있습니다.

그 이유는 '인지관련성, 즉 기억력과 정신 상태가 높아지기 때문' 이라고 합니다.

삶이 다하는 그날까지 치매에도 걸리지 않습니다. 브라질은 2억 265만명이라는 많은 인구, 아주 어렸을 때부터 축구를 시작하는 문화, 수준 높은 지도력이 어우러져 해마다 세계에 프로 축구선수들을 600 ~ 1,000명 정도 진출시키는 지구 첫째 가는 선수 수출국입니다. 축구산업으로 매년 83조 원 이상을 벌어들이고 있습니다. 네덜란드는 인구가 1,600만명 정도입니다. 그러나 뛰어난 선수들과 축구 지도자들을 끊임없이 배출하고 있습니다. 하나의 보기로, 아약스는 유럽 프로구단에 가장 많은 선수를 공급하고 있는 구단이지요.

반면에 인구 5,000만 명의 한국은 이도 저도 아닙니다. 올해 한국축구 역사 135년째(1882 ~ 2016)라는 오랜 역사 속에서도 한국은 월드 클래스 선수를 단 한 명도 배출하지 못했습니다.

지금도 한국에는 월드 클래스의 재능이 적지 않으나 여전히 월드 클래스를 육성할 수 없는 구조를 가지고 있으니 이 얼마나 낭비인가요? 한국을 인구 대비 프로선수 수출 1위의 나라로 만들어야 합니다.

교육의 질은 교사의 질을 결코 능가할 수 없습니다.
교육 경쟁력은 잘 가르치는 교사에게 달려 있습니다.
진정으로 가르치려고 하는 교사는 배움을 게을리 하지 않습니다.
감독은 자신이 모르는 것은 절대로 선수에게 가르칠 수 없습니다.
한국의 축구 감독들은 공부를 더 해야 합니다.
팀의 주인공은 선수입니다. 감독이 아닙니다.

그러나 현실은 어떠한가요? 자신이 감독직을 수행할 수 있도록 해주는 존립기반인 선수는 감독의 최고의 고객입니다. 감독은 선수 부모가 어렵고 힘들게 벌어 낸 각종 비용으로 보수를 받아 생계를 유지하고, 축구를 통해 자아 성취 수준을 향상시켜 갑니다. 감독의 근무 현장에서 선수와 학부모보다 더 소중하고 고마운 사람이 있는가요? 이러하기에 감독은 선수와 부모에게 바닥처럼 낮아져 지극하게 섬겨야 합니다. 선수와 학부모의 심부름꾼으로, 종이 되어, 정직하고 신실한 청지기가 되어 한결같이 충성해야 합니다. 이렇게 할 때 끊이지 않고 등장하는 추악한 금전비리, 폭언 폭행, 진학 비리, 차별 대우, 돈 받고 출전시키기, 심판 매수, 승부 조작, 상습적인 향응받기 등 온갖 부정 부패가 빠르게 사라져갈 것입니다.

인간의 존엄성은 지위, 나이, 권력, 금력, 명예와는 관계없이 모두 동등합니다. 인간에 대한 한결같은 존중을 실행해야 합니다. 선수와 학부모에게 황제처럼 군림하는 폭압적인 감독은 영적(靈的)으로 무지한 사람입니다. 자신의 행위가 '영혼의 질서'에 얼마나 어긋나고, 자신의 영혼에 얼마나 위험한 행위인지 하루 빨리 깨달아야 합니다. 이 세상 다한 후에 자신의 영혼을 악령 마귀에게 팔아 악령의 도구가 된 책임을 감당할 수 있는 인간은 아무도 없습니다. 돈은 몸의 욕망을 위해 사용되고, 영원히 살 것 같지만 몸의 수명은 길어야 100년 안팎입니다. 그 다음에 또 다른 세계, 영원한 세계가 기다리고 있습니다.

감독은 언제 어디서나 선수와 학부모에게 한없는 감사와 사랑을 실천해야 합니다. 선수와 학부모를 제 몸 이상으로 극진하게 섬기고 보살펴야 합니다. 섬기는 사람이 가장 큰 사람이지요. 리더란 섬기는 사람입니다. "진정으로 행복해지려는 사람은 남을 섬기는 방법을 발견한 사람이다." (슈바이처)라는 지적에 동의하나요? 감독의 '선수 지도 능력'이 감독 자신이 스스로 만들어낸 것이 아니라 우주로부터 위탁받은 것임을 깨닫고 올바로 사용해야 합니다. 반갑고 고마운 일은 이 땅에 부지런히 공부하고 '섬김의 리더십'을 실천하는 감독 코치들이 점점 많아지고 있다는 사실입니다. 이 분들이 자랑스럽습니다. 한국축구의 보배들이요, 한국축구의 희망입니다. 이들의 노고로 한국축구는 성장할 것입니다. 이 분들을 생각하면 힘이 납니다. 이 분들을 다 알지는 못하지만 개인적으로 알고 있는 분들에게 이 책 「1등 축구팀을 만드는 비결」를 보낼 계획입니다. 조그마한 일이지만 존경과 격려의 표시입니다.

가능한 많은 자료를 활용하여 보다 다양하고 깊이있는 내용을 담으려고 노력했습니다. 책, 신문기사, 인터넷, 월간지 등 곳곳에서 정보를 활용했으며, 출처는 인용한 자료 바로 밑에 밝혀두었습니다. 구체적인 인용을 통해 읽는 이의 현장감을 높이고 설득력을 확보하고자 하고 있습니다. 이 책의 표지 모델 박서준 선수(초4, 서울)는 4학년이지만 전교에서 달리기가 가장 빠르고, 좌우 양발을 자유롭게 사용하며, 팀의 에이스로 활약하고 있습니다. 공부도 우수하며 부모의 지혜로운 지원으로 장래가 무한히 촉망되는 선수입니다.

이 책을 누가 썼을까요? 사회의 기존 지식에 힘 입은 바 크며 날마다 우주가 값없이 주신 공기를 호흡하고 햇볕이 주는 밝은 자연 조명 아래 글을 쓸 수 있었습니다. 밤에는 한전의 전기로 읽고 쓸 수 있었습니다. 컴퓨터를 활용할 수 있었습니다. 한수원에서 공급하는 물을 마시고 농민들이 힘써 기른 농작물로 음식을 먹고 힘을 내었습니다. 일일이 열거하자면 무척이나 많을 것입니다. 책 표지에 저자라고 표기했지만 저는 저자라기보다는 단지 이 책을 쓰는 도구로 쓰임 받았을 뿐입니다. 하고 많은 사람 중에 도구로 사용하여 주신 은혜에 말로 표현할 수 없는 감사의 마음을 올립니다.

바라기는, 세상의 모든 스포츠 지도자들이 선수와 학부모를 지극하게 섬기며, 기쁘고 즐겁게 그리고 탁월하게 가르치기를 소망합니다. 너무나 부족하고 심히 많은 잘못을 저질러 온 저는 자랑할 게 하나도 없습니다. 제 힘으로 할 수 있는 게 하나도 없다는 걸 알고 있습니다. 우주와 세상의 모든 영광은 오직 그 분의 것입니다. 책을 쓰고 싶은 마음을 주시고, 힘 주시고 능력 주신 은혜에 한없는 감사의 마음을 올립니다.

2016년 9월 25일
고요하고 온화한 땅 용성에서
김기호 올림

차례

제1부 감독의 코칭 철학 ··· 15
1. 코칭 철학, 왜 중요한가? ································· 15
2. 최고봉 감독 선생님에게! ································· 23
3. 감독은 돈에 대한 철학을 정립해야 한다 ············ 37
4. 감독 코치, 선수를 어떻게 바라보아야 하는가? ··· 44
5. 선수를 항상 마음 편하게 한 후 지도해야 한다 ··· 48
6. '페어플레이'에서 '이웃사랑'으로! ······················ 51

제2부 감독의 평생교육 시스템 ···························· 58
1. P급 축구 지도자 자격증에 대한 오해와 통찰 ······ 58
2. 감독 코치, 왜 축구 이론을 공부하고 선수에게 가르쳐야 하는가? ··· 65
3. 매일 세계 최고의 코칭을 하라 ·························· 73
4. 감독, 축구 기술자가 아닌 축구 경영자가 되어야 한다 ············ 78
5. 감독, 무엇으로 어떻게 공부해야 하나? ·············· 83
6. 최고 최적 최상의 코칭스태프를 구성하라 ·········· 90
7. 감독에게 신문은 온갖 아이디어의 보물창고! ····· 96
8. 감독, 오직 공부만이 가야할 길! ························ 99
9. 책, 책 읽기 그리고 축구 감독 ·························· 105
10. 한 번으로 끝내는 인스텝 슛 이론 ···················· 114

제3부 구체적인 경기력 향상 방안 ·· 128

1. 양쪽 골문 뒤에 그물망 벽을 당장 설치하자 ································ 128
2. 선수의 개인 시간 활용, 이래도 되는가? ······································ 130
3. 언제나 볼 1개를 가지고 다녀라! ·· 138
4. 최적의 코칭 상품, 왜 활용하지 않는가? ······································ 142
5. 팀이 반드시 가지고 있어야 할 시설과 장비를 갖추고 활용하는가? ··· 148
6. 슛 보드(Shooting Board)를 설치하자 ·· 153
7. 여러분의 팀에서 사용하고 있는 정수기, 올바로 선택했는가? ········ 155
8. 웨이트 트레이닝 시설을 완비하고 최고로 활용하자 ····················· 162
9. 팀은 팀 보험에, 선수는 모두 실손 보험에 들었는가? ···················· 166
10. 선수, 진출하고자 하는 팀을 미리 정하자 ··································· 170
11. 유럽으로 진출하려는 선수는 미리 영어를 준비하라! ··················· 174
12. 선수, 해마다 36권 이상의 책을 읽자! ······································· 176
13. 식재료 정보 확보 및 활용 ··· 183
14. '척하는' 선수들에게 수시로 현재 자신의 위치(경기력)를 인식하게
    해야 한다 ·· 186
15. 축구 재능은 타고 나는가, 후천적으로 만들어지는가? ················ 193
16. 선수 , 프리스타일을 지배하라 ··· 202
17. 합숙소를 쾌적하게 운영하자 ··· 211
18. 축구부 '자립 기금' 적립과 적극적이고 지속적인 장학금 수여 ····· 219
19. 줄넘기로 세계적인 체력 우위를 확보하라! ································ 225
20. 스포츠과학, 적극적으로 활용하자! ··· 228
21. 1 : 1 맞춤 지도로 경기력 향상을 배가하자 ······························· 233
22. 감독 , 선수가 적극적으로 질문하게 하라 ·································· 238
23. 창의성을 최고로 이끌어내는 연습을 하라 ································· 243

24. 선수에게 스스로 동기부여하고 효과적으로 연습하는 방법을 알려주어라
   ··· 249
25. 부상과 재활에서 최선의 선택을 하자 ················· 256
26. '팀 위생 매뉴얼'을 만들어 실천하자 ················· 262
27. 참가하는 전국대회 개막 2~3개월 전에 숙소와 음식점을 예약하라!
   ··· 267
28. 전국대회 참가 후 바로 팀 여행을 하자! ················· 270
29. 여러분의 팀에는 불법 스포츠토토 하는 선수가 없는가? ········· 274
30. 다시, 경기를 줄이고 개인기에 전력투구하라 ················· 281
31. 매일 연습일지를 쓰자! ················· 285

제4부 선수 학부모에게! ················· 293
   1. 학부모, 축구 후유증 최소화하기 및 프로선수 만들기 ········· 293
   2. 고교 축구선수, 대학에 가야 하는가? ················· 309
   3. 혼돈과 미몽, 축구선수 부모의 최대의 적! ················· 317

제5부 함께 일할 프로축구단을 찾고 있습니다! ················· 328

제1부 감독의 코칭 철학

1. 코칭 철학, 왜 중요한가?

1) 극명한 코칭 철학의 대비

(1) 그런 이야기들 : 그것도 코칭 철학인가?

#1. 동계 전지훈련장이 감독의 가족 휴양소?

동계 전지훈련 가는데 뭐 하러 자기 식구들 데려가는지…
선수들은 개밥이라고 아우성치는데, 지 식구들은 VIP?

- 어느 축구 카페의 〈익명 토론방〉에 올라온 글

#2. 동계 전지훈련장의 민낯

그러나 대부분의 감독들의 일상은?
그러지들 마세요. 한 예를 말씀드려볼까요?
모여서 카드놀이하고, 돈 떨어지면 총무에게 전화.
그 돈은 아이들을 위한 것인데…
그리고 지하터널에서 단합대회?

- 어느 축구 카페에 등장한 〈동계 전지훈련장의 민낯〉 중의 일부

#3. 인간의 탈을 쓴 늑대 같은 지도자

운동에서 실패하면 인생의 낙오자로 전락하고 만다. 한 분야의 실패가 인생 전체의 실패로 이어지는 무모한 도전에 너도 나도 뛰어들고 있는 것이다. 따라서 엘리트 체육에 입문

하면 성공할 때까지 어떻게든 선수생활을 계속하려고 발버둥 친다. 그게 바로 타들어가는 실낱같은 희망의 불씨를 되살릴 수 있는 유일한 버팀목이기 때문이다. 이러한 절박함을 교묘하게 이용하는 자가 바로 입시비리를 부추기는 지도자다.

돈을 매개로 대학 진학을 흥정하는 지도자, 엄밀히 따지면 이들은 지도자가 아니라 부모의 약한 마음을 이용한 치졸한 장사꾼이나 다름없다. 선수를 볼모로 권력을 갖게 된 지도자는 수평적 관계이어야 할 부모와 선수를 수직적인 위계질서의 관계에 편입시킨 뒤 온갖 전횡을 휘두른다.

부정과 비리에 대한 부끄러움은 고사하고 서슬 퍼런 체육 개혁의 사정 바람도 별로 두려워하지 않는다. 걸리면 재수가 없다는 식이다. 오히려 위험수당이 붙어 '검은 돈'의 단가만 높아졌다는 게 학부모들의 증언이다.

- 스포츠서울, 2015년 12월 16일, 고진현 기자

#4. "병원에 가 봐"

경기도 모처에 있는 F대학교는 축구부가 있다.

2008년 5월 어느 날, F대학교 축구부 코칭스태프와 교수 한 사람이 점심식사를 하고 있는 교수 식당에 선수가 찾아와 호소했다.

"선생님, 오른쪽 무릎이 매우 좋지 않아 달리기가 어렵습니다."

감독이 선수를 쳐다보지도 않고 식사를 계속하면서 말했다.

"병원에 가 봐"

그 뿐이었다. 선수는 천천히 등을 돌려 왔던 길로 걸어갔다.

(2) 존 우든 감독과 B 감독

가. 존 우든 감독?

40여 년 동안 감독 생활을 하는 동안 내가 욕설을 하는 모습을 본 선수는 단 한 명도 없다. 세상에는 승리를 거두는 것보다 훨씬 중요한 일이 있다. 어떻게 경기를 계획하고 준비하고 연습하고 실행하는가가 가장 중요하다. 경기의 승패는 그러한 노력의 부산물일 뿐이다. 내가 가장 중요하게 생각하고 큰 만족감을 얻는 건, 노력을 쏟아부으며 준비하는 과정 그 자체이지 승리가 아니다.

연습 시간에도 자신이 할 수 있는 최선을 다하라고 요구했다. 물론 나도 최선을 다했다. 자신의 능력을 달성하기 위해 100%의 노력을 기울였을 때 당신은 스스로 승자라고 불러도

좋다. 배움을 멈춘 리더는 더 이상 리더가 아니다. 따라서 매 시즌이 끝날 때마다 나는 농구의 한 분야를 택해서 집중적으로 공부했다.

아래는 존 우든 감독 아래에서 코치를 했던 데니 크럼(UCLA대 어시스턴트 코치 1969 ~ 1971, NCAA 농구 챔피언십 3회 우승)의 이야기다.

"존 우든 감독님은 아주 세부적인 것까지 체계적으로 정리하는 게 몸에 배인 분이셨기 때문에 그의 가르침은 매우 효과적이었다. 3*5 인치 크기의 카드와 노트에 모든 것이 일목요연하게 정리되어 있었다. 오후 3시 7분에서 3시 11분 동안에 무엇을 할 것인지, 3시 11분부터 3시 17분 사이에는 무엇을 할 것인지, 누가 언제 무엇을 했는지가 일일이 기록돼 있었다. 하나도 빠뜨리는 법이 없었으며, 매 분 간격으로 활동을 기록했다."

- 조직을 성공으로 이끄는 우든의 리더십 / 존 우든 / 이지북 / 69 ~ 73

나. 선수에게 먼저 인사하는 B 감독

서울 A초등학교 B감독에게 선수와 학부모의 칭송이 자자하다.

B감독은 선수에게 먼저 인사한다. 욕설 폭언 구타는 상상도 할 수 없다.

부정한 돈은 100원도 받지 않는다. 선수들이 감독을 보면 달려와 안긴다.

즐겁게 배우고 가르치며, 코칭 수준이 구조적이며 수준 높다. 한결같이 책을 읽는다.

감독으로서 2년차이지만 선수들의 경기력이 놀라울 정도로 빠르게 성장하고 있다.

2) 코칭 철학, 왜 중요한가?

(1) 코칭 철학이란 무엇인가?

철학(哲學 philosophy, '지혜에 대한 사랑'이라는 뜻의 그리스어 philosophia에서 유래)이란 근본적인 믿음의 근거에 관한 비판적 검토이자 그러한 믿음을 표현할 때 사용하는 기본 개념들에 대한 분석이다. 철학적 탐구는 문명의 지성사에서 핵심 요소다(브리태니커 제 20권 P 464). 이사야 벌린은 철학을 "인간 정신의 발전 도상에서 만나는 모든 문제와 이 문제들을 해결하기 위한 시도" 라고 정의하기도 했다.

적지 않은 사람들이 철학에 대해 오해하거나 가치를 평가 절하하고 있다.

"철학이 밥 먹여 주나?"하는 말을 한 번쯤은 들은 적이 있을 것이다. 그렇다.

철학이 밥 먹여주고 세계적인 거부가 되게 해준다. 아래를 살펴보자.

조지 소르스는 자신이 투자 성공 비결을 '철학하는 것'이라고 밝혔다.

그의 저서 「금융의 연금술」등에서 고백했다.

- 철학적 사고로 얻은 이론을 금융시장에 적용하기 시작한 때부터 나는 거대한 이익을 얻을 수 있었다.
- 철학적 사고를 통해 얻은 이론들을 현장에 적용한 결과 주가가 오를 때나 내릴 때나 언제든지 돈을 벌 수 있었다.
- (철학적 사고로 주식시장을 바로 본)그것이 바로 내가 남들보다 크게 앞서 나갈 수 있었던 이유라고 생각한다.

최초의 철학자(탈레스)는 최고의 경제인이었고, 부를 다루는 학문을 창시한 최초의 근대적 의미의 경제학자는 철학과 교수이자 철학고전 저자였다. 경제학을 제대로 이해하려면 무엇보다 철학고전에 정통해야 한다. 두뇌 속에 철학하는 세포를 가져야 한다. 우리나라의 경제가 서구에 종속되어 있는 이유는 간단하다. 두뇌가 종속되어 있기 때문이다.

철학하는 세포가 없는 두뇌는 철학하는 세포를 가진 두뇌를 이길 수 없다.

월 스트리트 역사상 가장 위대한 펀드 매니저라는 칭송을 받고 있는 피터 린치는 인문학을 전공했다. "지금 돌이켜보니 통계학 공부보다 역사와 철학 공부가 나의 주식투자에 훨씬 도움이 되었다."

이병철의 '인재경영'은 「논어」에서 나왔고, 정주영의 '의지경영'은 「채근담」과 「대학」을 비롯한 여러 고전에서 나왔다. 잭 웰치와 스티브 잡스는 소크라테스의 질문법을 경영에 적용해서 세계적인 경영인이 된 대표적인 경우다. 워런 버핏 역시 철학고전에 정통했고, 빌 게이츠는 새벽 3시에 일어나 철학고전과 고전 인문서를 읽었다.

현대경영학은 고대 그리스 철학에 뿌리를 두고 있다. 달리 말하면 고대 그리스 철학 즉 '소크라테스 이전 철학자들'과 소크라테스 플라톤 아리스토텔레스의 철학을 모르고는 피터 드러커나 찰스 핸디로 대표되는 현대 경영학을 제대로 이해할 수 없다고 할 수 있다.

- 리딩으로 리드하라/이지성 지음/문학동네/2011. 7. 22/P109~112,117,132,145, 155

한편, 코칭 철학이란 팀 경영, 선수 지도, 경기 운영, 사회생활 등 생활 전 영역에서 우선순위를 두고 선택하는 가치관이다. 개인에 비유하면, 존재 이유다. 즉, '나는 무엇을 하기 위해 살아가고 있느냐'에 해당한다. 기업에서는 경영이념이다. 기업에서 경영이념이 왜 그렇게도 중요한지 살펴보자. 경영학에서 동종업계 세계 1위의 기업을 '비전기업'이라 하고, 세계 2위의 기업을 '비교기업'이라 부른다. 왜 이런 차이가 나는가? 많은 경영학자들이 경영이념의 차이가 혁신, 학습문화, 리더십, 기업지배 시스템, 제품 교체, 얼라인먼트, 이사회의 감시, 전략 등의 우열을 초래하고, 그 결과 기업의 성과가 달라진다고 들려주고 있다.

경영이념은 실로 중대하고 결정적이다. 경영이념이 없는 개인 기업 그리고 국가는 끊임없이 위기에 직면하게 된다. 이들은 일관성도, 시스템도 없으며 위기 극복 방법으로 종종 손쉽지만 올바르지 못한 선택을 하기에 상황을 더욱 악화시키곤 한다. 반면, 올바른 경영이념은 어떤 역할을 하는가? 첫째, 위기 상황에서도 고객이 신뢰할 수 있는 선택을 하게 한다. 둘째, 크고 가치 있으며 대담한 목표를 설정하고 달성하는 에너지를 지속적으로 제공해준다. 비전기업들은 예외 없이 이러한 목표를 추구하고 있으며 목표 달성 후에도 안주하거나 만족하지 못하게 하는 '불만족 제도'를 실행하고 있다. 셋째, 조직 구성원들의 열정과 창의성을 최고로 촉발시키는 원동력이 된다. 탁월한 경영이념이 높은 수준의 조직 문화(기업 문화)를 만든다. 이런 조직 문화의 토양 속에서 전설적인 신화를 창조하려는 조직원들이 속속 등장하게 되는 것이다.

세계적인 제약회사 메르크의 사례를 살펴보자.

인류의 생명을 지키고 삶의 질을 향상시키는 것이 우리의 사명이다.
우리 사업의 성패는 이 사명을 얼마나 달성했느냐에 달려 있다.
- 메르크, 사내 경영 지침서에서, 1989

기업 경영에 있어서 가치관에 관한 논란이 유행하기 수십 년 전인 1935년, 조지 메르크 2세(George Merck 2)는 "우리는 의료 과학의 발전과 인류 봉사를 위해 일하는 사람들이다."라고 밝힘으로써 그의 기업 이념을 명확히 했다. 그 후 56년이 지나 사장이 세 번이나 바뀐 1991년에도 메르크의 최고경영자 로이 베젤로스(P. Roy Vagelos)는 "우리의 성공은 무엇보다도 질병에 대한 투쟁의 승리요, 인류에 대한 봉사에 있음을 명심해야 할 것이다."라고 변함없는 기업 정신을 밝혔다. 메르크는 회사의 역사를 통해 고귀한 경영 이념과 실용적인 자기 이익을 동시에 추구해 왔다. 조지 메르크 2세는 1950년 이러한 역설에 대하여 다음과 같이 설명하고 있다.

"나는 우리 회사가 지지해 온 원칙을 종합적으로 결론짓고자 한다. 우리의 의약품이 환자를 위한 것임을, 그리고 인간을 위한 것임을 잊지 않으려고 노력한다. 의약품은 이익을 위한 것이 아니고, 이익 자체는 부수적인 것임을 기억하는 한 이익은 저절로 따라다닌다. 이러한 점을 명심할수록 이익은 더욱 커졌다."

일례로, 메르크가 멕티잔(Mectizan)이라는 리버 블라인드니스(river blindness : 제3 세계의 수백만 명이 감염되어 있는 병으로, 기생충이 신체 조직에 침투하여 실명에 이르는 병) 치료제를 개발하기로 했다는 것은 놀라운 일이 아니다. 수백만이라는 고객은 기업의 입장에서 — 그들이 치료약을 구입할 만한 능력이 없다는 점을 제외하면 — 매우 큰 시장임에 틀림없다. 메르크는 이 프로젝트가 많은 수익을 가져다주지 못할 것임을 알고 있었지만, 치료약이 나오기만 하면 정부나 제 3의 단체에서 이 약을 구입하여 나누어 줄 것이라는 희망을 갖고 프로젝트를 진행시켰다. 그리고 메르크는 환자들이 이 약을 사용할 수 있도록 회사 자체 비용으로 약의 배포 활동에 참여했다. 제 2차 세계대전 후 일본이 결핵에 신음할 당시 스트렙토마이신을 제공한 곳도 메르크였다.

그러나 같은 시기의 파이저(Pfizer, 한국에서는 화이저라고 발음하기도 한다) 사장 존 매킨(John Mckeen)은 "가능한 범위 내에서 우리가 할 수 있는 모든 것을 다해 이익을 추구한다."는 편향된 관점을 보였다. 메르크 2세가 연구와 의약품 개발을 위해 자본을 축적할 때 매킨은 미친 듯이 합병에 열을 올려 4년 만에 14개 회사를 사들였다.

- 성공하는 기업들의 8가지 습관 / 짐 콜린스와 제리 포라스 지음 / 김영사 / 1996. 7.5 / P 73 ~ 76

(2) 코칭 철학, 왜 그렇게 중요한가?

위의 사례에서 보듯이 스포츠 지도자와 기업이 왜 이처럼 상반된 선택과 행동을 하는가? 한마디로 경영 이념(코칭 철학)의 차이 때문이다. 모든 스포츠 지도는 코칭 철학에서 시작하여 코칭 철학으로 마무리된다. 코칭 철학대로 연습 계획을 세우고 지도하며 마무리한다. 경기에서도 감독의 코칭 철학 그대로 경기하도록 선수에게 지시한다. 연습과 경기 중 지도자가 선수에게 하는 말과 행동은 감독 코치의 코칭 철학이 고스란히 반영된 것이다. 뿐만 아니라 일상생활에서도 감독 코치는 자신의 코칭 철학을 선수들에게 행사한다. 누구는 선수에게 친절하며, 욕설도 하지 않으며, 선수를 존중하려고 노력한다. 또 누구는 선수 위에 군림하여 팀을 틀어쥐고 마음껏 권력을 행사한다. 그는 팀의 황제 폐하다. A 감독은 돈에 깨끗하며 부정한 돈을 밝히지 않는다. 전국대회 출전 후 남은 돈을 학부모에게 돌려준다. C 감독의 별명은 '**삼신 감독**'이다. **돈 밝히는 데는 귀신, 가르치는 데는 병신, 축구 공부에는 등신이라서 붙은 별명이다.**

이처럼 선수 지도와 일상생활에서 코칭 철학보다 자주, 더 많이 사용되는 건 아무것도 없다. 이러하기에 코칭 활동에서 스포츠에 대한 지식보다 오히려 코칭 철학이 더 많은 도움을 준다.

몸이 하나이기에 한순간에는 하나의 행위만 할 수 있다. 감독 코치는 수시로 하나의 선택을 해야 한다. 어떤 선택을 하느냐에 따라 결과가 달라진다. 이때 지도자의 선택을 결정짓는 것이 그가 가지고 있는 코칭 철학이다. 그러므로 코칭에 있어 코칭 철학만큼 현실적인 것은 없다.

코칭 철학이 없으면 방향성이 없고 외부의 압력에도 쉽게 굴복한다. 코칭 철학을 갖는 것은 훈련 규칙, 경기의 유형, 훈련, 행동 유형, 경기 전망, 장단기적 목표 그리고 코칭 활동에 있어서 부딪히게 되는 많은 것들로부터 불확실성을 제거해줄 것이다. 코칭 철학을 계발하는데 투자한 시간이 스포츠의 기술적인 지식을 계발하는데 사용한 시간보다 많다면 더욱 좋은 지도자가 될 것이다. 코칭 철학 계발의 요점은 자기 자신을 아는 것이다. 그리고 코칭 철학을 가지고 있어도 그 코칭 철학은 평생 성장 발전되어야 한다는 것을 명심해야 한다. Rainer Martens가 들려주는 이야기다.

3) 감독 코치에게 드리는 두 분야에 대한 질문

올바르고 가치 있는 코칭 철학을 가지기 위해서는 두 가지 사항을 포함해야 한다. 첫 번째로는 자기 자신을 더 잘 알기 위해 자기 인식(self awarness)을 하는 것이다. 둘째로는 코칭 활동을 하는 데에 있어서 목표를 설정하는 것이다. 목표는 코치로서의 역할이 무엇인지를 구체적으로 볼 수 있는 길을 제공하며, 코치로서의 행동을 요구하게 될 것이다. 아래에 주어진 각각의 질문을 잘 읽고, 잠시 정답을 생각해본 후 노트에 기록하면서 작성하기 바란다. 질문을 읽고 쉽게 지나치지 말고, 자신에 대해 깊이 생각하는 시간을 갖도록 하라.

(1) 자기 자신을 알기 위한 질문
  a. 나는 누구인가?
  b. 내 삶에 있어 원하는 것은 무엇인가?
  c. 나는 어디로 가고 있는가?
  d. 나의 행동이 삶의 목적에 부합한가?
  e. 나 자신에 대해 부끄러운가? 또는 자랑스러운가?
  f. 나는 행복한가, 불행한가?

(2) 코칭 활동에 대한 다섯 가지 질문
   a. 왜 감독(코치)이 되었는가?
   b. 올바른 코칭 활동을 하고 있는가?
   c. 감독(코치)으로서의 나의 목표는 무엇인가?
   d. 나는 훌륭한 감독(코치)인가?
   e. 나를 좋은 감독(코치)으로 만드는 것은 무엇인가?

- 코칭과학 / Rainer Martens 지음 / 대한미디어 / 2007. 9. 3 / P 4 ~ 10

4) 감독 코치, 자신의 코칭 철학을 밝혀라!

어느 팀의 감독 코치로 일하게 되면 가장 먼저 무엇을 해야 하는가? **감독 코치 자신의 코칭 철학을 알리는 일이다.** 감독 코치 취임 시 선수, 학부모, 학교 관계자, 구단 관계자, 팬, 동창회, 지역사회(언론으로) 등에 자신의 코칭 철학을 말해야 한다. 그리고 서면으로 배포해야 한다. 선수와 학부모는 이렇게 하는 감독 코치를 한 번이라도 만난 적이 있는가?

자신의 코칭 철학을 발표한다는 건 코칭 철학이 정립되어 있다는 가장 구체적인 증거다. 코칭 철학은 선수 지도와 경기력 향상을 이루어 가는 통로이자 도구며 근원적인 에너지다. 즉, 자신의 코칭 철학을 선수들에게 깊이 침투시켜 자신이 추구하는 선수로 만들어가겠다는 의지의 표현이다. 목적 지향적으로 선수를 육성하고 팀을 경영하겠다는 약속이다. 코칭 철학은 그가 지금 여기에서 무엇을 폐기하고 무엇을 혁신해야 하는지를 명쾌하게 알려준다. 올바르고 탁월한 코칭 철학이 최적의 판단과 최선의 선택을 하게 한다. 코칭 철학은 스포츠 기술을 포함하는 상위 개념으로 선수 지도와 팀 경영에서 이보다 자주 그리고 효과적으로 사용되는 건 아무 것도 없다. 한마디로 감독 코치로서의 성패는 그가 어떤 코칭 철학을 가지고 있느냐에 따라 이미 결정되어 있다.

탁월한 감독 코치는 예외 없이 현저하게 출중한 코칭 철학을 가지고 있다. 반면에, 형편 없는 감독 코치가 고결하고 앞선 코칭 철학을 가지고 있는 경우는 없다. 놀라운 사실은 한국 축구계에 코칭 철학 없이 선수를 지도하고 있는 감독 코치가 너무 많다는 사실이다. 감독 코치에게 "코칭 철학이 무엇인가요?"라고 질문하면 실망스러운 대답을 들을 때가 적지 않다. 자신의 코칭 철학을 지나치게 단편적이고 피상적으로 말하거나 얼버무리곤 한다. 이건 코칭 철학이 없다는 이야기에 다름 아니다. 코칭 철학 없이 선수를 가르치고 있는 어처구니없는 일이 오늘도 이 땅의 축구부에서 계속되고 있다.

선수는 공부도 제대로 못하고 축구에 올인하고 있는데, 이렇게 해도 되는 걸까? 소속 선수들에게 존경받지 못하고, 학부모에게 신뢰를 잃으면 바로 감독 코치를 그만두어야 한다. 스스로 판단하여 준비되지 못했다면 감독 코치가 되려고 해서도 안된다. 선수와 감독 코치 자신에게 유익하지 못하기 때문이다. 이 글을 읽은 선수와 학부모는 감독 코치를 만나면 바로 "코칭 철학이 무엇인지 들려주세요."라고 질문하기를 권유 드린다.

누구나 지나간 시간은 돌이킬 수도, 어떻게 할 수도 없다. 이 글을 읽자마자 모든 감독 코치가 앞의 '**감독 코치에게 드리는 두 분야에 대한 질문**'에 기록하면서 답하기를 권장한다. 그리하여 코칭 철학을 가진 이는 더욱 발전시키고, 아직 코칭 철학이 없는 감독 코치는 지금부터 만들자. 크고 가치 있으며, 대담한 코칭 철학의 가장 큰 수혜자는 감독 코치다. 그들의 삶을 가치 있게 변혁시킨다. 나아가 주위를 거룩하게('거룩하다'는 말은 히브리어로 '밝다, 따뜻하다, 새롭다'는 의미를 가진 단어임) 만들어 간다. 선수를 지극하게 섬기며, 과학적으로 가르치고, 효율적으로 팀을 경영하며, 만나는 모든 사람을 존중하게 될 것이다. 감독 코치는 거룩한 코칭 철학으로 자기 자신과 세상을 거룩하게 만들어가야 할 의무가 있다.

2. 최고봉 감독 선생님에게!

1) 처음으로 선수들을 지도하러 운동장으로 들어서며

존경하는 최고봉 감독 선생님!
제가 별빛중학교 축구부 코치가 되었습니다.
그리고 선생님에게 편지를 올립니다.
선수를 지도하기 위해 처음으로 학교 운동장을 걸어 들어가면서 그 짧은 시간에 온갖 생각들이 일어났다 사라지곤 하였습니다.
그리고 스스로와 결의했습니다.

(1) 현저하게 탁월한 코칭을 하겠습니다.
만나는 선수 모두가 프로 선수가 되도록 최고 최선의 노력을 쏟아 붓겠습니다.
월드클래스 선수 육성이라는 목표를 한시도 잊지 않겠습니다.

(2) 저의 존립 기반이자 최고의 고객인 선수와 학부모를 지극하게 섬기겠습니다.
선수에게 어떤 폭언, 폭행도 하지 않겠습니다. 선수와 학부모의 입장에서 생각하고 행동하겠습니다. 학부모의 말씀을 경청하고 먼저 인사하겠습니다. 상급학교 진학 후에도 계속

긴밀한 인간관계를 가지고 선수의 성장을 위해 조언하겠습니다.

(3) 정당하지 못한 부정한 돈은 한 푼도 받지 않겠습니다.

정해진 보수만으로 생활하겠습니다.
근검절약하며 검소하고 소박하게 세상을 걸어가겠습니다.
기아대책, 세이브 더 칠드런, 라이프 오브 더 칠드런에 매월 기부하겠습니다.

(4) 끊임없이 책을 읽고 부지런히 배우겠습니다.

치열하게, 견결하게 평생교육을 게을리하지 않겠습니다.
책을 스승으로 삼아 매주 엄선한 책을 두 권 이상 읽겠습니다.
두고두고 활용해야 하기에 도서관에서 빌려보지 않고 반드시 구입하여 읽겠습니다.

(5) 한국축구를 세계 축구의 표준으로 만들겠습니다.

그리하여 잉글랜드 스페인 독일 이탈리아 프랑스 브라질 아르헨티나 등 세계의 축구 선수들, 감독 코치들, 축구행정가들이 한국으로 배우고 유학하러 오도록 만들겠습니다.
이런 첫 마음을 지키기 위해 한결같이 노력하겠습니다.
축구 지도자로서의 저의 성패는 이걸 얼마나 실천하느냐에 판가름 난다고 확신합니다.

2) 선수 시절 만났던 감독 코치님들에 대한 회상

지나온 일들을 생각해봅니다. 초등학교 4학년 3월, 처음 축구를 시작했습니다.
아버지를 따라가 관전한 K리그 경기, 선수들이 그렇게 멋있게 보일 수가 없었습니다.
문득 '축구 선수가 되고 싶다'는 생각이 불일 듯 일어났습니다.
그렇게 반대하는 부모님과 기어코 관철시키겠다는 초등학교 4학년 학생 사이에 7개월의 줄다리기 끝에 부모님이 허락해주셨지요. 꼭 프로 선수가 되겠다는 저의 약속을 받아 내고…

초등시절 감독님?

너무 너무 술을 사랑하셨지요. 최소 해마다 700회 이상 마시지 않았나 여겨집니다.
전지훈련이나 전국대회 기간 중에 어둑새벽이, 첫새벽이, 이윽고 아침이 올 때까지 학부형과 어울려 술 드시던 모습이 떠오릅니다. 지나친 음주로 지금 입원 중이시니 안타까운 일이지요.

초등학교 코치님?

심리적인 기복이 심한 분이었지요. 사생활에서의 기분이 선수 지도에 그대로 전달되었으니까요. 어떤 때는 귀신처럼 무서웠고 때로는 코미디언이었지요. 동료보다 신체적인 운동 적성이 많이 뒤지는 저는 후보였고 어쩌다 중요하지 않은 경기에서 드물게 주전으로 뛰었습니다. 당연히 '어떻게 하면 빠르게 실력을 높일 수 있을까?'에 진지하게 고심했지만 어린 저는 방법을 찾지 못했습니다. 감독 코치께서도 알려주지 않으셨죠. 이런 상황에서 중학교 진학을 앞두고 저의 아버지는 백방으로 수소문하고 찾았습니다. 아들을 축구 선수로 성공시키기 위해서 보다 더 유능하고 인격이 훌륭하신 감독을 찾아서…

중학교 축구부 감독님?

최고봉 감독 선생님이셨지요.

감독님에 대해서는 다시 찬찬히 말씀드리고자 합니다.

고등학교 축구부 감독님?

38세의 1년차 감독이셨죠. 힘이 넘치고 솔직하며 직선적인 성품이었죠.

성격이 급해 화를 잘 내었지만 올바르게 하려고 노력하는 분이었죠.

교장 선생님과의 불화로 제가 입학 후 8개월 후 다른 학교로 옮기셨죠.

노회하고 로비로 자리보전하려는 감독보다 오히려 이런 감독이 더 바람직하다는 생각이 듭니다.

이어 오신 감독님?

뭐라고 말해야 하는지요? 체육교사인 이 분은 팀에서 황제로 군림하려고 하였지요.

이론과 실기 지도에서 더 없이 무능했지만 언제나 팀을 장악하고, 팀을 대표하며, 팀의 영광을 독차지하려고 했습니다. 선수에게는 부실한 식단이지만 자신은 최고로 차려먹었죠. 더구나 친한 교사들을 선수 식당에 수시로 청해 잘 차린 식사 대접을 했습니다.

그만큼 선수들의 반찬은 부실해졌죠.

김장값, 전지훈련비, 스승의 날, 설 추석 명절 떡값, 선수 스카웃비, 졸업비, 대회 참가비, 유니폼비, 심판 로비비, 감독 코치 생일 축하비, 여름 휴가비, 경기 관람비, 고사비 등등 온갖 명목으로 돈을 내도록 했죠. 대회 성적이 바닥이다 보니 성적 우수 사례비는 낸 적이 없었지요.

연습 중에 감독 본인은 구령대에서 짜장면을 시켜 먹기도 하고, 한 번은 구령대에서 주문한 팥빙수를 먹다 볼이 떨어져 그릇이 뒤집어졌죠. 보다 못한 현수가 연습 중에 일부러 볼을 차 보내어 그렇게 된 거죠. 화가 난 감독이 즉시 선수를 불러 모아 "원산폭격, 대가리 박아!"하더군요. 한반도와 세계는 평화로워야 하지 않습니까? 왜 같은 민족의 땅 원산을 폭격해야 하나요? 원산이 폭격당하면 얼마나 많은 동포들이 죽거나 다치겠습니까? 역으로 감독 자신이 폭격당하고 싶어 할까요? 그 감독은 이런 말을 들은 적도, 생각해본 적도 없었을 것입니다.

"참 인격자를 헤아리는 척도는 여러 가지다. 그 중에서도 틀림이 없는 것은 그 인간이 손 아래 사람을 어떻게 대하는가 그 모습을 지켜보는 것이다."

- 사무엘 스마일스

경기에서 지고 나면 빙 둘러 세워 놓고 몇몇 선수를 지명하면서 온갖 욕설과 험담을 퍼부었습니다. 선수들은 속으로 '개소리는 멍멍', '지가 잘못 가르쳐 놓고 누워서 침 뱉기 하는구나'하고 생각하고 있었습니다. 선수 학부모가 차마 듣기가 민망해서 자리를 황망히 벗어나곤 했죠. 후배들에게 들어보니 지금도 여전히 예전과 같은 행태를 계속하고 있다고 하더군요. 고스톱판에 선수 학부모를 불러들이는 등 이루 헤아릴 수 없는 잘못을 저지르고 있었습니다.

'더 이상 이 감독에게서 배울 게 없다.'는 판단으로 여러 선수가 전학을 갔습니다.

물론 그전에 몇몇 학부모가 교장 선생님에게 하소연했지만 바다에 조약돌 던진 격으로 반응이 없었죠. 교장이 돈으로 매수당해 감독과 한통속이 되어 있다고 학부형들이 탄식했습니다. 지금 잘 나가니 영원히 살 것 같은 인생이라고 착각하지만, 100년 안팎의, 지나고 나면 순간에 스쳐간 '나그네 인생'이라는 걸 인식하지 못하고 허황된 미몽 속에서 살아가고 있는 형국이지요.

"인생은 그 날이 풀과 같으며 그 영화가 들의 꽃과 같도다. 그것은 바람이 지나면 없어지나니 그곳이 다시 알지 못하거니와 여호와의 인자하심은 자기를 경외하는 자에게 영원부터 영원까지 이르며 그의 의는 자손의 자손에게 미치리니"

- 시편 103 : 15 ~ 17

한 사람(감독)이 여러 사람(선수와 학부모)을 힘들고 고통스럽게 하는 어처구니없는 일이 민주화된 21세기 한국에 버젓이 자행되고 있으니 안타깝기 그지없습니다.

저는 전학가기는커녕 이 분이 어떻게 하나, 지켜보고 있었습니다.

역으로 이렇게 하면 안된다는 타산지석의 스승이었으니까요.

저는 최고봉 선생님에게 배웠기에 이 감독의 언행에 전혀 흔들리지 않을 수 있었습니다. '사람이 이럴 수도 있구나!'하는 생각이 들었습니다. 저는 감독의 더럽고 저열한 영혼이 한없이 불쌍해졌습니다. 그는 자신의 영혼을 날마다 악령에게 팔아먹고 있었습니다. 세상 다 한 후 그 영혼의 결국이 어떠하겠습니까? "신은 누군가를 멸망시키기에 앞서 뜨거운 권력을 누리게 한다."(위테크)는 말이 떠올랐습니다.

대학시절? 감독 한 분, 코치 한 분?

이 학교는 축구부원 전원이 장학생이었죠. 그만큼 입학 경쟁이 치열했지요.

거의 언제나 코치 한 분이 선수를 지도했고 감독은 술집으로 출근하곤 하였지요.

가끔 연습 중에 갑자기 웬 호통소리가 들려오곤 했습니다. 심심했던지 모처럼 운동장에 와서 나무 그늘에 앉아 있던 감독이 연습을 보다 느닷없이 고함친 거죠. 놀라서 바라보면 술 취한 감독이 비틀거리는 걸음으로 다가오면서 온갖 호통과 욕설을 퍼부었습니다.

선수들에게 더없이 용맹한 감독님이었지만 체육과 교수에게 팀 운영비 중 일부를(매년 수천만 원 이상을) 정기적으로 상납한다는 소문이 선수와 축구부에 관심 있는 사람들 사이에 횡행했지요. 자신의 자리보전을 위해서였을까요?

그 감독은 6,70년대 국가대표로 명성을 날린 분이지요. 이제 은퇴했으니 한국의 축구선수들을 위해 다행한 일이지요. 제가 2학년 가을 프로 팀에 갈 때 계약금(당시는 드래프트제가 아니고 자유계약제였음)을 학교 축구발전기금이라는 명목으로 내놔라고 하지 않은 점은 고맙게 생각하고 있습니다. 동료 정호는 울며 겨자 먹기로 드렸다고 하더군요. 억대의 그 많은 돈이 어디에 어떻게 사용되었는지는 극소수의 아는 사람만이 알고 있다니 아~ 아, 긴 한숨을 참을 수가 없습니다. 가난한 살림살이였기에 정호 어머니는 파출부로, 아버지는 택시기사로 일하며 어렵게 정호를 축구시켰지요.

프로 팀 감독?

한마디로 대부분이 신사였죠. 프로 팀에서 만난 여러 감독 코치님과 대부분 좋은 관계를

유지하고 있습니다. 언론에 자주 노출되니 상대적으로 부당한 언행을 하기도 그만큼 어려웠을 것입니다.

3) 감독 중의 감독, 감독들의 감독 최고봉 선생님!

중학교 감독 선생님?

그 분은 바로 최고봉 감독 선생님이셨죠!!! 선생님이 생각날 때마다 마음에서 우러나오는 한없는 감사와 존경을 올립니다. 제가 선생님을 만난 건 크나 큰 축복이요, 행운이었습니다. 선생님을 만난 순간 저의 선수로서의 성공은 이미 성취된 거나 마찬가지였습니다. 지금까지 초 중 고 대학 프로 대표 팀에서 만난 그 어떤 감독 코치보다 앞서 있었습니다. 한 마디로 인격, 지도력, 청렴, 평생교육, 정신세계 등 핵심적인 여러 면에서 차원이 달랐습니다.

선생님은 언제나 강의실에서 그날의 학습 내용을 이론으로 이해시키고 피치(운동장) 연습을 하셨습니다. 가르친 이론을 A4 용지에 담아 나누어 주면서 "스크랩북에 넣어두고 수시로 보고 공부하라"고 하셨지요. 지금 생각하니 저희들을 감독 코치로 만들어주는 코칭이었습니다. 연습 시 선생님의 뜨거운 열정이 언제나 저희를 동기부여 시켰습니다.

"가르치는 감독 코치는 배우는 선수의 열정에 뒤져서는 안 되고, 배우는 선수는 감독 코치의 열정에 절대로 밀려서는 안된다."고 강조하셨지요. 적지 않은 팀에서 그러하듯 코치 혼자서 가르치게 하고 감독은 어디서 무얼 하는 지 코빼기도 보이지 않는 그런 일은 선생님에게는 상상도 할 수 없는 일이었습니다. 언제나 선수들과 함께 뛰고 바로 옆에서 그림자처럼 섬세하게 가르쳐 주셨죠. 선수와 똑같은 경기용 복장을 하시고 … 결과적으로 날마다 하는 운동으로 날씬한 몸매와 건강을 유지하셨죠. 선생님은 "공부는 체력으로 한다."고 말씀하셨죠.

볼 주우러 가는 시간을 최소화하기 위해 골문 5m 뒤에 높이 5.5m의 그물망 벽을 설치하고, 터치라인 4m 옆에 높이 1m의 그물망을 설치하셨죠. 이렇게 하는 팀, 한국에 감독님의 축구부와 그 고등학교 외에 단 한 곳이라도 있나요? 숫 하고 멀리까지 볼 주우러 가는 멍청한 짓을 대부분의 팀이 여전히 계속하고 있지요. 그런 팀 감독은 이 간단한 일도 못해 선수들에게 볼 주우러 가는 시간과 에너지 낭비를 꾸준히 하라고 강요하고 있습니다. 세계 1위 자동차 생산회사 도요타는 최고의 혁신으로 노동자에게 공구 허리띠를 착용하게 한 일이라고 하더군요. 알다시피 도요타는 노동자의 작업 시간 효율을 최고로 높이고자 발걸음

동작 분석을 한 후 작업기기를 배치하지 않습니까?

효과적인 헤딩 연습을 위해 펜듈럼 볼 시설을 5곳, 슛 연습을 돕고자 슛 보드 시설을 7곳 마련했죠. 심지어 인조잔디 포설도 선생님이 나서서 해결했죠. 그것도 최고의 제품으로… 시교육청을 설득하여 바로 성사시켰죠. 모두 선생님의 탁월한 성적, 경영학, 인품이 만들어낸 성과죠. 밤에 개인 연습할 수 있도록 운동장 모서리 4곳에 1400룩스의 조명탑을 세우셨지요. 한국에 이런 학교 축구부 있는지 궁금합니다.

문득 현대 경영학의 창시자며 모든 경영학자들이 탄복하는 경영학의 구루 피터 드러커의 "변화에 앞서 가는 방법은 변화를 창조하는 것이다."라는 말씀이 생각납니다. 서울의 내로라하는 축구 명문 대학들도 한국체육진흥공단이나 대학 당국이 인조잔디 포설해줄 때까지 마냥 기다리다 최근에야 ― 주말리그 시행으로 겨우 포설된 곳이 한두 곳 아니죠 ― 인조잔디구장이 생겼지요.

거기에다 해박한 교수학습이론으로 날마다 더 없이 역동적이고 활활 발발한 최고의 코칭이 이루어졌지요. 미리 정교하게 계획한 구조적이고도 과학적인 코칭을 보여주셨지요. 연습 전에 항상 오늘 익혀야 할 학습목표를 명쾌하게 제시하고 선수들에게 동기부여를 시켜주셨지요. 학습목표 제시 없이 그냥 연습에 들어가는 팀이 얼마나 많은가요.!!! 선생님은 분 단위로 지도하셨죠. 세밀하고 과학적으로 준비한 학습지도안에 A 연습은 3분, B 연습은 5분, C 연습은 2분, D 연습은 1분, E 연습은 11분 등 구체적으로 세분화되어 있고 그대로 수행하셨습니다.

이런 선생님의 지도로 하늘을 찌를 듯 자신감으로 충만한 저희들은 제가 1학년 때 전국대회 3관왕, 2학년 때 5관왕, 3학년 때는 5관왕을 먹는 등 나가는 대회마다 우승했지요. 우승 후 선생님을 끌어안고 울던 영수 선배를 저는 평생 잊을 수가 없을 것입니다. 선생님의 탁월한 지도력이 소문나 전국의 초등 선수와 그 부모들이 입학하고자 구름처럼 모여들었지요. 그렇지만 선생님은 오직 그 선수의 마음의 중심만을 보셨지요. 근면, 열정, 성실함만을…. 아직도 일부 감독들이 저지르고 있는 돈 받고 축구부에 부정 입학시키는 일이나 부정한 진학 로비, 사전 스카우트는 상상도 할 수 없는 일이었지요. 초등 서열 1, 2 ,3위 등의 명성은 거들떠보지도 않으셨지요.

저는 알고 있습니다. 정신만 올바르다면 그 어떤 선수라도 최고의 선수로 만드는 능력을 가지고 있었으니까요. 학부모가 돈으로 로비하면 바로 그 자리에서 단호하게 입학 거부를

선수 부모에게 알려드렸지요. "감독의 코칭 철학을 돈으로 훔치려는 비열한 학부모!"라고 불쾌해 했죠. 그러면서 "감독은 호연지기(높은 산 위에서 세상을 굽어볼 때 가슴에서 솟아오르는 더없이 크고 굳세며 곧은 마음)와 진취적 기상(크고 가치 있으며 대담한 목표를 이루려는 정성된 마음)이 언제나 살아 있어야 한다!"고 말씀하셨죠.

경기 전에는 상대 선수를 다치게 하는 반칙을 절대로 하지 말라고 하셨지요. 몸이 곧 생명이니 상대 선수의 몸을 존중하고 보호해주어야 한다고 하셨죠. 자신의 몸이 소중하듯이. 경기에서도, 생활에서도 언제나 페어 플레이(Fair Play)를 해야 한다고 솔선수범으로 가르치셨죠.

경기 중에는? 경기가 아주 재미있다는 표정으로 보고만 계셨죠. 소리치지도, 꾸중하지도, 어떠한 지시도 하지 않았습니다. "경기 중에 소리치는 감독은 최고의 경기를 하기 위한 준비가 부족했다는 증거를 보이는 것이다."라고 말씀하셨죠. 선수들과 눈길이 마주 치면 환하게 웃으면서 두 손 엄지손가락을 들어 올려 격려해주셨죠. 저희들은 경기 전에 이미 승리했고, 결과는 그대로 되었습니다. 상대팀은 무득점에 큰 점수 차로 패하는 창피를 당하지 않으려고 최선을 다했지만 족탈불급이었죠. "경기 전에 이미 승패가 결정되어 있다. 이 경기 역시 우리가 이긴다."고 확신에 찬 말씀을 하시곤 했죠. "평소 어떻게 경기를 준비해 왔느냐에 따라 이미 승부가 나 있다."고 하시며 자신감을 가득 전해주었지요.

저희들은 선생님의 탁월한 지도력을 세상에 증명하기 위해, 선생님의 승리를 위해 미친 듯이 뛰었습니다. 여름철 오후 연습은 지금도 거의 대부분의 팀이 자외선의 강도가 가장 높은 시간대인 오후 3시부터 하죠. 이런 멍청한 짓이 대한민국 축구팀 거의 전체에서 자행되고 있으니 안타까운 마음 금할 수 없습니다. 인간은 만물의 영장이며, 동물에게는 없는 고도의 사유 능력이 있는 데도 이 조그마한 걸 못 고치나요?

선생님은 오후 4시 30분부터 연습을 시작했죠. 어떤 날은 오후 5시 이후에 연습하기도 했죠. "자외선에 장시간 노출되면 피부암 걸릴 개연성이 높고 시력을 저하시킨다."면서 선수들의 건강을 존중했지요.

중학교에서의 첫 연습 후 저는 행복했습니다. 연습 도중에 선생님에게 배우면 반드시 성공한다는 확신이 들었습니다. 프로에서 14년, 대표 팀에서 87 경기를 주전으로 뛰었고 월드컵에도 나갔으니 이 확신이 현실로 된 거죠. 선생님은 저희 선수 한 사람 한 사람을 독립된 인격으로 존중했습니다. 귀히 대접했지요.

선수 한 명 한 명을 대체 불가능한 특별한 존재로 섬겼지요. "여러분 한 사람 한 사람은 모두 우주의 걸작품이며, 우주는 한 선수 한 선수 모두에게 놀라운 계획을 가지고 있다."고 들려주실 때 처음 듣는 저는 충격을 받았습니다. 선수들을 따뜻한 눈길로 고요히 보았습니다. 섬겨야 할 최고의 존재로 생각하고 말하고 행동하셨습니다.

입학 며칠 후 조심스럽게 감독실을 찾아갔을 때 "냉장고에 녹차, 우유 두유가 있는데 어느 걸 마실까?"라고 선택하게 해주셨죠. 두유를 마시니 바로 우유와 녹차도 꺼내 주셨죠. 빨리 실력을 향상시키고 싶다는 저의 고민을 경청한 후 "걱정 마. 반드시 대선수로 성장시켜줄게. 이틀 후 이맘 때 다시 찾아와."라고 말씀하셨죠. 이틀 후 찾아뵈었을 때 저 개인을 위한 '개인 훈련 프로그램'을 완성해 놓으셨고, 설명 후 운동장으로 나가 직접 연습 방법을 가르쳐주셨죠. 그것도 12일 연속으로 제가 스스로 할 수 있는 능력을 기를 때까지 손수 가르쳐 주셨지요. 돌아오면서 저는 고마움과 할 수 있다는 희망으로 흘러내리는 눈물을 주체할 수 없었습니다. 선생님, 저도 만나는 모든 선수들에게 이렇게 대접하겠습니다!

선생님은 음식, 공기, 생활용품 등에도 최적의 상품을 선택하기 위해 노력했습니다.

마시는 물?
우리 몸을 환원시키는 수소가 많이 함유된 이온수 환원수 육각수 파동수가 나오는 정수기를 설치해주셨죠. 현실은 대부분의 팀이 역삼투압 정수기를 사용하고 있습니다.

먹는 음식?
된장 간장 소금에서부터 쌀 콩 야채 생선 육류 건강보조식품 등에 이르기까지 최고를 선수들에게 먹게 하려고 하셨지요.

호흡하는 공기?
공기 중에 음이온 원적외선 피톤치드가 가득하고
박테리아, 바이러스, 세균, 곰팡이 등을 99.99999 % 이상 박멸하는 공기정화기를 설치하셨지요.

숙소?
앞서 있는 대입 기숙학원 보다 더 쾌적하고 과학적으로 만들었습니다.
숙소에 〈미니도서관〉을 만들어 책 읽기를 격려하고 강조하셨지요.

그때 읽은 〈어린이 만화 초한지〉, 〈김소월 시집〉, 〈간디〉 등에서 책 읽기의 가치와 재미를 알게 되었고 지금은 매년 엄선한 책 104권(1년은 52주) 이상 읽기를 목표로 정해 달성하고 있습니다.

선생님은 당시 매월 다독자 3명을 선정하여 도서상품권으로 선수들을 시상하셨지요.

이렇게 할 수 있는 건 평소 코칭, 식품영양학, 상품정보, 교육학, 정신세계 등의 서적과 스크랩북 자료가 풍부하게 있으니 쉬운 일이었죠. 제가 학력 콤플렉스에서 해방되고, 나아가 일반인들에게 여러 지식에서 전혀 뒤지지 않는 것도 선생님으로부터 배운 독서의 힘입니다. 선생님 자신이 독서광이었죠. 언제나 책을 가지고 다니면서 읽으시던 모습이 생생합니다. 선수단 버스 안에서, 감독실에서, 잠시 틈이 날 때마다 읽으시더군요. 선생님의 감독실을 방문한 사람들은 엄선한 책으로 가득한 서가와 방대한 독서량에 놀라게 되죠. 축구 서적도 많지만 경영학, 정신세계, 성공학, 교육학 스포츠의학, 인문고전, 철학, 자연과학 분야의 책이 더 많더군요. 특히 경영학과 정신세계 분야를 가장 많이 읽는다고 말씀하셨죠. 선생님은 매일 7종의 신문을 구독하며 축구 관련 분야를 78개 분야로 세분하여 스크랩북에 배치하여 활용하시더군요. 수천 개의 스크랩북에 한국축구와 세계축구의 역사가 고스란히 기록되어 있고, 스포츠의학 코칭 축구마케팅 기획경영 식품영양학 감독 경기장 축구서적 서적 경영학 정신세계 상품정보 등등으로 분류하여 치열하게 경기력 향상에 천착하셨지요. 누구든 매일 7종의 신문을 읽는다는 건 매일 최소 2시간 30분 이상 신문 읽기에 투자해야 하는 결코 쉽지 않은 일이죠.

이러하니 선생님은 선수와 부모에게 인기가 단연 최고였지요. 선수 부모들이 한결같이 선생님을 존경하고 신뢰했습니다. 쇄도하는 각종 선물과 금품 제공, 식사 대접 요청에 초연했지요. 이미 보낸 가정 통신문 중 하나인 〈최고봉 감독의 코칭 철학〉에서 "선수, 선수부모, 동창회, 학교, 각급 팀 관계자 등 그 누구에게도 부정한 금품이나 향응을 받지 않습니다."고 밝혀 두셨죠. 그러나 단 하나, 한 두 권의 책 선물은 마지못해 받으셨죠. 너무나 고맙고 감동한 진섭 선수 부모가 호텔에서 식사 대접하고자 세 번이나 찾아뵙자 진섭 부모님을 시장으로 인도하여 고등어 5천 원 어치를 구입한 후 선생님이 가끔 들르신다는 허름한 선술집에서 구워 소주 드셨다는 일화는 후배 선수들에게 전설처럼 전해지고 있지요.

선생님은 근검절약과 소박한 생활에서도 모범을 보여 주셨지요. 그때 경기용 하의는 25년째 입고 있었고, 밖에 입는 체육복은 11년째 입고 계셨죠. 슬리퍼도 7년 신으니 헤져서 더 이상 신을 수 없어 "슬리퍼에 배신감을 느꼈다. 적어도 25년 이상 신으려고 생각했는데…"라는 말씀을 듣고 속으로 웃음을 삼켰던 기억이 생생합니다. 음식점에서 혼자 식사하게 될 경우 반드시 접시를 달라 해서 먼저 깨끗한 젓가락으로 음식을 먹을 만큼 덜어 놓고 그리고 나머지 반찬은 도로 돌려주면서 "깨끗하니 다시 사용하세요."라고 말하지요. 국이나 밥에 수저를 댄 다음에는 쌀 한 톨 국물 한 숟가락 남기는 법 없이 감사하는 마음으로 드셨지요. "왜 음식을 먹느냐? 얼핏 보면 생명을 유지하기 위해 먹지만 깊이 알면 우주가 준 사명을 성취하기 위해 먹어야 한다."고 강조하셨지요. "음식은 가정에서 가족끼리 대화하면서 먹는 게 가장 장엄하다."고 들려주셨죠. 매일 지구에 굶어죽는 사람들이 10만 명이 넘는다고 하셨죠.

선생님은 일부러 차를 소유하지 않으셨고 버스로 출퇴근하셨죠. 값비싼 고급차를 타고 다니는 걸 은근히 자랑하는 감독과는 정신세계가 달랐죠. 간디의 삶을 배우고 닮아가려고 노력한 선생님이니까요!!! "어젯 밤 35년 된 양주 다섯 병 마셨어, 술값이 750만원 나왔어." 등 고가의 양주 마시고 어처구니없는 술값 사용을 뽐내는 이런 말을 하는 사람들을 미워하셨죠. 그 돈이 어디서 나왔을까요? 감독 월급으로 가능한 금액인가요? 이들은 "왜 태어났는지 의미도, 사명도 모르는 조그마하고 무지한 사람들의 미친 짓거리"라고 미워하셨습니다. 인생의 목적은 성공이 아니라 '거룩'이라고 강조하셨지요. '어떻게 성공할 것인가?'에서 '어떻게 살 것인가?'로 방향을 전환해야 한다고 하셨지요. 행복보다 더 가치 있는 게 '거룩'이라고 수시로 말씀하셨지요.

선생님은 교장 선생님부터 학교 수위에 이르기까지 누구나 동등하게 그리고 치열하게 친절하셨죠. 인격자이니 대통령에서 거지에 이르기까지 교만할 필요를 전혀 느끼지 못하니까요. 데이비드 호킨스가 그의 명저 「의식 혁명」에서 의식 수준이 600이 넘는 사람은 주위 사람들을 치유하는 영향력을 전파한다고 하죠. 선생님이 바로 그런 분이셨죠.

선생님은 더 없이 검소하게 생활하지만 저희 선수에게는 모두 장학 혜택을 주셨지요. 저희들은 수업료는 물론이고 매달 수십만 원의 장학금을 받으면서 선수 생활을 했지요. 학교 관계자, 동창회, 프로 팀에서 활약하고 있는 졸업 선배, 기업가, 지역 인사 등을 설득해 모두 장학금을 받도록 해주셨죠. 우리는 돈 한 푼 내지 않고, 오히려 매달 장학금을 받으면서 운동에 집중할 수 있었습니다. 선생님의 현저하게 탁월한 성적과 지도력 그리고 인품이 만들어낸 결과죠. 덕분에 선수 부모님은 경제적 부담에서 자유로웠습니다. 시교육청, 해당 광역시, 학교 총동창회 그리고 졸업한 선배 기업가들의 지원으로 팀 운영비를 충당하고 남

앉죠. 설 추석 때 떡값, 스승의 날 돈 거출, 우승 사례비 등 그 어떤 경우에도 돈을 걷지 못하게 하셨죠. 저의 중학 시절 한 번도 어렵다는 우승을 13차례 했지만 우승 사례비 거출은 한 번도 없었지요. 선생님 자신은 매달 〈기아 대책〉, 〈세이브 더 칠드런〉, 〈라이프 오브 더 칠드런〉에 돈을 보내셨지요. 그러면서 더 많이 보내지 못하는 걸 안타까워 하셨지요.

어린 저희들의 영혼과 의식 수준을 성장시키고자 수준 높은 강연, 연극, 음악회 등을 가능한 많이 경험하도록 하여 주셨지요. 한 세계에 일가를 이룬 저명 강사들도 오셨지요. 심지어 송태근 신우인 목사, 도올 김용옥, 서정진 셀트리움 대표이사, 이이화 역사학자, 고미숙, 공병호, 정민 교수, 유홍준 교수, 홍수환 전 세계챔피언, 권정생, 김진홍 목사 등 이런 분들도 만날 수 있었죠. 이런 문화를 향수하면서 '이런 장엄한 세계가 있구나!' 하는 영혼의 충격과 울림을 느꼈습니다. '반드시 축구에서 나도 저 분들처럼 일가를 이루리라!'는 가슴 저 깊은 곳에서 솟아오르는 결의가 용솟음쳐 올랐습니다. 축구에서도 외부 강사를 초청하여 배우게 하셨죠. 전략전술 전문가에게 전술 강연을 듣고 배웠고, 드리블 전문 고수에게 드리블의 또 다른 세계를 배우는 등 사실은 그렇지 못하면서 "내가 최고야, 다른 사람에게 배울 필요 없어", 혹은 자신의 지도력이 초청 강사와 비교될까 두려워 아예 시도조차 하지 않는 폐쇄적인 감독들과는 출발부터 달랐습니다.

선생님은 해질녘 은행나무 아래 벤치에 고요히 앉아 있곤 하셨지요. 서편 상원산 너머 저 석양빛, 이윽고 산 위로 푸르스름하고 흐릿한 이내, 하늘에서 어둠이 내려올 때까지 무슨 생각을 하고 있었는지요? 한국의 대척점인 브라질 아르헨티나 우루과이에 새벽이 오고 있다고 머릿속으로 그리고 있었나요? '이 선수들을 어떻게 하면 더 잘 가르칠 수 있을까?'를 생각 중이었나요? 팀 경영에서 지금 여기에서 무엇을 폐기하고 무엇을 혁신할 것인가를 구상하고 있었나요?

돌이켜 보면, 축구에서 배워야 할 것을 선생님에게서 다 배운 것 같습니다. 고교, 대학, 프로, 대표 팀에서 무슨 일이 있어도 흔들리지 않고 의연하게 대처할 수 있었던 건 모두 선생님에게서 배운 지식과 경험 그리고 정신세계 덕분이었습니다.

4) 최고봉 감독님의 롤 모델 세 분

선생님은 롤 모델이 세 분 있다고 하셨죠. 감독으로는 존 우든, 평생교육으로는 피터 드러커 그리고 인격에서는 마하트마 간디라고 하셨지요.

존 우든 감독(미국, 前 UCLA大 농구팀 감독), 진정 탁월한 감독이죠. 저는 이 분의 저서 「88연승의 비밀」(클라우드나인), 「조직을 성공으로 이끄는 우든의 리더십」(이지북)를 읽으면서 왜 선생님이 그렇게 이 분을 말씀하시는지 알게 되었습니다. 저 자신이 너무나 부족하구나, 하는 걸 절감하고 새로운 결의를 하게 되었습니다. 감독 코치는 존 우든의 저서를 반드시 읽어야 한다고 확신합니다. 단연 태산북두지요. 세계 역사상 그 어느 팀 감독도 해내지 못한 승률 80.8%와 그 많은 우승 기록이 그가 얼마나 지도력이 출중했는지를 보여주고 있습니다. 세계 농구 전문가들이 한결같이 인정하는 역대 최고의 선수 마이클 조던과 카림 압둘 자바 등 쟁쟁한 선수들이 이 분의 제자였고, 이 분 제자들이 NBA(미 프로농구)를 평정했었지요. 존 우든 감독은 현저하게 탁월한 농구 감독인 동시에 선수들에게 '삶이 어떠해야 하는지?'를 가르친 랍비였습니다.

평생교육으로는 **피터 드러커**가 준거인물이었지요. 피터 드러커는 현대 경영학의 창시자로 불리는 경영학의 구루지요. 97세로 세상을 다하는 그날까지 한결같이 강의(강연), 기고, 집필, 연구 활동을 하였지요.

피터 드러커의 저술 영역은 법학 정치학 경제학 경영학 사회학 등 다양한 분야에 걸쳐 있으며, 40여 권의 책이 나올 때마다 전 세계에서 베스트셀러, 스테디셀러가 되었지요. 〈하버드 비즈니스 리뷰〉를 비롯한 많은 전문지에 글을 기고해 왔고 〈월스트리트 저널〉 등의 여러 매체에 정기 기고자로 활동했는데, 심오한 통찰력과 해박한 지식에 독자들이 경탄하게 되지요. 다음의 대화가 그의 진면목을 보여주지 않을까요?

질문 : "박사님의 친구들은 대부분 은퇴하셨는데, 박사님은 언제 은퇴하시렵니까?"
피터 드러커 : "나는 은퇴할 욕심이 생기지 않네. (I have no desire to retire.)"

나이 들어 체력이 약해져도 평생 즐겁게 할 수 있는 게 공부뿐이라는 걸 몸소 보여 주셨지요. "60 ~ 90 나이가 가장 충실한 시기였다."고 밝혀 인생 제 2막을 준비하는 사람들에게 용기를 듬뿍 선물했지요.

인격으로는 마하트마(위대한) 간디라고 하셨죠. 명저 「의식혁명」에 의하면 의식 수준이 600이 넘어서면 성(聖)스러운 경지에 이른다고 했죠. 주위 사람들을 치유하는 능력이 나타난다고. 간디의 의식수준이 600 이상이라고 이 책에서 밝혀두고 있더군요.

간디?

가난한 인도 민중에게 밥 한 끼라도 신세지지 않기 위해 염소를 끌고 인도를 다녔죠. 염소젖으로 자신의 식사를 해결했습니다. 저는 염소를 볼 때마다 간디 선생님을 떠올리게 된 건 선생님에게 간디에 대한 말씀을 들었기 때문입니다. 많은 승객으로 혼잡한 기차가 출발하면서 간디의 신발 하나가 떨어지자 간디는 바로 나머지 신발 하나도 던졌습니다. 주운 사람이 왼발 오른발 짝을 맞추어 신을 수 있도록. 한 번은 한 부인이 찾아와 "초등학교 다니는 제 아들이 너무 단 것을 좋아해 치아가 상할까 걱정입니다. 제 말은 듣지 않고 있습니다. 다행히 간디 선생님을 존경하니 타일러 주시면 감사하겠습니다."라고 부탁했지요. 간디는 일주일 후에 아들과 같이 오라고 했고, 아들은 간디의 말을 듣고 단 것과 결별했습니다. 그 아이 어머니가 궁금해서 간디에게 "왜 일주일 후에 오라고 하셨습니까?"라고 질문하자 "사실은 저도 단 것을 매우 좋아 했습니다. 그 일주일 사이에 저도 단 것을 끊었습니다."고 대답했죠.

간디의 영국 방문? 당시 세계적인 뉴스였죠. 록히드 공항에 취재차 기다리고 있던 수백 수천의 기자들은 간디의 옷을 보고 놀랐습니다. 인도에서 입고 있던 허름한 옷을 그대로 입고 와서죠. 남을 의식하여 자신의 본질을 왜곡하는 허례허식과는 거리가 먼 분이었죠. 고급 외제차, 반짝이는 명품 옷, 빛나는 고가의 구두, 시선을 압도하는 초고가 시계로 은근히 자랑하는 그런 소수의 부족한 감독과는 비교할 수조차 없지요.

5) 최고봉 감독 선생님, 고맙습니다!

그저 감사할 뿐입니다!

지나간 선수 시절 만난 감독 코치님들을 생각해봅니다. 사람마다 왜 언행이, 우선순위가, 선수 섬기는 수준이, 선택이, 청렴도가 다른 지 이제 알 것 같습니다. 감독, 그가 가진 코칭 철학의 차이라는 확신이 듭니다. 이러하기에 코칭 철학은 실로 중요하다고 믿어 의심치 않습니다. 감독 코치는 자신의 코칭 철학대로 말하고 행동하고 선택하니까요. 이러하기에 선수 지도에서 가장 많이 사용되는 게 코칭 철학이지 않습니까? 선수 지도뿐만 아니라 일상생활에서도 시시각각으로 코칭 철학이 선수에게 적용하지 않습니까?

고교 시절 그 감독의 코칭 철학? 없는 거죠. 자신이 학생과 선수를 가르치는 교육자(체육교사, 감독)라고 하지만 시정잡배보다 못한 인간이죠. 그 결과로 선수와 학부모에게 끼친 고통과 해악은 그 인간이 두고두고 감당해야 할 과보입니다. 반면에, 존 우든 감독과 최고봉 감독님에게 보듯이 훌륭한 감독은 스포츠 지도력이 걸출할 뿐만 아니라 무엇보다 솔선수범으로 선수의 인생을 밝고 건강하게 인도하고 가르치는 스승이었습니다.

최고봉 감독 선생님!

저는 선생님의 장점을 모두 배우겠습니다. 그리고 쉼 없이 공부에 천착하겠습니다. 선생님 자신이 평생교육(생애교육 Lifelong Education)의 모범이기에 결코 쉽지 않은 일이지만 선생님을 넘어서는 코치 감독이 되겠습니다. 청출어람(靑出於藍)이 선생님의 뜻이란 걸 제자는 알고 있습니다. 만나는 선수의 성장 그리고 축구를 통한 국민과 인류의 건강 향상에 최고 최선을 다하겠습니다.

저는 선생님을 만나 비로소 선수가 되었고, 선수로서 성공할 수 있었습니다.

만약 선생님을 만나지 못했다면 저는 중도에 축구를 포기했을 것입니다.

최고봉 감독 선생님!

제 마음에서 우러나오는 진심을 전합니다.

사랑합니다!

존경합니다!

3. 감독은 돈에 대한 철학을 정립해야 한다.

돈을 싫어하는 사람이 있을까? 이런 사람을 본 적이 있는가? 아마 없을 것이다.

돈은 그 자체가 가치다. 교환의 수단으로 사용되기에 사람들은 돈으로 욕구를 충족시킨다. 축구공을 가지고 싶으면 축구공을 구입하고, 제주도 여행하고 싶으면 돈으로 그렇게 한다. 현대인들은 돈에 대해 어떻게 생각하고 있을까? 물론 사람마다 조금씩 다르겠지만 아래의 견해가 공통분모가 아닐까?

1) 돈에 대한 현대인들의 가치관

(1) 돈이 최고다

많은 사람들이 이렇게 생각하고 있다. 매우 위험하고 무지한 가치관이다. 돈이 현대판 신(神)이다. 사람들이 돈에 경배한다. 우리 사회의 가장 큰 힘은 돈이라고 생각한다. 그리하여 '어떻게 하면 돈을 많이 벌까?'하는 생각으로 가득하다.

　가능한 빨리 돈 많이 벌어 호의호식하려는 욕망이 강력하다. 세입자의 자영업이 번창하면 바로 임대료를 올리려는 건물주가 적지 않다. 불법 스포츠토토를 하는 선수들과 학생들이 생각보다 많다. 대화의 주제도 단연 돈 이야기가 압도적이다. 처음 만나는 사람에게는 그의 직업이 무엇인지 가장 궁금해 한다. 전국에 혼기를 훌쩍 넘긴 노총각들이 많은데 가장 큰 이유는 그들이 가난하기 때문이다. 아가씨 노처녀 이혼녀 사별녀 할머니 등 거의 모든 여자들이 돈 없는 남자와의 혼인은 생각조차 하지 않는다. 설문조사에서도 한국 아가씨들의 결혼 조건 1순위는 남자의 직업(경제력)이고 일본 아가씨는 남자의 인품(성격)이었다. 얼마 전 한 일간지 설문에서 76.8%가 우리 사회의 가장 큰 힘은 돈이라고 생각한다고 답했다. 돈을 삶의 가장 중요한 수단이자 목표라고 생각한다는 사실이 드러났다. 한국사회가 성장 지상주의와 배금주의에서 벗어나지 못하고 있는 생생한 '민낯'을 드러냈다. 그러나 이와 같은 가치관은 자기 자신에게나 타인에게 매우 위험할 수 있다. 무지의 극치를 보여 주는 위험한 생각이다.

　사람에게는 3가지 생명이 있다. 돈(물질), 몸, 영혼이다. 이 중 돈은 세 번째 생명이다. 돈은 소중하다. 돈으로 자기 자신과 가족의 생계를 해결한다. 자아실현의 수단으로 활용한다. 개인 기업 단체 국가가 사회적 약자를 도울 때 요긴하게 사용한다. 자세히 살펴보면 돈은 거의가 사람의 몸을 위해 사용되고 있다.

　두 번째 생명이 몸이다. 몸이 돈보다 더 중요한 생명이다. 천하를 얻고도 몸을 잃으면 무슨 소용이 있는가? 중병 든 사람이 돈 아끼려 병원 가지 않는 경우도 있는가? 사람은 몸의 수명만큼 이 세상에서 살아간다. 몸의 수명이 그가 이 세상에서 활용할 수 있는 시간인 것이다. 몸은 욕망이다. 욕망하는 몸은 끊임없이 온갖 욕구를 충족시키려고 한다. 동시에 몸은 영혼이 하고자 하는 일을 수행하는 구체적인 도구이기도 하다. 몸은 실로 소중하다. 그 이유를 일일이 열거한다면 한도 끝도 없을 것이다.

　무엇보다 몸이 소중한 가장 큰 이유는 몸이 살아 있을 때 회개할 수 있기 때문이다. 세상 떠난 후에는 끝이다. 더 이상 기회가 없다. 여기서 한 가지 주목해야 할 진실이 있다. 몸이 곧 생명이라는 걸 깨닫고 있는 사람은 타인의 몸을 존중한다. 결코 폭행이나 폭언을 행사하지 않는다. 부모가 자녀에게, 감독 코치가 선수에게, 개인이 개인에게 폭력을 사용하는 건 이걸 몰라서다. 밝게 아는 사람은 문제를 일으키지 않는다. 세상의 모든 잘못은 무지에서 시작된다.

(2) 자본주의 사회에서 내가 가진 돈은 내 것이다.

여기에도 2가지 입장이 있다. **하나는**, "내가 번 돈은 내 것이다."는 가치관이다. 물론 그러하다. 이게 지켜지지 않으면 자본주의 체제가 무너질 것이다. 한 가지 우려스러운 점은 이런 사람들은 돈을 자기 자신과 가족만을 위해 사용할 개연성이 높다.

이게 강할수록 이웃사랑과 나눔을 실천하기 어려울 것이다. **또 하나의** 관점은 여기서 더 나아간다. 사랑을 담고 있다. 돈은 개인의 **소유**를 넘어 사회의 **존재**로 확산되어야 한다고 생각한다. 즉, 돈은 사회적 선(善)을 실천하는 도구로 사용되어야 한다는 관점이다. 현재 내게 있는 돈은 내 것이 아니라 이걸 실천하라고 나에게 잠시 맡겨 놓은 것이다. 그러므로 돈이 아무리 많아도 근검절약 절제의 생활을 해야 한다.

"신(神)이 거지를 둔 것은 부자를 시험하기 위해서다."는 말에 동의하는가? 돈은 사회적 약자(고아 병자 외국인 독거노인 가난한 사람 등)를 위한 무제한의 구제에 사용되어야 한다. 자신에게 맡겨 놓은 돈을 자신과 가족만을 위해 사용하느냐, 이웃사랑에 사용하느냐는 돈에 대한 철학에 의해 극명하게 다르게 나타난다. 구두 직공 존 파운즈는 이마에 땀을 흘리며 번 적은 수입으로 생계를 꾸려가면서 지금까지 5백 명 이상의 아이들을 불행에서 구출했다.

반면 중국 대륙의 마지막 왕조 청(淸 1616 ~ 1911) 말기, 귀족들은 수시로 파티를 열었다. 온갖 산해진미를 먹고 마시다 배가 불러 더 이상 들어가지 않으면 부드러운 거위털을 목구멍에 넣어 토해 내고 다시 음식을 먹었다. 상하이에서는 굶어 죽은 어린이를 버린 시신이 9만 구나 넘었다. 물론 중국 다른 도시에서도 이와 비슷했다. 농촌에서는 먹을 것이 없어 관음토(부드러운 흙)를 먹는 사람들이 부지기수였다. 또한 필리핀의 그 대통령 부인의 구두가 수천 켤레라는 보도가 외신에 전해졌다. 수백 년 신어도 남을 수량의 구두다.

(3) 돈이면 무엇이든 할 수 있다.

이 역시 매우 위험한 생각이다. 돈으로 할 수 있는 게 있고, 할 수 없는 일도 있다. 돈으로 할 수 없는 일이나, 해서는 안 되는 일을 하려고 할 때 온갖 문제가 발생한다. 부정부패도, 심판 매수도, 마약 밀매도, 온갖 종류의 범죄도 이렇게 생겨난다. 인류 역사상 역대 부자 서열 3위의 록펠러는 수익을 계산하는 사람을 자그마치 46명이나 두었다고 한다. 현재 부자 순위 1,2위를 다투고 있는 빌 게이츠(97조 원 추산)보다 12배나 많은 돈을 소유했다고 한다. 수많은 사람들을 지속적으로 도왔으며 학교 교회 병원 등을 많이 지었다. '록펠러재

단'을 만들어 지금도 이웃사랑을 실천하고 있다. 그런 록펠러도 돈으로 할 수 있는 일보다 할 수 없는 일이 훨씬 더 많았다.

(4) 돈이 없으면 불안하다.

반면 돈이 많을수록 든든하고 자신감이 생긴다. 이런 마음이 지나치게 강렬하면 현직에 있을 때 가능한 많이 돈을 챙기려고 한다. 공금 횡령, 배임수재 등의 모양으로 나타난다. 기회가 생기면, 아니 적극적으로 기회를 만들어 맹렬하게 뇌물을 챙긴다. 노후대책도 돈을 1순위로 여긴다. 그러나 돈은 3순위다. 첫째가 건전한 영혼이고 둘째가 건강한 몸이다. 돈에 의존하여 살아가고, 돈 벌다 한 세상 가버리는 인생이다. 태어난 의미도 모르면서….

(5) 인생의 성공 여부는 돈의 소유에 비례한다.

서민들은 일상에 매여 평생을 살아간다. 재정의 자립을 이루지 못했기에 돈 버는 데 가장 많은 시간(인생)을 소진한다. 이렇게 하다 돌아서면 인생의 황혼이 와 있다. 돈 벌기 위해 태어난 인생인가? 기업가들은 더 많이 벌기 위해 경쟁 속에 들어가 있다. 서민들은 일상에 매여 평생을 살아간다. '이웃사랑'을 실천하는 삶이라면 이런 삶도 나쁘지 않다고 생각한다. 사람들은 자신의 소유로 살아가려고 한다. 자신의 힘으로 살아가려고 한다. 그러나 인간의 힘으로 할 수 있는 게 무엇인가? 억만장자로 살아도 자신의 영혼이 구원받지 못하면 그 돈이 무슨 소용이 있는가? 인생의 성공 여부는 인간이 판단할 수 없는 영역이 아닐까? 세상 다한 후 우주의 심판대 앞에 섰을 때 비로소 판가름 나는 게 아닐까?

2) 끊이지 않고 터져 나오는 금전 비리

언론에 보도된 2가지 사례를 제시한다. 축구 감독의 금전 비리가 해마다 끊이지 않고 터져 나오고 있다. 오늘은 어느 밀실에서 누구와 누구가 검은 돈을 주고받으며 부정부패를 획책하고 있을까?

(1) 前 국가대표와 코치 등 연루 축구 체육특기생 입시 비리

중 고 대학 감독에 심판까지 낀 축구 체육특기생 입시 비리가 검찰에 적발됐다. 수원지검 안양지청 형사 1부(부장 조남관)는 학생 지도와 진학을 대가로 금품을 주고받은 혐의(배임수죄 등)로 전 국가대표 박 모(49)씨 등 고등학교 축구 감독 3명을 구속 기소했다고 2013년 7월 25일 밝혔다. 중 고 대학 감독 6명과 대한축구협회 심판 1명, 학부모 2명 등 9

명은 불구속 입건했다.

　박 씨 등 구속된 고교 감독 3명은 학생 지도와 진학에 신경 써주겠다며 학부모들로부터 각각 4,000~8,000만 원을 챙긴 혐의를 받고 있다. 대한축구협회 기술위원 출신 감독 이 모 씨는 학부모들이 간식비로 쓰라며 매달 각자 50~100만 원씩 모은 돈 가운데 8,000만 원을 빼돌리기도 했다. 감독끼리 금품을 주고받으며 '선수 장사'를 한 경우도 적발됐다. 올림픽대표 팀 수석 코치 출신으로 울산 지역 대학교 감독인 이 모 씨는 우수한 선수를 보내달라며 올림픽 대표 팀 후배인 7개 고등학교 감독에게 총 1억2,000만 원을 건넨 혐의를 받고 있다. 이 씨는 학부모와 입학 예정 선수의 학부모로부터 승용차 등 1억1,000여만 원을 받아 이 돈을 마련한 것으로 조사됐다. 대한축구협회 소속으로 중 고 경기에 출전하던 심판 고 모씨는 중학교 감독으로부터 소속 선수들의 진학을 위해 잘 봐달라는 청탁과 함께 450만 원을 받은 혐의로 불구속 기소됐다.

- 스포츠서울, 2013. 7. 26. 금. 10면

(2) 유명 고교 축구 감독이 이틀에 한 번꼴로 뇌물

　초 중 고 축구 감독이 선수 학부모들에게서 뇌물을 받거나 후원금 일부를 횡령하다 잇따라 적발됐다. 운동부 감독은 선수 지도와 진학 등에 '제왕적 권력'을 행사한다. 하지만 이들에 대한 관리 감독 제도가 없어 학부모들이 꼼짝없이 당할 수밖에 없다는 지적이 나온다.

　2011년 12월 13일 신흥 축구명문으로 유명한 서울 K고 축구부 최 모(53) 감독이 대학 진학 로비와 수고비 등으로 5년간 4억여 원을 횡령한 혐의로 서울 송파경찰서에 불구속 입건 됐다. 체육교사인 최 감독은 2005년 K고교에 축구부를 직접 세운 뒤 운동과 학업 병행을 강조하면서 각종 대회 상위권을 휩쓸어 나름대로 유명한 인물이 됐다. 최 감독은 학부모들의 신임이 두터워지자 변질됐다. 선수 학부모들로 구성된 후원회에 활동비와 명절 떡값 등을 명목으로 돈을 요구하기 시작했다. 그는 후원회장을 학교 체육실로 불러 "대학 교수들에게 로비를 해야 하니 활동비를 달라"고 요구해 1,870만 원을 받아 챙겼고, 총무에게는 체크카드를 만들어 달라고 요구한 뒤 자신의 자동차 기름 값과 노래방 비용을 결재했다. 전국대회를 앞두고서는 "승리를 위해 고사를 지내야 한다."며 이른 바 '떡값' 명목으로 3차례에 걸쳐 2,540만 원을 받아갔다. 이렇게 최 감독이 학부모로부터 받아낸 돈이 모두 1026회에 걸쳐 4억 995만 원에 달했다.

- 서울신문, 2011. 12. 14. 수. 9면

3) 감독 코치는 돈에 대한 철학을 정립해야 한다.

돈에 대한 사람들의 욕구는 강렬하다. 돈이 욕구 충족의 수단이며, 그 자체가 권력(내 말대로 상대방을 움직이게 하는 힘)이기 때문이다. 수시로 유혹이 온다. 이겨내기가 쉽지 않다. 돈에 굴복당해 돈에 휘둘리며 살 것인가? 이 경우 종국에는 돈이 그 인간을 먹어버린다. 그 영혼을 파멸시켜 음부로 데려가 버린다. 돈에 대한 올바른 철학으로 돈을 통제하며 생활할 것인가? 성경은 (부정한)돈을 사랑함이 모든 악의 뿌리라고 경고하고 있다.

"돈을 사랑함이 일만 악의 뿌리가 되나니
이것을 탐내는 자들은
미혹을 받아 믿음에서 떠나 많은 근심으로써 자기를 찔렀도다."

- 디모데전서 6장 10절

선수를 가르치는 지도자이며 교육자인 감독 코치는 유혹 많은 이 시대에 돈에 대한 올바른 철학 정립과 실천이 요구되고 있다. 어쩌면 너무나 힘든 걸 요구하고 있는 지도 모르겠다. 사실 돈에 깨끗하면 다른 문제는 생겨나지 않는다고 해도 지나치지 않을 것이다. 감독 코치가 확고하게 가져야 할 돈에 대한 철학이 어떠해야 하는가?

(1) 정당하게 주어지는 보수(월급)만으로 생활해야 한다.

그 이상을 욕심내지 말아야 한다. 고교 축구 감독이 고3 선수의 대학 진학을 미끼로 학부모에게 금품을 요구해서는 안된다. 전국대회 조별리그 탈락으로 남은 돈은 균등하게 나누어 학부모에게 돌려주어야 한다. 대학 팀과 연습 경기하는 날에는 대학 진학을 준비해야 한다는 명분으로 학부모에게 10만 원씩 거출하여 대학 감독과 술을 마시고 유흥주점에 가는 고교 감독이 없는가?

인간이 어떻게 하룻밤에 술을 450만 원이나 마시는가? 3만 원이면 아프리카 탄자니아의 가난하고 굶주리는 두 어린이의 한 달 식량이 된다. 450만 원? 이들 300명이 한 달간 먹고 살 수 있는 돈이다. 8강전에 이겨 4강에 오르기 위해 학부모에게 심판 로비비를 걷는 감독이 있는가? 주전 실력이 아닌 데도 돈을 받고 그 선수를 주말리그에 출전시켜 주는 일은 가증스럽다.

전지훈련에서 숙박비와 식대를 부풀려 지급하고 그 차액을 업소 주인에게서 돌려받는 일이 지도자가 할 일인가? 이런 저런 비리와 결별해야 한다. 그동안 운동부 비리에 참다못한 정부 부처와 17개 시도 교육청에서 운동부 금전 비리에 단호하게 대처하겠다고 발표했다. 한 번만 적발되어도 스포츠계에서 퇴출시키겠다는 '**원 스트라이크 아웃**'제도다. 더 많은 돈을 벌고 싶다면 정당한 방법을 찾아야 한다. 책을 출판하든가, 실력을 인정받아 프로 구단에서 일하든가, 개인 시간에 초청 강사로 활동하든가 등등 … 돈을 그렇게 벌고 싶다면 감독을 그만 두고 사업을 하는 게 더 좋을 것이다.

(2) 정직하게 팀 재정을 운용해야 한다.

매달 수입과 지출을 투명하게 공개해야 한다. 정직하게 운영한다면 공개하지 못할 이유가 없다. 재정 공개 시 영수증 첨부는 상식이다.

(3) 근검절약하는 삶이 돈의 유혹을 이기게 해주는 힘이 된다.

지금 생활에 감사하자. 그저 감사하고 100% 감사하자. 무조건 감사하자! 계속 감사드리고, 24시간 감사의 마음으로 세상을 걸어가자. 덤으로 감사하는 사람에게 우울증은 없다.

(4) 가능한 한 매달 이웃돕기를 실천하기를 권유 드린다.

넉넉하지 않은 중에도 이웃사랑을 실천하는 건 장엄한 일이다. 세상에는 나보다 어렵고 고통스러운 나날을 살아내고 있는 사람들이 엄청 많다. 매달 기부를 실천하기를 권유 드린다.

라이프 오브 더 칠드런(Life of the children, T 02. 6246. 9191), 세이브 더 칠드런(Save the children, T 02. 6900. 4400), 기아대책(T 02. 544. 9544) 등 여러분의 도움이 절실한 곳이 많이 있다. 마실 물이 없어 오염된 물을 마셔 병들고, 5초마다 어린이 한 명이 굶어 죽어가고 있다.

(5) 선수 학부모의 향응이나 선물도 단호하게 물리쳐야 한다.

이 점은 미리 가정통신문을 통하여 확고한 의지를 알리고 학부모 모임에서도 다시 강조하여 사전에 예방하는 게 최선이다. 모두 알고 있는 내용이다. 새로운 건 없다. 그렇지만 현장에서 이렇게 지켜지고 있는가? 인격자는 자기 자신의 잘못을 부끄러워한다. 힘써 고친다. 이 땅의 모든 축구팀 감독 코치가 고매한 인격으로 세상을 걸어가기를 소망한다. 그리하여 이 세상에서 가장 소중한 감독 자신의 영혼을 건강하게 만들어가기를 기원 드린다.

4. 감독 코치, 선수를 어떻게 바라보아야 하는가?

"그대 곁에 있는 사람은 신이 내린 축복입니다. 수십 억 수백 년의 우주시간 속에 바로 지금, 무한한 우주 속의 같은 은하계, 같은 태양계, 같은 행성, 같은 나라 그리고 같은 장소에서 만난 것은 1조에 1조 배를 곱하고 다시 10억을 곱한 확률보다 작은 우연이기 때문이다."

- 칼 세이건의 〈코스모스〉 중에서

그는 어떻게 감독이 되었는가? 그는 어떻게 코치가 되었는가? 그 축구선수들이 있기 때문이다. 그 팀이 있기 때문이다. 이처럼 선수와 선수를 지원하고 있는 학부모는 감독 코치의 존립 기반이다. 프로 감독 코치들도 그러하다. 감독 코치에게 선수와 학부모는 그 누구와도 비교할 수 없는 최고의 고객이다.

1) 비전기업의 고객서비스 전략

기업의 경우 고객이 이탈하면 시장점유율이 떨어지고 수익이 급감하여 문을 닫게 된다. 이 글을 쓰고 있는 2016년 3월 24일 현재 세계 기업 중 주식 시가총액 1위가 구글이다. 그 뒤로 애플, 마이크로 소프트, 페이스북 순으로 자리하고 있다. 이들은 현저하게 탁월한 비전기업(동종업계 세계 1위 기업)이다. 그러나 고객이 이들의 제품과 서비스를 단 6개월간 구입하지 않으면 생존할 수 있을까? 불가능하다. 바로 파산하게 된다. 이게 고객의 힘이다. 그 어떤 기업도 고객을 이길 수 없다.

이러하기에 세계 초일류기업들은 하나같이 기존 고객을 유지하고 비고객을 고객으로 만들기 위해 총력을 기울인다. 고객의 시간을 최대한 절약해주고자 지체보상금 제도를 시행하기도 한다. 최소 비용이나 무료를 지향하며, 고객을 불쾌하게 하는 일은 생각조차 할 수 없다.

경쟁사보다 앞서 있는 고객감동 서비스 시스템을 만들어 고객이 상상하는 그 이상의 서비스를 제공하려고 치열하게 노력하고 있다. 고객을 만나고 응대하는 직원에게 20% 이상의 보수를 지급하는 기업도 적지 않다. 내부고객(직원)을 수시로 연수시키는 동시에 내부고객의 근무 만족도를 높이는 일도 게을리 하지 않는다. 내부고객이 행복해야 외부고객을 행복하게 해줄 수 있기 때문이다. 그 뿐만 아니라 뛰어난 파트너를 만나야 더 좋은 제품과 서비스를 생산할 수 있기에 기업 간의 협력과 지원도 긴밀하다. 여기에서 몇 가지 질문을 던지겠다.

(1) 한국의 초중고 대학 등 학원축구팀과 클럽축구팀 그리고 실업축구와 K리그의 감독 코치들이 세계 초일류 비전기업보다 더 인류에게 공헌하고 있는가?

(2) 한국의 각급 축구팀 지도자가 세계 초일류 비전기업보다 더 유능하고 영향력이 있는가?

(3) 한국의 각급 축구팀 감독 코치들이 세계의 비전기업보다 고객을 더 존중하며 친절 서비스를 제공하고 있는가?

실상은 어떠한가? 한국의 대표적인 프로구단인 전북 현대, FC 서울, 수원 삼성은 세계의 비전기업에 비교하면 그 존재가 미미할 뿐이다. 이 3구단의 모기업인 현대자동차, GS 그룹, 삼성이 세계의 비전기업인가? 더 자세히 보면 어떠한가?

K리그를 포함한 한국의 축구 시장은 좁다. 잉글랜드 프리미어의 1/1,000도 되지 못한다. 올해 2016년 대한축구협회의 1년 예산이 850억 원 정도다. 프리미어 리그의 경우, 호날두나 가레스 베일 그리고 이과인, 포그바 등의 이적료가 이미 1,200억 원을 넘어섰고 여기에 육박하는 선수들도 수두룩하다. 얼마 전 바르셀로나가 1997년생으로 아직 19세도 되지 못한 Ousmane Dembele(스타드 렌 소속)의 이적료로 462억 원을 제안했으나 스타드 렌이 이를 거절했다.

세계의 비전기업들이 고객 감동 서비스, 고객 친절 서비스 경쟁에서 이기기 위해 혼신의 노력을 기울이고 있는데 비해 한국의 축구 감독 코치들은 최고의 고객인 선수와 학부모들에게 어떠한 고객 서비스를 하고 있는가? 아직 너무나 부족하다. 이 글을 읽는 감독 코치의 반응은 극명하게 다를 것이다. 자발적으로 동의하든가 아니면 극도의 신경질적인 반응을 보이는가, 둘 중의 하나다. 어떤 선택을 하든지 감독 코치 자기 자신의 의식 수준을 고스란히 반영하고 있는 것이다.

다시 주제로 돌아가 생각해보자. 한국에도 선수와 학부모를 지극하게 섬기는 감독 코치가 있다. 문제는 이렇게 하는 축구 지도자가 희귀할 정도로 적다는 점이다. 거의 대부분의 선수와 학부모가 감독 코치에게 존중받지 못하고 있다고 생각하고 있다. 감독의 팀 경영과 코칭 철학에 만족하는 학부모와 선수는 드물고 여기저기에서 학부모와 선수의 불만과 분노가 비등점을 향해 끓어오르고 있는 실정이다. 한국축구계의 모든 감독 코치가 '**인간답게**'라는 말을 좋아한다. 그들도 인간답게 존중받고 대우받고 싶어 한다.

"무엇이든지 남에게 대접을 받고자 하는 대로 남을 대접하라"

- 마태복음 7장 12절

2) 의식의 전환

이제 답이 나왔는가? 이 글을 읽는 감독 코치가 즉시 의식을 전환하기 바란다. 관점을 바꾸어 자신부터 먼저 '**인간답게**' 새롭게 시작하기를 권유드린다. 감독 코치가 진정으로 선수를 사랑하고 학부모에게 고마워한다면 이렇게 실천해야 한다.

먼저, 선수와 학부모에게 깊은 감사의 마음을 가져야 한다. 감독 코치에게 일자리를 제공해주고, 자신과 가족의 생계를 책임져주며, 축구 지도를 통한 자아실현을 할 수 있게 하는 존립 기반인 선수와 학부모에게 깊은 감사의 마음을 가져야 한다.

감독 코치는 존중의 마음으로 따뜻하고 신비한 눈길로 선수를 바라보아야 한다. 우주는 한 생명을 온 천하보다 귀하게 여긴다. 선수와 학부모는 감독 코치가 그들 위에서 군림하고 지시해야 할 대상이 아니다. 선수 학부모는 허리가 휘고 간담이 녹으며, 온갖 수모를 당하며 갖은 수고를 다하여 돈을 벌어 매달 축구부 회비와 각종 경비를 내고 있다. 그리고 감독은 세상에도 한없는 감사의 마음을 가져야 한다.

모든 사람에게 그러하듯이 감독 코치 자신의 소유라고 할 수 있는 건 아무 것도 없다. 인간은 공기 물 바람 흙 등 인간 생존에 1차적이고 필수적이며 가장 소중한 자원을 값없이 그냥 선물 받았다. 모두 우주의 은혜다. 내 주머니의 돈도 내 소유가 아니고 이 세상의 가치 있는 일을 위해 사용되어야 할 공공재일 뿐이다. 거듭 말하지만 이 세계에서 내 것이라고 말할 수 있는 것이 하나라도 있는가? 이걸 깨닫는 순간 세상과 우주에 대한 감사의 마음이 저절로 우러나올 것이다.

아래의 일화는 무엇을 말해주는가? 매튜 헨리라는 사람이 귀가 중에 길에서 강도를 만나 칼에 찔리고 피 흘리다 가까스로 집에 도착하니 가족들이 깜짝 놀랐다. 치료 중에 문득 이런 생각이 들었다.

'12년간 이 길을 무사히 다녔으면서도 한 번도 감사할 줄 몰랐구나. 내가 강도가 되지 않은 게 너무나 감사한 일이구나. 그때 강도 만나서도 목숨을 보전하게 해주셔서 그냥 감사할 뿐이구나!'

대부분의 사람들은 좋은 일에는 감사의 마음을 가지나 나쁜 일과 당연한 일에는 감사하지 않는 것 같다. 그러나 매튜 헨리는 모두가 감사의 대상인 것 같다. 감사의 단계는 마음에서, 말로 이어 실천으로 발전해간다. 현대는 우울증 환자가 빠르게 증가하고 있지만 감사하는 사람에게 우울증 환자가 없다고 한다.

둘째, **선수와 학부모를 감독 자신의 몸보다 더욱 사랑해야 한다.** 감독 코치 자신과 주위 사람들을 살펴보라. 무엇을 가장 사랑하는가? 자기 자신의 몸이다. 더 맛있고 건강에 좋은 음식과 온갖 보약, 더 값비싼 옷들, 더 고가의 자동차와 아파트 등을 추구한다. 모두 자신의 몸을 위해서다. 몸은 그 자체가 욕망이기에 끊임없이 욕구를 충족시킬 것을 요구한다. 그러나 하루 중 자신의 영혼을 위해 하는 일이 무엇인가? 반면 인류 역사에서 영적 구루들과 선지자들은 한결같이 그 몰골이 초라했다. 자신의 몸을 위해 두 벌 옷도 가지지 않으려 절제했으며, 낡고 헤진 신발로 그 먼 길을 걸어갔다. 그들의 행색이 얼마나 초라했으면 부자들의 비웃음거리가 되었겠는가? 하지만 우주심과 진리의 전달자인 그들은 거짓되고 심히 부패한 사람들의 영혼을 건강하게 하려고 혼신의 노력을 기울였다. 이제부터 감독 코치가 자신의 몸을 지나치게 사랑하는 걸 서서히 줄여가면서 선수와 학부모를 자신의 몸보다 더욱 사랑하는 거룩을 실천하기를 권유 드린다. 이게 감독 코치 자신의 영혼을 살리는 길이다.

셋째, 더 나아가 감독 코치가 선수와 학부모의 심부름꾼으로, 종으로, 노예로 낮아지기를 권유 드린다. 이런 신분으로 선수와 학부모를 지극하게 섬겨야 한다. 선수와 학부모에게 사람에게 하듯 하지 않고 하느님에게 하듯 해야 한다. "사람이 곧 하늘이다!"는 동학사상이 던져주는 교훈을 마음으로 받아들여야 할 것이다. 노예는 자유의지를 행사할 수 없다. 주인이 시키는 대로 해야 할 뿐이다. 종에게는 어떤 명예도 있을 수 없고, 모두 주인의 것이다. 감독 코치는 스스로 이렇게까지 낮아져 선수와 학부모를 한없이 지극하게 섬겨야 한다. 이 글을 읽는 순간 지난날을 진실로 회심하고 이렇게 실천하는 감독 코치가 매일매일 속출하기를 바라는 마음 가득하다.

왜 못하는가? 고집덩어리, 욕심덩어리인 '나'라는 자아를 객관적으로 응시하다 극복해야 한다. 이런 '**섬김의 실천**'이 한국의 축구 감독 코치들로부터 시작되어 한국 사회 전체 나아가 인류에게 골고루 다함없이 전파되기를 기원 드린다.

5. 선수를 항상 마음 편하게 한 후 지도해야 한다.

#1. "더 이상 박 모 감독과 훈련할 수 없다"

남자 프로배구 드림식스가 박 모(40) 감독의 지도 방침에 반기를 든 선수단의 단체 행동으로 '**감독 보이콧**'이라는 최악의 사태에 직면했다. 젊은 혈기의 박 감독과 선수들 사이의 갈등은 심각할 정도로 골이 깊어져 있었고 급기야 선수들은 지난 주말 "더 이상 박 감독과 훈련할 수 없다"는 의사를 전달했다. 선수들로부터 보이콧을 당한 박 감독은 자존심에 깊은 상처를 입고 인천 숙소에서 나왔다. 양측의 갈등이 이처럼 깊어진 이유는 스타 플레이어 출신인 박 감독의 카리스마 넘친 지도 방식이 선수들과 잦은 마찰을 빚은 것으로 추측된다. 박 감독은 의욕이 앞선 탓인지 지나치게 강하게 다그쳤고 이 과정에서 선수들의 자존심에 상처를 안겨주면서 갈등은 파국을 향해 치달았다. 주축 선수들이 대부분 대회에 불참했고 논란이 사그라지지 않자 결국 박 감독은 남은 경기에 나서지 않기로 했다. 박 감독을 대신해 권순찬 코치가 팀을 이끌기로 결정했다.

- 스포츠서울, 2012. 8. 17

"선수 생활을 그만 두는 이유 중의 30% 이상이 감독이나 코치와의 불화다"라는 주장을 들어본 적 있는가?

#2. "남편이 은퇴하면 아내 우울증 위험"

은퇴한 남편을 둔 아내는 그렇지 않은 아내보다 우울증에 걸릴 위험이 최고 70% 높다는 분석이 나왔다. 강모열 서울대의대 예방의학교실 연구원이 2006~2012년 고령화연구패널조사에 참여한 45세 이상 남녀 5739명을 조사한 결과를 2016년 3월 28일 발표했다. 우울증 척도검사에서 자발적인 은퇴를 한 남편의 아내는 계속 직장에 다니는 남편의 아내보다 우울증에 걸릴 확률이 70% 더 높았다. 강 연구원은 "직장에서 삶의 대부분을 살아온 남편이 은퇴를 하고 집으로 돌아와 집안일을 간섭하면서 부부간 마찰을 일으키는 것으로 보인다."고 분석했다.

- 중앙일보, 2016. 3. 29. 화. 19면

수십 년을 같이 살아왔고, 가정생활을 주도하는 주부도 남편에게 간섭받고 지적받으면 이러한데 우월적 지위에 있는 감독 코치가 꾸중하고 지적할 때마다 선수는 심리적 정서적으로 큰 충격을 받게 된다. 감독 코치의 성격과 기질은 모두 다르다. 바람직한 유형이 있고, 버려야 할 유형도 있다. 의식 수준도 천차만별이다. 감독 코치가 화난 목소리로 분노의 표정을 지으면 선수는 위축되고 불안해한다. 습관적으로 이렇게 하는 감독 코치는 선수의 발전 가능성을 최소 30% 이상 낭비하게 만든다. 엄청난 손실이다. 감독 코치가 선수의 성장을 가로 막고 있는 형국이다. **어리석은 지도자는 적보다도 더 위험하다.** 그런 감독 코치와 같은 장소에 있으면 선수는 항상 불안한 상태에 있게 된다. 스트레스, 긴장, 자존감 저하, 근심 걱정, 두려움 등이 수시로 밀려온다.

이러면 팀 연습 시 최고의 집중과 몰입은 불가능하다. 경기에서도 선수 자신의 실력을 100% 발휘할 수 없다. 감독 코치는 선수의 잠재력을 100% 이상 끌어낼 수 있는 방안을 모색해야 한다. 팀 연습에서, 경기에서, 선수의 개인 연습에서 효과를 극대화할 수 있는 심리적인 환경을 만들어야 한다.

감독 코치로 부임하면 선수 지도 이전에 이런 환경을 먼저 조성해야 한다. 다행히 이 일은 그리 어렵지 않다. 매우 쉬울 수도 있다. '강풍'이 되지 말고 '따뜻한 햇볕'이 되는 것이다. 남에게는 봄바람처럼 부드럽고 포근하게 대하되(對人春風) 자신에게는 가을 서릿발처럼 엄격해지는(持己秋霜) 것이다. 선수에게 친절한 지도자가 되는 일이다. 의식수준이 높은 사람은 남에게 불친절할 필요성을 전혀 느끼지 못한다. 인간은 모두 존엄하며, 동등하게 존엄하다. 더 존엄한 사람도, 덜 존엄한 사람도 없다. **감독 코치 그리고 선수 사이에도 이러하다.**

선수에게 화를 잘 내고 조그마한 잘못에도 꾸중하는 감독 코치는 이렇게 해보기를 권유드린다. 화난 목소리를 부드럽고 명랑하게 바꾸자. 분노한 얼굴 표정을 환하게 웃는 밝은 얼굴로 바꾸자. 화가 날 때 5초간 침묵하자. '**화 노트**'를 만들어 언제, 어느 때, 어떻게 화를 내었는지 기록해보자. 자신에 대해 되돌아보는 계기가 되고 화도 조절할 수 있게 된다. 선수의 관점에서 상황을 판단하려고 노력하자. 감독 코치 자신이 선수 시절 감독 코치에게 비인간적인 대우를 받은 경험을 수시로 떠올려보자. "개구리 올챙이 시절 모른다."라는 속담이 있다. 감독 코치 자신이 갓 태어나 첫 돌도 안 된 시절을 기억해내자. 그때에는 폭력 분노 꾸중을 모르고 살았었다. 그때의 순수한 마음을 되찾을 수 없을까? 선수를 심하게 꾸중하면 실수를 즉각 교정할 수 있지만 부정적 가치관과 수동적 태도를 갖게 된다. 선수를 따뜻하게 이해시키자. 선수에게 차근차근 설명해주자. 이때 감독 코치가 선수 자신의 입장을 존중해 주고 있다고 느끼도록 하는 것이 중요하다. 선수에게 긍정적으로 반응하자. 스스로 잘못을 고쳤을 때는 칭찬해줌으로써 자부심을 가지게 해주자. 그러면 실수가 점점 더 줄어들 것이다. 폭언과 욕설을 칭찬과 감탄으로 교체하자. 98번 칭찬하고 2번 정도 타이르자. 칭찬은 고래도 춤추게 한다고 했던가!

인간의 뇌는 칭찬을 받으면 쾌락을 관장하는 부위가 활성화된다고 한다. '미인대칭'이란 말이 있다. 사람을 만나면 미소 짓고, 먼저 인사하고, 대화하며 장점을 아낌없이 칭찬한다는 뜻이다.

서울의 한 초등부 감독은 유럽에서 5년간 공부하고 왔다. 2015년부터 팀을 지도하고 있다. 이 감독은 선수들에게 '미인대칭'을 실천하고 있다. 선수의 마음을 더없이 편안하게 해주고 있다. 선수들은 감독이 친구처럼 믿음직하고 편안하다. 이 감독이 등장하면 달려와서 안기는 선수들도 있다. 연습시간에도 웃음이 끊이지 않는다. 물론 연습 프로그램도 매우 수준 높다. 미리 계획한 학습지도안이 구조적이고 과학적이다. 선수들의 실력이 일취월장 괄목상대하고 있다. 그는 먼저 선수의 마음을 편안하게 해주고, 그 다음 최고의 코칭을 하고 있다.

선수에게 화내지 말자. 선수가 잘못하고 있는 원인은 선수 자신보다 감독 코치 그리고 선수 부모에게 있는 경우가 더 많다. 감독 코치 그리고 학부모에게 「부모 용서하기」(레슬리 필즈 지음 / 규장) 일독을 권한다. 꼭 읽어보기 바란다. 성난 얼굴 표정, 무서운 시선으로 벽력같이 호통치지 말라. 문제를 조금도 해결하지 못하며 오히려 악화시킨다. 한없이 부드럽고 따뜻하며 온유한 얼굴, 시선, 말, 행동으로 선수를 언제 어디서나 편안하게 하자. 그런 다음 이 세상에서 최고의 코칭으로 날마다 세상에서 가장 높은 실력 향상을 성취하자.

풀 꽃

나태주

자세히 보아야
예쁘다
오래 보아야
사랑스럽다
너도 그렇다

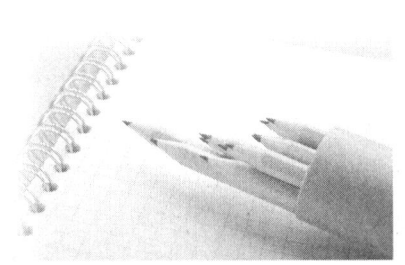

6. '페어플레이'에서 '이웃사랑'으로!

몸이 욕망이다. 몸 자체가 욕망 덩어리다. 세상에는 온갖 유혹이 사람을 미혹하고 있다. 탐욕과 무지(無智)는 유혹에 적극적으로, 열렬하게 반응한다. 그 중에서도 현대인은 돈에 대한 탐욕이 가장 크고 강하고 끝이 없다. "돈이면 무엇이든 하겠다."는 극단적인 사고가 온갖 범죄를 양산하고 있다. 탐내면 취하는 것은 시간문제다. 마침내 해서는 안될 범죄를 저지르고 만다. "유혹을 쉽게 뿌리치지 못하는 것은 유혹에서 완전히 벗어나고 싶지 않기 때문이다"(프랭클린 존스).

욕심이 잉태되면 죄를 낳고 죄는 결국 자신의 영혼을 파멸에 이르게 한다. 잘못된 길은 가면 갈수록 돌이키기 힘들다. 그러므로 우리는 시작부터 조심해야 한다. 실제로 우리 모두는 태어나서 지금까지 크고 작은 온갖 죄악을 끊임없이 자행해왔다. 알고도 저지른 죄가 있고 모르고 부지불식간에 행한 잘못도 너무나 많다. 흔히 인간을 '만물의 영장(靈長)'이라고 한다. 과연 그러한가? 주위를 둘러보라. 너 나 없이 **"돈 돈 돈"** 하면서 돈벌이에 급급해하다 가는 인생이 아닌가?

TV 인터넷 신문 등 언론에서는 연일 부정부패 기사로 넘쳐난다. 이게 각자의 인생에 주어진 사명인가? 이렇게 하려고 태어난 인생인가? 이렇게 살다 가는 인생의 결국에는 무엇이 기다리고 있는가? 생각할수록 두렵고 떨린다. 누구나 지나온 시간은 어떻게 할 수가 없다. 되돌릴 수 없다. 다행히 인간에게는 자신의 일을 스스로 판단하고 선택할 수 있는 '**자유 의지**'가 있다. 이 자유 의지를 올바르게 사용해야 한다. 앞으로 사용할 수 있는 시간도 있다. 때는 지금이다!

지금 의식의 전환을 이루어 내자.
패러다임을 바꾸자!
어제의 자신과 결별하자!
날마다 자신을 혁신하자!
'이웃 사랑'을 한결같이 실천하는 삶을 살아가자!

축구를 가르치는 감독 코치는 교육자다. 즉, '**교사로서의 감독 코치**'인 것이다. 어린 영혼을 올바르게 성숙시켜야 하는 막중한 책임이 있다. 감독 코치는 매일 선수의 경기력을 성큼 성큼 향상시켜야 한다. 그러나 축구 지도에만 머물러 있어서는 안된다. 계속 계속 더 나

아가야 한다.

무슨 말인가? 선수의 의식 수준을 날마다 고양시키고 단련해야 하는 일을 게을리해서는 안된다. '**코칭 철학**'과 깊이 연결되어 있는 이 일은 축구 지도보다 훨씬 더 중요하다. 프로 선수가 되어도 30대나 그 전에 은퇴하고, 그 뒤에 긴 인생을 살아가야 한다. 목표한 프로 선수가 되지 못하고 축구에서 뜻을 이루지 못할 수도 있다.

그러나 인생에서는 결코 실패해서는 안된다. 선수 시절 화려한 스포트 라이트를 받았던 스타플레이어들이 추악하게 몰락해간 그 많은 사례를 우리는 기억하고 있다. 지금도 그 길을 가고 있는 선수들이 한 둘이 아니다. 이 글을 쓰고 있는 2016년 7월 29일 현재 한국프로야구의 스타플레이어 두 선수가 승부 조작에 가담한 혐의로, 한 선수가 불법 스포츠베팅회사에 투자한 혐의로 검찰 수사를 받고 있다. 한 선수는 자수했다. 추가 가담자가 있다는 정황이 속속 드러나고 있어 한국야구위원회(KBO)가 검찰과 경찰의 수사 과정에 촉각을 곤두세우고 있다.

축구만 가르치고 선수의 인격 성숙을 이루어내지 못하는 감독 코치는 아직 부족하다. 더 나아가야 한다. 감독 코치는 선수에게 인생을 밝게 그리고 심원하게 가르칠 수 있어야 하고, 실제로 가르쳐야 한다. 축구는 인생의 한 부분일 뿐 인생 그 자체는 아니다. 선수가 '나는 무엇을 위해 존재하는가?'라는 질문에 올바르고 가치 있는 답을 내놓을 수 있고, 그렇게 살아가도록 연습시켜 주어야 한다. 그 결과 축구와 생활 모두에서 페어플레이를 실천하는 인간으로 살아가도록 도와야 한다.

1) 상대 선수를 지극하게 존중하라!

사람의 만남은 기적 그 자체이다. 우주적인 사건이다.

"무슨 일을 하든지 마음을 다하여 주께 하듯 하고 사람에게 하듯 하지 말라."(골로새서 3 : 23)

2) 페어플레이 정신을 가르치고 침투시켜 실천하게 하라!

초중고 대학 선수들은 아직 지식이 일천하고 경험도 적다. 자연스럽게 통찰력이 부족하다. 절제력 배려심도 그리 발달하지 못한 시기다. 스마트폰에 빠져 있고 컴퓨터 게임에 심취해 있다. 이러하기에 감독 코치가 나서야 한다. 수시로 페어플레이 정신을 가르치고 깊이 침투시켜 생활과 경기에서 실천하는지 점검해야 한다.

습관이 되게 만들어야 한다. **일례로, 경기에서 어떻게 페어플레이 정신을 실천할 수 있는가?** 어려운 게 아니고 이미 여러분이 알고 있다. 그러나 실천은 부족하다. 일부러 난폭한 플레이로 상대 선수를 다치게 해서는 안된다. 자신의 몸이 끔찍이도 소중하듯이 상대방을 내 몸처럼 존중하고 섬겨야 한다. 자신이 부상당했을 때의 고통과 힘들었던 재활을 떠올려 보라! 상대 선수에게 이런 일이 일어나게 해서야 되겠는가!

1 : 7로 지고 있다고 해서 경기를 포기하고 상대 선수를 다치게 하려는 플레이는 자신의 영혼을 악마에게 파는 짓이다. 간혹 이렇게 하라고 부추기는 감독 코치도 있는데, 이러고도 그들이 지도자인가? 오히려 상대방의 평소 연습과 탁월한 경기력에 경의를 표해야 한다. 분발의 계기로 삼아야 하는 것이다. 상대 선수가 넘어지면 가서 손잡아 일으켜 주자. 경기 중 쓰러져 있는 선수가 있으면 볼을 경기장 밖으로 아웃시키자. 그리하여 그 선수가 치료받도록 하자. 폭언, 야유, 주심 몰래 하는 야비한 반칙, 침 뱉기 등은 자신의 경기력 성장과 성공을 가로 막는 족쇄로 작용한다는 걸 하루 빨리 깨달아야 한다. 상대 선수를 다치게 하는 선수는 상대팀의 표적이 되어 보복당해 다칠 확률이 성큼 높아진다. 이런 선수들을, 그리하여 심지어 선수생활을 접은 선수를 여럿 알고 있다.

승부 조작은 드러나게 되어 있다. 여럿이 관여하기에 비밀이 오래 가지 않는다. 2011년 K리그에 불어 닥친 승부 조작 사건으로 선수 감독 브로커 등 여러 명이 생을 마감했다. 많은 선수가 영구 제명으로 그라운드를 떠났고 구속되기도 했다. 상대팀이 없으면 경기가 불가능하다. 동업자 정신에 철저해야 하는 이유다. 경기 시작부터 끝날 때까지 혼신의 힘을 쏟아부어야 한다. 일상에 지친 관중에게 '다시 또 다시 해보자! 한번 해보자!'라는 의욕을 쥐어주어야 한다. 관중을 감동시키지 못하는 경기는 잃어버린 경기다. 경기 자체가 감동과 감탄이 되어야 한다.

경기가 인간 정신을 고양시키고 의식 수준을 성큼 성큼 높이는 통로가 되어야 하는 것이다. 경기를 보러 온 관중에게 샘물이 솟는 듯한 영감을 선물해야 한다. 이럴 때 우주의 천사들도 단체로 입장권 구매해 경기 보러 와서 선수들에게 우주적인 응원과 화수분 같은 에너지를 가득 전해줄 것이다.

3) 개인의 '페어플레이'에서 '이웃 사랑'의 실천으로!

이처럼 선수 생활하면서 페어플레이를 하고, 여기서 더 나아가 '이웃 사랑'을 실천하기 위해 최고 최선의 노력을 기울여야 한다. 이 과정에서 가장 큰 수혜자는 선수 자신이다. 돈

보다 몸보다 더 소중한, 가장 가치 있는 생명인 자신의 '영혼' 구원이 시작되는 것이다.

1. 데라 크루즈, 연봉 10% 떼어 고향에 병원 학교 지어

중남미 에콰도르 출신 축구선수가 영국의 프리미어리그에 진출하면서 번 돈으로 가난한 고향마을을 발 벗고 돕고 있다. 2007년 1월 29일 BBC에 따르면 한국의 설기현 선수도 뛰고 있는 영국의 축구 명문 '레딩'의 수비수인 율리시스 데라 쿠루즈(32)는 자신의 월급을 털어 고향에 수도를 놓은 데 이어 학교를 세우고 결식아동 100명에게 매일 아침 점심 식사를 무료로 제공하고 있다. 쿠루즈 선수의 고향은 에콰도르의 수도 키토에서 안데스산맥 쪽으로 자동차로 세 시간 떨어진 피쿠치오 마을. 700여 명의 농민이 토마토를 키우며 근근이 살아가는 이곳은 이 나라에서도 특히 가난한 곳으로 전기, 수도가 연결되지 않는 것은 물론 근처에 병원조차 없어 주민들은 피부병을 비롯한 각종 질환에 시달려도 아무런 치료를 받지 못했다. 두 칸짜리 집에서 12명이 북새통을 이루며 사는 집도 있다. 이 마을 출신인 쿠루즈의 인생에 전환점이 마련된 것은 2001년. 16세 때부터 에콰도르의 국내 축구 리그에서 활약했던 그는 영국 스카웃의 눈에 띄어 스코틀랜드의 하이버니아 클럽으로 옮긴다.

하루아침에 프리미어리거가 된 그가 당시에 받은 돈은 70만 파운드(약 13억원). 평소 고향마을을 돕고 싶었던 그는 이 돈으로 마을에 수도 시설을 놨다. 그는 마을에서 18km 떨어진 산에서 물을 끌어 집집이 수도 파이프를 연결해줬다. 평생 처음 수돗물을 구경한 농민들은 "에콰도르 정부보다 쿠루즈가 낫다"고 그를 칭송했다.

- 고향 아이들에게 내일을 / 중앙일보, 2007. 1. 30. 화. 16면

2. 디디에 드로그바의 호소

코트디브아르는 내전으로 10년 동안이나 전쟁이 멈추지 않은 곳이다. 그 나라에 디디에 드로그바라는 선수가 있다. 그는 프랑스에서 자랐기에 프랑스의 국가대표가 될 수 있었지만 조국인 코트디브아르의 대표 선수가 되기를 원했다. 드로그바의 활약으로 코트디브아르가 2006 독일 월드컵 진출이 확정되던 날, 라커룸에 있던 드로그바에게 카메라가 몰려들었다. 그때 드로그바는 카메라 앞에서 무릎을 꿇고 이렇게 말했다. "여러분, 월드컵 때문이라도 무기를 내려놓읍시다. 이때만이라도 하나가 됩시다." 이 장면이 아프리카 전역에 생방송으로 나가자 하루도 멈추지 않던 내전이 1주일간 멈추는 기적이 일어났다.

이어 2007년 10월, 10년간이나 지속되던 코트디브아르의 내전이 종료되었다. 그래서 아프리카에서는 드로그바 선수를 '**검은 예수**'라고 부른다고 한다. 오늘날 세상은 더욱 어두워

져 간다. 죄가 더 많아지고 악이 더 성행하고 있다. 누구의 잘못인가? 우리 그리스도인의 잘못이다. 세상은 본래 어두움이다. 어두움 속에 빛의 자녀인 우리가 빛을 비추지 못했기에 세상이 더 어두워지고 있는 것이다. 그리스도인이라면 먼저 하나님 앞에 바로 서야 한다. 빛의 열매는 착함과 의로움, 진실함이다. 그것만이 감동을 줄 수 있고, 인간의 영혼을 자극하며 사람을 움직인다.

- 김정석의 〈한, 새, 사람〉 중에서

3. 이근호 선수 또 다시 7,000만원 기부 …
축구로 받은 사랑 후배들과 어려운 이웃 돌려주고파

저번에 5000만 원 기부하더니 이번에는 또다시 7000만 원 기부했네요.… 어린이재활병원 건립기금과 유소년자선축구대회 등에 총 7000만 원을 기부했다고 합니다. 축구로 받은 사랑을 축구 후배들과 아픈 어린이들에게 돌려주고 싶었다고 하네요. 평소 유소년 축구후배들 + 소아암 어린이에 관심 많더니 이쪽으로 기부 많이 하네요.

- 축구선수학부모연합회의 '익명 토론방'에서

4) 감독과 부모가 나서야 한다.

'감독이 이런 일도 해야 하나?'라고 생각하는 감독도 있을 것이다. 또 어떤 감독에게는 너무나 어려운 일일 수도 있다. 자신이 그렇게 살아야 하기 때문이다. **선수에게 존경을 받지 못하면 스스로 감독직을 그만 두어야 한다**. 부단한 노력으로 진취적 기상과 호연지기를 준비한 다음 다시 감독직에 도전해야 할 것이다. 현실을 자세히 응시해보면, 감독 코치와 선수는 경기력 향상에 깊은 관심을 가지고 있다. 반면, 인터뷰에서 더러 인성을 강조하는 감독이 적지 않으나 선수의 인격 도야는 경기력 향상보다 신경을 쓰지 않는 것 같다. 선수도 그렇다.

우주에서 '사랑'보다 가치 있는 건 하나도 없다.
'이웃 사랑'을 실천하는 삶보다 거룩한 삶은 없다.
개인에게 세상 살아가면서 자신의 영혼이 구원받는 일보다 더 중요한 건 없다.

출생과 사망 그리고 그 뒤까지 보고 생각하면서 인생을 살아가야 한다. 싫든 좋든, 원하든 원하지 않든 사람은 자신의 말과 행위에 대해 책임을 져야 한다. 누구든지 그의 생각,

말, 행위가 우주에 선명하게 녹화되어 있다. 세상 다한 후 심판대에 섰을 때 그때는 더 이상 기회가 없다. 그때서야 후회하고 뉘우쳐도 아무 소용이 없다. 몸이 중요한 가장 큰 이유는 몸이 살아 있을 때만 자신의 영혼을 구원할 수 있는 기회가 있기 때문이다. 밝게 아는 사람이 함부로 세상을 사지 않는 이유다. 많이 부족하고 어린 선수의 영혼을 성숙시키기 위해 감독뿐만 아니라 부모가 나서서 완성해야 한다. 거듭 거듭 강조한다. 축구도 중요하지만 인생은 축구에 비할 수 없이 소중하다!

제2부 감독의 평생교육 시스템

1. P급 축구 지도자 자격증에 대한 오해와 통찰

1) 2 가지 에피소드

(1) 어느 박사의 탄식

대학 교수를 꿈꾸는 민석(가명)이가 대학 학사 학위를 받고 난 후 "많은 것을 알게 되었다."고 자랑했다. 석사 학위 취득 후에는 "내가 모르는 게 많구나."하고 중얼거렸다. 박사 학위를 받은 후 "나만 모르는 게 아니고 다른 사람도 모르는구나."하고 탄식했다.

(2) 주니어 지도자들의 잠재력 키우기

지도자가 급하면 멀리 내다보지 못하며 그건 곧 어린 선수들의 잠재력을 키우지 못하는 결정적인 이유가 되곤 한다. 한국 스포츠를 논할 때 가장 안타까운 부분이 주니어 지도자들의 이러한 근시안적인 자세가 아닐까 싶다. 불현듯 주니어 지도자들과 잠재력의 상관관계를 떠올리게 된 배경은 2016년 호주오픈 테니스 남자 단식 결승전을 지켜보면서다. 28세 동갑내기인 노박 조코비치(1위, 세르비아)와 앤디 머리(2위, 잉글랜드)의 '세기의 대결'을 지켜보다가 그들의 주니어 시절을 떠올리게 됐다.

전웅선과 김선용. 조코비치와 머리의 또래인 그들은 당시 국제 주니어 무대에선 조코비치와 머리를 능가하는 실력으로 큰 주목을 받았다. **세월이 흘러 이제 그들의 처지는 비교 자체가 민망해졌다.** 조코비치와 머리는 부와 명예를 함께 거머쥐는 월드 스타로 성장했고,

한국의 유망주들은 그 존재마저 찾아보기 힘들다. 무엇이 이들의 운명을 뒤바꿨을까.

이는 개인적인 문제라기보다는 한국 스포츠의 구조적인 원인에서 답을 찾는 편이 훨씬 설득력이 있다. 한국의 주니어 지도자들은 큰 그릇을 빚는 데는 별 관심이 없다. 빨리 빨리 그릇을 만들어 내는 게 중요하지 많은 것을 담을 수 있는 '대기(大器)'를 빚는 데는 애정을 쏟지 않는다.

- 고진현의 창과 창, 2016. 2. 4.木. 스포츠서울. 8면

2) 축구 지도자 양성제도 ; 한국과 유럽

대한축구협회가 발급하는 지도자 자격증의 종류는 5가지다. 4급(D급), 3급(C급), 2급(B급), 1급(AFC A급), P급이다. 이 중 P급(Professional)은 각급 대표 팀과 프로 팀을 가르칠 수 있는 최고 등급의 자격증이다. 일반적으로 P급 소지자 대부분이 최고 등급 자격증 보유를 은근히, 어떤 경우는 노골적으로 자랑하고 있다는 느낌을 받곤 한다. 인터뷰할 때, 대화할 때, 학부모나 소속 팀 선수에게 이걸 드러내려고 하는 모양새를 자주 보곤 한다. 학부모나 선수 그리고 축구를 잘 알지 못하는 팬들은 바로 P급의 권위를 인정한다.

그러면 과연 P급 소지자는 코칭 철학과 지도력이 탁월한가? 글쓴이의 결론은 확고하다. 현장에서 P급은 그 이하의 지도자 자격증 소지자와 차별성이 거의 없다. 오히려 공부하지 않는 P급보다 꾸준히 공부하는 4급이 훨씬 더 잘 가르친다. 한국 축구 역사 135년(1882~2016) 이래 줄기차고도 끈질기게 단 한 명의 월드클래스도 육성하지 못했다. 현재 P급 지도자 그들에게 월드클래스 선수를 육성할 능력도, 자신감도, 기백도 없어 보인다. 이들 중 "월드클래스를 배출하겠다."고 자신 있게 말하는 사람이 있는가? 축구 기술자는 있어도 축구 경영자의 경지에 이른 P급 지도자가 몇 명이나 있는지도 궁금하다.

무엇보다 의식의 전환이 시급한데, 이게 잘 되지 않는 것 같다. "고승대덕도 습관 고치기는 힘들다."고 했으나 이건 옛말이다. 3주간 의도적으로 지속하면 습관이 고쳐진다는 연구들이 나온 지 오래다. 유럽 빅 3(잉글랜드 스페인 독일)은 커녕 유럽 1부 리그 감독을 지낸 한국 축구 감독도 단 한 명도 없다. 지금도 그럴 기미조차 없다. 왜냐하면 한국에는 유럽 프로 팀을 가르칠 수 있는 UEFA - P 라이선스를 가지고 있는 감독 코치가 한 명도 없기 때문이다. 유럽은 아예 대한축구협회의 지도자 자격증으로 유럽 프로 팀을 가르치는 것 자체를 인정하지 않는다.

P급 지도자 강습회에서 가르치는 국내외 강사들의 능력에도 깊은 의구심을 가지고 있다. 대한축구협회의 P급 과정에는 외국 강사가 단골로 등장한다. 현재는 주로 베이트가 주강사

로 활약하고 있다. 그는 잉글랜드 출신이다. 잉글랜드 대표 팀은 1966년 정점을 찍은 이후 계속 내리막길을 걷고 있다. 가장 큰 이유 중의 하나가 지도자 강습회의 교육과정이 부실하여 뛰어난 지도자가 드물기 때문이다. 잉글랜드는 교육기간도 짧고 자격증 따기도 상대적으로 쉽다. 반면 비용은 스페인 독일 이탈리아에 비해 가장 많이 든다. 프리미어리그의 맨체스터 유나이티드, 아스널, 맨체스터 시티 등 메이저 팀들 대부분의 감독이 외국인이다. 자국 리그지만 잉글랜드 출신 선수의 프리미어리그 점유율도 37% 정도에 지나지 않는다. 베이트 강사는 이런 사실을 알고 있을까?

반면, 스페인 이탈리아 독일은 지도자 강습회가 세밀하고 수준 높기로 유명하다. 우수한 지도자를 계속 배출하기에 뛰어난 선수 육성이 끊이지 않고, 자연스럽게 세계무대에서 성적을 낸다.

최근의 월드컵을 보아도 알 수 있다. 2006년 이탈리아, 2010년 스페인, 2014년 독일이 우승했다. 대한축구협회가 이들 나라의 강사를 활용하지 않고 왜 잉글랜드 강사를 계속 선택하는지 궁금하다. 한국의 P급 지도자들, 그들이 무엇을 알고 있으며 세계 경쟁력이 어느 정도인가? P급 지도자 강습회 교육과정도 대대적인 혁신이 절실하다. 그러나 이건 이루어지기 힘들 것이다. 협회 강사들이 스스로 잘하고 있다고 생각하고 있기 때문이다. 모르는 사람은 여전히 모르고 있고 아는 사람은 이미 그 답을 가지고 있다.

P급 지도자가 현장에서 저지르는 잘못도 가지각색이다. A는 K 리그 감독 재임 중 수감되었다. 외국인 선수 계약 과정에서 계획적으로 부정한 돈을 챙겼기 때문이다. B는 승부조작에 가담한 소속 팀 선수에게 돈을 받고 수사망이 좁혀져 오자 아파트에서 투신, 생을 마감했다. C는 돈을 너무 사랑하고 밝히다 비리가 드러나 그 고교 축구팀이 해체되고 선수들은 뿔뿔이 다른 학교로 전학 갔다. D는 소속 프로 선수들에게 손찌검을 했다가 여론의 십자포화를 맞고 도중하차했다. E는 현재 중학교 축구부 감독이다. 구령대 위의 의자에 앉아 연습경기를 지켜 보다 느닷없이 벽력같은 호통을 친다. 선수들이 감독 눈치를 보느라 경기에 100% 집중하지 못한다. 한 선수는 신경 쇠약에 걸려 그 학교를 그만 두고 외국으로 축구 유학을 갔다. 그 후 그 선수는 이리 저리 팀을 옮기고 방황하다 축구를 접었다. 재능이 좋은 선수였다. 이런 사례들이 너무 많아 일일이 열거할 수 없을 정도다. 이들 중 A와 C는 선수 시절 한국 대표 팀의 중심선수로 월드컵에도 출전했다.

건강한 코칭 철학과 평생교육의 습관화, 이 둘이 지도자 강습회에서 확고하게 가르쳐야 할 핵심이지만 이걸 못하고 있다. 자격증을 취득한 감독 코치가 받아야 하는 협회의 재교육(보수교육)도 3년마다 16시간이 전부였다가 지금은 점수 확보제로 바뀌었지만 수준 높고 지속적인 재교육의 혁신이 시급하다.

이쯤에서 한국과 유럽의 지도자 양성 과정을 잠시 알아보기로 하자. 한국은 속성으로 단기간에 지도자 자격증을 준다. 교육기간이 4급이 1주, 3급이 2주, 2급과 1급이 3주 그리고 P급도 출석일수가 70일이 넘지 않는다. 이러하기에 배우는 교과목도 다양하지 못하고 깊이도 얕다. 협회의 선수 출신의 몇몇 전임강사가 가르치지만 유럽 축구 강국은 그 분야의 전문가인 교수가 자주 참여한다. 유럽은 오랜 기간 공부시킨다. 특히 스페인 독일 이탈리아가 깐깐하기로 유명하다. 보통 10개월 내외다. 반면 잉글랜드는 교육과정이 짧고 자격증 취득도 쉬운 편이다. 거듭 말하건대, 최근 3번의 월드컵에서 독일(2014) 스페인(2010) 이탈리아(2006)가 우승한 것이 결코 우연이 아니다. 이들의 리그 수준도 언제나 세계 최정상급이다.

이에 비해 잉글랜드는 1966 런던 월드컵 우승 후 우승이 없다. 유로 대회서도 성적을 내지 못하고 있다. 지도자 양성제도를 혁신하지 않는 한 잉글랜드 축구의 세계 경쟁력이 계속 추락할 것이다. 프리미어리그도 외국인 선수들이 주인공이 된지 오래다. 감독도 그렇다. 이런 잉글랜드지만 대한축구협회의 지도자 강습회보다 훨씬 우수하다. 한국 축구가 정체되어 있고 세계적인 선수를 배출하지 못하는 하나의 원인을 알게 되었다.

생각해보자. 10개월 또는 1년(유럽) VS 1주, 2주, 3주, 70일(한국) 모든 면에서 경쟁이 되는가? 그 결과 지도력의 차원이 달라지는 것이다. 교육 경쟁력이 잘 가르치는 교사에게 있듯이 축구도 그러하다. 시작한 김에 좀 더 알아보기로 하자. 유럽 축구계에 밝은 강경훈 선생이 이렇게 들려주고 있다.

스페인 독일 이탈리아 네덜란드는 축구 선진 교육을 하기로 유명하다. 축구 강국이 되려면 뛰어난 지도자가 양성되어야 한다고 생각한 이들 협회는 개혁을 실시해 하나부터 열까지 모두 바꿔버렸다. 10년이 넘는 노력 끝에 이들 3국가는 월드컵 우승을 차지했다. 대한축구협회에서 자격증을 취득하면 아시아 어느 나라에서나 축구 지도자 생활을 할 수 있다. 이 점은 일본도 같다. 아시아축구연맹(AFC)에서 한국, 일본 두 나라만 이렇게 인정하고 있다. **그러나 유럽에서는 사용할 수가 없다.** 그 이유는 유럽이 가장 권위 있으며 교육기간이 가장 길고 코스의 질 자체가 뛰어나기 때문이다.

유럽의 지도자 자격증은 자국에서 발급하는 경우와 유럽축구연맹(UEFA) 자격증이 있다. 스페인 독일 이탈리아 프랑스 잉글랜드 등의 나라에서 자격증을 취득할 경우 유럽축구연

맹 자격증과 동급으로 인정한다. 유럽은 나라마다 교육 이수기간, 교육과정, 교육의 질, 코스를 마치고 자격증을 주는 합격점수 등이 조금씩 다르다. 잉글랜드와 스페인의 교육과정을 비교해보면, 스페인이 훨씬 더 다양하고 세밀하다. 스페인이 가르치는 조직 편성 및 법률, 교육학, 심리학, 팀 관리 등 축구 외적인 주제를 잉글랜드는 가르치지 않는다. 잉글랜드는 축구철학에 대해 교육하고 축구와 직접적인 관련이 있는 것만 가르친다. 축구만 배우고 끝이다.

스페인은 3가지 단계인 Level 1(UEFA B Licence), Level 2(UEFA A Licence), Level 3(UEFA Pro Licence) 중 가장 낮은 단계인 Level 1(UEFA B Licence)부터 그 분야의 전문가인 교수를 초빙하여 교육한다. 비용은 스페인축구협회가 부담한다. 스페인은 각급 대표 팀이나 프로 팀을 가르칠 수 있는 Level 3(UEFA Pro Licence) 자격증 보유자가 2,500명이 넘는다. 독일은 유럽축구연맹 3단계 자격증 소지자가 35,000명 이상이고 이탈리아는 30,000명을 돌파했다. 영연방국가 4개국(잉글랜드, 스코틀랜드, 웨일즈, 북아일랜드)은 유럽국가 중 자격증 보유자가 12번째로 축구종가라는 게 부끄러울 정도다.

여기에서 주목해야 할 점이 있다. 너무나 중요한 내용이다. 스페인 독일 이탈리아가 지도자 양성제도에서 세계에서 앞서 있지만 이들 역시 불완전하고 보완해야 할 점이 많다는 것이다. 한국이 이들보다 앞서는 지도자 양성제도를 만들 수 있고, 또 만들어야 한다. 그 후 세계에 홍보하여 스페인 독일 이탈리아 네덜란드 브라질 아르헨티나 등 세계의 축구 지도자들과 지도자 지망생들이 한국으로 유학 오도록 해야 한다. 이 역시 어렵지 않다. 오히려 쉽다.

세계 축구의 모범 사례조차 벤치마킹하지 못하고 있는 대한축구협회를 기다리고 있다간 백년하청이다. 대한축구협회는 사단법인이다. 대한체육회 가맹단체의 하나며, 문화체육관광부나 교육부 등의 정부 부처의 규제를 받고 있다. 대한축구협회가 아닌, 다른 단체를 만들어 대한축구협회와 유럽의 축구 지도자 양성제도를 능가하는 교육으로 유능한 축구 지도자를 육성해야 할 과제가 주어져 있다. 독점이 아니라 경쟁을 통해 '지도자 교육제도'를 지속적으로 혁신하는 구조로 만들어야 한다. 현재 대한축구협회에 등록된 팀을 가르치려면 국내의 다른 기관에서 발급한 축구 지도자 자격증으로는 불가능하게 되어 있다. 배타적 규제다. 이 역시 경쟁과 혁신이 요구된다.

3) P급 축구 지도자에게 주는 질문과 고언(苦言)

거듭 말하지만 P급 지도자들의 의식의 전환이 시급하고 절실하다. 지적으로 겸손해져야 한다. 짧은 지도자 강습회 기간에 배우는 내용이 극히 미미하고 조그마하다. 이건 방대한 축구 지식에 비하면 아무 것도 아니다. 심지어 축구 카페 'soccer cosmos'의 내용이 P급 교육과정보다 더 깊고 충실하고 풍부하다. P급 자격증 취득은 이제 축구 공부에 갓 입문한 것에 지나지 않는다. "내 축구 공부가 아무 것도 아니다"라는 철저한 자각이 있어야만 성장이 일어난다. 자신이 무엇을 어떻게 공부해야 하는지도 몰라 헤매고 있지 않는지 점검해볼 일이다. 비시즌 기간에 유럽 갔다 와서 유럽 축구가 어떻게 변화하고 있다, 연습을 어떻게 하더라 등 끈질기게 유럽을 뒤따라가기만 하는 행태도 졸렬하다. 그래서야 언제 유럽을 이길 수 있는가? 유럽에 갔으면 유럽 명장들을 가르치고 와야지, 아직 그럴 실력이 못되는가?

P급 지도자가 자랑할 게 있는가? 한국 축구가 한 번도 해내지 못한 월드클래스를 육성했을 때 그때는 한번 자랑해도 좋다. 밤낮으로 대접받는 자리에 불려 다니지 말고 책상에 앉을 일이다. 중요한 팀의 감독이지만 내가 한국 축구를 망치고 있는 사람이 아닌지 스스로를 경계해야 한다. 자기 자신이 아주 잘 가르치고 있다고 여기지만 실상은 매일매일의 코칭이 세계 수준에 터무니없이 뒤져 선수들의 세계 경쟁력이 날마다 퇴보하고 있지 않는지 반성해야 한다. 기본적인 학교 수업조차 받지 못하고 축구 밖에 하지 않아서인지 인터뷰에서 보여주는 일부 P급 지도자들의 수준 낮은 의식과 상식이 국민들의 조롱거리가 되고 있다는 걸 잊어서는 안 될 것이다.

엄선한 책을 1년에 몇 권이나 읽고 독서공책에 기록하고 있는지 스스로 점검해보라. 한국은 축구 전문서가 출판되면 기본 부수 1,000 권 판매가 되는 경우가 드물다. 설령 판매된다 해도 오래 걸려 출판사에게 여전히 적자다. 현직 축구 감독 코치가 적어도 7,000명이 넘기에, 그들이 필수적인 축구 서적도 거의 읽지 않고 있다는 반증이다. 6종 7권의 축구 전문서를 낸 개인적인 경험으로 볼 때 축구 마니아와 선수 부모가 더 많이 구입하는 것 같다. 한국이 세계 7위의 출판대국이고 해마다 5만 3천여 권의 책이 출판되지만 한국인이 쓴 축구 기술 전문서는 1년에 한 두 권 나올까 말까할 정도로 빈곤하다. P급 지도자인 역대 국가대표팀 전 현직 감독 코치와 K리그 전 현직 감독 코치가 축구 기술 전문서를 한 권이라도 내었는가? 자서전은 몇 권 있다.

해마다 박사 학위를 받는 한국인이 15,000 명이 넘는다. 허나 기업이 필요로 하는 인재는 2%도 되지 않는다. 그러면 P급 지도자에게 느끼는 선수들의 만족도는 어느 정도일까? 선수들과 선수 부모 위에 군림하려고 하지 말라. 당신은 황제도 아니고, 팀의 주인공도 아니다. 단지 선수들의 심부름꾼일 뿐이니, 철저하게 그렇게 행동해야 한다. 바닥처럼 낮아져

선수와 선수 부모에게 충성해야 한다. 카리스마는 전근대적인 권위다. 지금은 섬김의 리더십이 요구되는 시대다. 선수, 학부모, 축구팬은 지금 당장 P급 자격증에 대한 우상과 미신을 걷어내자. 이렇게 해야 진실을 올바르게 볼 수 있다.

이 글을 읽으면서 P급 소지자들을 지나치게 매도하고 있는 듯한 인상을 받을 지도 모르겠다. 물론 잘하고 있고 바람직한 P급 소지자도 몇 명 있다. 그러나 터무니없이 적은 숫자에 불과하다.

유럽에서 공부하고 온 문흥(STVFC) 감독은 합리적이면서도 독창적이다. 조세민(이랜드 FC U - 12) 감독이 스페인 축구의 정수를 팀에 전수하고 있다. 설기현(성균관대) 감독의 코칭 철학이 앞서 있다. 이 역시 유럽에서의 경험을 통하여 터득한 것이다. 이들은 지도자에 입문한지 모두 1년이 안되지만 기대가 크다. 이분들은 이후 P급을 취득할 것이며 한국축구의 희망을 만들어갈 것이다. 강병철(SKD) 감독이 추구하는 방향이 올바르다. 김태열(신북 FC) 감독의 드리블 지도가 세계 최고 수준에 도달해 있다. "브라질에는 대략 10년 주기로 네이마르 같은 선수가 한 명 배출된다. 신북 FC처럼 이렇게 정형화되고 세밀하게 드리블을 가르치면 네이마르 같은 선수를 1년에 한 명 정도 육성할 수 있다. 브라질은 기술의 나라이지만 이 정도로 탁월하게 드리블을 가르치는 지도자를 찾아보기 어렵다." 2015년 10월 25일 김태열 감독의 드리블 지도를 보고 감탄한 베베토(브라질) 감독이 했던 말이다. 네이마르를 가르쳤고 브라질 유소년 지도의 교과서로 불리는 베베토 감독은 2015년 가을 입국하여 울산, 제주, 서울, 인천에서 각각 일주일간 유소년을 지도한 바 있다. 글쓴이는 울산에서 참관했는데, 명성 그대로 그의 지도 내용과 열정에서 최고였다.

정리해보자.

P급은 진정한 축구 공부의 시작에 지나지 않는다. 그러니 자랑할 것도 내세울 것도 없다. 만족하는 순간 발전이 멈춘다. 세계 축구의 중심 유럽에는 명함도 내밀지 못한다. 각자 의식의 전환이 시급하고 절실한 시점이다. 이 글은 모든 P급 지도자들을 불편하게 하기 위해서가 아니라 분발을 촉구하기 위해 작성했다. 그 자리에서 머무르지 않고 더 나아 가기를 희망한다. 날마다 세계 최고 수준의 코칭을 하기를 주문한다. 공부하다 막히면 글쓴이에게 상담하면 훤하게 길이 열릴지도 모른다. P급 지도자들이 지금부터 새롭게, 밝게, 치열하게 시작하기를 권유 드린다. 한국축구가 세계 경쟁력을 가질 수 있는 시스템을 만들 수 있도록 노력해주기를 기대한다.

2. 감독 코치, 왜 축구 이론을 공부하고 선수에게 가르쳐야 하는가?

밤이나 낮에 해 또는 별을 보고 정확히 날짜와 시간을 맞힐 수 있는 비범한 사람이 있다고 가정하자. 예를 들어 이 사람이 "지금은 1401년 4월 23일 오전 2시 36분 12초다."라고 우리에게 가르쳐 준다면 이 사람은 놀라운 재능을 지닌 '시간을 알려주는 사람'으로서 많은 존경을 받게 될 것이다. 그러나 이 사람이 시간을 한 번만 알려주는 데 그치지 않고, 그가 죽은 후에도 시간을 계속 가르쳐줄 수 있는 시계를 만든다면 더욱 놀라운 일이 아니겠는가? 뛰어난 아이디어를 가졌거나 카리스마적인 지도자가 되는 것이 '시간을 알려주는 것'이라면, 한 개인의 일생이나 라이프 사이클을 훨씬 뛰어넘어 오랫동안 번창할 수 있는 기업을 만드는 것은 '시계를 만드는 것'이라고 할 수 있다. 세상의 비전기업을 만든 사람들은 '시간을 알려주는 사람'이기보다 '시계를 만드는 사람'이었음을 보여 주고자 한다.
- 성공하는 기업들의 8가지 습관/ 짐 콜린스 외 지음/ 김영사 /1996.7.5 / P 39 ~ 41

선수에게 이론을 가르쳐 이해시키는 건 이처럼 시계를 쥐어주는 것과 같다. 그러면 선수는 감독 코치에게 더 이상 시간을 묻지 않고 스스로 시간을(연습 방법과 실수 교정을) 알 수 있게 된다. 이론을 가르쳐 이론에서 선수를 감독 코치로 만드는 코칭, 너무나 아쉽게도 한국 축구에는 이런 코칭을 하는 지도자는 500년 가뭄에 콩 나듯 희귀하다.

2015년 5월 축구 이론 강의 후 강의 자료를 3건 배포하고 그 선수에게 질문했다. 그 선수는 현재 프로선수이며 28세다. "지금까지 선수 생활 중 연습 전에 이렇게 이론 강의하고 강의 자료 배포하는 감독 코치 있었나요?" 그 선수가 대답했다. "처음입니다. 저를 가르친 그 누구도 이렇게 하지 않았습니다". 이게 현실이다. 한국 축구가 월드클래스를 육성할 수 없는 여러 원인 중의 또 하나를 알게 되었다.

축구 이론 필요 없다, 경기만 잘하면 된다? 이렇게 생각하는 선수가 있을까? 적지 않은 선수가 그렇게 생각하고 있는 것 같다. 이렇게 받아들이고 있는 선수들은 깊이 있고 체계적이며 과학적인 축구 이론에 대한 강의를 들은 경험이 한 번도 없었을 가능성이 크다. 선수 생활을 시작한 이래 지금까지 만난 감독 코치가 강의실에서 이론의 필요성을 알려 주지도, 이론 강의를 하지도 않았을 것이다. 아직 정신적으로 독립하지 못한 어린 선수들은 감독 코치의 생각에 직간접적으로 영향을 받는다. 선수들이 이런 생각을 갖고 있는 것은 감독 코치의 철학(?)이 선수들에게 그대로 전염된 결과다. 실제로 현실은 어떠한가? 한국 축구의 지도 현장에는 축구 이론은 없고 연습(실기)만 무성하다. 더욱 큰 문제는 이런 악순환

이 해가 가도 변함없이 계속되고 있다는 것이다. 이런 풍토 속에서 지내온 선수가 이후 지도자가 되어도 그대로 답습하게 될 개연성이 많다.

1) 이론이란 무엇이며 어떤 기능을 하는가?

모든 이론은 현장에서 나왔다. 이론이 현장보다 먼저 만들어진 경우는 단 한 번도 없다. 언제나 현장이 먼저 있고 그 다음에 이론이 만들어졌다. 모든 이론이 현장에서 출발하여 정립되었다.

가장 정확하고 효과적이며 편리한 방법을 찾아내어 체계화한 것이 이론이다. 바로 현장 경험과 노하우다. 인류는 이걸 보존하고 보다 많은 사람들에게 전파하기 위해 기록으로 남기고 동영상으로 저장해왔다. 이론을 경시하는 감독 코치는 모든 이론이 현장에서 나왔고, 이론이 답이라는 걸 인식하지 못하고 있다. 물론 직관이나 순간적인 사유의 번쩍거림과 도약, 꿈속에서의 계시 — 유기화학의 아버지인 쿠쿨레 Kukule는 꿈속에서 탄소의 분자 구성을 보았다.(의식 혁명 / 데이비드 호킨스 저 / 한문화/ P184) — 등으로 영감을 얻거나 이론을 만들어내는 경우도 있다. 그러나 이런 사례는 '없다'고 해도 좋을 정도로 극소수다. 또한 이 경우에도 기존의 경험이나 타인의 간접경험에 알게 모르게 영향을 받고 있다.

이러하기에 이론이 그냥 단순히 이론이 아니다. 이론은 오랜 산고 끝에 태어난다. 이론은 진보를 향한 인류의 땀과 헌신의 결과물이다. 이론은 후학들에게 앞으로 가야 할 길을 밝혀준다. 이론은 시행착오를 예방해주며 연구 속도를 배가시킨다. 이론은 언제 어디서나 누구에게나 '그렇다'고 인정받는 최적의 방법이요 도구다. 세계적인 석학이란 곧 그가 세계적인 이론가라는 뜻이다.

이론은 스스로 길을 찾아가게 해주는 운전자의 네비게이션과 같다. 비유하면, 이론은 건축물의 설계도다. 아무리 거대한 건축물이라도 설계도를 읽으면 일일이 가보지 않아도 구조를 알 수 있다. 이론은 캄캄한 밤길을 갈 때 등불과 같은 역할을 한다. 길과 길 아닌 곳을 알려주어 낭떠러지에 추락하지 않게 하며 가시덤불에 찔리지 않게 돕는다. 이론은 원거리 우주 관측 망원경이다. 가까이, 멀리 그리고 사방팔면을 초월하여 자유자재로 우주의 별들을 확대하고 미분할 수 있게 해준다.

축구 연습은 축구 이론의 확인에 지나지 않는다. 감독 코치는 이걸 빨리 깨달아야 한다. 축구 이론을 아는 만큼만 가르칠 수 있다. 세밀하고 구조화된 이론 없이는 수준 높고 차원이 다른 연습이 불가능하다. 유럽 빅 3에서는 축구 이론이 정립되어 있지 않는 감독 코치

는 감독 코치로 취급하지 않는다. 가르칠 준비가 되어 있지 않기 때문이다. 이런 인식 수준에 도달하지 못하면 수준 높은 지도는 불가능하다. 스페인의 경우, 10달의 동안의 지도자 강습회 기간 중 7달은 이론 공부, 3달은 실기를 배운다. 이론에 천착하기에 스페인이 계속 탁월한 선수를 배출하고 성적을 낸다는 사실에 주목해야 한다.

감독 코치는 소속 팀 선수들에게 자신의 축구 이론을 보여야 한다. 있는 만큼 보여줄 수 있고, 그 감독처럼 없으면 하나도 내놓을 수 없다. **축구 이론에서 주의할 점이 있다.** 가짜 이론을 분별하는 감식안이 요구된다. 어중간하게 알면 가짜 이론에 현혹되기 쉽다. 밝게 알면 무엇이 가짜고 무엇이 보배인지 골라낼 수 있다. 남을 가르칠 수 있어야 비로소 그 이론을 알고 있다고 인정할 수 있다.

2) 선수에게 축구 이론을 가르치면 어떤 유익이 있는가?

심원하게 그리고 과학적 구조적으로 축구 이론을 가르치면 선수는 놀랍도록 **빠르고 수준 높게 성장한다.** 이러하기에 감독 코치는 축구 이론을 가르쳐야 한다. 축구 이론을 가르치지 않거나, 가르치지 못하는 것은 선수를 '**어중이떠중이**'로 만드는 직무유기다. 지도자가 이론을 공부하고 축구 이론에 해박해야 하는 또 하나의 이유다.

선수 스스로도 축구 이론을 공부해야 한다. 소속 팀 감독 코치가 축구 이론을 가르치지 않거나 가르치지 못한다고 해서 그냥 세월만 보내서는 안된다. 어릴 때부터 감독 코치에게 의존하는 비율을 줄일수록 성공 가능성이 성큼 높아진다는 걸 부모가 하루 빨리 자각하여 자녀인 선수가 최적의 대응을 할 수 있도록 구체적인 방법을 손에 쥐어 주어야 한다. **가장 좋은 방법은 축구 이론에서 선수가 소속 팀 감독 코치를 뛰어넘는 것이다.** 축구를 시작할 때부터 틈틈이 축구 이론을 공부하면 고등학교 시기에 충분히 가능하다. 이렇게 되면 선수가 축구에서의 목표를 성취하지 않을래야 않을 수 없다. 책, 인터넷, 축구에 밝은 사람 등 공부할 수 있는 방법이 얼마든지 있다.

허나 선수 자신이 축구 이론에 무지하면 국가대표 선수가 되어도, 프로 선수가 되어도 평범한 수준에서 벗어나지 못한다. 결코 세계적인 선수가 될 수 없다. 운 좋게 그렇게 바라던 유럽 빅 3로 진출해도 팀의 중심 선수가 되지 못한다. 질문 하나 던지겠다. 지금 국가대표 선수들과 K리거들에게 '**인스텝 슛의 스포츠 물리학**'(이론)을 설명해보라면 밝게 깊게 명쾌하게 설명할 수 있는 선수가 한 명이라도 있을까? 또 다른 축구 이론을 질문하면 그들이 구조적으로 과학적으로 답할 수 있을까? 유럽과 남미에 비해 모든 것이 뒤지는 한국 축구 현실이기에 선수가 축구 이론에서 유럽과 남미 선수들에 앞서지 않으면 경쟁 우위를 만들어낼 수 없다. **선수에게 축구 이론을 가르치면 어떤 유익이 있는가?**

(1) <u>스스로 개인 연습을 조직, 창조, 마무리하는 자기주도적 연습 문화를 가지게 된다.</u>

개인 시간에 연습하러 나갔다가 10~20 분 후에는 무슨 연습을 어떻게 해야 할지 몰라 어쩔 줄 모르는 선수들이 적지 않다.

(2) <u>무엇보다 축구가 쉬워지고 경기력이 몰라보게 빠르게 향상된다.</u>

축구가 쉬워진다는 건 시도했을 때 성공 횟수가 높아진다는 뜻이다. 이론을 알고 연습하고 경기하면 이렇게 된다. 자신감이 성큼 높아진다. 축구 이론대로 실행하면 이론 그대로 정확하게 기술과 전술이 목표한대로 이루어진다. 그러나 이론에 어긋나면 기술의 정확도가 사라져 엉뚱한 결과가 나온다. 축구가 어렵다는 건 시도했을 때 의도한대로 이루어지는 확률이 낮다는 뜻이다. 지금처럼 이론 없이 축구하면 축구가 너무나 어렵고 아무리 연습해도 그 효과는 미미하다.

(3) <u>실수(잘못)를 스스로 교정하고 고칠 수 있는 능력을 가지며 실제로 그렇게 한다.</u>

연습이나 경기에서 실수가 생기기 마련이다. 이때 이론을 아는 선수는 감독 코치가 말해주지 않아도 스스로 자신의 잘못을 교정한다. 반면 이론을 모르는 선수는 실수를 범해도 실수(잘못)의 원인과 교정 방법을 모르기에 스스로 교정하지 못하고 그냥 지나간다. 이 두 선수 사이의 경기력은 세월 속에서 점점 격차가 벌어져 따라 잡을 수 없게 된다. 일례로, 현재 국가대표 선수들의 슛 품질이 조잡한 건 그들이 슛 이론대로 슛하지 않기 때문이다. 즉, 이론을 모르고 있기에 어처구니없는 슛을 계속 하게 되고 스스로 고치지도 못하고 있는 것이다.

(4) <u>새로운 기술을 창조하는 원천이 된다.</u>

선수는 모두 다르다. 코칭에서 개별성의 원칙이 적용되어야 하는 근거다. 여기서 주목해야 할 점은 이론이 창조력 상상력의 원천이 된다는 점이다. 모든 창조는 개인이 습득한 선행이론을 바탕으로 발현된다. 이론 습득을 통하여 어떤 일을 할 수 있다는 신념이 갇혀 있는 창조력을 해방시킨다. 그러나 학원축구는 선수의 상상력과 창조력 발현을 억제하고 억누르고 있다. 감독 코치가 선수를 통제해야 할 대상으로 보기 때문이다. 서로 소통이 거의 없다. 선수는 감독 코치에게 질문을 하지 않는다. 그럴 수 있는 분위기가 아니다.

(5) 은퇴 후 성공하는 뛰어난 감독이 되게 한다.

이론에 밝으면 탁월한 성적을 내며 뛰어난 선수를 배출하는 명감독이 되지 않을래야 않을 수 없다. 감독 코치는 자신이 모르는 건 절대로 선수에게 가르칠 수 없다. 감독 코치가 공부하는 만큼 선수가 성장한다. 축구 이론에 특출하다면 한 번도 대표선수가 되지 못했거나 프로선수로 활약하지 못해도 최고의 지도자, 세계적인 명장이 될 수 있다. **아리고 샤키, 조제 뮤리뉴, 비야스 보아스 등이** 생생한 증거다. 이 외에도 아주 많다. **히딩크도** 이 부류에 속한다. **마라도나는** 선수로서는 최고였지만 감독으로서는 실패의 연속이었다. 가장 좋은 시나리오는 선수로서도 탁월했고 지도자로서 이론에서도 대가가 되는 것이다.

(6) 나아가 한국 축구를 혁신하고, 선수와 선수 부모를 행복하게 해준다.

이론을 쉼 없이 공부하는 감독 코치의 학구열이 선수들에게 전염된다. 하여 선수들도 축구 이론을 공부하게 되고, 빠르게 높은 경지에 다다르게 된다. 프로 선수가 될 확률이 비약적으로 높아지고, 지도자가 되어서 유능한 선수를 배출하게 된다. 이런 선순환이 한국축구를 성장 발전시키는 원동력이 된다. 이 외에도 일일이 열거할 수 없을 정도로 많다.

3) 선수는 어떻게 축구 이론을 공부할 수 있는가?

이런 현실에서 선수는 무엇으로 어떻게 축구 이론을 공부할 수 있을까? 이 일 역시 부모의 관심과 격려 그리고 지원이 있어야 가능하다. 누구나 다 알고 있는 방법이지만 생각을 전개하는 재료로 사용하도록 몇 가지를 제시한다.

(1) 무엇보다 축구 이론을 밝게 알아야겠다고 스스로와 결의하는 일이다.

고교 시기에 소속 팀 감독 코치를 뛰어 넘겠다는 선명한 목표를 가지고 준비하여 이 시기에 달성하는 것이다.

(2) 독서의 생활화다.

축구와 축구 이외의 책을 골고루 읽는 거다. 매달 축구 월간지 1종을 읽는 걸 권유 드린다. 부모가 구독 신청해주면 된다. 축구 인식 확산과 심화에 매우 효과적이다. 읽어가면서 저절로 공부가 된다. 축구 전문서도 읽어야 한다. 매주 1권 읽으면 1년에 52권 이상 읽을 수 있다(1년은 52주).

(3) 인터넷의 축구 카페도 매우 유용하다.

앞서 있는 정보의 보물 창고다. 추천하고자 하는 축구 카페는 'soccer cosmos'다.

(4) 축구 이론에 해박한 사람을 알아두고 틈나는 대로 배워도 좋다.

주위에서 이런 사람을 찾아 수시로 대화하라.

(5) 공부한 이론을 틈틈이 글로 옮겨 적으면 다시 찾아보기와 복습에 편리하다.

대학 노트에 담아두는 것이다. 덧붙이면 틈틈이 글쓰기 연습도 권유 드린다. 생각을 글로 표현하면 보다 많은 사람들에게 전하여 공유할 수 있고 은퇴 후 지도자가 되면 이런 능력은 선택이 아니라 필수다. 집필에도 크게 도움이 된다.

(6) 배우고 익힌 내용을 동료 선수에게 틈날 때마다 가르쳐주면 신선하다.

최고의 복습 방법이다. 가르치기 위해서는 정확하게 그리고 깊게 공부하지 않을 수 없다. 이 과정에서 스스로를 동기부여하는 효과도 있다.

4) 감독 코치는 왜 소속 팀 선수들에게 축구 이론을 가르치지 않는가?

"이론과 현실은 다르다. 이론보다 실기를 잘 가르쳐야 한다."
"봐라. A감독은 이론에 밝지만 성적을 못 내고 있어."

이렇게 말하는 감독 코치가 적지 않다. 이는 한마디로 무지와 무식의 소치다. **그들은 자기 자신이 무얼 말하고 있는 지도 모르고 있다.** 모두 틀린 말이다. 이치에 맞지 않는다. 이처럼 말하는 건 아래와 같은 자기 인정(고백)을 하고 있다는 것에 다름 아니다.

축구 감독 코치인 나는 축구 이론을 모르고 있다.
나는 아직 축구 이론을 체계화 구조화시키지 못하고 있다.
나는 축구 이론에 대한 이해와 통찰이 많이 부족하다.
나는 축구 이론을 피상적으로 알아 연습과 경기에 활용하지 못하고 있다.
나는 축구 이론을 가르치지 않고 있으며, 그 이유는 이론을 모르기 때문이다.
나는 평소 축구 이론에 대한 관심도 없고 이론 공부도 하지 않고 있다.
사실 나는 왜 축구 이론을 선수에게 가르쳐야 하는지 그 이유를 모르고 있다.
나는 선수시절 이론을 배운 적이 없고 축구 이론의 가치를 모른다.

내가 축구 이론을 모르기에 축구 이론에 밝은 사람을 보면 질투가 난다.
축구 이론에 대한 열등감이 있고, 반사적으로 축구 이론을 경시하려는 경향이 많다.
나는 앞으로도 축구 이론을 공부하지 않을 것이다.
이후로도 지금처럼 선수들에게 이론을 가르치지 않을 것이다.

이론을 정확하고 깊이 있게 알고 있으면 최고 최적의 연습 방법이 저절로 나온다. 탁월한 선수가 계속 배출되고 성적이 그냥 따라 온다. 위의 A 감독의 경우, 이론을 밝고 깊이 있게 알고 있는 게 아니라 대충 알고 있다. 성적을 내지 못하는 게 생생한 증거다. 남을 가르치거나 축구 전문지에 발표할 수 있는 수준이 아니라면 아무 소용이 없다. 선수도 그렇다. 이론을 완벽하게 소화하지 못하면 순간순간 변하는 경기에서 사용할 수 없다. 경기 중 그 상황이 와도 이론을 즉시 꺼내지 못하기 때문이다. 완벽해야 자유자재로 사용할 수 있다.

감독 코치가 소속 팀 선수들에게 축구 이론을 가르치지 않고 있다면 그 이유가 무엇일까? 여러 가지 있을 수 있으나 크게 세 가지로 나누어볼 수 있다.

(1) 감독 코치가 축구 이론의 중요성을 깨닫지 못해서 그렇다.

필요하지 않다고 생각하는데 왜 가르치겠는가? 연습과 경기 시 그저 "이렇게 해라, 저렇게 해야 해" 등 단편적인 지적에 그치고 만다. 이처럼 감독 코치가 이론의 중요성을 간과하는 건 그들의 선수 시절 경험과 연결되어 있다. 그들의 감독 코치가 축구 이론을 체계적으로 가르쳐 주지 않았고, 그들이 지도자가 되어서도 과거의 습관의 관성으로 지금처럼 지도하는 것이다.

(2) 축구 이론을 체계적으로 가르칠 수 있는 축구 지식이 없기 때문이다.

누구나 자신이 모르는 건 절대로 남에게 가르칠 수 없다. 모르면 공부하면 알게 되지만, 그들에게는 이게 쉽지 않은 것 같다. 불필요한 술자리나 시간 소모적인 행위와 결별해야 공부하는 시간을 만들어낼 수 있다. 반면에 축구 이론에 해박하면 감독이 저절로 축구 이론을 가르치게 된다.

(3) 축구 이론 강의 준비를 귀찮게 생각하고 힘들어 하기 때문이다.

구조적 체계적 강의 자료를 준비하려면 시간을 사용해야 하고 자료를 찾아야 한다. 책상에 앉아 주제 정하기, 내용 설계, 인용할 자료 찾기, 쓰기(입력하기), 점검하기(수정 보완 추가 삭제 순서정하기 등)를 해야 하는 데 이게 생각보다 쉽지 않고 시간이 많이 걸린다. 말로만 하지 않고 강의 내용을 A4 용지에 담아 선수에게 나누어 주어야 되기에 배포 자료도 만들어야 한다. 이 모든 걸 힘들어 한다. 하여 아예 하지 않는다. 여기다 아무도 감독 코치의 교수학습 능력을 평가하지도, 지적하지도 않고 있으니….

5) 매일 운동장 연습 전에 반드시 이론 강의를 해야 한다.

지금처럼 축구 이론 강의 없이 준비운동 본 운동 정리운동으로 진행되어서는 안된다. 이런 구석기시대의 코칭이 언제까지 계속되어야 하나? 지금이 구석기시대인가? 구석기시대 코칭으로 세계 경쟁에서 이길 수 있는가? 심지어 선수에게 학습목표도 알려주지 않고 그냥 운동장으로 나가 볼을 차는 연습도 비일비재하다. 운동장에서 연습하기 전에 반드시 이론을 가르쳐야 한다. 강의실(교실)에서 오늘 연습할 학습 과제에 대한 축구 이론을 선수에게 반드시 이해시켜야 한다. 이걸 하지 않고는 절대로 운동장으로 나가서는 안된다.

이론 강의 없이 연습하는 것보다 이론 강의 없으면 아예 연습하지 않는 게 훨씬 더 낫다. 매 연습 전에 이론 강의가 있어야 하며, 이게 시스템으로 정착돼야 한다. 이론 강의는 그냥 말로만 해서는 안된다. 미리 준비하여 이론 강의 후 강의 내용이 들어 있는 A4 용지를 배포하고 선수가 이걸 스크랩북에 넣어두고 활용할 수 있게 해야 하는 것이다. 말로만 하면 선수는 24시간 후에는 82% 이상 잊어버리기 때문이다. **그리하여 모든 연습이 강의실(교실)에서의 이론 강의, 준비운동, 본 운동, 정리운동, 평가, 차시 예고의 순서로 진행돼야 한다.** 이렇게 하는 팀이 있는가? 여러분의 소속 팀은 어떠한가? P급 지도자 자격증 소지자라고 자랑하는 그 감독 코치는 이렇게 하고 있는가?

6) 정리해 보자!

(1) 감독 코치

축구 이론의 필요성을 절감하고 계속 공부해야 한다. 치열해야 한다. **연습은 축구 이론의 확인에 지나지 않는다**는 걸 하루 빨리 깨달아야 한다. 반드시 매 연습 전에 그날 배울 학습과제에 대한 이론을 선수에게 가르쳐 이해시켜야 한다. 현저하게 탁월한 축구 이론을 가지고 있지 못한 감독 코치는 결코 현저하게 탁월한 선수를 육성할 수 없다.

(2) 선수

선수 역시 축구 이론을 아는 만큼 성장한다. 고등학교 시기에 감독 코치를 능가한다는 목표로 축구 이론을 공부하고, 해내어야 한다. 어렵지 않다. 이게 유럽과 남미 선수를 이기는 가장 확실한 방법 중의 하나다.

(3) 선수 부모

처음 축구를 시작할 때부터 이론 공부를 시켜야 한다. 책, 인터넷, 축구 이론에 해박한 사람에게 배울 수 있다. 선수 성공의 열쇠를 쥐고 있는 사람이 감독 코치가 아니라 부모 자신이라는 걸 하루속히 자각해야 한다. 프로선수가 되기로 결의했다면 선수에게 아버지는 감독, 어머니는 수석 코치가 되어 책임지고 성공시켜야 한다. 김연아를 세계 최고로 만든 그 어머니 박미희 씨를 벤치마킹하기를 권유 드린다.「**아이의 재능에 꿈의 날개를 달아라**」(박미희 지음 / 폴라북스 / 2008. 7. 7 / 10,000 원), 이 책 일독을 권유 드린다.

3. 매일 세계 최고의 코칭을 하라

1초가 모여 하루가 되고, 하루가 모여 인생이 된다. 축구도 이와 같다. 매일매일 연습 효과의 경쟁 우위가 선수의 경기력 수준을 결정한다. 한국 축구선수들은 연습량이 많기로 유명하다. 단연 세계 최고다. 새벽과 밤 개인 연습을 하고 오후에는 팀 연습이 있다. 심지어 하루 4번 연습하는 팀도 있다.

"한국의 대학팀들은 일주일에 5일 이상, 최소 2시간 이상 연습한다.
연습량이 그 어느 나라보다 많다. 그러나 그 결과로 배출된 세계적인 선수는 단 한 명도 없다. 그 이유는 지도자들의 수준이 구석기시대이기 때문이다."
- 디트마르 크라머, 1992년 한국 국가대표팀 총감독

그 후 24년이 지났다. 그 사이 1992년에서 10년 후인 2002 월드컵 4강, 다시 10년 후인 2012년 런던올림픽 축구 3위의 성적을 내었지만 월드클래스 선수가 등장할 기미가 없다. 축구 강국과의 격차는 여전하다. 한때 기대를 모았던 몇몇 선수들은 성인무대에서 세계 경쟁에서 밀렸다. 올해 2016년은 한국축구 역사 135년(1882~2016)째 되는 해, 이 오랜 기간 한국축구는 단 한 명의 월드클래스 선수도 육성하지 못했다. K리그 클래식 경기력도 팬들의 기대 수준에 미치지 못하고 있다.

매일 그렇게 연습하고도 팀 경기력이 정체되어 있다면, 도무지 수준이 향상되지 않는 프로 리그라면, 선수 개개인의 기량이 세계와 경쟁하기에 턱없이 부족하다면, 그리하여 소속

팀 선수가 꿈꾸는 유럽 빅 3 명문구단 입단이 터무니없다는 걸 안다면 감독 코치는 반드시 자신의 지도력을 세밀하게 미분하고 점검해야 한다. 그리고 대책을 세워야 한다. 현재 한국 축구계의 모든 감독 코치가 여기에 해당한다. 이때 감독 코치가 선택할 수 있는 게 여럿 있다. 그 중에서도 가장 핵심적인 2가지가 있다. 끊임없는 지도력 향상과 최적의 코칭상품 활용이다. 코칭상품 활용은 다음에 독립된 주제로 다루기로 하고 여기서는 매일 세계 최고의 코칭을 할 수 있는 지도력 만들기에 대해 함께 생각해보기로 하자. 그 방법은 감독 코치마다 조금씩 다를 것이다. 생각을 전개하고, 선택을 돕고, 영감을 확산시키는 자료로 몇 가지 방안을 제시하고자 한다.

첫째, 최고 최적의 교수학습지도안을 만들어라.

학습지도안이 지도 계획의 출발이요 시작이다. 준비를 잘할수록 좋은 성과를 내는 건 상식이다. 반면에, 준비에 실패하면 실패를 준비한 것이나 다름없다. 세밀하고도 의도적으로 계획되고, 최적의 학습도구를 사용하며, 파급 효과가 가장 큰 기본적이고 핵심적인 요소를 빠뜨리지 않고 모두 담고 있으며, 실수에 즉시 교정이 이루어지며, 다양하고도 과학적인 교수학습이론과 교육공학을 적용하며, 주제의 전개가 구조적이면서도 통합적이며, 세계의 경쟁자보다 앞서는 혁명적인 학습지도안을 작성하라. 즉, 세계 최고의 학습지도안을 만들어라.

그리고 매일매일의 연습이 이처럼 계획되고 준비된 학습지도안 그대로 진행되어야 한다. 이렇게 만든 학습지도안이 책으로 출판되어 시중 서점과 인터넷 서점에서 판매되곤 해야 한다. 그리하여 그 성과가 다른 감독 코치에게 전파, 공유되고 그들에게 도전을 주어 학습지도안을 책으로 내는 감독 코치가 점점 많아져야 할 것이다. 그 책들은 한국축구의 소중한 지적 자신으로 두고두고 활용될 것이다. 그러나 이런 결과물 역시 한국축구 시작 이래 지금까지 단 한 권도 나오지 않고 있다. '학습지도안'은 너무나 중요한 주제이기에 다음에 독립된 주제로 다루겠다. 감독 코치 여러분, 자신의 학습지도안을 선수와 학부모에게 공개하라!

둘째, 연구수업을 하라.

'연구수업'이란 미리 정한 시간과 장소에서 초청한 축구 지도자, 선수 학부모, 축구 관련 전문가, 교육학자 등 관계자들 앞에서 감독이나 코치 중 1인이 소속 팀 선수를 1회 지도한 후 활발하고 깊이 있게 수업을 평가하고 더 바람직한 방안을 찾아내는 수업을 말한다. 물론 연구수업도 철저하게 미리 계획한 학습지도안에 의해 이루어진다. 이 과정에서 자신의 옷에서 나는 냄새를 자신이 감지하지 못하듯 지도자 스스로는 생각하지도 않고, 생각할 수도 없는 장단점이 속속들이 드러나기에 한번의 연구수업으로 많은 걸 배울 수 있다.

초청자들의 혹독한 평가는 피가 되고 살이 된다. 사회 각계각층에서 가장 폐쇄적이라는 평가를 받고 있는 집단 중 하나인 각급 학교에서도 이렇게 하고 있다. '학생들을 보다 잘 가르치기 위해서'라는 명분으로 아예 제도화시켜 놓았다. 그러나 한국 축구계는 이런 것조차 하나 제대로 하고 있지 않다. 어느 팀의 축구 감독이나 코치의 연구수업, 이런 걸 한 번이라도 들어본 적이 있는가? 이런 연구수업에 한 번이라도 참관한 사람이 있는가?

초중고 대학 등 학원축구팀의 경우 감독 코치의 지도력에 대해 지도하거나 조언하는 그 누구도 없다. 어제도 오늘도 내일도 감독 코치의 개인적인 판단과 선택으로 연습이 이루어지고 있다.

셋째, 수시로 자기 자신의 코칭을 점검하라.

틈이 날 때마다 가능한 자기 자신의 코칭을 분석하고 점검하는 습관을 가지자. 매 연습 후에 하면 더욱 바람직하다. 모든 연습에는 도달하고자 하는 학습목표가 있는데, 이걸 얼마나 달성했느냐를 확인하는 일이다. 이때는 가능한 제3자의 입장에서 자기 자신의 지도 과정을 분석할수록 객관성 타당도 신뢰도가 높아진다. 그리고 떠오르는 생각을 〈코칭 노트〉에 바로 기록한다. 〈코칭 노트〉를 가지고 있지 않을 때는 수첩이나 A4 용지를 3번 접은 메모지에 기록했다가 〈코칭 노트〉에 옮겨 적는다. 감독 코치는 항상 기록할 수 있는 필기구와 수첩 또는 메모지를 가지고 있어야 하며, 샘물 솟듯 일어나는 영감을 즉시 기록하여 도망가지 않도록 저장해두어야 한다.

넷째, 코칭스태프의 집단 토의를 일상화하라.

1970년대 후반부터 1980년대 초중반 4번(1977, 1978, 1981, 1984)의 유럽챔피언스리그 우승에 빛나는 리버풀의 전성기는 이런 집단 토의에서 비롯되었다. 세계 축구 역사에서 이와 같은 사례는 여럿 있다. 수평적이고 막힘없는 집단토의가 이루어지기 위해서는 감독의 민주적인 사고방식과 소통 능력이 요구된다. 집단토의는 한 개인이 가지고 있는 인식과 그

한계를 극복하는 효과적인 방법이며 서로 간의 장점을 공유하는 수단이 된다.

다섯째, 교육학에서 끊임없이 배워라.

스포츠교육학은 교육학에서 파생되었다. 스포츠 교수학습이론은 교육학의 교수학습이론을 차용했다. 스포츠심리학은 교육심리학에서 출발했다. 이러하기에 스포츠교육학만 공부하면 좁다. 스스로를 제한한다. 교육학이 더 높고 넓고 심원하며 근원적으로 교육에 대한 아이디어를 제공한다. 축구 지도 그 자체가 가르치고 배우는 교육이기에 교육학에 밝을수록 더 잘 가르치게 된다. 교육학, 교육공학은 감독 코치의 인식을 확장시켜주며 자신의 코칭을 점검하고 향상시키는 도구로 기능한다.

여섯째, 각계 각 분야의 모범사례를 배워 자신의 지식으로 만들자.

지식은 크게 3종류로 나뉜다. 순수지식, 응용지식, 현장 경험과 노하우다. 사회 각 분야나 다른 스포츠 종목에서 탁월한 코칭이 이루어지고 있다면 찾아가서 배우고 자신의 역량으로 만드는 일이다. 효과적으로 가르치는 축구팀의 연습을 참관해도 좋다. 그의 노하우를 최단 시간에 흡수하여 평생 두고두고 활용할 수 있으니 하지 않을 이유가 없다.

일곱째, 각계각층의 전문가를 초청하여 지도자와 선수들이 배우자.

강연을 들어도 좋고 축구를 직접 배워도 좋다. 일례로 축구 분야에서는, 프리스타일에는 전권 선생이 있다. 최고 컨디션 유지 관리에는 우병호 선생이 있고, 드리블 지도에는 김태열 신북 FC 감독이 있다. 전략 전술 강의에는 이수열, 이형석, 고병현 이런 대가들이 있다. 월드클래스 선수 육성 시스템, 축구팀 경영, 구단 마케팅, 생활축구 분야에는 이 글을 쓴 김기호가 있다. 이미 알려진 프로 팀이나 각급 대표 팀 등 제도권의 감독 코치들에 비해 조금도 뒤지지 않는다. 진정으로 하고자 하는 사람보다 더 잘하는 사람이 없는데, 이들이 바로 그러하다. 결코 지명도에 현혹되지 말라. 파리는 온갖 장소에 앉을 수 있지만 단 한 곳, 타오르는 불길에는 착륙이 불가능하다. 편견과 우상에 사로잡히는 순간부터 실상을 제대로 알 수 없게 된다.

이 외에도 여러 가지 방법이 있다. 지금 한국 축구 감독 코치의 의식의 전환이 시급하다. 아무 근거 없이 지나치게 폐쇄적인 감독 코치가 너무 많다. 개혁하지 않으면 개혁 당한다는 걸 빨리 깨달아야 한다. 사회 변화와 함께 축구계의 변화도 필연적이다. 변화에 앞서 가는 가장 좋은 방법은 변화를 미리 만들어내는 것이다.

한국사회에도 '1인 기업'의 시대가 이미 도래했다. 현재 한국축구는 여전히 세계 경쟁력이 없다. 축구 시장의 크기, 축구 문화, 감독 코치의 지도력과 의식 수준, 축구과학, 선수가 처음 축구를 배우는 시기 등 거의 모든 면에서 상대가 되지 않는다. 그렇다고 미리 포기할 필요는 없다.

유럽과 남미를 능가할 수 있는 방법을 찾아내고 실천할 수 없을까? 가르치는 감독 코치는 매일매일 세계 최고의 코칭을 해야 한다. 그 결과로 매일매일 선수의 경기력 향상이 세계에서 가장 빠르고, 가장 수준 높아져야 한다. 이렇게 하면 세월 속에서 어느 순간 유럽과 남미와 같은 수준이 되고, 이후 그들을 능가하게 된다. 자연스럽게 월드클래스가 배출되기 시작할 것이다. 그런데 이게 어려운가?

"위의 7가지도 실천하기 쉽지 않은데 또 여럿 있다니!"하며 미리 포기해버리는 감독 코치도 적지 않을 것이다. 선수 위에 폭압적으로 군림하는 감독 코치일수록 이런 경향이 강하게 나타나며, 이는 그가 선수를 대하는 태도와 선명하게 대비되는 나약하고 무책임한 지도자의 모습이다. 감독 코치는 성공에의 열정으로 가득한 선수들에게 깊은 책임감을 가지고 있어야 한다. 감독 코치직이 단순히 생계유지의 수단이 되어서는 안된다. 적당히 가르치고 매달 월급을 받고 수시로 보너스를 챙기는 행태를 지금 당장 고치든가, 아니면 스스로 물러나야 마땅하다. 거듭거듭 말하건대 코칭이 곧 교육이다.

감독 코치가 가르치고 선수가 배우는 과정으로 이루어지는 교육이다. 그러므로 감독 코치는 가르치는 사람으로서의 교육자. 진정으로 가르치고자 하는 감독 코치는 배움을 게을리 하지 않는다. 배우기를 그치면 성장도 멈춘다. 배움, 즉 평생교육은 가르치는 사람이 벗어버릴 수 없는 숙명이다. 다행스럽게도 이 세상에서 공부보다 재미있는 게 아무 것도 없다. 꾸준히 공부하다보면 이런 경지에 이르게 된다. 더구나 공부는 삶이 다하는 그날까지 계속할 수 있다. 결코 자기 자신의 지도력에 만족하지 말라. 아무리 수준 높은 지도력을 보여도 개선의 여지는 무궁무진하다. 공부에 끝이 있는가? 터무니없는 나르시즘에 빠져 있는 감독 코치가 적지 않다. 아니 너무나 많다. 여기에서 자유로운 감독 코치가 얼마나 되는지 반문하고 싶다.

한국축구계에도 공부하다 죽는 감독 코치가 많이, 계속 나와야 한다. 지금까지는 단 한 명이라도 있었는지 궁금하다. 글쓴이가 견문이 부족해서인지 아직 들어보지 못했다. 치열

하게 공부에 천착하면 죽게 되는가? 아니다. 더욱 건강하게 된다. 대뇌의 신경회로가 광활히 활성화되어 나이 들어도 치매도 걸리지 않는다. 목숨을 걸고 공부하라는 주문이자 격려다. 공부하는 그만큼 더 잘 가르치게 된다는 걸 감독 코치 자신이 가장 먼저 알게 된다. 그리하여 공부할수록 가르치는 게 재미있고 기다려지는 것이다.

자기 자신의 코칭이 자랑스러워지는 것이다. 자연스럽게 선수들과 학부모에게 인정받게 된다. 공부와 동기부여(긍정적이고 밝은 자기 평가)의 선순환이 계속되면서 탁월한 선수들이 배출되기 시작한다. 우승은 저절로 따라 온다. 유능한 지도자로 인정받는다. 여러 프로팀에서 영입 제안이 쇄도한다. 이처럼 공부의 최고 수혜자는 선수가 아니다. 감독 코치 자신이다.

감독 코치여, 매일매일 세계 최고의 코칭을 하라! 쉬운 일이 아니다. 극복하기 어려운 과제처럼 보일 수도 있다. 그렇다고 불가능한 것도 아니다. 먼저 자기 자신과 결의를 하자! 방법도 찾아내자. 그 다음 차분하게, 올바르게, 쉼 없이 노력하자. 시작이 반이다. 지속적인 추진이 혁신을 완성한다. 세월 속에서 문득 이 경지에 오른 자기 자신을 발견하게 되기를 기원한다.

공부하지 않는 감독 코치는 정규수업도 보장받지 못해 공부도 제대로 하지 못하고 축구에 올인하고 있는 선수와 축구선수인 자녀에게 최소 월급(수입)의 반 이상을(고교 선수는 1년 평균 2,500만 원 이상 들어간다. 월 회비 150만 원이면 년 1,800만 원, 여름 겨울 2번 전지훈련비, 2번 이상 대회 참가비, 축구화 등 개인 장비 구입비, 학부모 경비 등 최소 2,500만 원 이상 지출) 쏟아붓는 학부모에게 재앙과 같은 존재다.

세계 축구 시장의 중심인 유럽은 아시아에서 이런 선수를 찾고 있다. 3가지를 가장 중시한다. **가능하면 어린 나이, 18세로 바로 등록할 수 있으면 더욱 좋다. 적극적인 사고방식으로 빨리 적응하고, 세계 경쟁 우위를 가진 그 자신만의 특장점을 가진 선수를** 찾아다니고 있다. 매일매일 세계 최고의 코칭으로 유럽 3대 리그를 한국선수들이 점령해버리는 그 날을 상상해본다.

4. 감독, 축구 기술자가 아닌 축구 경영자가 되어야 한다.

1) 1977년 4월, 그 축구부 운동장 풍경

당시 F선수는 고교 3학년으로 촉망받는 청소년 대표선수였다. 팀 연습이 끝나기를 기다렸다 취재 나온 기자와 F선수의 문답 중 이런 이야기가 오갔다.

　　기자 : (운동장에서 교실을 보며) 학급 교실이 어디인가요, 손가락으로 알려주세요.
　　F선수 : 지난해는 2층이었는데 올해는 몇 층인지 모르겠습니다.

　F선수는 3월 2일 새 학년 새 학기가 시작되고 한 달 이상이 지나도록 교실에 한 번도 들어간 본 적이 없었다. 물론 담임선생님이 누군지도 모른다. 그때는 그랬다. 아예 공부와는 담을 쌓았다. 축구로 날이 새고 축구로 날이 저물었다. 이러하기에 축구 이외에는 가치 있는 다양한 경험을 체험할 기회가 없었다. 원만한 사회생활에 요구되는 최소한의 사회, 자연, 인문과학 지식도 터무니없이 부족했다. 경영학은 아예 배우지도 못했다. 은퇴 후에도 그랬다. 경영을 모르고 축구팀을 경영했기에 세계 경쟁력이 턱없이 부족하다. 이 점은 지금도 변하지 않았다. '배운 게 도둑질'이라고 선수 생활을 마치고 다른 분야에 진출할 엄두가 나지 않아 축구 지도자의 길을 선택하는 경우가 많았다.

2) 감독 코치, 왜 경영학을 알아야 하는가?

　감독 코치에게 가장 먼저 그리고 가장 중시되어야 할 분야는 무엇일까? **코칭 철학, 경영학, 교수학습이론 순이다.** 이 3가지가 팀 운영에 가장 큰 영향력을 행사한다. 체력 개인기 전술 지도는 이 아래에 있다. 초 중 고 대학 등 학원축구와 사설 클럽축구팀의 경우 선수 조직, 재정 확보와 운영, 학부모와 지역사회의 협력 얻어내기, 집단지성 활용, 음식 물 공기 그리고 수면 환경의 최적화, 스포츠과학 적용, 최적의 시설과 장비 갖추기, 초 중 장기 선수 육성 시스템, 최고의 코칭스태프 구성하기, 학업 성취 프로그램, 선수에게 매월 장학금 지급 등 이 모두가 경영으로 풀어야 할 과제다. K리그 프로 구단의 경우 프로 구단 자체가 곧 기업이다. 철저하게 경영의 논리로 조직되고 운영되어야 한다. 무엇보다 앞서 있는 경영 이념(구단의 핵심 가치) 아래 흑자 경영을 이루어야 한다.

　"혁신과 마케팅만이 수익을 내고 나머지는 모두 소모되는 비용이다." "개인이나 조직(기업, 단체)이나 국가가 파산하는 가장 큰 이유는 그들이 경영을 모르기 때문이다." "지금 무엇을 폐기할 것인가를 올바르게 선택하는 것이 혁신이다." "가용할 수 있는 자원은 한정되어 있다. 우선순위를 정하고 총력을 기울여야 한다." 현대경영학의 창시자 피터 드러커의 지적이다.

그러나 K리그의 현실이 어떠한가? 프로축구연맹은 몇 년째 타이틀 스폰서를 구하지 못해 권오갑 연맹 총재가 대표이사 사장으로 있는 '현대오일뱅크'가 타이틀 스폰서다. 타 기업에게 K리그가 그만큼 활용 가치가 없다는 생생한 증거다. 지상파 3사 TV에서 프로야구 중계가 넘쳐나지만 K리그 중계는 1년에 3~7번 있을까 말까다. 프로축구연맹이 협상을 시도하곤 하지만 시청률이 낮고 광고 효과도 미미하기에 꿈쩍하지 않는다.

현실이 이러하기에 당신이라면 K리그를 중계하겠는가? 연간 중계권료에서도 한국 프로야구(KBO)가 360억 원을 벌어 국내 리그 중 최고액이다. 한국 프로축구는 65억 원으로 프로 야구의 19%에도 미치지 못하고 있다. 2015~2016 시즌 잉글랜드 프리미어리그(EPL)의 중계권료는 2조 9,600억 원이다. 정몽규 대한축구협회 회장이 "새로운 변화와 혁신이 필요하다."며 당시 5가지 비전을 제시하며 협회 회장 출마 공약으로 '**K리그 지상파 중계 활성화**'도 내걸었지만 2016년 5월 현재까지 실현하지 못하고 있다. '**대한축구협회 예산 3,000억 원**' 공약도 제시했지만 협회 예산은 그때나 지금이나 850억 원 수준으로 제자리걸음을 면하지 못하고 있다.

정몽규 대한축구협회 회장은 현대산업개발을 운영하는 오너다. 회사 운영만 해도 너무 바쁘기에 가끔 협회에 들른다. 협회 직원은 결재 서류를 들고 현대산업개발 사옥으로 찾아가 결재를 받기도 한다. 아무래도 협회에 상근하는 회장보다 협회 업무에 몰두하기 어려운 구조다. K리그 23개 구단은 약속이나 한 듯 줄기차게 적자 행진을 계속하고 있다. 2016년 4월 14일 프로축구 선수 10명이 전 소속 팀 인천 유나이티드를 상대로 2014년과 2015년에 못 받은 승리수당과 출전수당 등을 달라는 소장을 대리인을 통해 인천지방법원에 냈다. 해마다 시·도민 구단이 필요 재정을 마련하느라 전전긍긍한다. 여기 저기 광고 스폰서를 유치하려고 시도하나 효과는 신통찮다.

지금처럼 예산만 축낼 바엔 차라리 구단을 해체하자는 주장도 심심찮게 나오곤 한다. 어느 시, 도민 구단이 가장 먼저 해체의 길을 걸을 지 궁금해 하는 사람도 있다. 경기 관람 관중, 마케팅, 경기력, 유스 육성 등 핵심 사안 모두 실패를 계속하고 있다. 단기적인 대중 요법이 난무하나 수준 높은 제품과 서비스를 지속적으로 생산할 수 있는 시스템이 없.

MLB(미 프로야구)에서는 "성적은 단장의 책임, 관중 동원은 감독의 책임"이라는 말이 있다. 이길 수 있는 자원과 토대를 만들어 주는 것이 단장의 몫이라면, 그 자원을 가지고 화끈한 경기를 펼쳐 관중이 오게끔 만드는 것은 감독의 몫이란 뜻이다(꿈의 기업 메이저리그 / 송재우 지음 / P 177). 현재 K리그 경기력이 팬들의 기대에 못 미쳐 외면당하고 있어 관중 입장 수입도 미미하다. 거의 대부분의 프로 구단의 감독들의 인터뷰를 보면, 감독 자신의 생각의 크기를 획기적으로 넓혀야 한다는 느낌을 받곤 한다.

생각의 크기가 곧 성공의 크기다. "월드클래스를 배출하겠다."고 공언하는 감독이 한 사람이라도 나왔으면 하는 바람이다. 유스 육성만 해도 그렇다. 타 구단에 비해 상대적으로 앞서 있다고 평가받는 포항 스틸러스, 수원 삼성, 울산 현대 유스 시스템도 구석기시대를 면치 못하고 있다. 구단 사무국에 유스 담당 직원 1명과 초 중 고 유스팀 코칭 스태프가 전부다. 이들에게 세계에 앞서 있는 선수 배출을 기대할 수 있을까? 각계각층의 전문가 집단으로 구성된 '집단지성'이 유스 육성을 책임지고 있는 유럽과 남미에 상대가 되지 못한다. K리그 해외 이적 최고액은 김기희(전북 현대)의 72억 원이다. 700억 원의 이적료, 이런 건 상상 속에서만 가능하다. 대한축구협회의 1년 예산보다 많은 메시 호날두 네이마르 이과인 포그바 등의 1,000억 원 이상의 이적료는 그냥 외국의 축구 소식일 뿐이다.

그러나 프로 유스 고교 선수의 경우 3년이면 충분한 시간이다. 완성시켜 해마다 최소 200억 원 이상의 이적료로 유럽 빅3 주전으로 진출시키고도 남는 시간이다. 200억 원이면 시, 도민 프로구단 1년 예산을 성큼 넘어서는 금액이다. 이 일을 1983년 K리그 출범 후 단 한 명도 못하고 있으니 한심하기 짝이 없다. 왜 이걸 못하는지 유스팀 감독 코치의 능력이 신기하기까지 하다. 감독 코치가 스스로 이렇게 하는 건 불가능하다는 벽에 갇혀 있다는 인상을 지울 수 없다. 프로 유스조차 이러하기에 초중고 대학의 학원팀과 사설 클럽팀은 더 거론할 것도 없다. 초등 선수가 K리그 프로가 될 확률이 0.8%도 안 되는 현실이지만 학교 공부를 잊고 축구에 올인하고 있는 선수와 학부모가 안타깝다.

프로축구연맹은 2016년 4월 20일부터 4월 26일까지 독일에서 선진 유소년 시스템 벤치마킹으로 K리그 유소년 시스템 활성화를 위한 2016년 제 1차 CEO 아카데미를 개최했다. 이 일로 인해 유스 육성에 어떤 변화가 일어날지 궁금하다. 프로축구연맹은 2013년 10월 〈유소년 활성화〉라는 책자를 만들어 산하 프로 구단에 배포했다. 2014년 1월에는 〈EPL - West Ham United Youth System Benchmarking Report〉라는 소책자를 만들어 프로 구단에 공급했다. EPL의 가장 대표적인 유소년 육성 구단이며 타 EPL 구단의 벤치마킹 대상 구단으로 추천되고 있는 웨스트 햄 유스 육성 시스템을 담은 내용이었다. 그러나 아직 이렇다 할 변화는 없다.

선수들의 축구 유학도 브라질에서 스페인으로, 지금은 2014 브라질 월드컵 우승국 독일이 대세다. 아르헨티나가 국제무대에서 탁월한 성적을 내면 아르헨티나로, 이탈리아가 그러하면 이탈리아로 우르르 몰려갈 것이다. 부평초처럼 이리저리 흔들리고 있는 형국이다. 그들에게 배워도 살아온 경험과 문화가 다르기에 그들의 정수를 온전히 흡수할 수 없다. 거기다 공부가 습관화되어 있지 않은 사람은 배우는 데 서툴 수밖에 없다. '후발성의 이점' 은 일정 기간 작용하지만 결코 유럽과 남미를 능가할 수는 없다. 배운다는 것은 그들에게 항상 뒤쳐져 있다는 걸 의미한다. 발상의 전환이 절실하다. 한국이 세계 축구의 중심이 되어야 한다. 스페인 독일 이탈리아 네덜란드 잉글랜드 브라질 아르헨티나 등 세계의 축구선수들이 한국으로 유학 오도록 만들어야 한다. 지구상의 감독 코치, 축구행정가, 축구 마케터, 축구 역사학자 등 축구 관계자들이 한국에 경쟁적으로 배우러 오도록 해야 할 것이다. 이걸 해내어야 한다.

누구는 이걸 터무니없다고 말할 것이다. 자신이 해낼 능력이 없기에 자기 기준으로 판단한 것이다. 그러나 오직 한국축구계에 2명이 "할 수 있고 해내어야 한다."고 말하고 있다. 조그마하고 자잘한 이야기들로 날이 새고 밤이 오는 한국 축구계에 혁명이 일어나야 한다. 크고 가치 있으며 대담한 계획과 실천이 시급하다. 프로축구연맹과 23개 프로 구단이 J리그를 벤치마킹하려고 하고 있다. 일본으로 연수 겸 답사하기도 하고, J리그 관계자를 초청하여 강연을 듣기도 한다. K리그보다 10년 늦게 1993년 리그를 시작한 J리그 관계자들은 처음에는 K리그 관계자들이 연수 온다는 걸 듣고 긴장했다. 그러나 지금은 아니다. 오히려 돌아서서 조롱하고 있다. "저들은 질문도 하고, 수첩에 기록하고, 자료도 요구한다. 그러나 한국으로 돌아가면 끝이다. 그 결과로 혁신된 것이 거의 없다. 저들은 둔하고 무책임한 인간들이다. 그들에게서 변화와 발전을 기대할 수 없다."고 비웃고 있는 실정이다. 한국 프로축구계는 J리그 벤치마킹도 제대로 못하고 있다. **바다 건너가서 J리그에서 배우는 것보다 가까이에 있는 글쓴이에게 배우는 것이 훨씬 더 효과적이고 실천 가능성이 높다는 걸 프로연맹과 23개 프로 구단이 하루속히 깨달아야 한다.**

항상 비고객이 시장을 움직이는데 그들은 왜 K리그의 상품을 구입하지 않는가? 해마다 1년이 지나도 대한축구협회, 프로축구연맹이 내놓은 혁신이 있는가? 있다면 무엇인가? 이 글을 읽고 있는 여러분은 알고 있는가? 지난 해 2015년 이루어진 혁신이 있는가? 한국축구를 생각하면, '축구계에 이다지도 인물이 없는가'라는 의문을 금할 수 없다. 언론에 보도되는 축구 소식 중 글쓴이의 축구 인식을 넘어서는 게 있는가?

3) 감독 코치, 지금부터라도 경영학을 공부하라

지나간 시간은 어떻게 할 수가 없다. 지금부터 하면 된다. 감독 코치는 이 글을 읽는 순간부터 경영학을 공부하기를 강력하게 권유 드린다.

'**경영학**'이라고 해서 대학의 경영학과에서 배우는 내용을 공부하라는 뜻이 아니다. 활자매체(책 신문 월간지 등), 사람, 인터넷에서 배우고 공부하면 된다. 세계 기업들의 성공과 실패 사례, 모범 혁신 사례, 경영학 대가들의 서적, 유럽 축구 벤치마킹, 기업의 인재 육성 방법 등을 공부하면서 팀에 적용하는 것이다. 신문도 온갖 아이디어의 보물 창고다. 바로 활용할 수 있는 방안들이 넘쳐난다. 감독 코치가 스포츠신문만 읽는 편협함에서 당장 벗어나야 한다. 개인적으로 중앙일보, 한겨레신문, 서울신문, 매일경제를 추천한다. 신문의 정보는 읽고 흘려보내서는 안된다. 저장하여 두고두고 보고 활용할 수 있어야 한다. 스크랩북을 만들어 배치하고 차례도 적자. 이 글을 쓰고 있는 사람은 〈**기획 경영**〉이라는 라벨을 붙인 400 페이지 스크랩북이 37권 째를 지나고 있는데, 이 속에는 활용할 수 있는 탁월한 정보들이 도처에 즐비하다.

경영에 밝고 실제로 성공을 일구어 낸 사람에게 배워도 좋다. 직접적이면서도 빠르게 해결 방안을 얻을 수 있다. 인터넷에서도 경영을 배우고 공부할 수 있다. 경영학 공부가 전공자만이 할 수 있는 게 아니다. 누구나 마음만 먹으면 쉽게 할 수 있다. 감독 코치도 그러하다. 그러니 감독 코치여, 오늘부터 경영학을 공부하자. 감독 코치는 축구 기술자인 동시에 축구 경영자가 되어야 한다. 축구 기술자는 축구 경영자에 포함되는 하위 개념이다. 감독 코치는 축구 기술자를 넘어 서서 축구 경영자가 되어야만 비로소 세계 경쟁력이 있는 선수를 배출하기 시작한다. 효과적인 팀 운용이 가능해진다. 지금처럼 해서는 희망이 없다.

경영학을 공부하면 전에는 절대로 할 수 없던 일을 할 수 있게 된다. 무엇보다 감독 코치 자신이 점점 레벨이 높은 리그에서 오래 감독 코치직을 계속하게 될 것이다. "감독의 종류는 단 두 가지이다. 하나는 해고된 감독이고, 또 하나는 앞으로 해고될 감독이다."(켄 레플러).

5. 감독, 무엇으로 어떻게 공부해야 하나?

감독 코치는 보다 잘 가르치고 싶어한다. 감독 코치가 탁월하게 가르칠 때 스스로 동기 부여되고 코칭에 더욱 흥미를 느끼게 된다. 선수는 더 효과적으로, 더 구조적으로 배우기를 원하고 있다. 유럽 빅 3 명문구단에서 자신의 경기력을 맘껏 발휘하기를 꿈꾸고 있다.

학부모는 감독 코치가 최고로 가르쳐 주기를 갈망한다. **감독 코치가 한결같이 공부에 천착하면 이걸 다 성취할 수 있다.**

이 글의 핵심은 아래의 '2) **감독 코치, 무엇으로 어떻게 공부해야 하나?**'이다. 물론 이보다 더 다양하고, 더 과학적인 공부 방법이 있을 것이다. 하지만 이렇게 하기도 결코 쉽지 않다. 직업적인 학자가 되어야 가능할 정도다. 이 중 몇 가지만 실천해도 그 효과(선수 성장)는 감독 코치 여러분의 상상 그 이상이다. 공부의 위력에 탄복하게 된다. 진정으로 향상하고자 하는 감독 코치는 신기한 듯 눈빛을 밝게 하여 이 글에 깊은 관심을 가질 것 같다. 더 잘 가르치고자 하는 감독 코치에게 하나의 길이 되기를 희망한다.

1) 감독 코치에 대한 여러 생각거리들

(1) 배움의 힘

"진정한 배움은 인간적이라는 말이 가지는 뜻의 핵심이다. 우리는 배움을 통해 자신을 재창조한다. 배움을 통해 우리는 창조하는 능력, 삶의 생산적인 프로세서의 일부가 되는 능력을 확대시킨다. 우리 각자에게는 이런 유형의 배움에 대한 깊은 갈망이 있다."

- 피터 센게

(2) "공부하지 않은 날은 살지 않은 날과 같은 공친 날이다."

아래의 글은 한국의 대표적인 전문 집필가 중의 한 사람인 정민 한양대 교수의 공부를 보여 주는 내용이다.

2012년 8월부터 2013년 7월까지 미국 하버드대 옌칭 연구소의 초청을 받아 1년간 머물 기회를 얻었다. 그곳 도서관에서 뜻밖에 경성제대 교수이자 추사 연구자였던 후지쓰카 지카시(藤塚鄰)의 컬렉션을 뭉텅이로 찾아내면서 계획했던 일들을 다 미뤄두고 이 자료 정리에 온전히 몰두했다. 생각하는 자료를 모두 갖춘 꿈의 도서관에서 어느 줄기를 당겨도 고구마가 줄줄이 달려 올라오는 놀라운 경험을 했다. 워낙 많은 책을 뒤져 동시에 찾다 보니 일주일만 지나도 전생의 일인 듯 아마득했다.

날마다 내가 읽은 책과 공부한 내용을 잊지 않으려고 일기에 적어 나갔다. 비슷비슷한 하루하루가 날마다 다른 하루로 변했다. 돌아오는 날까지 만 1년간 쓴 일기가 200자 원고지로 3200장에 달했다. 그날그날 찾아 읽은 자료와 그것을 볼 때의 느낌과 새롭게 얻은 정보들이 그 속에 빼곡했다. 하루는 늘 막막하게 시작됐다가 충일하게 마무리됐다. 육신은 지쳐도 정신은 또랑또랑했다. 늦은 밤 연구소의 마지막 불을 끄고 돌아올 때마다 가득 차 오르는 것이 있었다.

- 중앙일보, 2014. 2. 15

(3) 저녁 약속은 없습니다!

공병호 박사는 해마다 한 권 이상의 책을 출간한다. 저녁 약속을 하지 않는다. 공부에 방해가 되기 때문이다. 밤 10시에 잠들어 새벽 3시 30분에 일어나 책을 읽고 글을 쓴다. 매일 새벽 6~7시 사이에 '**새벽단상**'이라는 태그를 붙이고 정기적으로 글을 올린다. 초청받아 1년에 300회 이상의 강연을 한다. 그의 공부 내공은 이미 초절정고수의 경지에 이르러 있다.

(4) "나는 내년에 많은 일을 하겠지만 오늘은 무엇을 했던가?"

- 버크 헤지스

(5) 감독 코치 스스로에게 질문하기

a. 나는 경쟁자보다 앞서 있는 평생교육 시스템을 가지고 있는가?
b. 나의 선수 지도력이 세계의 경쟁자보다 탁월하게 뛰어난가?
   그 결과 소속 팀 선수의 경기력이 날마다 세계에서 가장 빠르게 그리고 가장 많이 향상되고 있는가?
c. 감독 코치로서 나의 코칭 철학이 올바른가?
d. 나는 서재가 있는가? 지난 해와 올 해 각각 몇백 권의 책을 읽었는가?
   사람, 인터넷, 책 중에서 최고의 평생교육 수단은 책이다.
   책보다 더 깊이, 더 밝게 아는 사람 아무도 없고 최고의 지식은 책으로 흘러간다.
   해마다 엄선한 책 100권 이상 읽기도 어려운 일이 아니다.
   이러면 감독 코치로서 실패하려야 결코 실패하지 않는다.
e. 나를 좋은 감독 코치로 만드는 것은 무엇인가?
f. 나의 팀 경영이 합리적이며 혁신을 계속하고 있는가?
g. 나는 선수와 학부모를 지극하게 섬기고 있는가, 아니면 황제처럼 군림하고 있는가?
h. 나는 월드클래스 선수를 육성할 수 있는 능력을 가지고 있는가?
   늦어도 고교 선수는 3년 안에, 대학 선수는 1년 6개월 안에 선수를 완성시켜 원하는 유럽 빅 3 명문팀 주전 선수로 진출시킬 수 있는가?

(6) "똑똑한 학생들을 받아 일류 학생으로 못 키우면 크리미널(crimiral 범죄)이다. 학자는 다른 사람이 아닌 역사와 경쟁해야 한다."

- 서남표 前 KAIST 총장 (중앙일보 2007. 10. 15. 月. 29면)

(7) 한국축구는 왜 유럽 빅 3(잉글랜드 스페인 독일) 1부 리그 감독을 한 명도 배출하지 못하고 있는가?
바이에른 뮌헨 감독에 취임하겠다는 차두리 선수의 목표 달성을 응원한다.

(8) P급 지도자 자격증은 공부의 끝이 아니고 시작일 뿐이다

(9) 어느 순간 문득 벽에 부딪히고 활로를 찾지 못할 때 누구와 만나야 하는가?
감독 코치는 이 책의 저자와 대화, 연습, 상담, 컨설팅 등을 통해 해답을 찾을 수 있다. 저자는 예사롭지 않은 1인 연구소이며, 내로라 하는 세계의 축구 컨설팅 회사나 대학의 축구연구소에 조금도 그리고 전혀 뒤지지 않는다. 오히려 그들보다 앞서 있는 점이 많다.

2) 감독 코치, 무엇으로 어떻게 공부해야 하나?

감독 코치는 자기 자신과 타협하는 순간 성장이 멈춘다. 스스로 앞서 있는 평생교육(생애교육 Lifelong Education) 시스템을 만들어 실천해야 계속 경쟁력을 높여갈 수 있다. 감독은 자기 자신은 물론 코치들이 공부하지 않으면 버텨낼 수 없는 구조를 만들어야 한다. 언제나 어디서나 구조가 결과를 결정하기 때문이다. 물론 공부 방법은 많이 있다. 글을 읽는 데 소요되는 시간을 고려하여 보다 효과적이라고 여겨지는 공부 방법 18가지를 소개한다.

(1) 코칭스태프의 평생교육 시스템 창조 및 적용
- 코칭스태프가 자기 자신의 평생교육 시스템을 가지고 있으며, 이걸 실천하고 있나?
- 프로 구단 투자 우선순위 : 1.구단 사무국 〉2.코칭스태프 〉3.선수

(2) 학습지도안에 의한 코칭
- 매회 코칭이 구조적, 과학적, 의도적으로 작성한 학습지도안에 의한 코칭
- 이후 한 권의 독립된 책으로 출판

(3) 이론 교육 필수화
- 이론을 강의하기 위해 준비하는 과정에서 저절로 공부가 이루어짐
- 피치 연습 전에 강의실에서 **반드시** 선수들에게 학습목표에 대한 이론 교육 필수화 (A4 용지 배포)
- 이론 강의로 선수를 감독 코치로 만들어 놓고 운동장 연습하기

(4) 집단지능에 의한 선수단 운영 및 육성
- 외부의 각계각층의 전문가 집단으로 구성, 집단지성 조직 능력이 있어야 함
- 해답은 거의 외부 전문가에게 있음

(5) 지도력 토론회 정례화
- 구성(프로 팀의 경우) : 프로 팀 코칭스태프 + 유스팀 코칭스태프 + 구단 사무국 일부 + 외부 전문가 등
- 어떻게 하면 지금보다 더 잘 가르칠 수 있을까?

(6) 외부 강연의 일상화
- 월 3회 이상, 사무국 및 전 코칭스태프와 선수 참석

(7) 코칭 상품 적극 활용하기
- 일례로 거의 모든 팀에서 사용하는 정수기, 공기 정화기, 침구류 등이 잘못 선택한 제품임
- 선수들의 경기력 향상에 걸림돌로 작용하고 있음

(8) 외부 전문가 강사 초청하여 배우기
- 개인기, 전술, 체력, 정신세계, 경영학, 식품영양학 등

(9) 선수 개인별 경기력 진단 및 성취목표 작성 활용하기

(10) 역할극 수시 진행
- 선수가 감독 코치가 되어 가르치기

- 이렇게 할 때 감독 코치가 평소 생각지도 못한 기발한 아이디어를 얻는 경우가 많음

(11) 스크랩북 활용하기
- 신문 구독하기 : 2~3종 이상
- 몇 종류의 스크랩북 만들어 활용하기 : 코칭, 교육, 기획 경영, 서적, K리그 등
- 치열한 데스크 경쟁을 통과한 신문은 온갖 가치 있는 정보의 창고이며, 이 중 선수 지도에 바로 적용할 수 있는 소중한 정보가 많이 그리고 계속 등장함

(12) 연간 독서 계획 수립 후 달성하기
- 한 권의 책을 읽은 사람은 두 권의 책을 읽은 사람을 결코 앞서갈 수 없다.
- 연 36권 이상 읽기(월 3권), 독서공책 활용, 독서토론회 운영
- 가능한 년 100권 읽기에 도전하여 달성하기

(13) 주제별로 집중 독서하기

통달해야 할 주제의 우선순위를 정해 그 분야의 책들을 폭발적으로 읽는 방법이다. 축구 전술이라면 축구 전술 서적을 거의 모두, 또는 뇌과학 분야라면 그 분야의 책들을 쭉~ 읽어가는 것이다. 그러면 일정 시기 후 그 분야의 책 한 권 출간은 보너스다. 현대경영학의 창시자 피터 드러커의 독서법이자 독서의 최고 경지인 '신토피칼 독서법'이다.

(14) 매년 선수 이적료 책정 및 달성하기
- 목표(프로 팀의 경우) : 최소 200억 원 이상 이적료 흑자 달성
- 선수 기량을 해마다 얼마나 성장시키느냐?
- 교교는 3년 안에, 대학은 1년 6개월 안에 완성시켜 유럽 빅 3, 명문 구단 주전으로 진출시키기

(15) 축구 연구모임 결성 및 활용

(16) 인터넷의 축구 카페, 홈페이지, 블로그 등에서 배우기

(17) 상황 연습 노트 만들기 및 활용
- 경기에서 일어나는 각각의 상황을 분야별로(공격, 수비, 미드필드, GK 그리고 6대 개

인기 등) 구조화하기
- 그 상황별 최적의 선택하기(두뇌) 및 가장 빠르게 수행하기(몸) 전수
- 이 역시 여러 권의 책으로 출판하기

(18) 책 출간하기

주제를 잡고 책을 쓰는 것이다. 축구 전문서나 일반서적 모두 좋다. 매일 조금씩 써나가면 어느 순간 원고가 완성된다. 이 과정에서 저절로 깊이 있는 공부가 된다. 책 내용이 독자의 인식을 넘어서 있고 필요를 충족시켜야 출판사 편집부를 통과하기에 자료를 찾고, 원고 쓰며, 교정을 거듭하는 과정에서 엄청나게 공부가 된다.

3) 감독이 지금부터 바로 책을 읽기로 결의했다고요?

축하드린다!

독서가 축구뿐만 아니라 감독 자신의 삶을 혁신할 것이다. 이전과는 다른 새로운 세계를 만들어갈 것이다. 리더란 책을 읽는 사람이다. 사람은 책을 읽는 만큼 성장한다. 사람은 책을 만들고 책은 사람을 만든다. 지식이 가장 강력한 경쟁 무기, 지구 최후의 경쟁 수단이며 최고의 지식은 책에 저장되어 있다. 1년 100권(엄선한) 이상 읽기에 도전하고 성공하기 바란다. 출중한 선수들이 계속 배출될 것이다. 그러면 당신이 바로 명감독! 감독의 감독, 감독 중의 감독! 우선 5권을 추천한다. 거장들의 초절정 내공을 경험하면 저절로 책의 위대함을 체득할 것이다.

   a. 88 연승의 비결 / 존 우든 외 / 클라우드나인
   b. 축구코칭론 / 김기호 지음 / 두남
   c. 코칭과학 / Rainer Martens 지음 / 김병준 외 옮김 / 대한미디어
   d. 의식혁명 / 데이비드 호킨스 지음 / 한문화
   e. 대한민국 승부사들 / 고진현 외 / 꿈의 지도

날마다 최소 5시간 이상 집중해서 공부해야 한다. 이러면 선수 성장이 몰라보게 달라지게 된다. 한국의 모든 축구 감독 코치가 한결같은 공부로 매일 즐겁고 기쁘게 그리고 최고로 선수들을 가르치기를 기대한다.

6. 최고 최적 최상의 코칭스태프를 구성하라

1) 옛날이야기 둘

(1) 노숙자 강태공은 어떻게 중국을 통일했는가?

강태공은 데릴사위로 들어갔다가 관심이 없는 농사일을 등한시하여 구박을 받다 쫓겨났다. 그 후 호구지책으로 돼지 잡는 백정이 되었다가 나이 80세에 주나라 주 문왕 서백 창을 만나기 전까지 떠돌아다녔다. 한마디로 노숙자였다. 자천담에서 낚시를 드리우고 있다 사냥을 마치고 돌아오는 주 문왕 서백 창 일행이 다가오자 낚시를 끌어올리면서 벽력같은 고함을 질렀다. "내가 천하를 낚아 올리겠다."

강태공과 대화를 나누다 주 문왕은 문득 깨달았다. 그 아버지 고공 단보가 그렇게 찾아도 찾지 못한 인물이 바로 앞에 등장했다는 것을. 최고가 최고를 알아보는 극적인 순간이었다. 당시 주(周)나라는 몇 개의 고을을 합친 정도로 조그마한 나라로 중국 전체를 통치하는 은(殷)나라와는 비교조차 되지 않았다. 이후 강태공은 주 문왕과 그 아들 무왕을 도와 주지육림 포락지형으로 악명을 떨친 은나라 주왕(紂王)을 멸하고 중국 천하를 일통했다.

주 문왕 서백 창이 강태공을 만나는 그 순간이 중국 천하의 주인이 결정되는 순간이었다. 그 공로로 강태공은 제나라(지금의 산동지방) 제후로 봉해져 그의 후손들이 700여 년이나 영화를 누렸다. 춘추전국시대 춘추 5패의 시초인 제 환공도 그의 후예이다. 「태공망 병법서」를 남겼으며, 이 책은 중국의 모든 병법서의 텍스트(교과서)로 평가받고 있다. 그 유명한 「손자병법」도 「태공망 병법서」에 힘입은 바 크다. 장량이 「태공망 병법서」로 유방을 도와 중국을 통일했다는 일화도 전해 내려오고 있다. 시중의 소설 「선불영웅전」은 강태공의 일화를 다룬 책이며 영화 '봉신방'도 그러하다.

세상에는 드물게 일당천이 있다. 그 위에 만인적(萬人敵 군사를 쓰는 전술이 뛰어난 사람)이 있다. 다시 그 위에, 최고의 경지에 시스템 창조자가 있다. 태공망 강여상은 병법에서 시스템 창조자다. 시스템 창조자는 세상의 패러다임을 바꾸며 세상에 이전까지 없던 혜택을 지속적으로 제공한다. 일례로, 마이클 패러데이는 1831년 증기에너지를 종식시키는 전기에너지 시스템을 만들었다. 이처럼 시스템을 창조하는 사람이 가장 세상 사람들을 사랑하는 사람이다.

(2) 사례 2 : 장량은 왜 유방과 함께 했는가?

유(留)라는 도시가 있다. 춘추시대 때부터 있었던 작은 도시로 유방의 출신지인 패현에 가깝다. 지금의 강소성 패현의 동남쪽이다. 이 시기에 형구는 거기에 있었다. 장량은 유를 향하는 도중에 패현을 지났다. 이때 유방은 이미 '패공'으로 이름을 날리면서 수천 명의 소집단을 거느리고, 그 부근의 진 세력과 끊임없이 싸우고 있었다. '그러고 보니 유 뭐라고 이름은 들은 적이 있어.' 장량은 그 정도의 지식밖에 없었지만, 어쨌든 사자를 보내 면회를 요청했다. 보아하니 유방은 마음이 탁 튄 사람인 것 같았다. 무조건 만나 주었고 그 의견도 경청해 주었다. '듣는다는 것이 바로 이런 것이구나.'

장량은 이야기를 듣는 유방을 보고, 꽃봉오리가 점점 벌어지는듯한 신선한 느낌을 받았다. 유방은 시원스런 표정으로 장량을 바라보다가 거대한 몸을 점점 장량 쪽으로 기울이면서, 그 어린 남자가 하는 말을 하나도 빠짐없이 들었다. 연기가 아니었다. 유방은 어린 시절부터 작은 나를 잃어버린 듯한 행동을 해왔다. 그는 마음을 완전히 비우고 장량이라는 한 인격체의 말을 듣고 있었다. 들으면서 확신했다. '이 젊은이는 진짜다.' 마음을 비우면 총명해지는 법이다. 유방이 가진 유일한 장점이라 할 수 있었다.

장량은 말하면서 거대한 그릇에 물을 붓고 있는 쾌감에 사로 잡혔다. 마지막으로 유방은, "내 비록 보잘 것 없는 몸이지만, 나의 객이 되어 주지 않겠는가."하고 촌뜨기처럼 순박한 목소리로 말했다. "기쁘게 받아들이겠습니다." 장량은 볼을 발갛게 물들이고 말했다. 그렇게 말한 후에 낭패감을 느꼈다. 이미 형구에게 사람을 보내 그 휘하에 들어가겠다고 약속을 한 터였기 때문이다. '형구 따위가 뭔데' 장량은 스스로를 질책했다. 협객은 본래 일구이언을 하지 않는다. 그러나 눈앞의 유방은 너무나 매력적이었다. 이 유방을 천하의 패자로 만들고 말겠다는 고고한 의지 앞에서 형구에 대한 배신 따위는 너무도 사소한 일에 지나지 않았다. 장량은 유방의 객이 되는 한편, 군사 조직에서는 구장(廐將)이라는 직책을 받았다. 구장이란 옛 초나라의 관직명으로, 직접 전투에 참가할 의무는 없지만, 장령으로서 최고군사회의에 출석한다. 장량에게 가장 적절한 직책이었다. 첫 만남에서 장량의 기량과 성향을 알아채고 적절한 직책을 준 것만 보아도 유방에게는 사람을 보는 눈이 있었던 것이다.

- 항우와 유방 제 2권 / 시바 료타로 지음 양억관 옮김 / 달궁 / 2003. 11. 28 / P 28~30

건달 출신 한고조 유방은 초나라의 명문가 출신인 초패왕 항우에 비해 객관적인 우위를 가진 게 하나도 없었다. 그러나 결과는 유방의 승리였다. 유방은 적극적으로 인재를 찾고

그에 걸맞게 대우했고, 항우는 독단과 고집으로 인재들의 말에 귀를 기울이지 않았다.

2) 알렉스 퍼거슨 감독의 수석 코치 찾기

경영지원팀을 구성하는데 있어 축구가 기업 경영에서 시사하는 것은 무엇일까? 첫째로 수석 코치가 자기보다 뛰어난 인물이어서 자신의 자리를 위태롭게 할 거라는 생각을 하지 말아야 한다. 지미 암필드는 많은 감독들이 자기 자리를 위협하지 않는 만큼의 재능을 가진 2인자를 물색할 때, 자신과 친분이 있는 인물을 발탁한다고 언급했다. 실제로 발탁된 인물들이 훌륭한 자질을 가졌는가는 두 번째 고려대상이라는 것이다. "감독들은 우수한 수석 코치를 선별하는데 별로 관심을 가지지 않아요. 나중에 자기 제자들이 자신의 자리를 노리는 하극상을 두려워하는 이유겠지요."

알렉스 퍼거슨은 자신의 업무수행을 위해서는 든든한 후원조직이 필요하며 그 조직 구성을 위한 인선이야말로 많은 시간과 공을 들여야 하는 중요한 사안임을 몸소 체험한 사람이다…

녹스와 녹스의 후임을 맡았던 브라이언 키드마저 1998년 12월에 사표를 제출하자 퍼거슨 감독은 자신의 기준에 부합하는 새로운 2인자를 물색하기 위하여 영국 전역을 샅샅이 뒤지고 다녔다. 마침내 2개월여의 탐사과정을 거쳐 그가 찾아낸 것은 더비 카운터에서 별 볼일 없던 자리에 있던 스티브 맥라렌이었다. 퍼거슨은 그의 자서전에서 이렇게 회고했다. "전임 유소년 코치 에릭 해리슨과 유소년 육성 담당자 레스 커쇼에게 요구한 것은 코칭 능력은 물론 철저한 직업윤리를 가진 사나이였다. 그들은 스티브 맥라렌을 찾아내기 위해 전역을 뒤지고 다녔다. "맥라렌이 미들스브르 감독으로 자리를 옮기며 발생한 수석 코치의 부재로 맨체스터 유나이티드는 2001/2002 시즌에 단 하나의 우승 트로피도 가져가지 못하고 리그 3위로 리그를 마치며 위기를 맞았다…

또한 퍼거슨은 다른 코칭스태프를 선임함에 있어서도 고민을 아끼지 않았다. 그는 클럽의 젊은 선수들에게 기술을 가르치고, 그들의 기술 향상을 위해 코치들을 가르칠 수 있는 기술 코치가 필요하다는 결론을 내렸다. 퍼거슨은 이러한 새로운 코치 직책의 소개가 다른 주요 유럽의 클럽들에게 코칭스태프 구성의 표준이 될 것이라고 확신하였다. 결국 적합한 사람이 등장했다. 영국 축구계에는 거의 알려지지 않았으며 당시 카타르에서 일하고 있던 독일인 르네 뮬렌스틴은 그렇게 2001년 5월 고용계약을 맺을 수 있었다. 맥라렌, 케로스

(2016년 10월 현재 이란 대표 팀 감독) 그리고 뮬렌스틴은 퍼거슨이 그들을 영입하기 전까지 퍼거슨 감독과 사적으로 만나본 적이 전혀 없었다. 심지어 퍼거슨이 뮬렌스틴에게 맨체스터에서 근무할 것을 정식적으로 제안할 때까지 그가 뮬렌스틴과 얼굴을 마주친 적이 있었는지조차도 의심스럽다. 하지만 그는 각각의 역할에서 전문적 기술과 경험을 높이 평가하였고, 그 일에 가장 적합한 사람을 찾았다고 강한 확신을 가지고 있었다…

미들스브로의 감독 브라이언 롭슨은 퍼거슨의 사례와는 정반대의 길을 걸었다. 롭슨은 그 자리에 꼭 필요한 적임자를 찾아 헤매기도 전에, 옛날부터 알고 지냈던 그의 죽마고우들을 자신의 보좌역으로 불러오는 실수를 저지르고 말았다. 결국 그가 제대로 된 코칭스태프를 구성했는지에 대한 의문은 증폭되었다. 결국 2000년 후반 구단 이사회는 비참한 리그 성적을 이유로 숙련된 지도 능력을 가진 테리 베너블스를 불러들였고, 그 의문의 해답은 명쾌해졌다. 그는 팀을 전술적으로 재구성했고, 구단은 천신만고 끝에 리그 탈락을 면할 수 있었다. 베너블스의 선전으로 인해 망신을 당한 롭슨의 코칭스태프 전원은 결국 팀 내 위상에 커다란 상처를 입었고, 스스로 구단을 떠나는 길을 택하고야 말았다.
- 90분 리더십/ 데이빗 볼초버 외 지음 '신인철 차영일 옮김/ 제이앤북/ 2006.5.11/ P209 ~ 214

3) 비전기업은 어떻게 CEO를 임명하는가?

동종업계 1위 기업을 비전기업, 2위 기업을 비교기업이라 한다. 일례로, 비행기 제조업에서 보잉이 비전기업, 더글라스가 비교기업이었다. 경쟁에서 진 더글라스는 보잉에 흡수 병합되고 지금은 보잉과 에어 버스가 치열하게 경쟁하고 있다. 생필품 판매업계에서는 월마트가 부동의 1위고 그 외 기업이 2위 자리를 놓고 다투고 있다.

"앞으로 내가 결정할 가장 중요한 사항은 후계자를 고르는 것이다. 나는 거의 매일 누구를 후계자로 선정할 것인가를 고민하면서 많은 시간을 보내고 있다."
- 잭 웰치, 제너럴 일렉트릭의 CEO

은퇴 예정일이 9년이나 남은 1991년에 승계 계획에 대해 말하면서 "그 위대한 GE를 웰치의 손에 넘긴 경영권 승계 절차는 오랜 GE 기업 문화의 핵심을 가장 적절하게 보여주고 있다. 바로 직전에 CEO로 재임한 레지널드 존스는 CEO 후보 개개인에 대해 여러 해 동안 숙고한 끝에 웰치를 후임자로 선정했다. 이 CEO 후보자들은 모두 유능하고 손색이 없는

사람들이어서 후에 거의 모두가 주요 기업들의 CEO가 되었다…

존스는 CEO 자격이 있는 모든 후보자 개개인에 대해 오랜 기간 공을 들여 철저하게 심사숙고하는 절차를 밟았으며, 이에 의해서 최고의 자격을 갖춘 사람으로 판명된 사람만을 CEO로 선정한다는 원칙을 고수했다. 그 결과 기업 역사상 가장 훌륭한 경영권 승계 사례로 손꼽히게 되었다. "존스는 웰치가 CEO로 선임되기 '7년 전'인 1974년 이미 'CEO 계승을 위한 실행 지침'이라는 제목의 문서를 작성함으로써 경영권 승계 절차의 첫 발을 내디뎠다. 존스는 GE의 인사 담당 임원들과의 긴밀한 작업을 통해 **96명의 CEO 후보자들이 기재된 최초의 리스트를 만들었으며**, 이 후보자들 모두가 내부에서 양성된 사람들이었다. 그 후 96명의 후보자를 12명으로 줄였고, 다시 12명의 후보자를 웰치를 포함한 6명의 유력한 후보자로 압축했다. 여기에 소요된 시간이 2년이었다. 이들 6명의 유력한 후보자들을 시험하고 관찰하기 위해 존스는 6명의 후보자 각각을 '사업 부문별 사장'으로 임명하여 회사 중역실로 직접 보고하도록 했다. 그 후 3년 동안은 어려운 과제 부여, 면접 실시, 에세이 제출, 평가 실시 등 다양한 방법을 통해 점진적으로 후보자 테스트의 심도를 더해 갔다.

- 성공하는 기업의 8가지 습관 / 제리포라스 외 지음 / 김영사 / 2002. 11. 29 / P 249,250,252

4) 한국 축구 감독들은 어떻게 코치를 선발하는가?

첫째, 거의 모두가 학연 지연 팀연 등 인맥으로 선발한다.

위의 사례들과 선명하게 대비된다. 이렇게 하지 않고 능력을 기준으로 채용하는 경우는 오랜 가뭄에 콩 나듯 극소수다. 심지어 프로구단조차 소속 팀 출신을 감독으로 임명하며 그렇지 않은 경우는 드물다. 프로구단은 기업이며 철저하게 경영의 논리로 조직되고 운영되어야 하건만 이러고 있으니 창단 이래 줄기차게 적자를 기록하고 있는 게 자연스럽다. 프로구단 감독들도 여기에서 벗어나는 사람이 별로 없으니 개탄스러운 현실이다. 한마디로 추악하고 저급하며 유아기적인 '패거리 문화'에서 벗어나지 못하고 있다. 이렇게 하는 건 실패를 예약하는 것과 다름없다. 성공하더라도 그 성공은 조그마하고 일시적인 성공에 그친다.

이러한 행태는 한국축구가 정체되어 있는 현상과도 깊이 관련되어 있다. 패거리 문화에 익숙한 축구 감독들이 수석 코치나 코치를 선임하는 2가지 공통점이 있다. **먼저, 감독 자신의 말을 고분고분 잘 듣는 코치를 최우선으로 한다.** 코치들이 감독의 비서 같다는 느낌을 받을 때가 많다. 감독의 권위에 눌려 숨도 제대로 못 쉬고 감독 코치 간 의사소통이 제대로 되지 않는 팀이 부지기수다. 선수 시절 같은 팀에서 뛴 적이 있는 후배들에게 눈길을 돌린다. 감독보다 나이가 적어야 한다. 불편하기 때문이다. 손 위의 사람과 수평적인 관계에서 일해 본 경험이 없는 경우가 대부분이다.

둘째, 감독 자신보다 뛰어난 역량을 가지고 있는 코치를 채용하는 감독이 있는가?

자신의 무능과 약점이 드러나는 일이 생겨서는 안되기 때문이다. 감독 자신의 만수무강이 쭉~ 계속 되어야 하기 때문이다. 팀에서 황제로 군림하고 있는 지금이 더없이 좋은데 코치들의 혁신적인 제안은 반란이나 다름없다. 한 팀 감독으로 25년 이상 하고 있는 감독들도 더러 있는데 능력이 뛰어나서인지, 로비의 귀재여서인지 궁금하지 않은가? 그 감독들은 왜 그렇게 코칭스태프를 구성하는가? 이유는 단 하나, 그들이 경영을 모르기 때문이다. 거듭 말하건대 감독은 축구 기술자가 아니라 축구 경영자다. 팀 전체를 총괄하고 움직이기에 경영자가 되어야 한다.

"그 감독과는 대화 자체가 되지 않는다."는 학부모들의 하소연을 들을 때마다 당황스럽다. 주 문왕 서백 창은 첫 만남 후 강태공을 최고직에 임명했다. 유방이 장량을 등용하는 순간 초패왕 항우에게 중국 쟁패에서 승리할 가능성이 사라졌다. 맥라렌, 케로스, 뮬렌스틴을 코치를 물색하기 전에는 퍼거슨은 이들을 한번도 만나본 적이 없었다. GE는 96명의 후보자 중에서 엄선하고 엄선하여 잭 웰치를 CEO로 임명했다. 너무나 안이하게 코치를 선발하는 많은 한국 축구 감독들이 이들보다 뛰어난가? 지금부터 평생 노력해도 이들보다 걸출한 업적을 낼 수 있는가? 불가능하다.

한국의 축구 감독들이 이들에게 배울 점이 없는가? 한국 축구 감독들에게 끊임없이 그리고 강력하게 주문한다. **어제의 자신과 결별하라!** 이제부터 새로운 방법으로 코칭스태프를 조직하라! 최고의 인재들로 코칭스태프를 구성하라! 인격(특히 직업윤리) 지도력 평생교육, 이 3가지가 핵심 요소다.

먼저, 지도자 DB(데이터 베이스)를 만들고 활용하자.

감독 자신이 알고 있는 감독 코치의 숫자는 좁고 적다. 자신이 알지 못하는 장소에 인재가 있을 가능성이 비교할 수 없이 훨씬 높다. 원거리 우주 감시 안테나를 높이 세워 전 우주에서 가장 잘 가르치는 유능한 지도자를 찾아야 한다. 필요하면 켄타우루스나 안드로메다 같은 우주의 별에 가서도 찾아야 한다. 사람이 일을 하고 사람이 성과를 낸다. 뛰어난 인재들로 코칭스태프를 조직하면 탁월한 선수와 성적 그리고 고객을 만족시키는 경기력이 저절로 나온다.

둘째, 영입 대상을 한국에 제한하지 말고 세계로, 우주로 넓혀라.

셋째, 많은 정보를 가지고 있는 사람에게 조언을 구하라.
축구 담당 기자, 경험이 오랜 선배 감독에게 질문하고 추천받자. 당장 가서 그를 만나 옥석을 가려라.

넷째, 그들이 최고로 일할 수 있는 환경을 만들어라.
문화, 재정, 시설 장비 등 여러 가지에서.

다섯째, 평소 유능한 코치를 알아볼 수 있는 감식안을 길러라.
최고만이 최고를 알아본다.

7. 감독에게 신문은 온갖 아이디어의 보물창고!

컴퓨터 시대를 지나 지금은 스마트폰 시대다. 주머니에 들어가는 휴대의 편리함과 거의 무한한 성능으로 사람들의 사랑을 받고 있다. 지하철을 타면 일부러 휴대폰을 보고 있지 않는 사람을 헤아려 보는데 열 명 중 한두 명 정도다. 휴대폰 중독자와 그 경계선에 있는 사람들도 점점 증가하고 있다. 책상에 구멍을 뚫어 놓고 수업 중에 휴대폰 삼매경에 빠져 있는 학생들, 연인끼리 만나서도 대화 없이 각자 휴대폰에 열중하는 커플들도 적지 않다. 자녀의 무분별한 스마트폰 사용으로 골머리를 앓고 있는 부모도 한 둘이 아니다.

하루 중 지나치게 스마트폰에 많은 시간을 사용하면서 여러 가지 폐해들이 등장하고 있다. 특히 그 무엇으로도 대체할 수 없는 가장 소중한 자원인 시간 낭비가 심각하다. 자신이 하루에 얼마나 스마트폰에 시간을 사용하는지 측정해보면 어떨까?

시간 낭비는 곧 인생 낭비다. 스마트폰의 강점과 장점을 활용하되 부작용에 중독되어서는 안될 것이다. 스마트폰의 실체를 바로 알아 자유의지로 스마트폰을 지배해야지 노예가 되어서는 안된다. 스마트폰에 밀리면서 젊은 층에서는 책 신문 월간지 무크(부정기 간행물) 등 활자매체가 찬밥신세다. 활자매체와 동영상 매체는 각기 장단점이 있다. 동영상 매체의 특장점은 단연 스피드(즉시성)와 현장감이다. 반면 창조, 의식 혁명, 상상력, 통섭 등 고차원의 정신세계는 기의 활자매체에서 영감을 얻는다. 동영상 매체가 아니다. 아무리 새로운 정보 전달 매체가 나와도 책이나 신문 등 활자매체보다 심원하지 않을 것이다.

활자매체는 문장을 읽다 멈추고 생각을 마음껏 전개할 수 있다. 책 여백에 떠오르는 생각을 써넣고 느낌표나 별표 등으로 강조하기도 하고 밑줄을 치고 , 두 번째 읽을 때 형광펜으로 칠하여 드러나게 할 수 있다. 독서 공책에 여러 가지를 적어 책 내용을 완전히 흡수, 자신의 지식으로 활용할 수 있다. 스마트폰이나 TV 등 동영상 매체는 시청자에게 일방적으로 정보를 주고 순간순간 다음으로 나아간다. 30분 정도 보고 있으면 대뇌의 신경회로를 교란시켜 깊은 사유를 할 수 없게 만드는 베타파가 계속 나온다. 스마트폰이나 TV에서 나오는 유해 전자파는 눈을 빠르게 피로하게 하고 시력도 나쁘게 한다.

여기서는 활자매체 중 신문에 대해 생각해 보기로 하자. 신문 구독자 수가 지속적으로 줄어들고 있지만 개인적으로 신문 예찬론자다. 정보와 아이디어를 얻고자 신문을 구독하는데 읽을 때마다 놀라곤 한다. 각계각층의 전문가의 깊이 있고 새로운 세계와 치열한 경쟁을 뚫고 편집국을 통과한 기사가 독자의 인식을 증폭, 고양시킨다. 개인적으로 2015년 5월 12일까지 매일 7종의 신문을 구독하고 필요하다고 여겨지는 기사를 69분야로 스크랩해왔다. 이렇게 하다 보니 매일 시간 소요가 너무 많아 지금은 전국 일간지 1부와 스포츠 전문지 1부를 구독하며, 72분야로 스크랩북에 저장하여 활용하고 있다. 그러면서 얻는 혜택을 소개하고자 한다.

첫째, 축구를 비롯한 스포츠 분야의 정보를 알 수 있다.

선수, 감독, 대회, 스포츠과학, 시설 장비, 스포츠행정, 경쟁팀 정보 등 다양한 정보의 저수지다. 감독 코치는 이 정보를 효과적으로 활용할 수 있다. 프로구단 사무국이 여러 개의 스포츠신문을 구독하는 건 이걸 알기 위해서다.

둘째, 신문 내용이 수시로 감독 코치의 평생교육 수단이 된다.

신문을 읽다 가치 있고 새로운 걸 배우게 되는 경우가 많다. 신문을 펼 때마다 코칭, 식품영양학, 교수학습이론, 코칭상품, 전략 전술 등 요긴한 정보가 쏟아져 나온다. 이걸 흡수하여 팀 경영과 선수 지도에 활용할 수 있다.

셋째, 인생과 팀 경영에 놀라운 영감을 얻게 된다.

한 세계에서 일가를 이룬 대가의 글을 읽으면서 탄복하게 된다. 신문보다 각계각층의 걸출한 전문가를 가장 쉽게, 가장 많이 만날 수 있는 곳이 있는가? 일례로, 개인적으로 스크랩하고 있는 한 분야인 〈기획 경영〉은 400페이지 스크랩북으로 36권 째인데, 이 속에는 온갖 기발하고 독창적이며 앞서 있는 정보들로 가득하다. 이 스크랩북을 넘길 때마다 '팀 경영에 바로 활용할 수 있고, 특히 국가 정책에도 적용할 수 있겠구나'하는 생각이 저절로 일어나곤 한다.

넷째, 집필과 자유 기고에 주제를 쥐어 주고 관련 정보를 제공한다.

가령, 감독이 축구서적을 쓰려고 하면 먼저 분야(주제)를 정하고, 거기에 따른 여러 개의 소주제를 첨가해야 한다. 이때 스크랩북 차례를 보거나 페이지를 넘기면 문득 소주제를 만나거나 인용할 수 있는 자료를 만나곤 한다. 책을 쓴다는 건 결국 소주제를 선택하는 일이고, 선택한 소주제에 내용을 채우면 원고가 완성되는 것이다. 이러하기에 차용할 수 있는 자료가 많을수록 글쓰기가 빨라지고 완성도도 높아진다. 세계 첫째로 가는 컨설팅 회사인 '맥킨지'는 연구자가 요청하는 자료를 찾아 구해주는 담당 직원이 있는데 글 쓰는 사람에게 부러운 일이 아닐 수 없다. 개인적으로 6종 7권의 책을 출판했다. 여러분이 읽고 있는 이 책과 아래의 책이 그것이다.

1) 헤딩 / 김기호 지음 / 도서출판 사람들 / 2014. 8. 1 / 18,000 원
2) 축구코칭론 / 김기호 지음 / 두남 / 2009. 12. 29 / 22,000 원
3) 킥 오프 / 김기호 지음 / 삼보출판사 / 2005. 8. 8 / 10,000 원
4) 신태용의 축구교실 킥 / 예림기획 / 김기호 지음 / 2003. 3. 31 / 15,000 원
5) 축구 기초기술지도 上 下 / 김기호 지음 / 금광 / 1992. 3. 31 / 각 권 6,500 원

이 책들을 쓰면서 스크랩북 자료가 얼마나 도움이 되었는지 모른다. 지금은 〈슈팅〉을 집필하고 있는데 이 과정에서도 스크랩북의 신문기사를 무척이나 요긴하게 활용하고 있다. 「2002 **한일 월드컵 조선일보 축쇄판**」(조선일보사 / 2002. 7. 1 초판 1쇄 / 1 만원)은 아예 2002년 5월 31일부터 7월 10일 사이에 조선일보에 보도된 2002 한일 월드컵 기사를 모아 한 권의 책으로 출판했다. 그리고 「**축구는 한국이다**」 (강준만 지음 / 인물과 사상사 / 2006. 6. 9 / 9,500 원)는 여러 신문사의 기사로 쓴 한국축구 124년사(1882 ~ 2006)다. 이 책에는 오래된 1920년대 기사도 자주 등장하며, 여기저기서 관련 기사를 확보한 저자의 공력에 놀라게 된다. 독자는 책을 읽어가면서 강준만 교수(전북대학교 신문방송학과)가 언제 축구를 이렇게 공부했는지 궁금해질 것이다.

다섯째, 신문 읽기 그 자체가 독서이며 글쓰기 공부가 된다.

　신문을 읽는 그 자체가 독서다. 취사선택하여 읽어가면서 온갖 정보와 아이디어를 얻을 수 있다. 신문은 한정된 지면이기에 지면 자체가 가치다. 기사를 간결체로 써야 하는 이유다. 군더더기 없이 작성한 기사는 간결체의 전범이다. 실제로 잘 쓰인 기사로 글쓰기 수업을 하는 작가 지망생이 적지 않다고 한다. '문장 강화'하기에 최적의 교재다. 그것도 매일 만날 수 있는…

여섯째, 신문 스크랩 그 자체가 한국 축구와 세계 축구의 역사를 기록하는 일이다.

　그러므로 신문 스크랩하는 이는 신문으로 쓰는 축구 역사가다. 일례로, 해마다 'K리그' 스크랩 기사로 400 페이지 스크랩북 6권을 넘길 때도 있다. 여기에 담긴 기사의 수는 2,800여 개 정도다. 그 해의 K리그 역사가 오롯이 저장되어 있다.

일곱째, 신문을 통하여 현재의 흐름을 읽고 앞으로의 변화를 예측할 수 있으며, 변화에 앞서갈 수 있다.

　이 외에도 신문 읽기가 주는 유익함이 많다. 이런 근거로 감독 코치가 신문을 구독하고, 분야를 정하여 스크랩북에 저장해가면서 두고두고 활용하기를 권장한다.

8. 감독, 오직 공부만이 가야할 길!

1) 이런 저런 생각들

　개인적으로 경기 관전보다 팀 연습을 참관하는 경우가 더 많다. 일부러 찾아 가서 세밀하게 본다. 초 중 고 대학 실업 프로 그리고 각급 대표 팀에 이르기까지 두루 살펴보고 있다. 외국팀의 연습도 여럿 보았고, 가능한 많이 보려고 하고 있다. 지금 한국에는 브라질 코치들이 많이 와 있다. K리그뿐만 아니라 여러 클럽팀이나 학원축구팀에서 가르치고 있다. 이들은 몇 가지 특징이 있다. 선수와 같은 복장으로 선수와 같이 호흡하면서 가르친다. 말로만 지시하는 건 찾아볼 수 없다. 나무 그늘에 의자를 펴놓고 앉아 있지도 않는다. 소리치고 칭찬하며 역동적으로 가르친다. 선수에게 꾸중과 지적은 자제하고 수시로 격려와 박수를 보낸다. 손바닥을 마주친다거나 주먹을 가볍게 닿는 등 스킨십을 많이 나눈다.

　그러나 이들도 여느 한국축구 지도자처럼 이론은 가르치지 않는다. 이들은 아주 어린 나이 때부터 축구를 했기에 매우 다양한 연습 프로그램을 가지고 있다. 이런 다양한 연습을 보고 감탄하는 사람들이 적지 않다. 아직 축구에 대한 이해가 깊지 못한 증거다. 이들 중 소수는 하지 않아야 할, 연습 효과가 거의 없는, 화려하지만 실전에 거의 나오지 않는 연습을 하는 경우가 적지 않다. 이건 시간 낭비다. 무엇이 핵심 요소인지 모르는 무지다. 브라질은 100년 만의 최악의 경제난으로 선수뿐만 아니라 감독 코치들이 기회가 되면 외국으로 탈출하려고 하고 있다. 연습을 지켜보면 대부분의 지도자가 부지런히 가르치고 있다. 이것저것 배우기도 하고 더러 영감도 얻는다. 그러나 대부분 아직 많이 부족하다. '지금보다 훨씬 더 잘 가르칠 수 있는 데 잠재된 최고 역량의 50%도 발현시키지 못하고 있구나!' 하는 느낌을 받는다. 이걸 가능하게 해주는 건 오직 한 가지, 공부뿐이다!

A코치는 한 번에 너무 많은 걸 가르치려 하고, B코치는 지나치게 선수 시절의 경험에 의존하고 있고, C감독은 원리(이론)를 가르치지 않고, D감독은 선수의 잘못이 드러나도 팀 전체 연습이므로 교정해줄 시간이 없다고 지나가고, E코치는 욕 반, 말 반으로 선수 마음에 반감을 일으키고 스트레스를 지속적으로 주며, F감독은 하지 않아야 할, 해서는 안 될 말을 수시로 내뱉고, G감독은 깨달음과 통찰로 가르치는 경지에는 그림자도 이르지 못했고, H코치는 스스로 잘 가르친다고 여기나 무엇을 어떻게 가르쳐야할 지 어쩔 줄 모르고 있는 형국이고, I코치는 유튜브 동영상 흉내에 열심이고, J코치는 교수학습이론이 무지하고, K감독은 아들 보러온 학부모와의 이야기에 정신이 팔려 있고, L 감독은 스마트폰에 홀려 뭔가에 여념이 없고, M코치는 열정적이나 세밀하게는 풀어내지 못하고….

세상에 완벽은 없다. 일례로, 조금도 오차가 없는 1cm는 현실 세계에 존재하지 않는다. 관념 속에서만 가능하다. 전자현미경으로 보면 자마다 1cm의 길이가 모두 다르다. 축구 지도도 이처럼 완벽은 없다. 그러나 완벽에 보다 가까워질 수는 있다. 이게 경쟁력이다. 다만 이런 시도(공부)를 하지 않아 지도력이 정체되어 있을 뿐이다. 감독 코치는 소속 리그를 지나 역사와 경쟁해야 한다. 축구 역사에서 새롭고 가치 있는 업적을 내놓으려고 늘 공부해야 한다. "세계 축구의 전술사에서 아리고 사키 감독 이전과 이후가 있을 뿐이다"고 말하는 이들이 적지 않다. 한국축구와 세계축구의 수준을 지금보다 최소 한 단계 이상 높여야 한다. 결코 자기 자신을 조그마하게 제한해서는 안된다. 500년을 살아도 작아지기에는 인생은 너무 짧다.

감독 코치는 선수에게 한없는 자비와 깊은 책임감을 가지고 있어야 한다. 자비(慈悲)란 '자타불이 自他不二', 즉 '그와 내가 둘이 아니고 같은 존재다'라는 마음에서 생겨난다. 공부도 못하고 축구에 올인하고 있는 선수와 매달 회비를 비롯한 각종 비용을 마련하느라 허리가 휘고, 간담이 녹는 부모를 항상 기억해야 한다. 이러면 감독 코치가 공부를 하지 않을 수 없다. "술 취하지 않은 맑은 정신으로 생활하겠다."는 결의가 알코올중독 치료의 첫 걸음이요 핵심이다. 중국 은나라를 창건한 탕 임금은 자신의 세수 대야에 '**일신 우일신 日新又日新**'이라는 글씨를 새겨 넣고 세수할 때마다 흐트러지려는 마음을 다잡았다. 옛날과 달리 지금은 공부하기가 너무나 좋은 시대다.

2) '최고'를 향한 중단 없는 전진

흔히 교육계를 '변화'가 없는, 다른 분야가 다 바뀌고 난 후 가장 늦게 변화하는 곳이라고 평한다. 20세기 교사가 21세기를 살아갈 학생을 가르친다고 비아냥거리기도 한다. 이런 교육계에도 변화가 일어나고 있다.

교육과학기술부와 한국교육학술정보원은 우수 수업 동영상을 공유하는 에듀넷 사이트를 스마트폰(good.edunet./mobile)용으로도 개발했다. 에듀넷은 초 중 고 교사들을 대상으로 교수 방법과 수업 노하우를 전수하기 위해 수업 시연 장면을 동영상으로 시연해 올리도록 한 사이트다. 현재 2,000여 편의 수업 동영상이 올라와 있으며 계속 추가되고 있다. 해당 과목별로 유명한 교사들의 교수법과 수업 노하우를 손쉽게 벤치마킹할 수 있어 일선 교사들의 수업 능력 향상에 크게 도움을 주고 있다.

서울 종로구 청운중은 교사 수업 모니터링을 한다. 모든 교사가 자신의 수업 과정을 동영상으로 촬영해 스스로 분석한다. 필요하면 동료교사와 분석하고 개선점을 찾아낸다. 부산 지역 우수 교사들이 '인터넷 릴레이 공개 수업'운동을 펼치고 있다. 부산에듀넷에 수업연구 발표대회에서 1등급을 받은 교사들의 수업 동영상이 올라 있어 다른 교사들이 앞다퉈 벤치마킹한다. 근본적으로는 교원평가를 통해 교사 능력을 계발하고, 무능 교사는 걸러낼 수 있어야 한다.

영국은 5년마다 '무능 교사'를 검증하여 퇴출시킨다. 2008년 400여 명의 무능 교사를 해고하여 괄목할만한 학력 향상을 보인 미셸리(Rhee. 한국명 이양희) 미국 워싱턴 DC 교육감의 일화는 널리 알려져 있다. **미셸리 교육감은 성과가 나쁜 학교는 아예 폐교했다.** 2002년 자율학교로 지정된 양서고(경기도 양평군 양서면)는 모든 수업을 2교사 체제로 운영한다. 한 과

목 수업에 두 명의 교사가 배치되는 것이다. 교사와 학생이 서로 코드가 맞지 않아 해당 과목에 흥미를 잃는 부작용을 막기 위한 조치다. 이 학교 교사들은 학생들로부터 1년에 두 차례 평가를 받는다. 2006년 7월 서남표 총장이 KAIST로 부임하면서 2년도 안되는 기간 동안 바꾼 이 대학의 면모는 열거하기도 힘들다. 교수들은 엄청 까다로워진 재임용 심사, 테뉴어(정년 보장 교수) 심사가 기다리고 있어 밤늦게까지 연구에 매달린다. KAIST(한국과학기술원)는 서울대, 포항공대와 함께 한국 대학 서열 1,2,3위를 다툰다. 이런 KAIST지만 2008년 현재 1년 예산이 1,100억 원으로 2조 4천억 원의 미국의 MIT(메사추세츠공대)에 비교조차 되지 않는다. 예산이 부족해 세계적인 석학 초빙은 엄두를 못 내고 있다.

3) 탁월함을 찾아서

아래의 여러 예화는 많은 생각거리를 던져주고 있다. 평범을 넘어선 탁월함이다. 놀랍고도, 누구나 알 수 있는 사실은 우리 모두가 이렇게 할 수 있다는 점이다. 아니, 이보다 현저하게 뛰어난 업적을 낼 수 있는 잠재력을 누구나 가지고 있다. 사람은 자신이 갖고 있는 잠재력의 1%도 사용하지 못하고 있다고 한다. 한국 축구의 감독 코치도 이 점에서 마찬가지다. 그러니 한 번 해보자!

(1) "허들, 지금까지 '거꾸로' 달렸습니다"

"그동안 잘못 배웠습니다. 한국에서 배운 건 전부 '거꾸로'였습니다." 2007년 4월 30일 고양종합운동장에서 열린 제36회 전국종별육상경기선수권대회 남자 일반부 110m 허들에서 우승한 이정준(23. 안양시청)은 이렇게 말했다. 1월부터 중국 상하이 제2체육학교에서 허들 훈련을 받고 있다. 남자 110m 세계 기록(12초 88) 보유자이자 현재 세계 랭킹 1위인 중국의 류시앙이 훈련하는 곳이다. 이정준은 이곳에서 4개월째 류시앙 등과 함께 훈련하고 있다. 그는 "중국에서 허들을 새로 배우고 있다"며 **"솔직히 한국 지도자 중 허들을 아는 사람은 없는 것 같다"** 고 말했다.

기자 : 거꾸로 배웠다는 근거는?
이정준 : 웨이트를 하든, 한 동작을 연마하든 왜 하는지 이유가 있어야 한다. 한국에서는 무조건 근육을 키우고 많이 뛰는 훈련만 받았다. 그러다보니 오히려 커진 근육이 달리는 데 지장을 준다. 마치 짐을 메고 달리는 기분이다. 그런 훈련이 단거리나 허들에 해롭다는 걸 뒤늦게 깨달았다.

기자 : 중국에서는 뭐가 다른가?

이정준 : 허들 원리는 두 가지다. 하나는 빠르고 유연하게 허들을 넘는 것이고, 또 하나는 신속하게 앞뒤로 체중 이동을 하는 것이다.

　이를 위해서는 스피드 보강과 함께 골반을 넓고 크게 움직이는 근력 운동이 필수다. 이 두 가지를 위해 웨이트도 하고 스피드 훈련도 한다.

　류시앙도 그렇고 중국의 세계 상위권 선수들은 다른 근력 운동은 거의 하지 않는다.

- 중앙일보, 2007. 5. 1. 화. 21면

　참고로 류시앙을 만든 사람은 순하이펑 코치였다. 순하이펑은 류시앙의 기술을 끌어올리기 위해 미국, 유럽, 일본 등에서 발간한 수많은 서적을 탐독했다. 휴일에도 학교에서 연구할 때 아내가 건 전화를 받지 않을 정도였다고 학교 관계자들은 이야기했다. 아테네 올림픽을 앞두고는 코질환으로 수술 판정을 받았지만 류시앙의 경기력을 고려, 입원을 미뤘을 정도다.

(2) 자녀가 수학을 못하는 것은 100% 선생님 책임

　초등학교 때 수학 우등생이 왜 중학교에 가서 수학을 포기할까요?

　아이가 머리가 나빠서?

　학원, 과외를 안 시켜서?

　책이 나빠서? 선생님이 성의가 없어서?

　아닙니다. **선생님이 잘못 가르쳤기 때문입니다.**

　100% 개념 원리로 가르치지 못했기 때문입니다.

　순서적으로 체계적으로 가르치지 못했기 때문입니다.

　문제풀이 위주로 가르쳤기 때문입니다. 끄적끄적 답만 썼기 때문입니다.

　초등학교 때부터 노트필기식으로 공부하지 않았기 때문입니다.

　'오창영〈논술수학〉의 저자의 개념원리식 세계 최고 특수비법 강의를 3개월만 보면 중3 수학까지 공부 끝!

"내가 학교시험만 봤다하면 계속 수학 100점을 맞는 이유"

그동안 좋다는 수학은 다해 보았지만 별로였다. 큰 기대를 하지 않으면서 '오창영〈논술 수학'으로 오창영 선생님의 강의를 들으면서 노트 필기를 시작했다. 그런데 놀라운 것은 오창영 선생님의 강의가 내게 완벽한 방식으로 다가왔다.

평소에 시험을 치면 한 두 개는 꼭 틀렸는데 내가 이제는 연속해서 수학 100점을 맞고 있었다. 수학이 이렇게 쉽고 재미있는 과목인지 처음 느꼈다.

앞으로 더욱 더 열심히 공부해서 세계 최고 특수비법의 자존심을 초등학교 4학년 정주승이가 보여주겠다.

- 중앙일보, 2007. 1. 22. 월. E12면

(3) 강의 평가, 바닥서 1년 만에 1등 ; 비결은 3시간 수업 10시간 준비

서울대 글로벌 MBA 김성수 교수의 '강의실 혁신'이야기다. 100점 만점에 87.8점, 12명의 서울대 교수 중 11등. 서울대 김성수 교수가 지난해 경영전문대학원의 2기 글로벌경영학전문석사(GMBA) 과정에서 받은 강의 평가 성적이다. 그런 김 교수가 이달 종강한 3기 GMBA 강의 평가에선 12명의 교수 중 1등을 했다. 그것도 만점에 가까운 점수로. 54명의 수강생 중 1명을 빼고 모든 학생이 거의 강의에 만점을 준 것이다. 경영전문대학원 측은 "GMBA 학생 전원이 수강하는 전공필수 강의 중 역대 최고의 성적"이라고 설명했다. 꼴찌에 가까운 성적에서 최고의 점수를 받기까지 그는 어떤 노력을 했을까?

평소 강의에 자신 있다고 생각했던 그에게 '87점'은 큰 충격이었다. 올해 수업에서 그는 달라졌다. 매일 아침 출근하면 가장 먼저 CNN 경제 뉴스 사이트에 접속했다. 마침 미국에서 금융 위기가 빠르게 확산하고 있었다. GM의 파산, 사우스웨스트 항공사와 도요타의 고전 등 실시간으로 올라오는 경제 기사를 골라 수업 재료로 썼다. 그날 아침 뉴스가 수업에서 제시되기도 했다. 뉴스에 등장한 회사의 인사정책을 분석하고, 이를 토대로 강의를 짰다. **3시간짜리 수업에 쓸 기사를 고르는 데 서너 시간을 투자했고, 고른 후에도 6시간 이상 쏟아부었다.** 따끈따끈한 경제 기사를 놓고 인사관리의 문제점과 해결책을 제시하자 학생들의 집중도가 달라졌다. 토론은 활기를 띠었고, 깊이 있는 질문이 꼬리를 물었다.

3기 GMBA를 수강한 허욱진(28)씨는 "수업에 들어갈 때마다 '오늘은 어떤 사례가 소개될까'하는 기대에 마음이 설레곤 했다"고 말했다. 김 교수는 "학생들이 집중해 주니 수업을 마치고 나면 오히려 힘이 났다"며 미소를 지었다. "좋은 강의 비결은 화려한 언변이 아니라 '열정'이라는 것을 다시금 깨달았다"며 "좋은 강의란 지식을 전하기보다 비판적 사고력을

키워주는 것"이라며 "경영학뿐 아니라 철학 역사학 같은 순수 학문도 현실 사회의 현상을 수업에 접목하는 것이 필수적이라고 본다."고 강조했다.

- 중앙일보, 2009. 7. 27. 월. 18면

9. 책, 책 읽기 그리고 축구 감독

1) 들어가며

이 글의 핵심은 감독 코치에게 독서를 권유하는데 있다. 또 하나는 선수에게도 한결같은 독서를 권장하고 있다. 축구 감독 A씨는 52세다. 그 나이 되도록 그는 책과 담을 쌓고 살아왔다고 한다. 최근 A 감독은 지인의 권유로 책 1권을 읽더니 "책이 재미있다."고 말했다. 그리곤 책을 읽기 시작했다. 놀라운 변화가 일어나고 있다. 폭압적이던 그가 선수들을 대하는 태도가 온유해졌다. 축구 이론을 공부하고 팀에 적용하려고 노력하고 있다. 책을 읽어가면서 의식과 사고의 혁명이 일어나 A 감독의 삶이 달라질 것이다. 해외에서 지도자 자격증을 취득한 B 코치는 알아서 스스로 책을 읽고 있다. 독서와 함께 뛰어난 선수를 계속 배출할 개연성이 높다. 감독 코치는 공부하는 딱 그만큼만 가르칠 수 있으니까….

히딩크는 독서광이다. 개인적으로 한국 최고의 명장으로 치는 김성근 감독(프로야구 한화 감독)도 독서광이다. 첼시의 조제 무리뉴도 그러하다. 감독 중의 감독 존 우든 역시 책 읽기에 천착했다. NBA 시카고 불스의 전성기를 연 필 잭슨 감독도 그러했다. 이들의 성공 이유는 여럿 있지만, 그 중에서도 독서가 결정적인 원동력이었다.

2) 책 읽기, 왜 해야 하는가?

아래 내용은 「48분 기적의 독서법」(김병완 지음 / 미다스북스)에서 많은 부분 인용했음을 밝혀 둔다.

책 들

헤르만 헤세

이 세상의 모든 책들이
그대에게 행복을 가져다주지는 않는다.
하지만 남몰래 가만히 알려주지
그대 자신 속으로 돌아가는 길을
그대에게 필요한 것은 모두 거기에 있지
해와 달과 별
그대가 찾던 빛은
그대 자신 속에 깃들어 있으니
그대가 오랫동안 책 속에 파묻혀
구하던 지혜
펼치는 곳마다 환히 빛나니
이제는 그대의 것이리.

독서의 중요성을 일러주는 말들이 있다.

"평소에 독서를 하지 않는 사람은 시간적으로나 공간적으로나 자기 하나만의 세계에 감금되어 있다."

- 임어당

"책을 읽지 않는다는 것은 무지하다는 점에서 문맹자와 별반 다를 바가 없다."

- 피터 드러커 (현대경영학의 창시자)

"책을 읽지 않으면 평생 그 수준에서 머물 수밖에 없다."

- 게리 하멜

"새로운 통찰과 새로운 아이디어를 얻으려면, 자신의 전문지식 분야에서 과감히 탈피해야 한다."

- 찰스 핸디(경영컨설턴트)

"우리 자신의 발견은 세상의 발견보다 중요하다."

- 찰스 핸디

당신의 인생을 가장 짧은 시간에 가장 위대하게 바꿔줄 방법은 무엇인가?
만약 당신이 독서보다 더 좋은 방법을 알고 있다면 그 방법을 따르기 바란다. 그러나 인류가 지금까지 발견한 방법 가운데서만 찾는다면 당신은 결코 독서보다 나은 방법을 찾을 수 없을 것이다.

- 워런 버핏

보도에 따르면 2015년 1월 현재 워런 버핏은 세계 1위 부자라고 한다. 2위는 멕시코의 카를로스 슬림이다. 워런 버핏의 독서량은 일반 사람들보다 다섯 배 가량 많다고 한다. 「책, 열권을 동시에 읽어라」의 저자인 나루케 마코트는 책을 읽지 않는 사람은 원숭이라고 일갈했다. 독서는 뇌의 신경회로가 편협한 생각과 사고에 빠지는 것을 막아주고 복잡하면서도 다양하고 풍부한 신경회로가 될 수 있도록 도와준다. 생각과 사고의 질과 양이 풍부해짐을 의미하는 것이다. 그러므로 독서를 할 수 있는 능력은 이 세상에서 가장 강력한 무기를 손에 쥔 것과 다를 바 없다. 2002년 미국 교육과학통계연구소에서는 '미국의 리더는 어떻게 만들어지는가?'라는 연구 결과를 발표했다. 이 결과에 따르면 미국을 이끌어가는 리더들은 초등학교 때 엄청난 양의 책을 읽었다는 것이다. 그들은 초등학교 때에만 세계 명작을 최소 500권 독파했다. 우리나라에 노벨상 수상자가 1명 뿐이고(김대중 전 대통령, 노벨평화상) 세계적인 위인이 많이 나오지 않는 것은 세계 최하위 수준의 독서량 때문이다. "독서가 인류의 뇌를 진화시켰다."고 말하는 다치바나 다카시는 책을 사는데 절대 돈을 아끼지 말라고 당부하고 있다.

3) 독서로 인생의 새 장을 연 사람들

(1) 처칠

글자도 읽을 줄 몰랐고, 학창 시절 꼴찌를 도맡아 했었다.
처칠의 어머니는 낙오자 처칠을 보고만 있을 수 없었다.

매일 5시간 이상 독서를 하도록 했다.
짧은 기간에 많은 양의 독서를 하게 되자 처칠이 변하기 시작했다.

(2) 에디슨

초등학교 입학한 지 3개월 만에 퇴학당했다.
학교 수업을 따라갈 만한 지적 능력이 없다는 이유 때문이었다.
아버지는 포기했다. 그러나 어머니가 직접 가르쳤다.
이십 대에는 도서관을 통째로 읽어버리겠다며 도서관에서 살다시피 했다.
실지로 그는 디트로이트 도서관에 있는 책을 한 권도 빼지 않고 다 읽었다.
세계 기록인 1,093개의 특허를 낸 발명왕으로 불리는 에디슨은 위대한 기업 GE의 창업자다.

(3) 빌 게이츠

IT 혁명을 선도한 빌 게이츠는 초등학교 시절부터 엄청난 양의 책을 읽었다. 독서를 통해 의식과 사고의 수준이 한 단계 격상되는 임계점을 돌파한 것이다.
그의 아버지는 "빌 게이츠는 염려가 될 정도로 도서관에 파묻혀 살았다."고 들려준다.
언젠가 빌 게이츠는 한 인터뷰에서
"오늘의 나를 있게 한 것은 우리 마을 도서관이었고, 하버드 졸업장보다 소중한 것이 독서하는 습관이다."라고 말했다.

(4) 손정의

그는 3년 넘게 병마와 싸웠는데, 그 기간 동안 4천 권의 책을 읽었다. 그러자 한 줄기 빛은 단숨에 퍼져서 주변의 어둠을 날려 보냈다.
그 덕분에 일본에 초고속 인터넷 세상이 열렸다.

(5) 조지 소로스 George Soros

금융의 황제라 불리는 조지 소로스는 독서를 통해 최고의 삶을 살아가는 사람이다.
그는 런던에서 9년 동안 밑바닥 생활을 하면서도 손에서 책을 놓지 않았고, 뉴욕의 금융회사에서 일을 하면서도 독서를 멈추지 않았다.
퇴근 후에는 책에 파묻혀 살았고, 주말이나 휴일에는 책을 읽은 후 논문을 썼다. 현재 그의 연봉은 3조 6천억 원으로 세계 최고다.

(6) 김대중

"감옥이야말로 나의 대학이었다. … 지금도 빨리 읽어보고 싶은 좋은 책을 만나면 '교도소에서는 금방 다 읽을 수 있을 텐데'라는 생각을 합니다."

그는 감옥에서 보낸 4년 동안의 폭발적인 독서를 통한 사고와 의식의 비약적인 도약을 경험했다.

그 기간 동안 2천 권에서 3천 권의 책을 읽은 것으로 추정된다.

(7) 안중근

1910년 3월 26일 오전 10시 15분.

안중근 의사는 중국 뤼순감옥 사형장에서 짧은 생을 마감했다.

그 사형 집행이 거행되던 바로 5분 전, 사형 집행인은 안중근 의사에게 말한다.

"마지막 소원이 무엇입니까?"

그러자 안중근 의사의 입에서는 매우 뜻밖의 대답이 나왔다.

"5분만 시간을 주십시오. 책을 다 읽지 못했습니다."

실제로 안중근 의사가 이렇게 말한 뒤 5분간 책을 마저 읽은 후 사형이 집행되었다.

(8) 이지성

「꿈꾸는 다락방1, 2, 3」, 「독서 천재가 된 홍대리 1, 2」, 「리딩으로 리더하라」, 「여자라면 클린턴처럼」 등 많은 베스트셀러 작가인 이지성 씨는 2,500권을 독파한 시점에 이런 책을 낼 수 있었다. 그는 자신의 멘티들과 1년 365권 책 읽기를 이어가고 있다.

(9) 나카타니 아키히로

독서를 많이 하기로 유명한 나카타니 아키히로는 800여 권의 책을 집필한 사람이다. 하루에 100권의 책을 섭렵하고 1주일에 한 권의 책을 쓰는 사람이다. 책을 많이 읽었다고 자부하는 나(「48분 기적의 독서법」의 저자 김병완) 역시 이 사람을 보는 순간 탄식이 흘러나왔다.

"세상이 넓긴 넓구나. 세상에 이런 사람도 있구나! 그동안 내가 우물 안 개구리였구나."

그는 대학 4년 동안 4천 권의 책과 4천 편의 영화를 섭렵했다. 19년 동안 800여 권의 책을

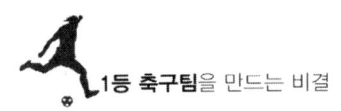

썼다."평생 3천 권 이상 책을 쓰고 싶다."고 말하고 있다. 그는 좋은 생각이 떠오르면 닥치는 대로 메모를 남기는 습관이 있다. 메모광으로 불린다.

이처럼 자신의 삶을 혁신하고 돈 문제를 해결할 수 있었던 것은 치열한 집중 독서의 힘이었다. 누구나 집중 독서로 이렇게 할 수 있다. 지금도 누구에게나 기회는 열려 있다.

4) 나의 책 읽기

나카타니 아키히로는 수십만 권의 책을 읽었고 소장 도서도 엄청나다. 장석주 시인을 비롯하여 한국에도 개인 소장 도서가 2만 권을 넘는 사람이 드물게 있다. 한국의 국립 중앙도서관에는 862만 권 정도의 책이 있다. 미국 의회도서관에는 1억 3천여만 권 이상의 책이 있는데, '인간이 만든 모든 업적'을 활자화한다는 기본 방침에 따른 것이라고 한다. 한국은 해마다 5만 3천여 권의 신간이 출판되며, 이 중 축구 서적은 종수도 적고 그나마 대부분 번역본이다. 거기다 잘 안 팔리는 책 순위 3위 안에 들기에 서점으로부터 푸대접을 받고 있는 실정이다.

독서 대가들에 비해 나는 비교도 되지 않는다. 괜히 주눅이 든다. 책을 읽지 않는 대부분의 사람들처럼 1989년 이전에는 나도 책을 읽지 않았다. 우연한 기회에 그와 대화를 하면서 '내가 알고 있는 게 너무나 없구나.'하는 걸 확인했고 그때부터 조금씩 책을 읽기 시작했다. 도서관에서 책을 빌려 보지 않는다. 필요한 책을 구입해서 읽는다. 줄 치고, 써 넣고, 형광펜 칠하는 등 적극적으로 읽고 글 쓸 때 언제든지 인용할 수 있어야 하기 때문이다. 필요하지 않은 책을 장식용으로 갖추어 놓는 일도 하지 않는다. 지금도 부지런히 읽으려고 힘썼지만 무언가 마음에 차지 않는다. 7종의 신문을 구독하며 도서정보는 주로 신문을 통해 얻고 있다. 대형서점을 둘러보기도 한다. 도서관련 정보로 축구서적과 정보서적, 두 종류로 분류하여 스크랩북에 비치하고 있다. 축구서적 스크랩북은 아직 1권에 머무르고 있는데, 한국의 축구서적 출판은 종수가 많지 않다. 그나마 외국서적 번역본이 주류를 이루고 있다. 서적 정보 스크랩북은 8권 째에 모으고 있는 중이다. 최근 읽은 책을 살펴보니,

(1) 호날두는 우리와 무엇이 다른가 / 한준 / 브레인스토어 / 2014. 12. 17 (수) 24 : 23 1차 읽음
(2) 최고의 교사는 어떻게 가르치는가 / 더그 레모브 / 해냄 / 2014. 12. 22 (월) 19 : 52 1차 읽음
(3) 88연승의 비밀 / 존 우든 외 / 클라우드나인 / 2014. 12. 27 (토) 20 : 02 1차 읽음
(4) 생명의 삶 12월호 / 두란노
(5) 신비한 물치료 건강법 / F 갯맨겔리지 / 중앙생활사 / 2015. 1. 7 (수) 01 : 01 1차 읽음
(6) 꿈의 기업 메이저리그 / 송재우 / 인플루엔셜 / 2015. 1. 10 (토) 23 : 35 1차 읽음

⑺ 훌륭한 교사는 무엇이 다른가 / 토드 휘태커 / 015. 1. 16 (금) 21 : 21 1차 읽음
⑻ 48분 기적의 독서법 / 김병완 / 미다스북스 / 2015. 1. 20 (금) 01 : 31 1차 읽음
⑼ 유소년 활성화 / 프로축구연맹 / 2015. 1. 20 (금) 23 : 46 1차 읽음
⑽ 내가 만난 하나님의 기적들 / 손의섭 / 북스토리 / 2015. 1. 22 (목) 02 : 19 1차 읽음
⑾ 제라드 누스의 축구 워밍업 / 제라드 누스 / 한스미디어 / 2015. 1. 24 (토) 21 : 38 1차 읽음

　지금은「축구철학의 역사」(리북)를 읽고 있으며 이어「스포츠 경제학」(두남),「생각하는 축구 교과서」(휴머니스트)를 읽을 계획이다. 2014년 12월 17일부터 2015년 1월 24일 사이, 즉 39일 동안 11권 읽었으니 3.55일에 1권 읽은 편이다. 이런 속도면 1년에 103권 읽을 수 있으니 너무나 적다. 아무 일도 안하고 책만 읽고 싶은 마음이 가득하다. 현실은 독서 외에도 매일 7종의 신문을 읽고 스크랩해야 하고, 축구 카페도 글 올리고, 책도 집필해야 한다. 그 외 소소한 이런 저런 일도 있다.
　책이 나에게 스승이다. 가장 강력한 평생교육 수단이다. 사람에 따라 다르겠지만 나에게는 세상의 모든 책 중에서 성경이 최고의 책이라고 확신한다. 다른 책과는 비교가 되지 않는 차원이 다른 책이다. 고급 정보는 책에 담겨 있고 독자를 기다리고 있다. 나에게 책 읽기는 영화나 TV 등 그 무엇보다 흥미롭고 신기하다. 언제나 책 한 권 가지고 다니면서 틈만 나면 책을 읽으려고 노력하고 있지만 독서량은 신통찮다. 그나마 7권의 축구 서적을 낼 수 있었던 힘은 독서에서 나왔다.
　나카타니 아키히로는 대학 시절 4천 권의 책과 4천 편의 영화를 보았다고 한다. 그리고 갇혀 있던 인식을 해방시켰다. 책 속의 이 내용을 읽으면서 '대학 시절 누가 나에게 이걸 가르쳐 주었으면 나도 그렇게 했을 텐데… '하는 마음이 일어났지만 그 당시 아무도 가르쳐주지 않았고 집중 독서할 수 있는 절호의 시기를 흘려버렸다. 돌이켜보면 안타깝기 그지없다.「48분 기적의 독서법」의 저자 김병완 씨는 40대 중반 사람들이 부러워하는 직장인 삼성전자 연구원의 자리를 박차고 사표를 냈다. 부산으로 내려가 3년 동안 아무 일도 하지 않고 도서관에서 10,000권의 책을 독파했다. 그 후「48분 기적의 독서법」을 비롯하여 여러 권의 책을 출판했고 1년에 10권의 책을 출판사와 계약을 하고도 남는 다작가가 되었다. 자신의 현재에 크게 만족하고 있으며 활발하게 생활하고 있다.
　책에는 마법이 있다. 단 한 권의 책에도 엄청난 위력이 있는 법이다. 그런 책이 1,000권이 쌓이면 그리고 그것이 서로 연결되고, 융합되고, 통합된다면 그 효과는 그 누구도 짐작할 수 없다. 이때 주의할 점이 있다. 평생 동안 하루도 빠지지 않고 책을 읽고, 나아가 그

양이 1,000권이 넘는다면 매우 훌륭한 독서 습관이 된다. 그러나 이런 방식으로는 사고와 의식의 임계점을 뛰어 넘을 수 없다. 물이 끓기 직전에 불을 끄는 것과 같기 때문이다. 아마 평생 물이 끓어 넘치는 것은 볼 수 없을지도 모른다. 단기간의 폭발적인 독서만이 인생을 송두리째 바꾸어 놓는다.

3년 안에 1,000권 이상의 책을 읽어야 한다! 김병완 씨는 집중 독서를 해야 한다고 강조한다. 3년 안에 1,000권 이상을 읽으라고 부추긴다. 하루 오전, 오후 각각 48분 독서로 가능하다고 자세히 설명하고 있다. 사실이다. 자신의 일에 충실하면서도 책을 언제나 가지고 다니면서 틈을 만들어 읽는 독서법이다. 틈을 만들어? 대중교통수단에서, TV 광고 시간에, 화장실에서, 잠자기 전, 점심시간에 등등…. 주말은 책 읽기의 황금시간이라고 일러준다. 심지어 대중교통 안에서 책을 쓰기도 하는 분들이 있다. 「미쳐야 산다」 등의 베스트셀러 저자로 유명한 정민 선생은 전철 애호가이다. 전철에서 쓴 책만 4~5권이 될 정도라고 한다.

축구 선수들은, 선수 출신은 책 읽기에 아주 좋은 조건을 가지고 있다. 먼저, 두뇌가 일반인보다 훨씬 발달되어 있다. 운동으로 혈액 순환이 좋기에 뇌에 산소와 영양을 효과적으로 공급한다. 자연스럽게 매일 뇌세포 숫자가 일반 학생보다 더 많이 생겨난다. 이미 의학계에서 밝혀졌다. 밭에 비유하면 씨 뿌리면 풍성하게 수확하는 매우 비옥한 땅이다. 선수가 학력이 뒤지는 건 수업에 참가하지 못하여 학습에 사용할 시간을 제대로 확보하지 못해서다. 둘째, 집중력과 집중할 수 있는 시간이 일반 학생보다 월등하게 뛰어나다. 체력이 그들보다 앞서기 때문이다. 매일 1~2시간 운동하게 하는 특목고나 과학고가 여럿 있는데 이런 이유에서다. 이 외에도 많다. 이러하기에 프로에 못간 선수들도 책 읽기로, 3년 동안의 집중 독서로 긴 인생에서 얼마든지 프로 선수 그 이상으로 자신의 삶을 활짝 꽃피울 수 있다. 이 글 읽는 선수 부모는 지금부터 자녀에게 독서 습관을 확실하게 길러주기를 권유 드린다.

5) 감독 코치, 왜 책을 읽어야 하는가?

책을 읽지 않는 사람에게 책을 읽으라고 권유하는 건, 그 사람을 고문하는 것과 같을 지도 모른다. 그러나 다른 사람을 가르치는 입장이라면 반드시 책을 읽어야 한다. 배우는 사람의 장래에 큰 영향력을 행사하기 때문이다. 선수는 축구에 거의 올인하고 있기에 축구 감독 코치는 선수들에게 깊은 책임감을 가지고 있어야 한다. 감독실에 가면 제일 먼저 서가가 있는가, 어떤 책이 몇 권이나 있는가를 확인한다. 아쉽게도 아직 두 분밖에 만나지 못했다. 이건 내가 한국의 모든 감독을 만나 보지 못했기 때문일 것이다. 이걸 읽는 감독 코치는 지금 바로 서가를 갖추고 한 권 한 권 읽어가면서 빠르게 서가를 가득 채우기를 권유 드린다. **감독 코치는 왜 책을 읽어야 하는가?**

(1) 무엇보다 독서하는 감독 코치 자기 자신이 최고의 수혜자가 된다.

인생이 바뀌고 삶이 달라진다. 독서를 통해 의식 수준이 고양되고 사고가 확장되어 문제 해결력이 성큼 높아진다. 반면 의식 수준과 사고가 향상되지 않으면 생각을 바꾸더라도 삶이 변하지 않는다. 아인슈타인은 "문제를 발생시킨 당시의 사고 수준으로는 그 문제를 해결할 수 없다."고 했다. 의식과 사고 수준은 어제와 같은데 위대한 꿈과 비전을 갖는 것은 원숭이가 사람 흉내를 내는 것과 같다. 그리고 능력의 차이는 고작 5배를 넘지 않지만 의식의 차이는 100배 이상의 격차를 낳는다.

(2) 보다 잘 가르치게 된다.

감독 코치는 자신의 지도력 수준을 스스로 알고 있다. 보다 잘 가르칠 때, 누구보다 먼저 가르치는 자신이 재미있고 동기부여 받는다. 그 결과로 우수한 선수를 계속 배출하게 되고 성적은 그냥 따라 온다.

(3) 오랫동안 감독 코치할 수 있고, 더 높은 레벨로 진출할 수 있다.

지금은 감독 코치의 당쟁 시대다. 해마다 각급 지도자가 수백 명씩 나오고 학원팀 창단은 거의 없다. 보다 잘 가르치는 감독 코치는 보다 오래 현직에 있게 된다. 지도자의 독서는 선택이 아니라 필수다. 힘써 독서하는 습관을 빨리 가져야 한다. 소가 수레를 끌고 가는 것과 마찬가지로 습관이 우리의 삶을 끌고 간다. 삶에서 가장 유익한 습관은 '책에 미치는 습관'이다. 사람 자체를 바꾸어주는 습관은 오로지 독서 습관뿐이다. 습관 중의 으뜸인 것이다.

감독 코치, 오늘 당장 기적의 독서 노트를 작성하자! 책을 읽은 후에는 독서 노트에 책의 제목, 구입한 곳, 1차 읽은 장소와 시간, 기록해둘만한 책 속의 문장, 떠오른 아이디어와 영감, 쓰고 싶은 생각을 기록하자. 책 내용을 자신의 것으로 소화하는 작업이다. 글을 쓸 때 요긴하게 인용할 수 있는 건 보너스다. 감독 코치에게 독서를 권유하는 이 글을 읽고 독서로 감독 코치 자신을 날마다 혁명하기를 권유 드린다.

책을 펴자, 미래를 열자!

10. 한 번으로 끝내는 인스텝 슛 이론

축구 연습은 축구 이론의 확인이다. 연습 시 이론대로 실행하면 볼이 의도한 그대로 움직인다. 모든 연습은 이론 강의(강의실), 준비운동, 본 운동, 정리운동, 평가, 차시 예고로 진행되어야 한다. 그러나 대부분의 축구팀이 이론 강의 없이 바로 운동장으로 나가 연습한다. 선수가 운동장에서 배우는 과제에 대한 이해 없이 감독 코치가 시키는 대로 움직이기에 성장 속도가 많이 늦다. 여러분의 팀은 어떠한가?

여기서 인스텝 슛 이론인 '**인스텝 슛의 스포츠물리학**'을 공부하면서 축구에서 이론이 왜 필요하며 얼마나 중요한지 절절하게 느끼고 축구 인식에 혁명이 일어나기를 기대한다. 이 글을 읽고 이해한 후 5단계 순서(임팩트 연습, 슛 방향 결정 연습, 균형 조절 연습, 벽을 사용하는 1인 연습, 구체적이고 다양한 슛 연습)로 연습하면 경기에서 슛할 때마다 100% 위협적인 유효슛으로 득점력에 혁명이 일어난다. 어린 선수는 근육이 점점 발달하면서 45m 그 이상의 초장거리 슛으로 득점할 수 있다. 이 시기가 되면 경기마다 최다 득점자, 대회마다 득점 왕이 어려운 일이 아니다. 이 글이 선수에게 참으로 소중한 보물 중의 보물 블루 다이아몬드(Blue Diamond)같은 가치를 선물할 것이다.

축구는 쉽다. 밝게 아는 감독 코치가 밝게 가르치고, 선수가 올바르게 배우면 축구는 너무 쉽다. 인스텝 슛은 모든 종류의(인사이드, 아웃사이드, 인프런트, 아웃프런트 슛 등) 슛의 기초이며 기본이다. 그러므로 인스텝 슛을 마스터하면 다른 종류의 슛을 쉽게 마스터할 수 있다. 글쓴이가 세계 축구계에서 처음으로 정리하여 구조화시킨 '**인스텝 슛의 3대 원칙과 2대 핵심**', 여기에 인스텝 슛 이론이 모두 들어 있다. 함께 알아보기로 하자.

인스텝 슛의 3대 원칙

(1) 제1 원칙 : 슛하는 발   (2) 제2 원칙 : 볼   (3) 제3 원칙 : 딛는 발

인스텝 슛의 2대 핵심

(1) 제1 핵심 : 팔로우 스루   (2) 제2 핵심 : 팔로우 스루

1) 인스텝 슛의 3대 원칙

(1) 제1 원칙 : 슛하는 발등의 중심으로 슛한다.

가. 발등의 중심이란?

슛하는 발의 오른쪽 끝과 왼쪽 끝 사이의 가운데 선과 엄지발가락 끝과 발목 사이의 가운데 선을 그을 때 만나는 점에서 수평으로 이동하여 발등의 가장 높은 지점(돌출한 뼈)이다. 스위트 스폿(sweet spot)이다. 임팩트 순간 발을 포함하여 다리 전체에 진동이 거의 오지 않고 대부분의 다리 힘이 볼에 전달되는 특정한 발의 위치가 있는데, 인스텝 슛의 경우는 이 부위다. 야구나 골프와 달리 축구는 다양한 자세에서 슈팅과 패스가 이루어지기 때문에 스위트 스폿의 위치도 볼을 차는 순간마다 다를 수 있다. 볼이 발의 스위트 스폿에 제대로 맞으면 발의 운동은 부드러워지며 '시원한 느낌'이 다리에 전달된다. 시원한 '발 맛'을 느끼기 위해서는 볼의 운동을 예측하는 능력과 유연한 몸동작이 필수적이다(얼마나 무거운 다리가 얼마나 빨리 움직이는가? / 이인호 / 축구가족 2005년 9월호). 이 지점으로 슛할 때 스윙하는 에너지가 가장 강하게 볼에 전달된다. 발의 가장 넓은 부위로 슛할 때 슛의 정확성이 증가한다.

나. 발목 180도 펴기

디딤발을 볼 옆에 딛고 발등의 중심으로 볼의 무게중심을 슛하려면 발목을 180도로 완전히 펴야 한다. 다섯 발가락 끝으로 축구화를 지긋이 누른다는 기분으로 발목을 펴면 더 쉽게 펴진다. 이렇게 하면 뒤에서 볼 때 슛하는 축구화 바닥이 그대로 보인다. 이때 엄지발가락이 경골(손으로 만져지는 정강이뼈)과 일직선을 이루어야 한다. 엄지발가락이 디딤 발쪽으로 향하거나 그 반대일 때(슛하는 발 바깥쪽) 스윙 속도가 늦어진다. 이는 고관절(대퇴관절)을 안쪽으로 또는 바깥쪽으로 비틀리게 한 상태로 스윙하기 때문이다. 이렇게 하는 선수들이 예상 외로 많은데 시급히 고쳐야 할 잘못이다. 평소 의자에 앉아 틈나는 대로 발목을 골 기둥(골포스트)처럼 완전히 일자로 펴서 위 아래로 흔드는 연습으로 발목 180도 펴기가 슛할 때 습관으로 되어 있어야 한다. 이 점은 아무리 강조해도 지나치지 않다. 발목을 완전히 펴면 인스텝 슛이 정확하고 쉽게 이루어진다. 반대로 그렇지 못하면 발등의 중심으로 볼의 무게중심을 가격하는 인스텝 슛 자체가 불가능하다.

다. 아킬레스건 스트레칭으로 발목 강화하기

인스텝 슛에 사용되는 근육은 여러 가지다. 그 중에서도 무릎 아래를 앞으로 밀어내는 대퇴사두근(넙다리네갈래근), 강력한 대요근, 봉공근 등이 대표적이다. 이 근육뿐만 아니라 발목의 힘도 슛 스피드에 결정적으로 작용한다. 킥력이 좋고 폭발적인 중장거리 슛을 쏘는 스티븐 제라드, 제이 제이 오코차, 카를로스 호베루투, 슈바인 슈타이그 같은 선수는 모두 발목 힘이 현저하게 탁월하다는 공통점을 가지고 있다. 아킬레스건 스트레칭은 간단하지만 그 효과는 놀라울 정도다. 두 발을 어깨 넓이로 벌리고 곧게 서서 두 발 뒤꿈치를 높이 들어 올렸다 내렸다를 반복하는 것이다. 한 발로 연습할 때는 한 손으로 벽이나 책상 등에 가볍게 붙여 균형을 잡고 한 발로 서서 올렸다 내렸다를 반복한다. 나이, 근육의 발달 정도에 따라 세트별 횟수와 세트 수를 정해 매일 하면 세월 속에서 아킬레스건이 강력하게 발달하면서 초장거리 슛의 명수로 성장하게 된다. 더욱 운동량을 늘리려면 양손에 아령이나 덤벨을 쥐고 한다.

라. 슛하는 발의 발등이 슛하는 방향을 바라보기

바깥쪽을 향하고 있으면 볼도 이 방향으로 비행하기에 득점하지 못하게 된다.

마. 인스텝 슛으로 발등의 중심과 볼이 무게중심이 만나는 순간(임팩트 순간) 발등과 발목에 힘을 주어 최대한 딱딱하게 한다.

볼이 튀어나가는 반탄력이 배가되어 슛 스피드가 빨라진다.

바. 슛할 때 마음은 어디에 두어야 하는가?

볼에 닿는 몸의 부위에 두어야 한다. 축구에서 이 점은 너무나 중요하지만 선수들이 모르고 있거나 간과하고 있다. 지금 바로 결별해야 할 매우 나쁜 습관이다. 정면으로 헤딩할 때는 볼과 만나는 이마의 중심에 마음이 가 있어 올바로 임팩트 하는지 점검해야 한다. 인스텝 슛할 때에는 마음이 발등의 중심과 발목에 가 있어야 한다. 즉, 발등의 중심으로 슛하는가, 아니면 아래쪽으로 또는 위쪽으로 슛하는가를 스스로 점검하여 잘못되었을 때는 즉시 바로 잡아야 한다. 가령, 발등의 중심보다 아래 부위로 슛할 것 같으면 스윙하면서 발등을 적절하게 위로 들어 올려야 하는 것이다. 발목도 180도 완전히 펴지지 않았다면 즉시 180도로 펴야 한다.

사. 슛할 때 시선은 어디에 두어야 하는가?

슛하기 전에 순간적으로 골문의 위치와 방향, 거리, 골키퍼의 위치를 확인한 후 슛할 때에는 시선을 볼에 두어 임팩트할 볼 부위(볼의 무게중심)를 찾아 그곳에 정확하게 가격해야 한다. 축구에서 개인기의 3대 요소는 정확성 스피드 타이밍인데, 이 중 정확성이 가장 중요하다. 축구에서 정확성이란 볼 터치(임팩트)의 정확성이다.

아. 스윙의 최하점에서 발등의 중심과 볼의 무게중심이 만나게(임팩트) 된다.

(2) 제2 원칙 : 볼의 무게중심을 가격(임팩트)한다.

가. 볼의 무게중심이란?

볼의 왼쪽 끝과 오른쪽 끝의 중심선, 맨 위와 아래의 중심선이 만나는 점이다. 볼은 매우 친절하다. 선수가 볼을 보는 순간 즉시 볼의 무게중심을 가르쳐준다. 정지된 볼을 보면 바로 알 수 있다. 선수가 볼 때 볼 부위 중 선수에게 가장 가까이 있는(돌출해 있는) 부위가 볼의 무게중심이기 때문이다. 주의할 점은, 볼의 무게중심은 보는 선수의 시야가 아니라 볼이 비행하는(보내고자 하는) 방향이 기준이다. 일례로, 크로스를 마주 보고 오른발 발등으로 인스텝 발리 슛할 때(즉 ㄴ 자 모양으로 슛할 때) 볼의 무게중심을 시선이 보는 게 아니라 슛하는 오른발이 보게 된다. 이처럼 방향을 바꾸는 슛이 모두 이러하다.

나. 모든 임팩트의 기준 : 볼의 무게중심

볼의 무게중심이 모든 임팩트의 기준이다. "아래쪽을 슛하라"는 의미는 볼의 무게중심 아래쪽을 슛하라는 뜻이다. 위, 왼쪽, 오른쪽도 마찬가지다. 자립과 반동이라는 고유의 속성을 가진 볼의 무게중심 아래쪽을 슛하면 볼이 위로 날아간다. 중심으로 슛하면 직진한다. 위로 슛하면 땅볼로 굴러간다. 볼의 무게중심 왼쪽을 슛하면 오른쪽으로 회전하며 나아가고, 오른쪽을 슛하면 그 반대이다.

임팩트별 볼의 이동 방향

헤딩 / 김기호 지음 / 도서출판 사람들 / 2014. 8. 1 / P 26

다. 슛한 볼이 왜 크로스 바 위로 날아가는가?

볼의 무게중심 아래쪽을 슛했기 때문이다. 국가대표 선수들과 K리거들이 경기에서 이런 장면을 무수히 그리고 계속 보여주고 있다. 슛하기 전에 어느 높이로 볼이 골문을 통과하도록 할 것인가를 미리 정해 놓고 볼의 그 부위를 슛해야 한다. 크로스 바(높이 2.44m)를 훌쩍 넘기는 어처구니없는 슛을 하는 선수가 너무 많다. 그 선수는 볼의 무게중심 개념이 없으며, 이걸 이해하지 못하면 계속 그런 잘못을 반복하게 된다.

라. 슛 종류별 볼 터치 부위

a. 인스텝 슛 : 정면에서 보았을 때 볼의 무게중심
   단, 방향을 바꾸는 슛을 할 때는 슛하는 발등의 중심이 보는 볼의 무게중심
b. 인사이드 슛 : 볼의 최상단과 최하단을 이등분하는 선, 인스텝 슛과 같다.
c. 아웃사이드 슛 : 볼의 최상단과 최하단을 이등분하는 선(지구에 비유하면 적도), 이 선과 볼의 최하단을 이등분하는 선 위와 적도 아래 부위
d. 발끝 : 볼의 무게중심
e. 발뒤꿈치 : 상대방이 앞에서 볼을 보았을 때 볼의 무게중심
f. 발바닥 : 다섯 발가락과 발바닥이 만나는 부위로 볼의 무게중심을 슛

마. 볼의 무게중심을 자세히 보는 연습을 하라!

볼을 본다는 건 볼의 무게중심을 본다는 것이다.
이제부터는 볼을 보지 말고 철저하게 볼의 무게중심을 보아야 한다.

볼을 자세히 봐라 (*)

볼의 무게중심을 자세히 봐라! (0)

어제까지의 나쁜 습관과 지금 즉시 결별하라!

위의 설명을 읽으면서 자신이 얼마나 잘못된 방법으로 슛하는지 느꼈을 것이다.

볼의 무게중심을 자세히 볼수록 볼 처리 방법을 선택할 수 있는 시간이 많아진다.

자연스럽게 준비할 수 있는 여유가 생겨 마음먹은 대로 볼을 다룰 수 있게 된다.

시력의 종류는 12가지가 넘으며 축구에서 특히 중요한 시력은 물체추적시력(동체시력)과 주변인지 시력이다. 평소 생활하면서 움직이는 물체를 추적하면서 자세히 보는 습관(연습)을 길러야 한다. 그러면 필드 플레이어는 헤딩이나 공중 볼 처리에서 경쟁 우위를 가질 것이다. 휘어지고, 순간적으로 뚝 떨어지는 등 온갖 궤적을 그리며 들어오는 슛을 순간에 막아야 하는 골키퍼에게는 더욱 물체추적시력이 중시된다. 2002 한일 월드컵 4강 주역 골키퍼로 PK를 잘 막아낸 이운재 선수는 운전하면서 찰나에 앞차와 좌우 옆 차의 차번호를 읽어내고 서로 더하는 훈련을 하곤 했다고 한다. 미 프로야구(MLB)의 최후의 4할 타자는 1950년대~1960년대에 활약했던 테드 윌리엄스다. 그 이후 2016년 지금까지도 미 프로야구(MLB)에 4할 타자가 등장하지 못하고 있다. 그는 기자회견에서 타격의 비결에 대한 질문을 받고 이렇게 답했다.

"나는 제아무리 강속구를 던지는 투수의 총알 같은 볼이 날아와도 야구공의 글씨나 실밥 이음새를 봅니다. 포물선을 그리는 홈런을 치려면 볼의 아래쪽을 가격하고, 1루수가 수비에 약하면 밀어치죠. 2루와 3루 사이를 지나는 빨랫줄 안타를 치려면 야구공의 중심을 타격합니다. 이처럼 제 타격의 비결은 야구공을 자세히, 환하게 보는 데 있습니다."

- 고두현의 〈스코어 카드〉 중에서

그렇다. 어느 종목이든 그 분야의 초일류 선수들의 공통점 중 하나가 시각 능력이 탁월하다는 것이다. 스포츠비전, 선수를 성공으로 안내하는 또 하나의 무기다.

(3) 제3원칙 : 딛는 발의 방향이 볼의 진행 방향을 결정한다.

가. 미리 슛하고자 하는 방향으로 딛는 발을 놓아라!

이 얼마나 쉬운 일인가! 이게 제3 원칙의 핵심이다. 오늘도 내일도 너무나 많은 선수의 슛이 왜 폭 7.32m의 골문 밖으로 나가는가? 이런 실수를 반복하는 각급 국가대표 선수, K

리거들이 한 둘이 아니고 즐비하다. 딛는 발이 골문 밖으로 향하고 있기 때문이다. 딛는 발은 반드시 양쪽 골포스트 안쪽을 향해야 한다. 어느 방향으로 슛할 것인지를 미리 선택한 후 그대로 디딤 발을 놓으면 된다. 너무 쉽다. 참고로, GK가 가장 싫어하는(가장 막기 어려운) 슛 코스는 양쪽 골포스트에 바짝 붙어 GK의 무릎 아래 높이로 비행하는 볼이나 땅볼 슛이다.

나. 딛는 발을 충분히 굽혀 체중을 완전히 실어라

딛는 발에 체중을 완전히 싣고 고도의 평형성을 유지해야 슛하는 발을 최고 스피드로 스윙할 수 있다. 태풍이 불어올 때 뿌리 뽑히는 나무와 의연하게 버텨내는 나무를 생각해 보라. 스윙 스피드가 볼의 비행 속도를 결정하므로 딛는 발의 평형성이 매우 중요하다. 선수 자신은 의식하지 못하지만 한 발로 체중을 실으면 몸이 전후좌우로 흔들린다. 위에서 선수의 머리 꼭대기 점(정수리)을 보면 흔들린다는 걸 알 수 있는데, 흔들리는 거리가 짧을수록 평형성을 더 잘 유지하는 선수이다. 평형성 유지 연습 방법으로 아래를 추천한다.

한 발로 서서 다른 발을 앞으로 내밀고 허리를 곧게 편 다음 서서히 무릎을 굽혀 앞으로 내민 다리의 발이 땅(잔디)에 닿기 바로 직전까지 내렸다가 — 이때 땅에 닿지 않도록 해야 한다 — 일어선다. 이번에는 발을 바꾸어 실행한다. 처음에는 좌우 각 1회씩 하다 익숙해지면 좌우 각 2회씩, 이런 식으로 좌우 각 15회 이상 할 수 있어야 한다. 근육이 발달하지 않은 어린 선수는 하기 어렵다. 억지로 하려고 근육이 찢어지거나 뜯어지는 부상(스트레인 strain)을 당할 수 있으니 하지 않아도 된다. 굳이 연습하려면 되는 만큼만 딛는 무릎을 굽혔다 펴는 연습을 계속하다 익숙해지면 조금씩 굽히는 각도를 내리면 된다. 조급증으로 절대로 무리해서는 안된다.

다. 딛는 발쪽의 팔이 평형성 유지에 크게 작용하니 최대한 활용해야 한다.

손을 펴서 자연스럽게 뻗어 균형을 잡아라. 방향은 앞으로 옆으로 등 각자 편한 쪽을 선택하면 된다.

라. 일반적으로 딛는 발 앞 끝과 뒤꿈치 사이에 볼이 위치한다.

정지된 볼은 이렇다. 굴러가는 볼은 디딤 발을 딛고 볼이 이 사이를 지날 때 임팩트하면 된다. 근육이 잘 발달되고 특출하게 유연한 선수는 딛는 발을 볼 앞에 놓고 임팩트하는 경우도 있다. 1966 런던월드컵 득점 왕 에우제비오 실바 페레이라(포르투갈, 벤피카 리스본)

가 대표적인 선수다.

가마모도 구니시게 선수의 시도

올드팬들이 기억하고 있는 일본의 가마모도 구니시게 선수는 1968년 멕시코올림픽 축구 동메달(아시아 최초의 올림픽축구 동메달)의 주역이었다. 당시 한국의 차범근 선수와 라이벌이었다. 선수 시절 가마모도는 흑표범 에우제비오 실바 페레이라 선수의 미사일슛에 큰 감명을 받고 배우려고 따라 했다. 에우제비오는 딛는 발을 볼보다 30cm 가량 앞에 딛고 슛했다. 워낙 유연한 흑인 특유의 몸이기에 가능했다.

그렇지 못한 선수가 따라 하면 스트레인(strain) 부상당하게 될 위험이 크다. 열심히 연습했지만 가마모도가 이루어낸 성과는 15cm였다. 15cm? 이후 가마모도는 더욱 위력적인 슈터로 활약하게 된다. 달리는 지하철에서 손잡이를 잡지 않고 몸의 균형을 유지하는 연습을 하는 등 새로운 시도와 연습에 성실한 선수였다.

- 축구코칭론 / 김기호 지음 / 두남 / 2009. 12. 29 초판 1쇄, 2015년 8월 1일 개정판 3쇄 / P 106

2) 인스텝 슛의 2대 핵심

인스텝 슛은 4가지 동작으로 이루어진다. 접근, 백스윙, 임팩트, 팔로우 스루다.
인스텝 슛의 2대 핵심은 모두 팔로우 스루에 있다.

(1) 제1 핵심 : 팔로우 스루를 가장 빠르게, 가장 높게, 끝까지

팔로우 스루가 인스텝 슛의 혼이요 생명이다. 팔로우 스루를 가장 빠르게, 가장 높이, 끝까지 하라. 팔로우 스루가 볼의 비행 스피드를 결정한다. 50m 이상의 초장거리 슛을 성공시키는 선수는 모두 팔로우 스루가 싱싱하게 살아있다. 평소 이렇게 해낼 수 있는 허리와 다리의 근육을 길러라. 적지 않은 선수가, 심지어 국가대표 선수들도 슛한 후 자신이 어떻게 팔로우 스루를 하고 있는지 관심을 갖고 있지 않고 무신경한 경우가 너무 많다. 의도적으로 관찰해보면, 슛한 후 끝까지 팔로우 스루를 하지 않는 선수가 많다는 데 놀랄 것이다. 자신이 어떻게 팔로우 스루 하고 있는지 스스로 점검하라. 거듭 말하는데, 팔로우 스루를 가장 빠르게, 가장 높이, 끝까지 하라.

(2) 제2 핵심 : 슛한 후 끝까지 발목을 고정하고, 팔로우 스루는 슛하는 방향으로 하라

슛한 후 끝까지 발목을 고정하라. 이래야 슛하는 스윙 에너지가 끝까지 볼에 전달되어 볼의 스피드가 줄어들지 않는다. 발목이 고정되어 있느냐, 풀리느냐에 따라 간발의 차이로 득점될 수도 있고 골키퍼에 막힐 수도 있다. 슛한 볼의 비행 스피드가 달라지기 때문이다. 국가대표 선수들이나 K리거들 중 슛한 후 발목이 풀리는 선수가 너무 많다. 이들은 가장 기본적인 기초가 되어 있지 않은 선수들이다. 이론을 모르니 잘못을 반복하고 있다. 팔로우 스루(임팩트 후 스윙)는 슛한 방향으로 따라가야 한다. 이래야 볼이 슛하는(정한) 방향으로 정확하게 날아간다. 적지 않은 선수들의 팔로우 스루가 디딤발 쪽으로 휘어지고 있다.

3) 볼의 비행 스피드를 결정하는 2대 요소

(1) 슛하는 발의 스윙 스피드의 1.3배로 비행한다.

볼은 슛하는 발의 스윙 스피드보다 1.3배 높은 스피드로 날아간다. 시속 100km로 스윙하면 시속 130km로 날아간다. 측정된 최고 스피드는 시속 200km다. 2006년 스포르팅 리스본(포르투갈)의 에베르손 선수의 기록이다. 초속 55.5m로 하프라인에서 슛한 볼이 1초 안에 골라인을 통과한다는 계산이 나온다.

25m에서 슛하면 0.45초에 골라인을 넘어선다. 이 경우 GK는 시선으로 볼을 볼 수는 있지만 몸을 움직이기 전에 득점된다. 개인차가 있지만 GK가 슛을 보고 반응을 시작하는 시간이 0.55초이기 때문이다. 카르로스 호베르투가 시속 162km, 데이비드 베컴이 시속 158km정도를 기록하곤 한다. 측정된 한국 최고 기록이 이기형 선수의 시속 138km다. 측정하진 않았지만 이보다 빠른 슛을 하는 선수가 여럿 있을 것 같다.

(2) 볼의 비행 스피드는 슛하는 다리의 근육량에 비례한다.

같은 스윙 스피드라도 초등 선수와 프로 선수의 볼 비행 스피드는 다르다. 볼을 나무젓가락으로 치느냐, 야구 배트로 치느냐의 차이다. 이 2가지 요소를 결정짓는 것이 결국 근육이다. 마음이 아무리 빠르게 스윙하고 싶어도, 최고로 강력한 슛을 날리고 싶어도 근육이 충분히 발달되어 있지 않으면 불가능하다. 근육의 발달 정도는 근섬유(살올실)의 크기(bulk)와 뚜렷함(definition)으로 판정한다.

근육을 발달시키는 데는 웨이트 트레이닝이 최고 최선이다. 테스토스테론이나 아나볼릭 스테로이드 같은 남성호르몬이 활발하게 분비되기 시작하는 제2차 성징이 시작될 때부터(중2~고1) 웨이트 트레이닝을 과학적으로 꾸준히 하라.

4) 인스텝 슛할 때 흔히 저지르는 잘못과 그 교정 방법

이미 위에서 밝혀두었지만 한 번 더 정리한다는 마음으로 제시한다.

(1) 슛이 크로스 바 위로 날아간다.

슛 임팩트가 잘못 되어서다. 원인은 2가지다.

가. 볼의 무게중심 아래 부위를 슛할 경우 이러하다.

디딤 발을 정확하게 놓아도 발목을 완전히 180도로 펴지 않으면 볼의 무게중심 아래쪽을 임팩트하게 된다. 발목을 180도로 완전히 펴라. 발목 펴는 것을 조금도 아끼지 마라. 발목을 완전히 펴면 인스텝 슛이 매우 쉬워진다. 평소 발목 펴는 연습으로 인스텝 슛할 때 저절로 180도 펴지게 하라.

나. 딛는 발을 볼보다 뒤쪽에 놓으면 이러하다.

딛는 발의 위치가 이러하면 볼의 무게중심 아래쪽을 슛(킥)하게 되어 볼이 위로 뜨게 된다. 임팩트 순간 볼이 딛는 발의 앞 끝과 뒤꿈치 사이에 위치하게 하라.

반면, 크로스나 센터링 등 인스텝으로 공중 볼을 보낼 때는 딛는 발을 볼 뒤에 둔다.

(2) 슛이 골문 즉, 양쪽 골포스트 밖으로 벗어난다.

원인은 크게 두 가지다.

가. 딛는 발이 양쪽 골포스트 밖으로 향하고 있기 때문이다.

딛는 발의 방향이 양쪽 골포스트 안으로(골문 안으로) 향하게 하라.

슛하려는 방향을 미리 결정하고 그 방향으로 딛는 발을 놓아라.

나. 딛는 발의 방향을 올바르게 놓아도 슛하는 발등이 슛하는 방향으로 보지 않고 바깥쪽으로 틀어져 있으면 이런 결과가 나온다.

슛하는 발등이 슛하는 방향으로 보게 하라. 발등을 바깥쪽으로 틀지 마라.

(3) 솟아오르면서 슛하기에 슛의 스피드가 반감된다.

슛과 동시에 딛는 발이 지면을 차고 솟아오르면 슛 스윙 스피드가 느려진다.

숏 자세가 흐트러져 숏하는 에너지를 볼에 100% 실을 수도 없다.
몸이 위로 솟아오르기에 볼의 무게중심 위를 임팩트할 가능성이 높아진다.
보다 강력한 숏을 하려는 열망(조급증)으로 이렇게 숏한다.
이렇게 하는 건 딛는 발에 체중을 완전히 싣지 않고 있다는 증거다.
교정 방법으로는 볼 없이 숏하는 동작을 천천히 정확하게 반복하는 것이다.
책상이나 벽을 한 손으로 짚고 인스텝 숏 동작을 하라. 천천히 그리고 정확하게!
숏할 때 딛는 발이 솟아오르는 게 아니라 임팩트 후 팔로우 스루가 점점 위로 높아지면서 딛는 발의 뒤꿈치부터 자연스럽게 들려 올려지면서 무릎도 자연스럽게 펴지게 해야 한다. 선수는 이 과정의 동작을 자신의 눈으로 보면서 점검하고 고쳐가야 한다.
이 동작이 익숙해지면 그 다음 볼을 가지고 연습한다.
참고로, 잘못된 동작을 교정할 때는 볼 없이 하는 게 훨씬 효과적이다.
그것도 매우 천천히 그리고 정확하게!
볼을 다루면서 교정하려면 교정해야 할 점에 대한 집중력이 부족해지기 쉽고, 자연스럽게 잘못된 습관이 선수 자신도 모르게 반복될 가능성이 많아지기 때문이다.
자세를 교정할 때나 임팩트를 정확하게 하려는 연습 등 잘 안 되는 걸 마스터하려 할 때는 절대로 빠르게 연습하지 말라. 천천히, 더 천천히 하라. 빠른 동작으로 교정하려면 저절로 나쁜 습관이 나오게 되어 있다.
먼저, 볼 없이 동작을 정확하게 마스터한 후 볼을 가지고 천천히 연습해야 한다.
동작을 나누어서 하면 더욱 좋다(전습법이 아닌 분습법).
빨리 고치려는 조급증이 오히려 자세 교정을 방해하거나 더 오래 걸리게 한다는 걸 명심하기 바란다. 처음 배우는 기술도 천천히 연습하라!
빨리 배우려고 하지 말라, 이런 조급증이 정확한 기술 습득을 오히려 방해한다.
빨리보다, 정확하게 배우려고 하라. 정확한 방법을 알아라.
연습 방법을 정확하게 알면 개인연습 시 올바르게 연습할 수 있기에 보다 빨리 마스터할 수 있는 것이다.

(4) 임팩트 시 볼에 더해지는 반탄력이 약하다.

임팩트 순간 발등과 발목에 힘을 주어 최대한 딱딱하게 하여 볼이 닿자마자 총알처럼 튀어나가게 해야 한다. 숏은 볼을 소유하는 게 아니라 몸 밖으로 가능한 멀리 보내는 동작이다.

(5) 볼이 비행하는 볼 줄기의 힘이 약하다.

야구에서 투수의 볼 끝이 살아 있다, 죽어 있다는 것과 같은 의미다. 팔로우 스루에 문제가 있다. 필로우 스루를 끝까지, 가장 높이, 가장 빠르게 하라!

이렇게 하는지 자신의 팔로우 스루를 의도적으로 점검해보라.

(6) 공중 볼 인스텝 슛(인스텝 발리 슛)에 자신이 없다

강하게 차려고 하기보다 정확하게 맞힌다는(발등의 중심과 볼의 무게중심을) 마음으로 슛하라.
  날아오는 볼의 무게중심을 끝까지 자세히 추적하면서 보라.

인스텝 슛 연습을 구조적, 과학적, 계획적, 통합적으로 하고 있지 않기 때문이다.

경험에 의한 코칭은 세계 경쟁력이 전혀 없다. 세계의 코칭 방법이 매일 새롭게 발전하고 있다. 과거의 경험이 이미 쓸모없는, 경쟁력이 없는 기술로 퇴보했기 때문이다. 흘러간 물로는 물레방아를 돌릴 수 없다.

매일매일 치열하게 공부하지 않으면 국가대표 출신이니 프로선수 출신이니 이런 게 아무 쓸모없고 오히려 가르치는 선수의 성장을 방해한다. 공부하지 않으면 이런 선수 경력은 공허한 넋두리에 불과하다. 세밀하게 계획하지 않은 코칭은 잃어버린 코칭이다. 시간 낭비, 노력 낭비다.

인스텝 슛 연습은 임팩트 연습, 슛 방향 결정 연습, 균형 조절(평형성) 연습, 벽을 사용하는 1인 연습으로 순서적으로 이루어져야 구조적인 연습이 된다. 이 4가지 연습 안에는 다양하고 과학적인 연습 프로그램이 있다. 이 4가지를 마스터하지 못하면 정확하고 강력한 인스텝 슛이 불가능하다. 이때 슛 연습은 하지 않아야 한다. 이 4가지 연습을 마스터한 후 슛 연습에 들어가야 한다. 그러면 슛할 때마다 100% 위협적인 유효슛이 저절로 이루어진다. 자연스럽게 인스텝 발리슛이 기다려진다.

(7) 인스텝 슛을 가장 빨리, 가장 정확하게, 가장 수준 높게 마스터하고 싶다?

먼저, 인스텝 슛 이론을 완벽하게 이해하고 알아야 한다. 남을 가르칠 수 있을 정도로…

감독 코치도 선수에게 이론을 이해시키지 않고는 절대로 피치(운동장) 연습을 해서는 안 된다. 한국의 모든 축구 감독 코치가 이렇게 해야 한다. 그러면 여러분의 팀은 어떠한가? 댁의 자녀의 소속 팀 감독 코치는 이렇게 하는가? 인스텝 슛 이론을 마스터한 후, 4가지 연

습을 완전히 정복하라. 그 후에 다양한 슛 연습을 하라. 그러면 '나도 할 수 있다'는 자신감이 엄청 생긴다.

5) 글을 정리하며

2월은 초 중 고 대학의 전국대회가 일제히 열리는 달이다. 대회에서 선수는 다시 한 번 자신의 슛 결정력에 좌절감을 느낄 것이며 이후에도 해결되지 않는다. 한국에서 가장 잘하는 선수를 뽑아 구성한 지금의 국가대표 선수나 K리거에게서 보듯이. 그러나 선수 여러분, 조금도 걱정하지 말라! 단 한 번 연습으로 인스텝 슛을(이론과 연습) 마스터할 수 있는 방법을 깊이 있게 배울 수 있다. 한국 축구에 글쓴이가 있기 때문이다.

슛은 임팩트다. 인스텝 슛도 그러하다. 발등의 중심과 볼의 무게중심의 임팩트다. 인스텝 슛의 모든 연습은 이 임팩트를 정확하게 하기 위한 연습에 지나지 않는다. 연습 시 그리고 생활 속에서 언제나 깊이 생각하여 선수는 이걸 깨달아야 한다. 감독 코치는 매 연습마다 선수에게 깨달음의 '아 ~ 하 경험'(아 ~ 하 experience) 을 선물해야 한다. 매일매일 감독 코치의 최고의 코칭이 선수들에게 이루어져 한국에서 월드클래스 선수들이 많이 그리고 계속 배출되기를 기대한다. 이상으로 인스텝 슛 이론을 알아보았다. 이것만 마스터해도 월드컵 결승전이나 유럽챔피언스리그 결승전에서 마음껏 득점할 수 있다.

제3부 구체적인 경기력 향상 방안

1. 양쪽 골문 뒤에 그물망 벽을 당장 설치하자

도요타 공장의 노동자는 모두 허리에 가죽 공구 벨트를 차고 있었다. 관리자는 웃으면서 그 기자에게 공구 벨트는 그 공장이 했던 투자 중에 최고였다고 말했다. 드라이버를 떨어뜨린다면, 그것을 집어 올리는데 몇 초가 걸린다며 잃어버리는 생산시간 때문에 도요타는 일 년에 1억 1천5백만 달러를 손해 볼 것이라는 것을 계산했다.

- You, Inc. (당신이라는 1인 회사) / 버크 헤지스 지음 / 이삭출판사

16년 전인 1999년 12월 1일 이 책을 읽었다. 저자 버크 헤지스가 이 책의 초판 1쇄를 낸 시점은 이보다 훨씬 오래 전이다. 경제 규모가 급속도로 커진 지금 1억 1천5백만 달러는 초일류기업에서 큰 금액은 아니나 당시는 천문학적인 금액이었다. 이 글을 쓰는 2015년 12월 24일 현재 도요타는 세계 1위의 자동차 생산회사다. 도요타는 생산설비를 노동자의 최적의 작업 동선에 맞추어 배치한다. '초'단위로 시간을 철저하게 관리하기에 불필요한 시간 낭비를 막기 위해서다. 가령, 30만 명의 노동자가 작업 중 잘못된 보행(스텝)으로 매일 1인당 90초를 낭비하면 회사 전체는 매일 2천 7백만 초(45만 분, 7,500시간, 312일)의 생산시간 손실을 입는다. 도요타는 삼성, LG 등 국내 유수 기업들의 벤치마킹 대상이다. '자원의 낭비'를 없애는 TPS (Toyota Production System), 한 작업자가 여러 가지 기능을 수행하는 다기능공 제도, 현장의 작업자가 품질 등 문제 발생 시에 라인을 정지시킬 수 있는 권한을 갖는 안돈(Andon)방식 등 대단한 내공을 소유하고 있다. 한국의 현대, 기아 등 대부분의 자동차 생산회사들이 배워 적용하려고 하고 있으나 아직 그 격차를 좁히지 못하고 있다.

1) 두 가지 사례의 극명한 대비

(1) 경북의 Y대, 경남 김해의 I대 축구부

경북의 Y대 축구부는 대학 축구의 강자다. 2013년 왕중왕전 우승 팀이다. 해마다 전국대회와 주말리그에서 우수한 성적을 내고 있다. 프로 팀에 여러 선수를 보내고 있다. 감독은 국가대표팀과 프로 팀을 가르칠 수 있는 P급 자격증을 가지고 있다. 한 스포츠 전문지와의 인터뷰에서 그 감독은 "매일 6시간 이상 공부하고 있다."고 말한 걸 본 적이 있다.

그런데 이 축구팀이 연습하는 공대 인조축구장은 면적이 커서 양쪽 골문 뒤에 자그마치 50m 내외의 운동장 공간이 있다. 경기나 연습 중 슛이 골문을 벗어날 때마다 선수는 먼 거리까지 뛰어가서 볼을 주워 왔다. 이 얼마나 멍청하고 둔한 짓인가? 골문 뒤에 그물망 벽을 설치하면 바로 해결되는데…. 이 팀은 2014년 학군단 운동장으로 연습 장소를 옮길 때까지 이렇게 해왔다.

경남 김해의 I대 축구팀 운동장은 교문 쪽 골문 뒤는 아래쪽으로 계속 경사져 있고 맞은편 골문 뒤는 산을 깎아 콘크리트 벽을 만들었다. 문제는 교문 쪽 골문인데 슛이 골문을 벗어나면 경사진 아래쪽으로 볼이 하염없이 굴러간다. 그 먼 거리를 선수가 헐레벌떡 뛰어가서 볼을 주워 온다. 2012년 5월에 가서 보니 그러했다. 이 얼마나 멍청하고 둔한 짓인가? 골문 뒤에 그물망 벽을 설치하면 바로 해결되는데… **아깝다, 볼 주우러 가는 시간이…**

(2) 금호고 축구부

금호고(광주광역시) 축구부 연습장에 가서 본 사람은 알고 있다. 양쪽 골문 뒤 5m쯤에 높이 7m정도의 그물망 벽이 골라인(68m) 길이만큼 설치되어 있다. 슛이 골문을 벗어나도 바로 볼을 찾아온다. 더욱 신선한 점은 교문 쪽 터치라인에서 6m쯤 떨어진 곳에 터치라인(105m)과 평행되게 높이 1m 정도의 그물망을 드리우고 있다. 볼이 터치라인을 벗어나도 더 이상 도망가지 않도록 해놓았다. 터치라인 옆에 이렇게 한 곳은 아마 금호고 축구부 외에는 없을 것이다. 맞은 편 터치라인 쪽은 콘크리트 벽으로 되어 있다. 모든 축구팀이 금호고의 이런 모범 사례를 지금 바로 실천하기를 권유 드린다.

2) 양쪽 골문 뒤에 그물망 벽을 당장 설치하자!

앞으로 하루나 일주일 정도 축구하다 축구부를 해체하면 Y대나 I대처럼 해도 된다. 그런 일은 없을 것이다. 슛이 골문(7.32 m * 2.44 m)을 벗어날 때마다 먼 거리를 뛰어가 볼을 주

워오면 얼마나 시간과 체력의 낭비인가! 양쪽 골문 5m 뒤에 높이 8m 이상의 그물망 벽을 터치라인 길이만큼 설치하라. 인조잔디축구장을 포설할 때는 아예 처음부터 이렇게 만들어야 한다. 세계 축구 역사에서 골네트를 처음 설치한 구단이 에버턴이다. 이후 빠르게 전 세계 구단이 이렇게 했다. 경기 재개 시간이 그만큼 단축되었다.

골문에서 5m 정도 떨어져 있어야 경기나 연습 중 골문 쪽으로 전력질주로 달려오는 선수가 그물망을 지지하는 쇠파이프와 충돌하는 것을 피할 수 있다. 축구장 둘레에 트랙이 있으면 그물망 양쪽 끝이 각각 트랙에서 3m 정도 떨어진 곳까지 오도록 하여 트랙을 이용하는 사람과 충돌이 없도록 예방해야 한다. 대한축구협회에 등록된 초중고 대학 등 학원축구팀과 클럽축구팀 그리고 실업팀 중 양쪽 골문 뒤에 그물망 벽을 시설한 팀은 8%도 안된다. 심지어 프로 팀도 별반 다르지 않다.

이 글을 읽으면서 무슨 생각이 드는가? 너무나 간단한 해결 방법이 있는 데도 하염없이 방치하고 있는 무관심이 한심할 뿐이다. 앞의 도요타 사례에서 보듯이 기업은 혁신에 사활을 걸고 있다. 반면 이 땅의 축구 감독 코치의 혁신 의지와 능력은 기업과는 비교조차 되지 않는다. 왜 그럴까? 감독 코치가 경영을 모르기 때문이다. 경영을 배울 기회도 없었다. 짧은 기간의 지도자 강습회에서도 경영을 가르치지 않는다.

기업 경영에서 "혁신과 마케팅만이 수익을 내고 나머지는 소모되는 비용이다"(피터 드러커). 축구팀 경영 역시 감독 코치의 끊임없는 혁신이 우수한 선수를 계속 육성하는 가장 확실한 방법이다. 언제 어디서나 감독 코치는 '지금 당장 무엇을 폐기하고 무엇을 혁신할 것인가?'에 천착해야 한다.

그리하여 최고 최선의 방법을 찾아내 실천해야 한다. 연습이나 경기 시 볼을 주우러 가는 시간을 최소화해야 한다. 프로 팀이라면 연습 중 볼 보이를 활용하는 것도 고려해야 한다. 열성적인 서포터스의 도움을 받을 수도 있다. 자녀의 소속 팀 연습을 보러 가면 대부분의 학부모는 그냥 연습을 지켜본다. 여기서 더 나아가야 한다. 적극적으로 축구장 밖으로 나오는 볼을 주워 주면 나쁘지 않다. 연습이란 곧 볼 터치이며 같은 시간 연습해도 볼 터치 횟수가 많을수록 밀도 높고 충실한 연습이기 때문이다.

2. 선수의 개인 시간 활용, 이래도 되는가?

1) 개인 시간, 왜 중요한가?

시간이 나면 선수는 무얼 하는가? 건전하게 활용하는가, 백해무익한 일에 소모하는가?

계획을 세워 효율적으로 활용하는 선수도 있으나 그렇지 못한 선수가 더 많은 것이 현실이다. 일례로, 컴퓨터 게임에 몰입하는 선수들이 너무나 많다. 우리나라 10~30대의 8%는 인터넷 중독이라고 한다. 그 경계선에 있는 사람은 더욱 많다. 게임에 중독되면 공격적이고 충동적으로 변한다. 매 순간 새 자극이 주어지는 게임에만 집중하게 되고, 그렇지 않은 일상생활에서는 집중력이 산만해진다. 게임에 몰두하면 잠자는 시간이 줄어든다. 취침 시간에 몰래 스마트폰 게임하다 적발되는 선수도 있다. 이 외에도 지나친 게임이나 게임 중독으로 온갖 사고와 범죄가 속출하고 있다. 끊임없이 스마트폰을 만지작거린다. 친구들과 이리 저리 몰려다니면서 시간을 무의미하게 낭비하기도 한다. 매일 점심 후 낮잠으로 소중한 시간을 흘려보내기도 한다. 선수 자신이, 자녀가, 소속 팀 선수들이 이런 모습이 아닌지 점검해볼 일이다.

선수의 경기력이 언제 가장 많이, 빠르게 향상되는가? 실로 중요한 질문이다. 선수 코칭 스태프 그리고 학부모는 이 질문에 대한 명쾌한 답을 가지고 있어야 한다. 선수의 성패가 여기에 달려있기 때문이다. 비슷한 질문을 하나 더 던지겠다. 학생은 언제 학력이 가장 많이, 빠르게 향상되는가? 개인 시간에 배운 걸 완전히 복습하여 이해하는 심화학습을 할 때다. 공부에 특출난 상위 0.1% 학력을 가진 학생의 가장 뚜렷한 공통점이라고 한다. 복습을 하면서 수업에서 배운 지식이 차근차근 나의 지식이 되고 나만의 창조성이 생겨난다. 배운 지식을 소화하지 못하고, 모르면서 다음 지식을 배우는 소화불량에도 걸리지 않는다. 복습을 통한 완전학습의 탄탄한 기초 위에 새로운 지식을 스펀지처럼 흡수한다. 이러하기에 복습은 학습에 대한 자신감을 성큼성큼 높여준다.

축구도 꼭 이와 같다. 개인 시간에 팀 연습 때 배운 걸 연습하여 마스터할 때다. 팀 연습 때 배우거나 연습하는 내용은 아직 선수 자신의 실력으로 완벽하지 않은 수준에 있다. 개인 연습으로 '**완전 학습**'을 이루어야 비로소 자신의 경기력이 되어 경기에서 사용할 수 있게 되는 것이다. 프로 선수가 되느냐, 못되느냐를 결정짓는 것이 여기에 달려 있다고 해도 과언이 아니다.

세상은 공정하고, 정의로워야 한다. 선수는 절대로 실패하지 않는다. 스스로 자멸할 뿐이다. 모든 실패한 선수는 자멸한 선수다. 거의 대부분의 부상도 준비 부족에서 온다. **자멸하는 가장 확실한 방법은 개인 연습을 게을리 하는 것이다.** 그러면 개인 시간이란 무엇인가? 크게 숙소 생활 중의 개인 시간과 휴가 기간으로 나눌 수 있다. 이 중 숙소 생활 중의 개인 시간은 팀 연습과 수업이 없는 시간이다. 학교에 등교해서는 수업과 수업 사이의 비

는 시간, 점심시간이다. 수업 후에는 팀 연습이 없는 시간이다. 새벽, 밤 그리고 휴가 나오지 않는 일요일 등의 자투리 시간도 여기에 해당한다. 개인 시간은 사용할 수 있는 시간이 많은 시간대일수록 중요하다. 새벽보다 밤이, 수업과 수업 사이 시간보다 점심시간이 더 중요하다. 보통 밤 시간이 가장 중요한 개인 시간인데 2시간 안팎의 개인 시간이 난다.

2) 학교에서의 개인 시간과 숙소에서의 개인 시간 활용방법

개인 시간을 활용하는 방법과 내용은 선수마다 다를 것이다. 여기서는 하나의 사례를 들어 이해를 돕고자 한다. 해주(가명, 고 2)는 고교 3학년 11월 이전에 맨체스터 유나이티드와 입단 계약을 맺으려고 준비하고 있다. 입단 후 바로 주전을 목표로 최고 최선을 다해 전력투구하고 있다. 축구부는 4교시까지 수업에 들어간다. 수업 중 영수처럼 엎드려 자지 않고 교사의 설명을 집중해서 듣는다. 해주는 언제 어디서나 볼 주머니에 든 축구공을 가지고 다닌다. 1교시 후 바로 교실 옆 운동장으로 나가 볼 리프팅, 프리스타일, 드리블 등 혼자 할 수 있는 연습을 한다. 가끔 친구에게 볼을 던져 달라고 하면서 볼 컨트롤 등 다른 연습도 한다. 시작 벨이 울리면 바로 교실에 들어오지만 교무실에서 오는 선생님보다 더 빨리 교실에 들어온다. 2, 3 교시 후에도 이렇게 한다. 비가 올 때에는 교실이나 복도에서 체력 훈련을 한다. 물론 체력 훈련 프로그램을 가지고 있다. 4교시 후 급식 시간에는 뛰어가서 가장 먼저 점심 식사를 마치고 도서관으로 간다. 이게 모여 매주 1권 이상의 책을 읽는다. 선수가 아닌 공부하는 학생 중에는 자투리 시간을 최고로 활용하는 공부 선수들이 적지 않다. 하나의 사례를 찾아보자.

기숙사 생활을 하는 이애영(고3)은 국가를 위해 일하는 국제변호사가 되는 게 꿈이다. 학교 내신성적이 문과 1등으로 서울대 수시 지역균형선발에 지원할 예정이다. 이양의 강점은 자투리 시간을 적극적으로 활용한다는 점이다." 네 번의 쉬는 시간과 점심시간, 청소 시간을 합치면 하루에 80분 정도의 시간이 확보된다."는 게 이양의 설명이다. 수학 문제 20문제 정도는 거뜬히 풀 수 있는 시간이란다.

- 쉬는 시간, 점심시간 80분이면 수학 20문제는 풀어요. / 중앙일보 2009. 8. 27. 木. C5면

팀 연습은 오후 3시부터 시작한다. 90분 전인 13시 30분에 운동장에 나가 개인 연습하다 팀 훈련에 합류한다. 이 시간에 동료선수들은 낮잠을 자고 있다. 해주는 「**호날두는 우리와 무엇이 다른가**」(한준 지음 / 브레인스토어 / 2014. 5. 2 / 14,000 원)를 읽고 책에서 호날두

가 이렇게 하고 있다는 걸 알고 바로 따라 하고 있다. 저녁 식사 후 21시까지는 자유 시간이다. 해주는 매일 밤 2시간 이상 이 시간에 개인 연습을 한다. 치열하고도 충실하게 사용하고 있다. 이때 가장 중시하는 연습이 웨이트 트레이닝과 줄넘기다. 격일로 50분씩 강도 높게 연습한다. 월 수 금은 웨이트 트레이닝, 화 목 토는 줄넘기다. 이 연습으로 현재 고2인 해주의 체력은 대학 4학년 선수의 평균 체력보다 훨씬 앞서 있다. 대학팀과의 연습 경기에서도 체력에서 전혀 밀리지 않고 있다. 개인 기술 능력에서도 팀에서 단연 첫째이며 갈수록 격차를 벌리고 있다. 나머지 70분은 6대 개인기(킥 패스 슛 드리블 헤딩 볼 컨트롤)에 집중한다. 웨이트 트레이닝과 줄넘기를 중시하는 건 고교 졸업 후 맨유에 입단, 바로 주전으로 활약하기 위해서다. 기존 선수들보다 체력에서 앞서야 하기 때문이다.

핵심적인 체력도 근육의 발달 정도에 의해 결정된다. 웨이트 트레이닝은 중3, 9월부터 해오고 있다. 제2차 성징이 본격적으로 시작되어 근육을 발달시키는 대표적인 남성호르몬인 테스토스테론과 아나볼릭 스테로이드가 원활하게 분비되기 시작했기 때문이다. 남성호르몬은 그 종류가 많으나 이 둘이 가장 핵심이며 근육의 발달에 폭발적으로 관여한다.

과학적인 웨이트 트레이닝 방법은 유명 헬스클럽의 트레이너에게 16시간, 줄넘기는 한국줄넘기협회 전문 강사에게 5시간 개인적으로 배워 익혔다. 줄넘기는 단순하지만 그 효과는 이루 말할 수 없을 정도로 탁월하다. 한마디로 선수의 몸을 바꿔 주는 운동으로 이만한 게 거의 없다.

해주 부모가 한 일이다. 감독 코치가 한 일이 아니다. 거듭 말하지만 선수 성공의 열쇠를 쥐고 있는 사람은 선수 부모다. 감독 코치가 아니다. 어느 감독 코치에게 배우느냐도 선수 부모가 결정한다. 자녀의 성공을 학수고대하지만 김연아, 손흥민, 선동렬, 박지성 등 이런 사례에서 배우지도 깨닫지도 못하는 선수 부모가 너무나 많다. 감독 코치에게만 맡겨두고 의존하면 패망의 지름길이라는 걸 하루속히 깨닫지 못하면 낭패를 보게 된다.

감독 코치도 이러한 사실을 빨리 알아야 한다. 감독 코치가 아무리 탁월하게 가르쳐도 선수 개개인의 경기력을 15%도 만들지 못한다. 이걸 감독 코치, 선수, 무엇보다도 선수 부모도 모르고 있는 것 같다는 인상을 받고 있다. 선수의 경기력이 팀 연습 이외의 시간과 장소에서 더 결정적으로 향상된다는 걸 깨닫지 못하면 그 선수는 절대로 축구에서 목표를 달성할 수 없다. 대부분의 감독 코치도 잘 가르치기만 하면 뛰어난 선수로 성장할 것이라는 근시안적 시각을 가지고 있다. 그렇지 않다. 선수의 경기력은 어느 한 가지로 결정되는 게 아니고 다양하고 중층적인 요소들의 화학적 작용의 결과로서 형성되기 때문이다. 심지어 선수를 가르치지 않아야 하는, 가르쳐서는 안되는, 연습하지 않는 게 더 좋은 마이너스(-) 코칭을 하는 감독 코치도 적지 않다. 잘못된 방법으로 가르치기 때문이다. 이들의 지도는 세밀하지도 정확하지도 않으며 경험에 의존하여 가르친다. 그 결과 선수가 잘못된 기술적인 습관을 가지게 되고, 잘못된 자세와 무의식적인 임팩트가 선수의 성장을 가로막는다. 아래의 예화를 읽으면 바로 이해될 것이다. 모차르트에 관한 일화다. 그는 음악을 배우러 오는 사람들에게 항상 이렇게 말했다.

"예전에 다른 데서 음악을 배운 적이 있습니까?
그렇다면 수업료를 두 배로 내십시오. 그러나 배운 적이 없다면 반만 내십시오."
그러자 사람들이 항의했다.
"왜 음악을 모르는 사람에게 수업료를 반만 받고, 이미 잘 아는 사람에게 두 배나 받습니까?"
모차르트는 대답했다.
"음악을 아는 사람은 잘못된 것을 알고 있기에 그것을 지우려면 내가 애를 먹으니까 두 배를 받아야 합니다. 그러나 음악을 모르는 사람은 내가 원하는 대로 가르칠 수 있기에 노력이 적게 듭니다."

- 〈일어나 빛을 발하라〉 (조용기 외) 중에서

대학 축구부의 경우 학교마다 조금씩 다르지만 선수는 3월 한 달만 수업에 들어가고 그 후에는 강의실에 들어가지 않는 학교가 많다. 아예 수업에 들어가지 않는 대학 축구부도 적지 않다. 이처럼 시간이 많기에 대학 선수들 중 점심 식사 후 오후 팀 연습 전까지 낮잠 자는 선수가 너무나 많다. 거의 모두 그렇다. 고교 선수도 비슷하다. 그 시간은 12 : 30 ~ 14 : 30 사이로 매일 2시간 내외다. 2시간? 시간 낭비가 너무 많지 않은가? 그것도 날마다. 2시간은 하루 24시간의 1/12(8.3%)이다. 취침시간 7~8시간을 제외하면 하루의 1/8(12.5%)이다. 낮잠 자면 피로회복에 도움이 된다는 생각으로 감독 코치는 그대로 방치하고 있다. 이 얼마나 무지하고 멍청한 짓인가? 감독 자신의 발등에 불이 떨어진 것처럼 지금 즉시 팀 운영에서 혁신해야 할 과제가 산적해 있지만 오늘도 내일도 마냥 세월만 보내고 있지 않는지 점검해야 한다. 선수 시절 경험했던 그대로, 지금까지 해오던 팀 운영 그대로 날이 새고 해가 지는 팀에 해당하지 않는 팀이 얼마나 될까? 감독이 공부하지 않으면 팀 경영혁신 능력이 있는지도 궁금하다.

선수는 신호가 오면 습관대로 반응하고 보상을 받으려고 한다. 점심이 신호, 낮잠이 반응이다. 자고 나니 몸이 가뿐해졌다(보상)고 생각한다. 낮잠은 자지 않거나 **27분을 넘겨서는 안된다**. 매일 하루 7~8 시간의 효과적인 숙면으로 충분하다. 굳이 낮잠을 자려면 27분이 가장 좋다. 연구 결과 낮잠은 27분이 피로 회복과 신체 활성화에 가장 효과적이며, 그 이상은 이보다 효과가 못하다고 한다. 이 세상에서 가장 소중한 자원이 무엇인가? 시간이다. 시간은 그 무엇으로도 대체할 수 없는 가장 소중한 자원이다. 인생이란 그 사람이 사용한, 사용할 수 있는 시간에 다름 아니다.

그는 어떻게 97세의 노인이 되어 버렸는가? 다시 청년이 될 수 있는 방법이 없을까? 인생에서 각 단계별로 이루어야 할 발달과업이 있다. 이걸 못하면 목표한 계획대로 인생을 만들어 갈 수 없게 된다. 펠레, 마라도나는 왜 은퇴했는가? 축구는 시간과의 싸움이다. 초중고는 준비하는 시기며, 최적의 준비를 해야 프로가 될 수 있고, 오래 활약할 수 있다. 곧 시간을 최고 최선으로 활용하는 선수가 경쟁에서 이기게 되어 있는 것이다. 이때 가장 중요한 시간은 두말할 나위 없이 개인 시간이다. 거듭 말하건대, 개인 시간 활용에 따라 선수의 성공 여부가 판가름 난다.

3) 휴가 기간의 개인 시간 활용

초중고 대학 등 학원축구의 경우 1년 중 휴기 기간이 90일 내외다. 느끼는 게 없는가? 휴가는 주로 전국대회 후, 여름 겨울 전지훈련 후, 설 추석 등 명절에, 주말리그 후 등에 주어진다.

부모는 선수가 휴가 기간을 어떻게 보내는지 자세히 살펴볼 일이다. 대화를 통하여 구체적으로 어디에 얼마나 시간을 사용하는지 기록하면 더욱 좋다. 시간 사용 효율이 떨어진다는 걸 발견하게 되며, 이때 부모의 도움이 필요하다. 아동기와 청소년기는 의지력 추진력 등을 관장하는 뇌의 부위인 전두엽이 발달하는 단계라 부모의 도움이 반드시 필요하다.

휴가 기간에 선수는 하고 싶은 일들이 많다. "팀에서 열심히 연습했기에 휴가 기간에는 푹 쉬고 싶다"고 부모에게 요구하는 선수도 있다. 그러나 일정 시간의 연습을 반드시 소화해야 한다. 새벽이나 아침에 연습하고 난 후 낮에 일과를 보면 효과적이다. 연습량을 확실하게 확보하기 때문이다. 낮에 이 일 저 일로 분주히 움직이다 다시 연습하러 가기는 쉽지 않다. 선수가 개인 연습할 때는 아버지나 어머니가 함께 있어 주면 좋다. 계획한 연습 시간을 준수할 수 있고 옆에서 연습을 지켜보는 것 자체가 격려가 되기 때문이다. 필요하면 패

스하거나, 볼을 던져주거나 주워주면 연습에 도움이 된다.

휴가 기간에 각계각층의 전문가와의 만남을 주선하는 것도 아주 중요하다. 대화를 통해 친구나 감독 코치에게 들을 수 없는 높은 차원의 지식, 정보, 지혜를 얻게 된다. 자연스럽게 인생과 축구에 대한 인식이 높아지고 폭넓게 되는 것이다. 그리고 감독 코치는 휴가를 보낼 때 선수 개인별로 연습 계획서를 나누어 주어야 한다. 진정으로 세계적인 선수를 육성하려는 의지가 늘 강렬하다면 반드시 이렇게 해야 한다. 휴가 기간에도 선수의 기량이 계속 향상되어야 한다. 하루 연습하지 않으면 선수 자신이 알고, 이틀 연습하지 않으면 감독 코치가 알고, 3일 연습하지 않으면 관중이 안다. 아래의 예화가 감독 코치에게 영감을 주기를 기대한다.

장면 1 김병현의 워크아웃 프로그램

2004년 11월, 보스턴 레드삭스는 서울에서 재기를 위해 연습중인 김병현에게 새로운 워크아웃 프로그램을 전달했다. 요일별로 어떤 운동을 얼마나 오랫동안 어떤 요령으로 해야 하는지 자세하게 적혀 있는 일목요연한 훈련 지침서다. 연습상황을 점검하고 지원하기 위해 수시로 감독 김병현 선수, 미디어 담당 대니얼 김 사이의 콘퍼런스콜(3자가 전화)도 활발하게 이루어졌다. 이 프로그램을 충실하게 소화해낸 김병현 선수가 워크아웃 프로그램의 효과를 톡톡히 보았다.

- BK 에이스 맞춤 훈련, 스포츠서울 2004. 11. 17.水. 4면

장면 2 서정원 선수의 맞춤형 훈련 스케줄

서정원 선수의 소속 팀 오스트리아의 SV 리트는 시즌이 끝난 뒤에는(팀의 비소집 기간) 개인의 체력에 맞는 맞춤형 훈련 스케줄을 준다. 시즌 중 경기 다음 날에는 피를 뽑아 혈액검사를 한다. 미네랄 비타민이나 수분 부족으로 판단이 나면 즉각 거기에 맞는 처방을 하는 등 종합적이고 신속한 해결책을 실행한다.

4) 개인 시간의 '개인 연습' 준비하기

개인 연습을 보다 효과적 과학적으로 하기 위해 준비해야 할 것이 있다. **먼저, 운동장에 나가기 전에 개인 연습계획을 세우는 것이다.** 연습 내용과 순서, 시간 배분, 장비, 장소, 도달하고자 하는 학습목표, 연습 파트너 등이다. 계획을 세밀하게 세울수록 연습효과가 높고 연습량을 끝까지 수행할 가능성이 커진다. 반면, 개인 연습계획이 없으면 시간 낭비가 많

고 연습효과는 떨어지고, 흐지부지하다 연습 도중에 그만 두는 경우가 많다. 선수들의 개인 연습을 지켜보면 세밀한 계획을 가지고 있는 선수가 매우 드물다. 연습계획을 세울 줄 모르고, 연습계획 없이 무작정 운동장으로 나가는 것 같다. 그리하여 대부분 연습 내용도, 효과도 수준 이하다.

평소 감독 코치가 개인 연습 극대화 방안을 선수에게 가르쳐주어야 하는데 이 역시 아쉬운 점이다. 연습계획 세울 때는 연습일지를 요긴하게 활용할 수 있다. 연습계획은 반드시 서면으로 적어야 한다. 연습계획 없이는 아예 개인 연습하러 나가지 않아야 한다. 향상에의 열망이 넘쳐나도 연습 계획 없이는 운동장에 나가지 말라. 연습계획을 세운 후 비로소 운동장에 나가면 된다. 팀 연습이든, 개인 연습이든 계획 없는 연습은 잃어버린 연습이요 실패하는 연습이 된다.

둘째, 연습 파트너를 한 명 정하여 같이 연습하면 좋다.

서로 힘이 된다. 연습을 쉬고 싶고 게으름을 부리고 싶을 때 파트너의 격려가 다시 힘을 내어 연습하게 한다. 볼을 다루는 연습도 2인 1조로 연습할 때 특히 효과적이다. 볼 터치 횟수도 3명 이상 같이 연습할 때 보다 훨씬 더 많다. 서로의 잘못을 교정하기에도 안성맞춤이다. 연습 파트너는 수시로 바꾸는 게 아니라 한번 정하면 특별한 사유가 없는 한 지속한다. 같은 학년으로 정하는 게 심리적으로 편안하다.

셋째, 무엇보다 개인 연습이 가지는 의미를 확고하게 알고 있어야 한다.

앞에서 말했듯이 개인 연습 시간과 경기력은 정비례한다. 선수가 자발적으로 개인 연습할 때 경기력이 가장 빨리, 가장 수준 높게 향상된다. 개인 연습의 경쟁력이 곧 세계 경쟁력이라 해도 과언이 아니다. 개인 연습에 충실할 때 자신이 성공으로 향해 가고 있다는 걸 자각하여 개인 연습의 의미를 생생하게 알고 있어야 한다. '**개인 연습의 의미**'를 발견해야 한다. 그리하여 끊임없이 자기 자신을 동기 부여해야 한다. 순간적인 열정이 아닌 언제 어디서나 지속하는 열정을 습관화하라. 한결같은 개인 연습으로 자기주도적 학습능력을 완전히 길러라. 부모는 자녀가 개인 연습할 때 조금도 칭찬을 아끼지 않아야 한다. 자신이 알고 있는 모든 긍정적인 어휘를 동원하여 최고로 격려하고 계속 칭찬해야 한다. 최고 최상으로 칭찬하고 박수를 보내고 그에 걸맞은 보상을 하라. 선수의 개인 연습을 부모가 얼마나 기뻐하는지 자녀가 확실하게 알게 하라. 감독 코치도 밤에, 새벽에 수시로 운동장에 나가 개인 연습하는 선수를 한없이 칭찬하고 격려해야 한다.

넷째, 개인 연습 역시 '열심'보다 '방향'이 더욱 중요하다.
많은 볼 터치보다 실수를 즉시 교정해가면서 완성도를 높이는 게 더 중요하다. 기본적이고 기초적이면서도 파급효과가 큰 연습 프로그램을 가지고 있어야 한다.

5) 이런 개인 연습에 대한 어떤 이들의 우려

이렇게 개인 연습하면 과훈련의 부작용이 나타날 수도 있다고 우려하고 주장하는 이들이 있을 것이다. 물론 그런 경우도 있다. 이 경우는 선수가 평소 이 정도의 개인 연습량을 소화할 수 있는 준비를 하지 못하고 있을 때 나타난다. 한마디로 생활습관이 나쁘다는 뜻이다. 영양 휴식 위생 수준을 높게 유지하고 체력을 서서히 그리고 지속적으로 향상시켜가면 누구나 해낼 수 있다. 이때 몸이 보내오는 신호에 민감해야 하며, 운동 강도를 조절하는 건 지혜로운 일이다. 여러 종목에서 매일 12시간 이상 연습하는 선수들도 지구상에는 수두룩하며 아주 잘해내고 있다. 성적도, 신기록도 이들이 주로 내고 있다. 하나의 보기를 들면, 어린 시절 어머니가 사준 볼을 끼고 잤던 마라도나는 새벽 3시에도 일어나 볼과 씨름했다. 아침 식탁에 앉을 때는 기진맥진하곤 했다. 거의 하루 종일 축구하다시피 했다. 마라도나는 재능으로 성공한 선수가 아니라 노력으로 성공한 선수다.

결론은, 아무 걱정 말고 개인 연습에 더욱 치열하라. 이 글이 읽는 이에게 개인 연습의 중요성을 확고하게 각인하는 계기가 되기를 기대한다. 처음 시작부터 유럽과 남미에 뒤지는 한국 축구 선수가 그들을 이길 수 있는 가장 확실한 방법 중의 하나가 팀 연습과 개인 연습의 탁월성이다.

특별한 입단 조건으로 유럽 빅3(잉글랜드 스페인 독일) 명문구단의 주전으로 진출하고 싶은가? 간단하다. 날마다 날마다 세계 최고의 개인 연습을 하라!

3. 언제나 볼 1개를 가지고 다녀라!

오늘도 한국의 초 중 고 대학 등 학원팀과 수많은 클럽축구팀에서 수 만 명 이상의 선수들이 연습에 열중하고 있다. 이들 중 누가, 얼마나 많은 선수가 세계적인 선수가 되려는 꿈을 성취할 수 있을까? 쉽지 않다. 세상에는 나의 경쟁 상대가 너무나 많다. 지구상에는 축구선수로 성공하려는 목표로 오늘도 연습에 열중하고 있는 선수가 같은 나이대에 최소 2천만 명이 넘는다.

아프리카의 모리타니에서 멕시코의 몬테레이에 이르기까지, 칠레의 푼타아레나스에서 러시아의 예니세이스크에 이르기까지 너무나 많다. 실력대로 줄을 세운다면 이 글을 읽고 있는 한국의 축구선수인 나는 나와 같은 나이의 선수 중 1천5백만 명 안에 들어갈 수 있을까?

프로 팀과 직접 계약할 수 있는 나이인 18세 때에 적어도 세계 15위 안에 들어야 유럽 빅3(잉글랜드, 스페인, 독일) 명문구단에 진출할 수 있는데, 그때에 나의 서열은 어느 정도일까? 현재 한국의 초등 선수가 K리그 프로선수가 될 확률은 1 : 127, 국가대표가 될 확률은 1 : 1,400 정도라고 한다. 유럽 빅3(잉글랜드 스페인 독일) 명문구단 주전 선수가 될 확률은 이보다 비교할 수 없을 정도로 낮다. 프로 축구선수를 목표로 정하고도 선수와 학부모가 이러한 사실을 깨닫지 못해 절실함이 절절하지 못한 경우가 적지 않다. 선수가 개인 시간을 어떻게 보내고 있는지를 보면 마냥 한가한 경우가 너무나 많다. 그래도 부모와 감독 코치는 지금까지 해왔던 그대로 그냥 지나간다. 학부모도 선수에게 지금 여기에서 무엇을 어떻게 해야 하는지 모르고 있는 경우가 너무 많다. 경기력 향상에 집중해야 할 시기에 있는 선수에게 최고 최선의 선택을 제공하지 못하고 절호의 기회를 낭비하고 있는 형국이다.

한국 축구는 볼 터치 횟수, 축구 문화, 축구 시장의 크기, 감독 코치의 지도력, 선수와 부모의 축구인식 등등 모든 면에서 유럽과 남미에 경쟁이 되지 않는다. 한국 축구는 이들의 장점을 벤치마킹도 제대로 못하고 있다. 이러하기에 한국의 축구선수가 세계 경쟁력을 만들어 내기 위해서는 지금부터 볼 터치 횟수에서 유럽과 남미 선수보다 월등하게 많아야 한다. 선수의 연습을 가서 보라. 연습이란 곧 볼 터치다. 볼 터치 횟수가 많을수록 개인 기술 능력과 상황 판단 능력이 향상된다는 것은 상식이다. 우리와 달리 축구가 소중한 생활의 한 부분이 되어 있는 남미와 유럽은 일찍 축구를 시작한다. 자연스럽게 볼 터치 횟수가 우리보다 훨씬 많다. 볼 감각이나 볼에 대한 친밀도에서 우리는 그들을 따라갈 수 없다. 결과적으로 그들이 세계적인 선수를 끊임없이 배출하고 세계 축구를 움직인다. 월드컵도 이들이 나누어 가진다.

유럽과 남미의 몇몇 선수를 살펴보자. **마라도나는** 첫 돌이 되기 전부터 몸에서 볼을 떼어놓지 않았다. **심지어 잘 때도 볼을 안고 잤다고 한다.** 저절로 볼 감각이 극도로 세밀해지지 않을 수 없다. 그의 현저하게 출중한 볼 다루기는 그냥 타고난 재능으로 이루어진 것이 아니다. **메시가** 본격적으로 축구를 한 건 네 살 때부터였다. 그전에는 구슬치기에 열중했다고 한다. 매일 구슬만 가지고 놀았고, 가방 안에는 친구들에게 딴 구슬이 항상 가득 차 있었다. 네 번째 생일날 부모에게 축구공을 선물 받았고, 이후 **단 하루도 거르지 않고 축구**

에 심취했다. 메시는 또래보다 상대적으로 늦게 축구를 시작했지만 한국 선수들보다는 많이 빠른 시기에 축구에 입문했다. **호날두, 네이마르, 수아레스 등** 현대 축구를 대표하고 있는 선수들은 한결같이 첫 돌이 지나자마자 축구공과 살았다.

    이런 조건에서 한국 축구선수가 이들을 따라 잡고, 나아가 앞설 수 있는 방법이 없는가? 쉽지 않다. 그러나 방법을 찾아야 한다. 여러 가지가 있지만 여기서는 한 가지 방법을 적극 추천한다. 선수는 언제나 볼 1개를 가지고 다녀라! 항상 볼 1개를 가지고 다니면서 볼 터치 횟수를 유럽과 남미 선수보다 지금부터 더 많이 가져야 한다. 유럽과 남미에도 이렇게 하는 선수는 흔치 않다. 드물다. 조금이라도 틈만 나면 바로 볼 주머니에서 볼을 꺼내어 연습하라. 볼 리프팅도, 프리스타일도 좋다. 드리블 연습도 훌륭하다. 친구에게 볼을 던져 달라고 부탁하여 볼 컨트롤 연습을 해도 좋다. 1교시 후에, 2교시 후에, 3교시 후에, 점심시간에, 5교시 후에, 팀 버스를 기다리는 시간에, 연습경기를 하고 있는 시간에 한쪽에서, 약속 장소에 도착하여 친구를 기다리며, 공원의 공터에서, 골목길에서, 계단을 오르면서, 의자에 앉아, 벽을 향해 연습하라. 주의할 점은 차도 옆 인도와 같은 위험한 장소에서는 절대로 연습해서는 안된다.

    축구에는 6대 개인기가 있다. 볼 컨트롤, 킥, 패스, 드리블, 헤딩, 슛이다. 이 중 볼 컨트롤이 경기에서 가장 많이 사용되고 두 번째가 패스다. 엄밀하게 말하면, 킥 패스 드리블 헤딩 슛 등 6대 개인기 모두가 볼 컨트롤에 해당된다. 즉, 모두가 볼과 몸이 만나는 볼 터치이며, 볼 터치가 볼 컨트롤이기 때문이다. 개인기의 성패는 첫 터치에서 판가름 난다. 경기에서 개인기의 정확성이란 첫 터치의 정확성에 다름 아니다. 첫 터치의 정확성이 얼마나 중요한지 그리고 볼 터치 횟수와 첫 터치의 정확성이 비례한다는 걸 이 글 읽는 즉시 깨달아야 한다. 월드클래스의 가장 뚜렷한 특징 중의 하나가 몸과 볼의 터치가 더없이 정확하다는 것이다. 발등의 중심이든, 이마든, 가슴이든, 몸의 어느 부위든지 볼에 임팩트하려는 **몸의 부위와** 시선으로 볼을 보고 선택한 **볼의 부위가** 서로 정교하게 닿아야 한다. 이렇게 터치해야 의도한대로 볼을 이동시킬 수가 있다.

    이때 축구가 정확해지고 수준이 높아진다. 축구가 쉬워진다. 자연스럽게 자신감이 성큼성큼 자란다. 시도했을 때 성공 횟수(확률)가 획기적으로 많아지기 때문이다. 이러한 깨달음을 감독 코치, 선수가 수시로 길러 올리고 자신의 것으로 만들어야 한다. 그리고 경기와 연습에 바로 적용해야 한다. 축구에서도 이전과는 다른 차원의 세계를 볼 수 있게 하는 '깨달음'이 절실하다. 지식과 경험이 일천한 선수도 스스로 깨달음을 얻을 수 있다. 그러나 매우 드물게 일어난다. 먼저 축구를 했고 선수를 지도하는 감독 코치가 자신이 체득한 깨달음을 선수들에게 전수하면 그 주제에 대한 깨달음을 선수가 바로 얻을 수 있어 시간을 엄청나게 절약하고 단축할 수 있다.

감독 코치는 이걸 잘해야 한다. 지도자 자신이 수시로 깨달음을 얻어야 선수에게 전파할 수 있다. 일반적으로 깨달음은 유의미한 경험과 깊은 사유를 통해 일어난다. 감독 코치가 한 주제에 대해 생각하고, 생각하며, 계속 생각할 때 어느 순간 사유의 도약이 일어난다. 바로 깨달음의 순간이다. 대부분의 선수들은 반복훈련을 지루하게 생각하며 기쁘고 즐겁게 받아들이지 못한다. 이건 반복훈련의 효과와 의미를 알지 못하기 때문이다. **알고 나면 (깨닫고 나면)** 전과는 다르게 반응한다. 그러니 감독 코치가 미리 선수에게 알려줘야 한다.

박영곤 선생은 자신의 저서 「**멘탈의 비밀**」(도서출판 벗)에서 반복훈련의 중요성을 이렇게 들려준다. 반복훈련을 하게 되면 그와 관련된 신경회로가 신경성장인자(NGF)의 작용으로 연결이 굵고 강하게 되어 **별도의 의식 없이도 자동화할 만큼의** 신경망으로 바뀌게 된다. 즉, 반복훈련은 어떤 일을 하는 데 있어 **의식과 관계없이 자연스럽게 저절로 할 수 있는 상태인** 몸과 마음, 의식과 무의식이 하나 되는 내현기억을 만드는데 도움이 된다. 일례로, 영어 회화를 잘하는 방법은 **의식할 필요가 없을 때까지** 계속 반복 연습하는 것 밖에 없다.

프로 운동선수들이 코치의 코칭을 통해 하나의 동작과 기술을 수천 번, 수만 번 연습하게 되면 **몸이 스스로 움직이게 된다**. 이렇게 한번 기술이 마스터되면 그 후에는 **잠재의식적으로 몸이 반응하게 된다**. 스포츠에서 새로운 것을 배운다는 것은 새로운 신경망을 형성시켜 **반복행동을 자동화시키는 과정이다**. 프로선수들의 훈련과정은 근육을 훈련시켜 **몸이 알아서 반응하는 상태가 될 때까지** 훈련을 반복하고 지속한다.

월드클래스가 되려는 선수는 세계적인 생각을 가지고 세계적인 연습을 해야 한다. 그러나 현실은 어떠한가? 이런 저런 일로 여러 선수들을 만나는데, 그때마다 "볼 1개를 항상 가지고 다녀라."고 권유하고 있다. 하지만 그렇게 하는 선수는 지금까지 2명뿐이었고, 이들도 100% 활용하지 못하고 있었다. "왜 볼을 가지고 다니지 않느냐?"고 물으면 "남들에게 신경 쓰여서…", "귀찮아서"라는 답이 돌아온다. "아니다. 자신의 목표를 성취하기 위해 치열하게 노력하는 건 아름다운 일이다. 장엄한 일이다. 그러니 남을 의식하지 마라. 너 스스로 성공을 만들어가야 한다. 너의 꿈을 훔치려는 사람들과는 만나지도, 말하지도 마라. 지금부터라도 볼 1개를 언제나 갖고 다녀라!"고 권유해도 실천하지 않는다. "가죽은 탐나고 호랑이는 무섭고…", 이런 박약한 의지로 축구에서 목표를 성취할 수 있을까?

　그런데 이건 선수 잘못 이전에 감독 코치의 책임이 가장 크다. 감독 코치가 실행하라고 지시하면 선수들이 실천한다. 지도자가 연습 프로그램을 만들어 서면으로 배포하면 더욱 친절하다. 두 번째가 부모의 안일함이다. 왜 볼 주머니와 축구공을 마련해주지 않는가? 이렇게 하기를 적극 권장한다. 거창하지도 어렵지도 않다. **먼저, 감독 코치가 이걸 선수들에게 권장하고 실행 여부를 확인하는 것이다.** 그리고 선수 자신에게 어떤 유익이 생기는지 자세히 설명하여 깊숙이 이해시켜야 한다. 1년만 지나면, 아니 6개월이 지나면 실행하는 선수와 그렇지 않은 선수 사이의 경기력이 격차를 보여 따라 잡을 수 없게 될 것이다. 어떤 형태로든 잘하는 선수에게는 보상을 하고, 실천하지 않는 선수에게는 벌을 주어 행동을 '**강화**'해야 한다.

　둘째, 부모가 품질 좋은 축구공과 예쁘고 실용적으로 만든 축구공 주머니를 선수에게 쥐어 주는 것이다. 그리고 축구 선수인 아들딸의 오른손을 잡고 차근차근 타이르고 격려하며 필요성을 이해시키는 것이다. 부모가 선수에게 가장 중요한 환경이다. 부모만큼 자녀의 성공을 바라는 사람은 없다. 감독 코치와 부모가 줄탁동시로 협력하여 습관적으로, 자주적으로 할 때까지 장려하고 지원하는 것이다. '다음'은 악령의 시간이고, '지금'은 하느님의 시간이다. 미루지 말고 지금 당장 실천하자. 이 얼마나 쉬운 일인가? 지금까지 나는 그 얼마나 많은 자투리 시간을 낭비했던가?

4. 최적의 코칭 상품, 왜 활용하지 않는가?

1) 2년 6개월 VS 8시간 40분

　조선시대 부산에서 한양(서울)으로 과거 보러 가는 선비는 일정을 어떻게 계획하고 출발했을까? 걸어서 한양에 도착하는데 한 달(30일) 소요된다는 일정으로 경비를 준비하고 출발했다. 지금은 KTX로 2시간 45분이면 도착한다. 한 달은 커녕 반나절도 안 걸린다. 감독 코치 여러분, 느끼는 게 없는가? 축구 경기력 향상에서도 이와 같은 혁명을 일으킬 수 있다. 바로 최적의 코칭 상품을 활용하는 것이다.

　조코비치는 글루텐 알레르기가 있어 밀가루를 섭취하면 소화가 안돼 고생했다. 운동할 때 체력이 심하게 떨어져 경기 막판에 고전했다. 그런 그가 식단 변화로 2015년 호주 오픈, 윔블던, US오픈 등 3개 메이저대회에서 우승했다. 그 후 단 하루도 세계랭킹 1위 자리를 내주지 않고 있다. 2차대전을 종식시킨 건 장군이 아니라 과학자였다. 오늘날 건축 현장에서는 사람이 일한다기보다는 장비와 도구가 일을 한다. 빗속에서 벌어진 1954 스위스월드컵 결승전 서독 대 헝가리 경기에서 서독은 축구화의 굽(스터드)을 교체할 수 있는 당시로서는 최첨단 축구화에 힘입어 우승할 수 있었다. 반면 헝가리는 빗물을 흡수하여 무겁고 굽이 짧은 축구화를 신어 고전을 면치 못했다. 당대 최강의 실력으로 '마법의 팀'으로 불린 헝가리는 조별리그에서는 서독을 8 : 3으로 격파했으나 결승전에서는 2 : 3 으로 패해 우승을 놓쳤다. 한국 양궁이 스포츠과학을 적극적으로 차용하여 세계 양궁을 리드하고 있다. 오늘날 스포츠과학의 지원 없이는 세계무대에서 우승이 불가능한 시대가 되었다.

감독 코치 여러분, 느끼는 게 없는가? 축구 경기력 향상에서도 이와 같은 혁명을 일으킬 수 있다. 바로 최적의 코칭 상품을 활용하는 것이다. 축구에서도 이런 일이 일어나고 있다. 여러 가지 기발한 상품이 끊임없이 출시되고 있으며, 그 중에서 축구경기력 향상에 큰 영향을 주는 상품들이 속속 등장하고 있다.

상대팀 정보보다 더 중요한 것이 상품정보다. 물론 상대 전력 분석은 필요하다. 전략 전술상의 취약점을 이용하여 승점을 올릴 수도 있다. 그러나 이와 같은 방법은 대증요법일 뿐 근본적인 치유 방법이 아니다. **현격한 기량 차이를 만나면 전략 전술도 무용지물이 된다**! 감독 중의 감독, 전설적인 감독 존 우든 감독은 상대 전력 분석보다 선수들의 기량을 비약적으로 향상시켜 상대팀보다 월등한 경기력으로 계속해서 승리를 일궈 경이적인 성적을 기록했다. 그의 지도를 받은 선수들 중 미 프로농구(NBA) '명예의 전당'에 헌액된 선수들이 끊이지 않고 배출되었다. 선수의 경기력이 피치에서 연습할 때만 향상되는 건 아니다. 경기력은 여러 가지 요소들이 작용하여 중층적이며 화학적인 작용을 거쳐 발전한다. 음식, 물, 공기, 수면 환경, 시설과 장비, 건강식품, 피로회복, 이론(원리), 정신세계, 스포츠과학 등 다양한 요인들이 경기력 향상에 영향을 주고 있다. 이걸 활용하느냐, 그렇지 않느냐의 차이는 인도에 걸어가느냐, 비행기로 가느냐의 차이만큼이나 극명하게 다르게 나타난다. 관련 상품을 활용하는 팀이 그렇지 않은 팀에 비해 승리할 개연성이 성큼 높아지는 것이다. 매일매일 세계 최고의 코칭을 해도 최적의 코칭 상품을 활용하지 않으면 뛰어난 선수 배출도, 세계무대에서의 성적도 기대하기 어려운 시대에 와 있다. 이러하기에 감독 코치가 최고 최적의 코칭 상품에 무지하여 관심을 가지지도, 활용하지도 않는다면 선수의 성장에 크나큰 해악을 끼치는 결과로 나타난다. 그러나 한국의 축구 감독 코치들 중 코칭 상품의 중요성을 깊이 깨닫고 있는 지도자가 적고, 그 결과 이걸 적극적으로 활용하는 지도자들이 그리 많지 않다. 안타깝게도 한국의 초중고 대학 등 학원축구, 실업팀에서도 코

칭 상품을 거의 활용하지 않는다. 프로구단에서는 일부 사용하나 만족할만한 수준은 아니다. 여전히 운동장에서의 연습만이 경기력을 향상시킨다고 맹신하고 있는 많은 감독 코치의 무지가 오늘도, 내일도, 그리고 그 지도자가 선수를 가르치고 있는 동안 내내 드러나 선수의 경기력 향상을 방해하고 있다. 언제까지 지금처럼 계속 반복되어야 하나?

2) 몇 가지 코칭 상품 소개

몇 가지 코칭 상품의 놀라운 성능을 소개하며 감독 코치의 코칭 상품 활용 의지를 촉발시키고자 한다. 코칭 상품을 선택할 때에는 두 가지 주의할 점이 있다. 판매를 목적으로 하는 광고의 속성이 '최고와 유일'이기에 코칭 상품을 구입하기 전에 성능과 효과를 확인하는 절차를 거쳐야 한다. 일정 기간 스스로 체험해보거나, 사용해본 사람과의 대화를 통해 확인하거나, 관계 전문가의 조언을 구하는 것도 한 방법이다. 코칭 상품은 팀 재정으로 당장 구입할 수 있는 것도, 고가의 제품도 있으니 팀 재정 형편에 맞게 순차적으로 적용할 수 있다. 또 하나는, 식품의 경우 도핑 테스트에서 안전하냐를 점검해야 한다.

(1) 파워 플레이트, "나는 움직이지 않는다. 그러나 운동하고 있다"

10분 운동으로 일반 피트니스센터에서 90분 운동한 효과를 내는 '파워 플레이트'는 네덜란드에서 개발된 제품으로 유럽의 대부분의 프로축구 구단에서 사용한다. 한국은 거스 히딩크 감독이 지도한 2002 월드컵 국가대표팀이 네덜란드 전지훈련 때 사용해 전문가들 사이에서는 이미 제품의 우수성이 알려져 있다. 보통 사람들이 운동할 때 사용하는 근육은 전체의 40% 정도, 프로 운동선수의 경우 약 80% 정도의 근육을 사용한다. 하지만 파워 플레이트를 사용하면 약 97%의 근육이 사용된다. 특히 전통적인 운동 방법으로는 잘 활용되지 않는 작은 근육들이 발달된다.

- 스포츠서울, 2005. 5. 17. 화. 6면

(2) 저절로 운동이 되는 명품 진동운동기 '메가 바이브'

어렵고 고된 육체적 노력 없이 프로그램에 따라 자세를 취하고 있으면 저절로 운동효과를 내는 기구다. 근력 운동의 경우 전통적인 웨이트 트레이닝보다 약 85%의 시간을 단축하고 20~30% 더 효과를 향상시킨다. 태인 엔터프라이즈(www.taeinxnterprise.com, T 02. 2217. 3127)에서 생산, 판매하고 있다.

- 스포츠서울, 2007. 10. 19. 금. 18면

(3) 항산화식품의 태산북두 '모나비 주스'

2002 한일 월드컵 당시 대표 팀은 가시오가피 건강식품과 암웨이의 '더블엑스'(종합비타민제)를 복용했다. 잘한 일이다. 그런데 효능에서 이 둘보다 현저하게 탁월한, 지구상에서 그 경쟁자를 찾기 어려운 건강식품이 있다. 블루베리는 좋은 과일로 알려져 있는데 항산화 수치가 46이다. 항산화 수치가 100을 넘는 식품이 극히 드문 현실에서 아사이베리는 1052 정도로 블루베리의 23배다. 아사이베리 50%와 지구상의 3,000여 종의 과일 중 19개를 엄선하여 만든 모나비 주스는 피로회복, 혈액순환, 산소 이용률, 신경의 반응 속도, 세포 활성화 등에서 경탄스러운 효능을 발휘한다. 모나비 주스 제품 중 '모나비엠뮨'은 항산화 수치가 자그마치 4,000인데, 지구의 그 어떤 식품이나 약품도 이만한 게 없다고 한다. 미 프로야구(MLB) 보스턴 레드삭스, 미 프로농구(NBA) LA 레이커스, 휴스턴 로키츠 등 여러 명문 구단들의 공식 음료로 지정, 활용되고 있는 건 다 이유가 있다. 세계의 의사들이 지구 최고의 슈퍼푸드로 만든 세계 첫째의 항산화 식품으로 인정하는 이 식품은 여러 질병의 치유뿐만 아니라 선수의 부상 치료에도 결정적으로 작용한다. 체력적으로도 놀라운 효과를 경험하게 된다. 수술 후 재활할 때 치유를 성큼 앞당기는 역할도 뛰어나다.

(4) 활기찬 생활 하고 싶다면 '비트루트 주스'많이 마셔라

비트루트(Beetroot) 주스는 지난 몇 년간 진행된 스포츠과학에서 가장 주목받은 아이템 중 하나로 운동능력을 16% 이상 강화시킬 수 있는 것으로 나타난 바 있어 많은 운동선수들이 즐겨 사용하곤 했다. 연구팀은 "비트루트 주스가 혈관을 지나면서 혈압을 낮추어 더 많은 혈액순환이 이루어지게 하며 또한 근육 자체에도 영향을 미쳐 활동 중 근육이 필요로 하는 산소의 양 역시 줄일 수 있다"라고 밝혔다.

- 일요시사 제 782호, 2011. 1. 9. 일. 59면

(5) 세계적인 스포츠식품 '아미노 바이탈'

일본에서는 이미 1995년 출시되어 정상급 스포츠 선수들의 사랑을 꾸준히 받아온 스테디셀러 제품이다. 일본올림픽위원회(JOC)는 2004 아테네 올림픽과 2008 베이징 올림픽에서 일본 국가대표 선수단의 과학적 선수 관리 프로젝트를 진행한 바 있다. 4.5g씩 개별 포장된 분말 형태로 하루에 1~3포를 운동 전후, 취침 전에 물에 타서 마신다. 아지노모도사의 한국법인 한국아지노모도(주) (데바리케이지, T 02. 3443. 0010)에서 판매한다.

- 스포츠서울, 2008. 11. 13. 목. 13면

(6) 달릴수록 힘 생기는 아디다스 '부스트'

지면과 부딪혀 생기는 충돌 에너지를 운동 에너지로 변환해 전체 에너지 효율성을 더욱 '증폭(boost)'시키는 이 신발은 세계 최대 종합화학회사인 독일 BASF의 '열가소성 폴리우레탄 엘라스토머(TPU)'소재를 사용하고 있다.

- 중앙일보, 2013. 2. 26. 화. 5면

(7) 알즈너, 세계 최고의 1 : 1 맞춤형 발 교정구

선수의 평발, 까치발을 인체공학적으로 이상적인 발의 아치를 인위적으로 만들어 운동 수행 능력을 배가시키는 알즈너는 세계 최고 수준의 개인별 맞춤형 발 교정구다. www.aiznner.co.kr에 들어가면 지역별 대리점과 성능을 검색할 수 있다.

(8) 산소 마시고 펄펄 난 대한항공

선수들이 작전시간 틈틈이 벤치에 앉아 귀에 걸고 흡입한 물건은 산소 발생기. 이것은 이승엽 박지성 등이 피로회복과 부상 치료를 위해 '산소 캡슐'을 사용했다는 것이 알려지면서 큰 관심을 모은 산소 제품 중 하나다.

- 스포츠서울, 2008. 4. 5. 토. 10면

(9) 운동 효과 배가하는 '달구바' 중량밴드

걷기, 달리기 운동의 효과를 배가시키는 달구바 중량밴드는 발목 혹은 팔목에 감는 0.5~2kg 무게의 밴드 타입 제품이다. 30분 운동에 1시간 효과를 낼 수 있다. 현재 태릉선수촌 훈련용품으로도 납품되고 있다.

- 스포츠서울, 2009. 3. 13. 금. 16면

(10) 불면증, 우울증 ― 알파스팀으로 0%에 도전한다.

인체에서 자연 발생하는 동일한 형태의 미세전류를 통해 뇌의 활동을 정상화시키는 원리로 약 없이 불면증 우울증 불안감 스트레스 및 두통을 신속하게 해결한다. USA EPI사에서 생산하여 국내에서는 3등급 의료기기로 허가받았다.

전문가 무료 상담은 T 080 ~ 532 ~ 1000 (www.alpastim.com).

- 스포츠서울, 2008. 6. 17. 화. 13면

특히 사용 빈도가 높거나 언제나 이루어지는 마시는 물, 호흡하는 공기에 대한 대책은 시급하고 중요하다. 뿐만 아니라 하루 8시간 내외라는 많은 시간을 자기에 최고의 수면을 돕는 코칭 상품 선택이 절실하다. 침대, 이불, 베개, 수면 중의 공기, 소음 차단 등에 최선을 다해야 한다. 수면이 최고의 피로회복법이다. 어떠한 피로 회복도 양질의 수면 없이는 효과적이지 않다는 게 이미 밝혀져 있다.

(11) 수면과학의 결정체, 아이스캔슬립

1개월 이상 불면의 고통을 느낀 사람이라도 아이스캔슬립이라면 아이처럼 쌔근쌔근 ~~~

- 스포츠서울, 2013. 3. 8. 금. 7면

(12) 목초 수액 시트, 자기 전 발바닥에 붙이면 아침이 가뿐하다

목초 수액 시트를 발바닥에 일정 시간 붙였다가 떼어내면 불필요한 노폐물이 베이지색이나 갈색으로 흥건하게 젖어 있는 것을 직접 볼 수 있어 획기적인 건강 증진 제품으로 평가되고 있다.

- 일요시사, 2009. 4. 5. 일. 7면

3) 감독 코치, 일상적으로 코칭 상품 정보를 수집하라

거듭 강조하건데, 이러한 코칭 상품의 활용은 선수의 경기력 향상을 획기적으로 앞당긴다. 현재 감독 코치 여러분의 팀이 사용하고 있는 코칭 상품은 무엇인가? 그 코칭 상품은 그 분야에서 가장 앞서 있고 효과적인 코칭 상품인가? 감독 코치가 뛰어난 선수를 육성하고자 하는 의지가 있지만 왜 코칭 상품 활용에는 소극적인가?

반면 코칭 상품 활용 의지가 한결같다면 정보 수집은 쉬운 일이다. 먼저, 스크랩북을 갖춘다. '코칭 상품' 정보 스크랩북이다. 축구에 활용할 수 있는 온갖 코칭 상품 정보를 여기에 담는다. 둘째, 신문은 코칭 상품 정보의 바다다. 관련 정보를 만나면 스크랩북에 즉시 배치하고 필요하다면 전화하여 더욱 자세한 자료를 얻는다. 셋째, 월간지나 인터넷 등에서도 만날 수 있다.

예사롭지 않은 코칭 상품 정보가 등장하면 당장 기록하고, 전화해야 한다. 인터넷 주소가 있으면 즉시 확인해야 한다. 이 경우 절대로 다음으로 미루면 안 되며, '미루기'는 정신의 만성 사망 상태를 보여준다. 넷째, 해당 분야 전문가나 기자를 활용하지 않을 이유가 없다. 정보를 수집하다 기발하고 효과적인 상품에 탄복할 때도 있다. 어떻게 하면 오늘보다 더 잘할 수 있을까? 감독 코치는 선수의 장래에 깊은 책임감을 가져야 하는 데 무엇으로

날마다 세계 최고의 코칭을 할 것인가? 지금 당장 어떤 코칭 상품을 채택할 것인가?

5. 팀이 반드시 가지고 있어야 할 시설과 장비를 갖추고 활용하는가?

음식은 그릇에 담는다. 자동차는 이동 수단이다. 사람은 집에서 휴식을 취하고 힘을 얻는다. 그러나 그릇, 자동차, 집이 없으면 각자의 상황에서 어려움을 겪게 된다. 그릇 자동차 집, 이 셋은 일종의 구조다. 구조가 결과를 결정한다. 축구팀에도 갖추고 활용해야 할 시설과 장비가 있다.

이들을 완비하고 효과적으로 활용하면 선수의 경기력이 일취월장한다. 재정이 여유로운 유럽 빅 3 명문구단은 온갖 시설과 장비를 활용하고 있다. '트래킹 시스템'이라는 게 있다. 경기 분석 첨단 프로그램으로 감독이 요구하는 정보를 바로 바로 제공해준다. 이 장비는 웬만한 유럽 프로축구팀이 거의 모두 소유하고 있지만 23개 K리그 구단에는 없다. 한국축구를 대표하는 대한축구협회는 갖고 있는지 궁금하다.

1) 축구팀이 갖추어야 할 시설과 최소한의 장비

(1) 운동장

　가. 인조잔디구장

중금속 배출 위험이 없는 제품을 선택해야 한다. 지나치게 저가의 제품은 반드시 부작용을 일으킨다. FIFA 기준을 통과한 제품을 선택하면 좋다. 인조잔디구장은 이미 FIFA에 의해 국제적 표준이 정해졌으며, FIFA가 공인하는 국제 대회를 치를 수 있게 되어 있다.

　나. 슛 보드

개인 연습 시 출중한 파트너인 슛 보드의 역할은 이루 말할 수 없을 정도로 중요하다.

　다. 펜듈럼 볼 시설

이 역시 헤딩 연습뿐만 아니라 다양한 발리 컨트롤 연습에 매우 요긴하게 활용된다.

　라. 조명시설

운동장에 최소 1,200럭스 이상의 밝기를 비추어 주어야 한다.

마. 벤치

선수가 수시로 쉴 수 있는 공간이다. 이른 새벽, 서산에 해 기울어 이내가 은은히 피어나는 저녁, 고요한 밤에, 또는 피곤할 때 벤치에 앉아 자신의 인생과 축구 그리고 우주로부터 부여받은 사명을 고요히 명상하면 장엄하다. 선수는 자기 자신과 내화를 가능한 자주 그리고 깊이 해야 한다. 여름철에는 쉼터가 되고 대화 장소로도 기능한다. 벤치 가까이에 큰 나무가 있다면 한 폭의 그림이다.

(2) 실내

가. 실내체육관

우천 시나 혹한기 혹서기에 편리하게 활용할 수 있다. 실내체육관은 이러한 기후 조건에서 활용할 수 있도록 사전에 행정적인 절차를 밟아 두어야 한다.

나. 웨이트 트레이닝실

근육의 발달 방법으로 웨이트 트레이닝이 단연 최고다.
고교 이상의 팀에 웨이트 트레이닝실이 없다면 말도 안된다.

다. 시청각실

강의실로도, 회의실로도 활용할 수 있다.

라. 미니 도서관

엄선한 책을 갖추어 놓고, 선수가 10일에 1권 정도 읽자. 1년이면 36권 정도 읽는다. 통찰력에서 한 권의 책을 읽은 선수는 두 권의 책을 읽은 선수를 결코 앞서갈 수 없다. 사람은 책을 만들고, 책은 사람을 만든다.

마. 대형 TV

선수에게 필요한 정보를 보다 많이 그리고 수시로 전달할 수 있다. 선수는 보고 듣는 데서도 경기력이 향상된다. 식당 휴게실 등에 배치한다. 축구 카페나 홈 페이지 등과 TV를 연결하여 체력 개인기 전술 등을 보고 배워 개인 연습 때 활용할 수 있다.

바. 자동 킥 머신 활용
매우 요긴하다. 이 기구로 볼 컨트롤, 헤딩, 골 키퍼 연습 등 효과적으로 활용할 수 있다.

위의 글을 읽고 "다 알고 있는 거네!"라고 말하는 사람도 있을 것이다. 과연 그러한가? 이건 최소한의 시설과 장비다. 그러나 대한축구협회와 프로축구연맹에 등록한 모든 팀들 중 이 10가지를 모두 갖춘 팀은 하나도 없다. 한국축구가 얼마나 코칭 상품 활용에 무지한지 보여준다. 슛 보드와 펜듈럼 볼 시설, 이 두 가지를 동시에 가지고 있는 팀도 만나기 힘들다. 희귀하게도 지방에 있는 F대학 축구부는 이 두 가지를 가지고 있지만 방치해두고 있다. 현실은 종종 1톤의 생각보다 1그램의 행동이 세상을 바꿀 때가 많다. 지금 여기서 무엇을 폐기하고 무엇을 채택해야 하는지를 올바르게 아는 것이 혁신의 출발점이다. "혁신과 마케팅만이 수익을 내고 나머지는 소모되는 비용이다."(피터 드러커). 축구팀 운영이 바로 경영이다. 현실에서 팀 경영을 해나가는 감독은 축구 기술자를 지나 축구 경영자의 경지에 도달해야 한다. "개인이나 조직(단체)이나 국가가 파산하는 가장 큰 이유는 그들이 경영을 모르기 때문이다."(피터 드러커). '불편'은 특별하고 중요한 신호다. 새로운 시장을 창조하고, 경쟁 우위를 만들어낼 수 있는 기회다.

세계의 비전기업과 초일류 기업은 끊임없이 혁신하고 있다. 혁신에 사활을 걸었다고 해도 과언이 아닐 정도다. 혁신에 게으르거나 혁신 경쟁에서 밀리면 바로 매출 감소, 주가 하락으로 나타난다. 이러하기에 연중 '아이디어 제안제도'를 시행하며, 채택된 아이디어에 대가를 지불하는 기업이 많다. 고객의 불편, 불만을 '매우 만족'으로 바꾸기 위해 총력을 기울인다. 모든 것을 성장의 기회로 활용한다. 반면 한국 축구 감독의 혁신 역량과 의지는 어떠한가?

2) 세계 비전기업들의 '우연한 진출'

(1) 일회용 밴드
1920년 얼 딕슨(Earle Dickson)이라는 J&J 직원이 부엌용 칼에 손을 자주 다치는 부인을 위해 일회용 밴드를 개발했다. (P206)

(2) 포스트잇
포스트잇을 공동 개발했던 3M의 아트 프라이(ART Fry)는 다음과 같이 말했다. "1974년 어느 날 교회 의자에 앉아 노래를 부르고 있는데 창조적인 생각이 떠올랐다. 나는 일요일 예배를 드릴 때 찬송가를 쉽게 찾을 수 있도록 조그만 종이 쪽지를 끼워 놓곤 했다. 그렇지만 종이가 자꾸 빠져 나와 곤란해지는 일이 자주 발생했다. 나는 '책에 표시를 하기 위한 접착용 쪽지가 있었으면'하고 생각했다. 그래서 스펜서 실버(Spence Silver)가 발견한 접착물을 확인해보기로 했다."(P 229)

(3) 아메리칸 익스프레스의 금융과 여행 서비스 사업으로의 '우연한 진출'

아메리칸 익스프레스는 1850년 지방 고속 운수 사업자로 시작했다. 1882년 이후에 우편으로 돈을 청구하는 수요가 증가함에 따라 아메리칸 익스프레스는 돈을 직접 수송하는 사업에 대한 수요가 감소하는 사태에 직면했다. 이에 대응하여 아메리칸 익스프레스는 직접 우편환을 개발했다. '익스프레스 머니 오더 (Express Money Order)'는 예상치 않은 성공을 거두었다. 그 중 1만1천9백59건이 처음 6주 동안 판매되었다. 이 기회를 놓치지 않고 아멕스(AmEx)는 아멕스의 사무실에서뿐만 아니라 기차역과 일반 가게에서도 자체 우편환을 팔기 시작했다. 이에 따라 아멕스는 금융 서비스 회사로 탈바꿈하기 시작했다.

"의도하지는 않았지만 아멕스는 일종의 증권을 고안했다. 750 달러로 시작한 그 사업은 1990년까지 40억 달러로 증가했고 수입으로 2억 달러를 창출했다. 아멕스는 우연한 기회에 새로운 국제 통화를 개발했다."(P 208 ~ 209)

- 「성공하는 기업의 8가지 습관」 중에서

(3) 스프링 뒤집었을 뿐인데 로열티 1억 8,000만원

"특허나 과학이 멀리 있는 게 아니에요. 생활 주변만 잘 살펴도 대어를 건질 수 있지요." 한국과학기술연구원(KIST) 기능금속연구센터 지광구 박사는 일상에서 찾은 과학적 발견으로 유명 학술지에 논문도 발표하고, 로열티도 받고 있다. 그의 업적 중에는 거창한 연구 장비나 거액의 연구비가 필요 없는 경우가 많다. 오다가다 발에 차이는 것과 남들이 하는 일을 치밀하게 관찰해 그 결과를 과학적으로 체계화하기 때문이다. 그는 시중에 흔한 스프링을 단순히 거꾸로 뒤집는 아이디어만으로 스프링의 힘을 마음대로 조정할 수 있다는 사실을 발견해 2008년 3월 13일 업체에 기술 이전하기로 했다. 로열티만 1억 8,000만원에 이른다. 거창한 연구 장비도, 새로운 재료를 개발할 필요도 없었다. 너무나 간단하고, 어린 시절 한 번쯤 장난삼아 스프링을 뒤집어 보기도 하지만 지 박사를 제외하고는 아직까지 그런 원리를 깨달은 사람은 없었다.

- 중앙일보, 2008. 3. 14., 금. 21면

3) 감독, 어제의 습관과 결별하라!

뇌과학에 의하면, 사람의 뇌는 익숙한 것을 좋아한다고 한다. 편안하기 때문이다. 반면, 새롭거나 낯선 정보는 받아들이려고 하지 않는다. 불편하기 때문이다. 뇌는 반복적으로 사용하는 연합된 신경망과 습관에 의해 작동되고 있다. 뇌는 활동에너지를 절약하기 위해 일상적으로 반복되는 거의 모든 일을 습관으로 바꾸어 버린다. 마치 뇌에 어떤 칩을 심어 놓은 것처럼 한 치의 오차도 없이 스스로 복사된 행동이 매일 나타난다. 미국의 심리학자 윌리엄 제임스는 1892년 "우리 삶이 일정한 형태를 띠는 한 우리 삶은 습관 덩어리일 뿐이다."라고 말했다. 우리가 매일 반복하는 선택들이 신중하게 생각하고 내린 결정의 결과물로 여겨지겠지만 실제로는 그렇지 않다.

대부분의 선택이 습관이다. 일단 습관이 되면 뇌에서 에너지 절약시스템이 가동되어 의식적 역할은 줄어들게 된다. 그래서 우리는 운전을 하면서도 옆 사람과 이야기를 나눌 수도 있고 음식을 씹으면서도 신문을 읽을 수가 있다. 습관 고치기가 어려운 이유다. **그 축구팀은 1년이 지나고, 2년이 지나고, 더 많은 시간이 지나도 거의 변화가 없다. 그 팀 감독이 예나 지금이나 자신의 습관대로 팀을 운영하기 때문이다.** 하지만 세상은 끊임없이 변화한다. 그 감독의 뇌가 고정된 상자 속에 안주해 있는 이 시간에도 세상과 다른 사람들은 변화하고 있다. 생존을 위해서 새로운 신경망을 구축해야 하고 뇌의 프로그램도 새롭게 업그레이드해야 한다. 그래서 기존에 이미 형성된 뇌 프로그램을 변화시킬 수 있는 의지와 멘탈 트레이닝이 중요한 것이다. 다행히 계획적이고 의도적인 노력으로 습관을 바꿀 수 있다고 한다. 그 중에서도 '**핵심습관**(Keystone habit)'에 집중함으로써 자신의 삶에서 기계적으로 행하던 다른 모든 습관들까지 다시 프로그래밍할 수 있는 것이다. 핵심습관을 바꾸면 나머지 모든 것이 점차적으로 변화한다.

4) 이쯤에서 한국의 축구 감독에게 드리는 몇 가지 질문

아래 질문을 읽고 감독 자신에게 스스로 답해보기 바란다. 그리고 어제까지의 자신과 결별하고 새롭게 시작하기를 권유 드린다. 어제까지 감독 당신이 '개고기'였어도 좋다. 거짓되고 심히 부패한 영혼으로 일상적으로 부정한 돈을 탐하고, 학부모에게 돈을 받고 그 아들을 출전시켜 주었어도, 돈으로 심판을 매수하여 우승했어도 따지지 않겠다. **오늘부터 진정으로 혁신하겠다고 결의했다면** … 다행히 오늘은 혁신하기에 최고로 좋은 날이다.

a. 지난 해 '**혁신**'이라는 단어를 몇 번이나 입으로 말했는가?
b. 혁신의 의미와 구체적인 팀 혁신 방안을 알고 있는가?
c. 지금 당장 팀에서 무엇을 혁신하고 무엇을 폐기해야 하는가?
d. 선수와 학부모에게 수시로 무엇이 불편한지를 질문하는가?
  그 불편을 해결하기 위해 바로 행동하는가?
e. 생활하면서 떠오르는 혁신 방안을 저장하기 위해 항상 메모지와 볼펜을 가지고 다니는가?
f. 다른 팀, 기업, 해외 모범 사례 등을 배우고 팀에 적용하는가?
g. 수시로 '혁신'에 대해 알려주고 있는 책을 읽는가?
h. 팀 운영 전반을 감독이 거의 일방적으로 결정하는가?
  아니면 감독 자신보다 사회 경험이 풍부하고 지식에서도 앞서 있는 학부모와 의논하여 결정하고 학부모의 참여와 협력을 적극적으로 받아내고 있는가?

5) 한 번 해보자!

위의 사례와 질문에서 무엇을 느꼈는가? 사람 사이의 능력은 그리 차이가 없다. 단지 절실함과 열정의 차이로 결과(업적)가 달라지는 것이다. 위의 10가지 시설과 장비는 반드시 갖추어야 할 최소한의 구조다. 재정이 모자라는 팀은 우선순위를 정해 순차적으로 실행하면 된다. 감독이 새로운 정보를 더 이상 배우지 않고 오래된 습관을 바꾸지 않는다면 팀의 혁신이 불가능하다. 선수와 학부모에게는 재앙이다.

NLP멘탈의 대가 박영곤 교수는 "우리의 생각과 말을 1%만 바꾸어도 인생이 99% 달라진다."고 들려준다. 로마의 철학자 세네카는 "발전의 큰 부분은 발전하려는 의지에서 이미 결정된다."고 말했다. 그러니 위의 10가지 시설과 장비를 갖추고 신명나게, 재미있게 한번 해보자! 매일매일이 혁신하기에 최고로 좋은 날들이 아닌가! 혁신하고 추구하는 감독에게 우승이 길이길이 함께 하기를 기원 드린다.

6. 슛 보드(Shooting Board)를 설치하자

연습을 왜 하는가? 경기에서 승리하기 위해서다. 이런 목적을 달성하려면 연습 내용이나 시설 장비를 경쟁 팀보다, 아니 이 세상에서 가장 과학적 구조적 계획적 통합적으로 조직해야 한다. 이때 등장하는 시설 중의 하나가 슛 보드(Shooting Board)다. 슛 보드는 참으로 요

긴한 시설이다. 선수의 경기력 향상에 결정적으로 기여한다. 24시간 그 자리에서, 한숨도 자지 않고, 유지비도 사용료도 요구하지 않는 숏 보드는 걸출한 연습 파트너다. 숏 보드는 개인기의 거울이다. 완벽한 개인기의 소유자로 단 한 번의 실수도 하지 않는다. 볼의 궤적대로 되돌려준다. 선수는 볼의 이동 궤적을 통해 자신의 잘못을 알 수 있고 기술의 점검과 교정을 할 수 있다.

숏 보드에 그려진 다양한 구역은 뚜렷하고 생생한 연습 표적이 된다. 볼을 주우러 가는 시간 낭비도 없다. 마음먹으면 한밤중이든, 첫 새벽이든 언제든지 연습할 수 있다. 숏 보드는 논스톱으로 볼을 되돌려주기에 그 어떤 동료선수와 연습하는 것보다 훨씬 더 많이 볼을 터치할 수 있다. 연습이란 볼 터치이며, 주어진 시간 안에 더 많이 볼을 터치할수록 충실하고 수준 높은 연습이다.

- 킥 오프 / 김기호 지음 / 삼보출판사 / 2005. 8. 8 / P 27

숏 보드 크기는 폭 9m, 높이 3m가 좋을 것 같다. 이 벽 안에 골문(7.32 m * 2.44m)을 그려 넣는다. 골문 크기(7.32 * 2.44)와 같게 해도 좋다. 골포스트 높이(2.44m)는 경기장의 골문처럼 인조잔디 바닥에서 시작된 높이여야 한다.

다양한 구역을 표기한 숏 보드

- The Soccer Coaching Handbook / Martin Bidzinski 지음 / J. W. Arrow Smith Ltd / P 200

내부에 철근을 세운 튼튼한 콘크리트 벽으로 모서리는 둥글게 처리하여 축구공이 쉽게 파손되는 걸 예방한다. 슛 보드 앞에는 최소 가로 세로 30m 이상의 인조잔디를 포설한다. 밤에도 연습할 수 있도록 1400룩스 이상의 조명등 시설은 필수다. 슛 보드 양면에 이런 구역을 표시하여 슛 보드 앞뒤에서 연습하면 더욱 효과적이다.

팀마다 이런 슛 보드를 5개 이상 설치하여 선수들이 연습 시 부족함이 없도록 하자. 가능하면 실내체육관에도 1개 정도 갖추면 더 없이 요긴하게 활용할 수 있다. 슛 보드는 축구의 6대 개인기(킥 패스 슛 드리블 헤딩 볼 컨트롤) 연습에 안성맞춤이다. 개인 연습 시 가장 빠르게 주제별 개인기를 마스터하게 해준다. 이러하기에 최단기간에 월드클래스 선수를 육성하려는 크고 가치 있으며 대담한 목표를 달성하려면 슛 보드 설치는 반드시 필요하다. 경영학에서 "구조가 결과를 결정한다."는 지적은 이미 상식이다. 월드클래스의 강렬한 염원을 담아 과학적으로 만든 슛 보드를 보면 선수는 저절로 연습하고 싶은 마음이 일어날 것이다.

이제 질문을 던진다. 여러분이 답할 차례다.
여러분의 팀에는 아직 슛 보드가 하나도 없는가?
역대 감독들은 왜 슛 보드를 만들지 않았는가?
그 이유는 무엇인가?
이 간단한 걸 하지 못하면 감독은 무엇을 할 수 있는가?
자녀인 선수의 성공을 간절히 바라는 학부모는 왜 그냥 시간만 보내고 있는가?
팀에 슛 보드가 있다면 몇 개인가?
슛 보드 연습 프로그램이 선수에게 계속 제공되고 있는가?
그 연습 프로그램은 세계 경쟁력을 가진 앞서 있는 내용인가?

7. 여러분의 팀에서 사용하고 있는 정수기, 올바로 선택했는가?

"당신(감독 코치)은 이 일을 왜 하고 있는지 진심으로 이해하라!
우리는 진심으로 이해하지 못하는 일을 잘 해낼 수 없다. 그리고 지금 하고 있는 일에 의해 혜택을 받고 있는 동료(선수와 학부모)가 누구인지 알아보라. 그런 다음 그(선수와 학부모)를 찾아가서, 그(선수와 학부모)가 원하는 것이 무엇인지 구체적으로 물어보라"

- 구본형

모든 스포츠 팀 숙소에는 1대 이상의 정수기가 설치되어 있다.
그 정수기는 선수의 경기력 향상에 최고 최적의 정수기인가?
그렇지 못하다면 그 정수기를 왜 계속 사용해야 하는가?
그 정수기를 선택한 근거는 무엇인가?
선수가 역삼투압 정수기 물을 장기간 마시면 몸에 어떤 부작용이 생기는가?

1) 이 실험은 무얼 말해주고 있는가?

정수기 물과 일반 수돗물에 각각 물고기 10마리씩을 넣었다. 하루가 지난 후 정수기 물에 넣은 물고기 중에서 8마리가 죽었다. 수돗물 속의 물고기는 모두 살았다. 국립수산과학원의 실험 결과다. 임한규 국립수산과학원 양식관리과 박사는 "정수기 물에 미네랄이 없어서 이런 결과가 나온 것으로 본다. 증류수처럼 미네랄이 없는 물은 생명체에 부정적인 영향을 줄 수 있다. 오래전부터 알려진 이 사실을 눈으로 확인하기 쉽게 실험한 것이다. 사람이 정수기물을 마셨다고 해서 당장 치명적인 증상이 나타나는 것은 아니지만 장기적으로 영향을 받을 수 있다."라고 설명했다.

정수기가 물을 걸러내는 방식은 여러 가지이지만 국내에서는 역삼투압 방식이 대부분이다. 정수기 10대 중 8대가 이 방식의 제품이다. 수돗물을 거름망(필터)에 통과시키면 세균과 바이러스 등 유해 성분이 걸러진다. **문제는 물에 녹아 있는 미네랄(무기질)성분까지 여과된다는 점이다.**

칼슘 칼륨 마그네슘 나트륨 등 미네랄은 인체 구성의 3%를 차지하며 생명 유지에 꼭 필요한 성분이다. 미네랄은 우리 몸에 있는 여러 원소 중 대부분을 차지하는 탄소 수소 산소 질소 등 4종의 원소를 제외한 나머지 원소를 말한다. 이 미네랄은 인체의 성장 유지 생식 등에 관여한다. 삼투압을 조절하고 단백질을 만드는 데에도 기여하는 등 신진대사에 영향을 미친다. 대한의사협회 김대현 기획이사는 "몸속에 미네랄이 부족하면 만성피로, 두통, 불면증, 아토피피부염 등을 유발한다."며 "심하면 사망에 이르기도 한다."고 말했다. 그리고 "미네랄은 음식보다 물을 통해 더 잘 흡수된다는 연구 결과도 보고된다."고 일러주고 있다.

- 미네랄 풍부한 수돗물이 바로 '건강水' / 중앙일보, 2015. 11. 9. 月. C5면

이러한데도 역삼투압 여과방식으로 수돗물의 미네랄을 쓸 수 없게 만드니 얼마나 멍청한 짓인가? 수질 관련 박사 학위자인 박치현 울산 MBC 부장은 "증류수에 가까운 물은 마시지 말아야 한다는 건 상식이다. 상식은 과학적으로 증명할 가치도 없다. **선진국은 미네**

랄이 없는 물의 부작용을 알고 오래전부터 역삼투압 정수기를 사용하지 않는다. 이런 정수기는 아프리카 같이 물이 극심하게 오염된 지역에서 정수하기 위해 사용할 뿐이다. 유독 한국은 정수기 물의 환상에 젖어 있다. 나는 독일 본 대학에 정수기 물을 들고 가서 물 분석을 의뢰했다. 정수기 물은 먹는 물로 부적합하다는 결과를 얻었다."라고 말했다. 그러나 정수기 업계는 이런 주장에 항변하고, 심지어 고객을 호도하려고 하고 있다. 사람은 물고기와 달리 음식에서 미네랄을 섭취하기에 역삼투압 정수기 물을 마셔도 문제가 되지 않는다고 설득하곤 한다. 과연 그러한가? 미네랄은 물 다음으로 세포 생리활성의 중추다.

- 20년 젊어지는 건강 비법1 / 우병호 지음 / 모아북스 / P 66 ~ 68, 71

2) 인체에 작용하는 물의 놀랍고 신비한 기능

우리는 매일 물을 마시고 있다. 거의 대부분의 사람들은 물 관련 전문 연구자가 아니기에 인체에서의 물의 기능에 대해 모르고 있다. 하지만 경험으로 물의 중요성을 이미 알고 있다. 이야기 나온 김에 인체에서 물이 수행하는 놀라운 역할에 대해 잠시 알아보기로 하자. 이루 헤아릴 수 없이 많지만 알파벳 숫자만큼만 공유하기로 하자. 몸이 매일매일 물을 필요로 하는 이유다.

a. 물 없이는 아무 것도 살지 못한다.
b. 상대적인 물 부족은 인체의 일부 부위를 억압해 결국 죽게 만든다.
c. 물은 인체의 모든 세포에서 전자기적 에너지를 발생시킨다.
   즉 물이 세포에 생명력을 제공한다.
d. 물은 DNA 손상을 예방하고 손상된 DNA 수리 기전을 더 효율적으로 만든다.
   따라서 비정상적인 DNA가 적게 만들어진다.
e. 물은 골수의 면역계 효율성을 크게 증가시키며, 여기에는 암에 대한 면역계의 효율성도 포함된다. 골수는 면역계와 면역계의 모든 기전이 형성되는 곳이다.
f. 물은 모든 음식물과 비타민, 미네랄을 용해하는 주요 용매다.
   물은 음식을 더 작은 입자로 분해하여 최종적으로 대사와 동화에 사용되게 한다.
   물은 음식물에 에너지를 부여하며 음식 입자들이 소화되는 과정에서 에너지를 인체에 공급한다. 이것이 음식이 수분 없이는 인체에 전혀 에너지로서 사용될 수 없는 이유다.
g. 물은 인체 내부에서 모든 물질을 운송하는 데 이용된다.

h. 물은 적혈구가 폐에서 산소를 모으는 데 효율성을 증대시킨다.
i. 물은 인체 여러 부분에서 나온 독성 폐기물을 청소하여 간과 신장으로 끌고 가 처리한다.
j. 물은 배변을 원활하게 해주는 최고의 완화제로 변비를 예방한다.
k. 물은 심장마비와 뇌졸중을 예방한다.
l. 탈수는 조직 사이의 공간과 저장지방, 관절, 신장, 간, 뇌, 피부에 독성 침전물이 축적되게 하는 원인이다.
   물은 이러한 축적물을 청소한다.
   인체는 탈수 중에 끌어올 물 저장고를 가지고 있지 않다.
   이것이 규칙적으로 그리고 하루 종일 물을 마셔야 하는 이유다.
   탈수는 발기부전과 성욕 감퇴의 주요 원인인 성호르몬 생산을 방해한다.
m. 물은 인체의 냉방 시스템(발한)과 (전기적인) 난방 시스템에 필수불가결하다.
n. 물은 뇌의 모든 기능, 특히 사고기능에 힘과 전기적 에너지를 제공한다.
o. 물은 세로토닌을 포함하여 모든 신경전달물질의 효율적인 제조에 직접 필요하다.
p. 물은 멜라토닌을 포함하여 뇌가 만드는 모든 호르몬 생산에 직접 필요하다.
q. 물은 어린이나 어른 모두에게서 주의력 결핍장애를 예방한다.
r. 물은 일의 능률을 증대시킨다. 즉 집중력 지속시간을 증가시킨다.
s. 물은 세상의 어떤 음료수보다 좋은 강장제이며 아무런 부작용이 없다.
t. 물은 정상적인 수면리듬을 되찾아준다. 피로를 막아주고 젊음의 에너지를 부여한다.
u. 물은 가장 강력한 치료제다.
   스트레스 불안 우울증을 예방하고, 피부를 매끄럽게 하며 피부노화를 예방한다.
   눈을 맑고 빛나게 하며 녹내장을 예방한다.
   골수의 조혈 시스템을 정상화하며 결과적으로 백혈병과 림프종 예방에 도움을 준다.
   혈액을 묽게 하고 혈액순환 중 응고하지 않게 예방한다.
   물과 심장 박동은 혈액을 묽게 하고 '요동'치게 함으로써 혈류의 '침전'을 막아준다.
   물은 월경전의 통증과 열감을 완화한다.
v. 물은 감염되거나 암세포가 형성되는 여러 부위에서 싸울 수 있는 면역계를 더 효율적으로 만드는 데 절대적으로 필요하다.
w. 체중을 줄이는 데는 물 이상의 방법이 없다.

정기적으로 물을 충분히 마시면 거창한 식이요법이 없어도 체중을 줄일 수 있으며, 실제로 목이 마를 뿐인 때에는 과식하지 않게 한다.

x. 물은 마음과 신체기능을 통합한다. 그 덕분에 목표와 목적을 실현할 능력이 증강된다.

y. 물은 노화에 따른 기억상실을 예방한다.

물은 알츠하이머병, 다발성 경화증, 파킨슨병, 루게릭병을 예방한다.

z. 물은 카페인, 알코올, 일부 마약에 대한 중독성 충동을 물리치게 한다.

- 신비한 물 치료 건강법 / F 뱃맨겔리지 지음 / 중앙생활사 / P 268 ~ 272

이처럼 물이 건강에 미치는 영향은 실로 중차대하다. 어떠한 건강증진에도, 어떠한 질병 치유에도 매일 최고 최적의 물을 충분히 마시지 않으면 그 목표를 달성하기 어렵다. 동시에 인체의 만성탈수상태는 모든 질병의 강력한 원인조건으로 작용한다. 각종 암, 우울증, 비만, 고혈압, 알츠하이머병 등 만성탈수상태와 관계없는 질병이 거의 없을 정도다. 의학계는 매일 체중 1kg당 30cc의 물을 마실 것을 권고한다. 몸무게가 70kg인 사람의 경우 2,100cc를 마셔야 한다는 얘기로, 200cc 잔으로 10잔 이상 되는 양이다. 탈수를 조장하는 청량음료와 커피는 포함되지 않는다.

뱃맨겔리지 박사는 1979년 이란 혁명의 정치범이 되어 악명 높은 에빈교도소에서 2년 7개월 복역했는데, 바로 그곳에서 물의 치유력을 발견했다. 어느 날 밤, 뱃맨겔리지 박사는 위궤양 통증으로 꼼작할 수 없는 동료 수감자를 물 두 잔으로 처방하였다. 그 계기로 각종 통증으로 고통당하는 3,000명이나 되는 동료 수감자들을 단지 물만으로 완쾌시켰다. 뱃맨겔리지 박사는 수감되어 있는 동안에 고통스러운 퇴행성 질병들을 예방하고 완화해주는 물의 의학적 효능들에 대한 광범위한 연구를 수행하였는데, 그 연구 성과는 〈임상위장병 저널〉〈뉴욕타임스〉 등에 게재되었다. 저서로「자연이 주는 최상의 약, 물」「물, 치료의 핵심이다」「신비한 물 치료 건강법」등이 있다.

- 신비한 물 치료 건강법 / 뱃맨겔리지 지음 / 중앙생활사 / 책 앞표지 앞날개 중에서

3) 감독의 선택으로 오늘도 역삼투압 정수기 물을 마시고 있는 선수들

앞에서 우리는 역삼투압 정수기의 폐해를 살펴보아 알고 있다. 역삼투압 거름망(필터)은 지나치게 촘촘해서 미네랄은 물론 세균이나 박테리아 바이러스조차도 통과하지 못한다. 순수한 물(H_2O)만 통과하기에 혹자는 '실험실 물'이라고 부르기도 한다. 물에 미네랄이

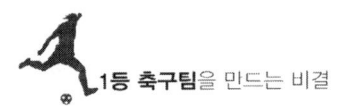

나 불순물이 섞여 있으면 실험 결과가 달라지기에 실험실 물은 이런 물만 사용하기 때문이다. **사람들이 역삼투압 정수기를 선택하는 단 하나의 이유는** 그들이 물에 대해 무지하기 때문이다. 물에 대해 모르고 있는 데다 강력한 광고에 세뇌되어 선택하게 된다. 시판되는 유명회사의 정수기는, 심지어 정수기 브랜드 파워 1위라는 정수기도 모두 역삼투압 정수기라는 걸 알고 있는가? 스스로의 건강을 위해 역삼투압 정수기를 구입하지도, 렌탈하지도 않으면 국민 건강에 역행하는 이런 정수기 제조회사가 빠르게 사라질 것이다.

역삼투압 정수기 제조회사들은 국민들이 물에 대해 밝게 아는 것을 결코 바라지 않는다. 축구팀을 비롯한 한국의 모든 스포츠팀 숙소에는 십중팔구 역삼투압 정수기가 설치되어 있다. 놀랍게도 프로 팀도 다르지 않다. 선수는 이 물을 마시고 있다. 하루 이틀, 1년 2년 그 숙소를 떠날 때까지…. 진학이나 이적으로 다른 팀에 가도 역삼투압 정수기가 기다리고 있다. 그 결과 선수는 매일매일 최고 컨디션 유지, 신경전달물질의 활성화, 질병의 예방과 건강증진, 세포활성화, 몸의 성장 등에서 어려움을 겪게 된다. 선수 자신은 인식하지 못하지만…. 왜 이런 일을 계속 해야 하는가? 너무나 어리석지 않은가?

4) 지금 여기에서 무엇을 해야 하는가?

(1) 역삼투압 정수기를 당장 치워 버리자!

(2) 그리고 최고 최적의 정수기(기능수기)를 설치하자!

　감독이 여전히 관심도 없고 알지도 못하면 학부모들이 방법을 강구해야 한다.

　이 정수기(기능수기)가 만드는 물은 이러하다. 단연 현저하게 탁월하다.

　a. 수돗물 속의 미네랄이 고스란히 함유되어 있다.

　b. 알칼리수다. 세계보건기구(WHO)는 먹는 물 기준을 pH 6.5~pH 8.5로 정했고, 한국도 그 기준을 pH 5.8 ~ 8.5로 정해두었다. 어떤 기능수기는 pH 6~10 사이에서 선택하여 물을 받을 수 있도록 하고 있기도 한다.

　c. 환원수다.

　몸은 산화되어 늙어간다. 활성산소(유해산소)가 이렇게 한다. 반면 수소는 산화되어 가는 몸을 환원시킨다. 노화를 예방하거나 늦추는 역할을 한다. 기능수기는 수소가 풍부하게 함유된 물을 생산한다. 밝혀진 그대로, 프랑스 루르드의 샘물 등 세계 3대 기적의 샘물도 성분은 일반 물과 같으나 단 하나 다른 점은 수소의 함유량이 일반 물보다 월등하며, 이게 치유의 핵심이라고 한다.

d. 산성수도 만든다.

두 개의 다른 출구로 각각 알칼리수와 산성수를 생산한다.

알칼리수는 마시거나 음식을 조리할 때, 산성수는 음식물을 씻거나 세안 그리고 식물에 주면 좋다.

e. 물의 입자가 작다.

수돗물을 비롯한 대부분의 물은 위장에서 흡수되지 못하고 위장 다음의 장기인 소장에서 소화 흡수된다. 물의 입자가 크기 때문이다. 반면 기능수기는 물의 입자가 작아 위장에서 바로 흡수된다. 선수가 물을 마시는 목적이 보다 빨리 이루어진다. 빨리 흡수되기에 보다 많은 물을 마실 수 있다. 20분 동안 4.5리터의 물을 마신 개인적 체험을 가지고 있다. 물을 마시면 혈액과 림프액이 되어 온몸을 순환하는데(물의 입자 크기에 따라 달라지지만 일반적으로) 30초 후면 혈액에 흡수되고, 1분 후 뇌, 생식기, 태아에 전달된다. 10분 후엔 피부 조직, 20분후 엔 간 심장 신장에 도달하며, 동시에 노폐물을 몸 밖으로 배출한다.

f. 육각수, 파동수다.

기능수기는 이 외에도 여러 가지 기능이 있다.

한마디로 역삼투압 정수기와는 차원이 다르다.

이런 기능수기가 있느냐? 라고 궁금해 하는 분들이 있을 것 같기도 하다.

이 글이 정수기(기능수기)를 홍보하는 게 아니기에 알고자 하는 분은 이메일이나 쪽지를 주면 정보를 드리겠다. 기능수기 가격도 시중의 정수기와 거의 비슷하다.

(3) 음식을 만들 때는 반드시 이 물을 사용하자.

각급 팀의 주방(조리실)에 대용량 기능수기를 비치하여 활용하면 음식 맛과 영양이 달라진다.

(4) 숙소에서 선수들이 사용하는 기능수기는 2대 이상 설치가 바람직하다.

적어도 30명 이상의 선수들이 이용하기 때문이다.

(5) 경기나 연습 시 이 물을 적극 활용하자!

미리 선수 개인별로 자신의 물병에 물을 받아 냉장고에 보관하다
연습이나 경기 시 아이스박스에 담아두고 수시로 활용하자.

이 물의 품질은 시중의 스포츠 음료나 물보다 더 우수하다.

물을 구입하는 비용을 따로 지출하지 않아도 되기에 사용 후 5개월 이전에 기능수기 구입비용 이상의 이익이 발생한다.

5) 정리하며

이 글에서 2권의 책을 인용했다. 「신비한 물 치료 건강법」(뱃맨겔리지 지음 / 중앙생활사)과 「20년 젊어지는 건강비법 1」(우병호 지음 / 모아북스)다. 이 책들은 개인적으로 읽은 물 관련 서적 중에서 앞서 있는 책이었다. 이 책을 감독 코치에게 일독을 권한다. 감독 코치는 틈만 나면 읽고 책에서 배워야 한다. 아는 만큼 가르칠 수 있기 때문이다. 책을 읽은 만큼 팀을 효과적으로 경영할 수 있기 때문이다.

최고 최적의 기능수기의 선택과 활용?

너무나 쉬운 일이다. 팀마다 구입할 비용도 준비되어 있다. 그러나 이 역시 어떤 감독은 실행할 것이고, 또 다른 감독은 인식하지도 못하고 실행하지도 못할 것이다. 그 결과로 받는 혜택도, 폐해도 고스란히 선수의 몫이다.

8. 웨이트 트레이닝 시설을 완비하고 최고로 활용하자

1) 해결 방법이 없는가?

경기의 4가지 구성요소는 체력 개인기 전술 정신력이다. "체력은 개인기에 우선하고, 개인기는 전술에 우선한다."(알란 웨이드 前 잉글랜드축구협회 기술이사). 개인기가 뛰어나도 체력이 약하면 경기가 진행될수록 그 선수의 개인기는 빠르게 빛을 잃어버린다. 스피드와 압박이 중시되는 현대축구는 경기가 끝날 때까지 감독의 전술적 요구를 수행할 수 있는 균질한 체력을 요구하고 있다. 후반전 30분 이후에도 펄펄 날아다니는 **'후반전의 사나이'**가 되면 더욱 좋다. 방법이 있는가?

경기에서 선수에게 어려움을 주는 대상은 3가지다. 첫째가 선수 자신이다. 경기 중 체력적인 한계에 부딪히곤 한다. 상대가 강할수록 더욱 그렇다. 둘째가 볼이다. 볼을 자유자재로 다루기가 만만치 않다. 셋째가 상대 선수다. 체력과 개인기에서 앞서야 상대의 방해를 이기고 자신의 뜻대로 플레이할 수 있다.

해결 방법이 없는가? 한국 축구선수들은 유럽 선수들에 비해 체격과 체력에서 열세다.

유럽 프로 리그에 진출한 선수들이 경험을 통하여 잘 알고 있다. 고교 졸업 후 바로 K리그에 진출할 경우, 그 선수가 개인기에서는 선배 선수들에게 뒤지지 않아도 주전으로 활약하는 경우는 드물다. 동료 선수와 상대팀 선수에 비해 피지컬에서 뒤지기 때문이다. 해결 방법이 없는가? 있다. 과학적이고 꾸준한 웨이트 트레이닝과 줄넘기다. 줄넘기는 따로 독립된 주제로 다루겠다. 고교 3년 동안 이걸 지속적으로 해내면 프로에 가서도 체력에서 전혀 뒤지지 않는다.

2) 체력이란?

"체력(Physical Fitness)이란 스포츠에서 최선의 수행에 필요한 신체적 요구를 만족시키는 능력이다."

- Rainer Martens

"체력이란 인간의 생존과 활동의 기초를 이루는 신체적 정신적 능력이다."

- 후쿠다

Rainer Martens는 스포츠체력을, 후쿠다는 넓은 의미의 체력을 말하고 있다. 일반적으로 체력은 '**방위체력**'과 '**행동체력**'으로 크게 나누어 설명하고 있다. 그리고 축구경기에서 사용하는 체력은 크게 3가지로 나눌 수 있다. **먼저, 근육을 사용하는 체력이다.** 근력, 근파워, 근지구력이 여기에 해당한다. 축구 경기에서 가장 중요한 체력이며 경기 승패에 매우 큰 영향력을 주고 있다. 근육의 발달 정도에 따라 스피드 민첩성 순발력 도약력 등 핵심적인 체력의 수준이 결정되는 것이다. 근육의 발달 정도는 근섬유(살올실)의 크기(Bulk)와 뚜렷함(Definition)으로 판정한다. **둘째, 전신 지구력(심폐지구력)이다.** 심장과 폐가 이를 담당한다. 규칙적인 운동은 심장의 크기를 키워(조절성 비대) 혈액 순환의 효율을 높이며, 폐의 산소이용률을 증가시킨다. **셋째, 신경계의 지배를 받는 체력이다.** 평형성 협응력 조정력 등이다. 이 중에서 가장 중요한 체력은 단연 '근육을 사용하는 체력' 이다. 근육을 발달시키는 최고 최선의 방법은 웨이트 트레이닝이다. 체력이 향상될수록 기술습득 속도가 빠르며, 부상에 대한 저항력이 강해지고, 자연스럽게 선수는 보다 높은 자신감을 가지고 경기와 연습에 임할 수 있게 된다.

3) 웨이트 트레이닝의 중요성(가치)

(1) 여러 이야기들

올해 2016년 이적생 정조국(광주 FC)의 연속 득점과 날렵한 움직임은 웨이트 트레이닝이 주원인이라고 한다. 프로야구계에서 웨이트 트레이닝으로 다져진 타자들은 '10홈런은 기본'이라고 말한다. 2004년 4월 23일 현재 18 경기에서 무려 12개의 타구를 담장 밖으로 날려버린 박경완(SK)의 놀라운 홈런 비결도 겨울 전지훈련에서 매일 2시간씩 헬스기구에 매달린 결과다. 2008년 3월 11일 현재 노장 이봉주(마라톤) 선수가 지금까지 강인한 체력을 유지할 수 있었던 것도 웨이트 트레이닝 덕분이다. 2013년 11월 11일 이승훈(25, 대한항공) 선수가 캐나다 캘거리 올림픽오버벌에서 열린 2013~2014 ISU(국제빙상경기연맹) 스피드 스케이팅 월드컵 1차 대회 남자 5000m 디비전 A(1부 리그)에서 6분 07초 04를 기록하여 3년 만에 한국 신기록을 무려 7초 63 앞당겼다. 2013년 4월부터 하루 3~4 시간씩 모교 한국체대에서 일반 역도 선수들과 다름없는 역도 훈련을 소화했다. 이런 사례는 일일이 열거할 수 없을 정도로 많다. 웨이트 트레이닝의 중요성을 강조하기 위해 더욱 세밀하고 실득력 있는 한 가지 사례를 제시한다.

주희정의 '강철 체력' 가을 코트 평정하다.
KT&G의 돌풍을 일으키고 있는 포인트 가드 주희정(31, 1m82)의 체력은 경이롭다. "2경기를 연속으로 뛰어도 괜찮다."고 자신감을 보일 정도다. 대부분의 전문가들도 "과연 그의 체력이 언제 떨어질까?"라며 감탄을 금치 못했다. 조금씩 떨어지는 체력을 걱정해야 할 나이에 체력과 노련미가 오히려 업그레이드되며 최전성기를 맞고 있다. 그의 가슴은 비시즌마다 찢어진다. 워낙 웨이트 트레이닝을 많이 하기 때문이다. "매 시즌마다 운동의 강도를 올리고 있다."고 말한 주희정은 "가슴이 찢어질 때까지 운동해야 직성이 풀린다."고 말할 정도다.
삼성시절 매일 양손, 양다리에 10kg의 모래주머니를 차고 집에서 삼성 수지체육관까지 왕복 1시간의 거리를 뛰어 갔다는 일화는 매우 유명하다. 사실 그의 체력은 몇 년 전부터 완성돼 있었다. 나이가 들어감에 따라 떨어지는 체력을 혹독한 훈련으로 유지한 것이다.
- 스포츠조선, 2008. 12. 3. 수. 8면

(2) 근육은 어떻게 발달하는가?
웨이트 트레이닝은 트레이닝의 8대 원칙 중 '과부하의 원칙'과 '점증부하의 원칙'이 적용된다. 평소 다루지 않던 무거운 트레이닝 도구를 다루면 무게를 이기지 못한 근섬유가 찢어진다. 수면 중에 찢어진 근섬유가 회복되면서 더 큰 근섬유로 발달한다(초과 회복). 개인차가 있으나 초과 회복에는 24~48시간이 필요하다. 초과 회복할 수 있는 시간을 주어야 하기에 신진대사가 활발한 선수지만 매일 웨이트 트레이닝을 하는 건 바람직하지 않고 이틀에 한 번이 가장 적합하다. 또 웨이트 트레이닝을 본격적으로 하는 시기는 제2차 성징 이후가 좋다. 대략 중3~고1 시기가 된다. 이 시기부터 근육비대와 강화에 중추적인 역할을 하는 남성호르몬인 테스토스테론과 아나볼릭 스테로이드가 많이 분비되기 때문이다.

    금지약물은 복용하는 선수의 건강을 파괴한다. 공정한 경쟁을 훼손하며 기록의 가치를 떨어뜨린다. 동시에 팬들과 그 선수를 우상으로 여기는 사람들을 실망시킨다. 스포츠계에서 약물복용이란 바로 이 테스토스테론과 아나볼릭 스테로이드 복용인데, 폭발적인 힘과 지구력을 주기에 성적을 내려는 선수들을 미혹시키고 있다.

(3) 속근과 서근

    근육의 기능은 크게 두 가지다. 하나는 에너지를 파워로 바꿔준다. 움직임을 만들어내는 핵심적인 역할을 한다. 던지고 달리고 휘두르는 힘이다. 둘째, 골격(뼈와 관절)을 붙들어 자세와 균형을 잡아주는 기능이다. 근육의 안쪽에 자리 잡고 있어 만져볼 수도, 드러나지도 않지만 일상생활이나 운동을 할 때 관절의 안정을 도모한다. 스포츠 생리학자들은 한 종류의 서근(slow - twitch, 적근 赤筋)과 두 종류의 속근(fast - twitch, 백근 白筋)으로 이루어진 세 종류의 근섬유가 있다는 것을 밝혀냈다. 세계적인 수준의 마라토너는 80~95%의 서근 섬유를 가지고 있는 반면, 세계적 수준의 단거리 육상선수는 단 25%의 서근 섬유를 갖고 있다(코칭과학, Rainer Martens 중에서).

    덤벨이나 바벨을 이용한 웨이트 트레이닝은 순간적으로 강력한 힘을 발휘할 때 사용되는 속근이 발달하나 뼈 가까이에 붙어 자세를 만들고, 지속적이고 반복적인 동작을 도와주는 서근의 발달은 미약하다. 관절과 뼈를 잡아주는 중심 근육, 골격근 또는 자세유지근으로 불리는 코어근육(Inner muscle)이 대표적인 서근이다. 선수는 속근과 서근의 균형 있는 발달이 필요하나 웨이트 트레이닝뿐만 아니라 달리기, 스트레칭도 코어 근육을 강화시키지는 않는다. 중심 근력을 키우는 코어운동은 저강도로 느리면서도 지속적으로 반복하는 것이 효과적이다. 선수재활에도 사용하는 고무줄처럼 늘어나는 밴드 트레이닝, 동작을 멈춘 자세에서 긴장을 주는 다양한 아이소메트릭 등이 권장된다.

4) 웨이트 트레이닝 시설을 완비하고 최고로 활용하자.

세계 축구 역사에서 16~18세에 유명 프로 팀 주전으로 빛나는 활약을 한 선수가 적지 않다. 이들은 개인기뿐만 아니라 체력에서도 조금도 밀리지 않았다. 이러한 기록에서 느끼는 게 없는가? 그렇다! 고교시절 3년 동안 올바르게 준비하면 유럽 빅 3 주전으로 진출할 수도 있다.

개인시간을 최고로 활용하면 된다. 월 수 금요일 밤 개인시간 중 50~70분 웨이트 트레이닝을, 화 수 목요일 밤 50~70분 줄넘기를 강력하게 추천한다. 소중한 일을 먼저 해야 한다. 즉, 이걸 한 후 나머지 시간에 볼 다루는 개인기에 집중한다. 일주일 중 6일을 이렇게 하면 선수 자신이 놀라운 체력 향상을 실감하게 된다. 고3 가을에 프로로 진출해도 유럽과 남미 그리고 K리거에 한 점도 뒤지지 않는 체력을 소유하게 된다.

감독 코치는 선수가 이렇게 할 수 있는 환경을 만들어야 한다. 먼저, 감독 코치 그리고 부모가 선수에게 웨이트 트레이닝과 줄넘기의 필요성을 구체적으로 이해시키고 수시로 확인하며 장려해야 한다. 둘째, 웨이트 트레이닝 시설을 갖추어야 한다. 완비하면 좋으나 예산상 어려울 때는 우선 기본적인 7~8기구를 배치한 후 순차적으로 완비한다. 고교축구팀 중 아직도 웨이트 트레이닝 시설이 없는 용감무쌍하고(?) 대책 없는 팀이 있는가? 셋째, 올바르고 과학적인 웨이트 트레이닝 방법을 선수에게 가르쳐주어야 한다. 피지컬 코치나 전문 헬스 트레이너에게 3~5일 배우면 스스로 할 수 있다. 이때는 이론 강의 듣고 난 후 반드시 선수들이 실습하게 해 몸으로도 체험하게 해야 한다. 운동 순서, 세트별 횟수, 운동 강도, 휴식 시간, 주의할 점, 섭취해야 할 영양 등을 경험을 통하여 알게 해주는 것이다. 이 경우 "나의 경험처럼 확실한 것은 없다."(프란시스 베이컨).

9. 팀은 팀 보험에, 선수는 모두 실손 보험에 들었는가?

1) 보험에 대한 '새우 눈'만큼의 조그마한 상식

왜 보험에 드는가? 질병과 사고 시 보장을 받기 위해서다. 선수가 보험이 없는 상황에서 큰 질병과 부상을 당하면 많은 비용이 필요하고, 준비되어 있지 않으면 의료비 부족으로 충분한 치료를 받기 어려울 수도 있으며, 최악의 경우 신체 일부분이 무능력해져 선수 생활은 커녕 정상적인 생활에 어려움을 겪을 수도 있다. 결과적으로 축구에서의 꿈을 성취하는데 장애가 된다. 부모는 갑작스런 목돈 지출로 재정적 독립을 달성하는데 결정적인 걸림돌로 작용할 수도 있다. 온갖 부상과 질병에서 자기 자신을 책임지기 어려운 현대사회에서 보험은 선수뿐만 아니라 누구에게나 선택이 아닌 필수다.

2) 실손 보험, 한 개만 들면 된다.

보험은 크게 두 종류가 있다. 나라에서 운영하는 보험(국민의료보험)과 민간 보험회사가 내놓는 상품(이하 민영보험)이다. 민영보험에 드는 이유는 국민의료보험으로는 치료비가 부족하거나 적용이 안 되는(비급여) 치료 항목이 있기 때문이다. 민영보험은 매우 다양하지만 크게 실손 보험과 정액보험으로 나눌 수 있다. 실손 보험(또는 실비보험)의 정확한 명칭은 '**실손의료보험**'(이하 실손 보험)이다. 실손 보험은 다쳐서 병원에 가거나 병에 걸리거나 입원할 경우 의료비(실제 손실 비용)만큼 보장해주는 보험이다. 실손 보험은 실제 들어간 의료비만큼만 보상하기 때문에 여러 개 가입한다고 보험금을 더 탈 수 없다. 가령, 5개의 실손 보험에 가입한 개인의 치료비가 100만 원 나왔다면 5개 보험사가 각각 20만 원씩 보상해준다. 그러므로 실손 보험에 중복 가입하는 것은 '금융(보험)무지'에서 비롯된 낭비다. 2015년 12월 현재 실손 보험을 두 개 이상 든 중복 가입자는 23만 명에 이른다고 한다.

이러하기에 실손 보험 가입 전에 혹시나 특약 형태로 들어놓은 보험이 있는지 손해보험협회나 생명보험협회의 홈페이지에서 확인할 필요가 있다. 온라인 보험 슈퍼마켓 '보험 다모아'(www.e-insmarket.or.kr)를 통해 가입할 때도 중복 여부를 확인하는 절차를 거치도록 돼 있다. 정액보험은 보험 가입 시 계약서에 사안별로 정해진 금액만큼 보상해준다. 일반적으로 이 둘의 장점을 설계하여 가입하는 추세다.

3) 직업별로 차등 부과되는 민영 보험료

보험료는 가입자의 직업이 고위험군일수록 높다. 스포츠의 경우 위험 수준에 따라 3등급으로 나눈다. 스쿠버다이빙, 행글라이딩, 패러글라이딩, 스카이다이빙, 수상스키, 자동차경주, 오토바이경주, 번지점프, 암벽등반, 제트스키, 래프팅, 미식축구, 철인3종, 익스트림 게임 등이 C등급이다. 사고 위험성이 높아 가장 많은 보험료를 내야 한다. C등급은 손해율이 높기에 아예 보험 가입을 불허하는 보험사도 적지 않다. 게이트볼 당구 생활체조 레크리에이션 댄스스포츠 줄넘기 등은 사고 위험이 적은 A등급으로 분류된다. 축구는 B등급이다.

4) 가입 시 보장과 비보장을 자세히 알고 있어야 한다.

실손 보험에 가입할 때 우선 '**보장**'과 '**비보장**'의 차이를 잘 알고 있어야 한다. 보장해주는 영역은 크게 상해와 질병으로 나눌 수 있다. 큰 돈이 드는 입원료와 수술비뿐만 아니라 작

은 질병이나 약값도 주기 때문에 의료와 관련된 대부분의 비용을 보장해준다. 여기서 주의해야 할 점은 가입 시 꼭 상품설명서나 약관에 나와 있는 비보장 항목도 반드시 기억해둬야 한다. 자해(自害)나 미용 목적의 성형 수술과 뚱뚱해서 받는 비만치료는 보험금을 받을 수 없다. 영양제나 종합비타민제와 같이 '약'이라 보기 힘든 건강보조제도 보장을 받을 수 없다. 암벽등반이나 행글라이딩 같은 위험한 운동을 하다 다치면 보험회사에 따라 보장을 받지 못할 수도 있다.

- 실손 보험이 뭔가요 / 중앙일보. 2016. 5. 25. 수. B8면

한국신용 정보원이 2016년 5월 26일(목) 발표한 '**빅데이터 업무 추진 계획**'에 따르면 본인이 가입한 보험 상품의 세부 보장 내용을 한눈에 볼 수 있는 온라인 서비스 '**보험 다보여 (가칭)**'가 2017년 상반기 중에 시작된다. 본인 인증 절차만 거치면 가입한 보험 상품의 보장 내용을 원 클릭으로 확인할 수 있다. 또 생명보험협회와 손해보험협회가 운영하는 온라인 보험 슈퍼마켓 '**보험 다모아**'(www.e-insmarket.or.kr) 와의 연계도 추진하기로 했다.

- 내가 든 보험 보장 내역, 한 번에 다 확인 / 중앙일보. 2016. 5. 26. 목. B2면

5) '팀 보험'도 들어라

팀 보험이란 말 그대로 팀 단위로 드는 보험이다. 선수 개개인의 보험료는 선수 개인이 내고, 팀 보험료는 팀 운영비로 부담한다. 감독 코치의 명백한 잘못으로 선수가 부상당할 경우 학부모와 선수에게 소송당할 수도 있다. 부상 후 감독 코치의 현저한 부주의와 태만으로 부상이 악화된 경우에도 그렇다. 이런 이유로 소속 팀 감독을 고소하겠다는 한국의 한 고교 선수 학부모를 본 적도 있다. 아래의 사례는 실제로 미국에서 있었던 일이다.

West Seattle 고등학교의 축구선수인 Chris Thompson은 한 미식축구 경기에서 상대에게 고개를 숙이고 태클을 거는 바람에 그의 척추에 심한 손상을 입어 마비되었다. 지도자와 학교 행정부는 고소되었다. 지도자가 Chris에게 고개를 숙이고 하는 태클의 위험성을 경고했어야만 했다는 것이다. 재판원은 Chris의 편을 들어주어 6백 30만 달러를 보상받게 하였다. 이 사건은 스포츠인들에게 충격이었고 지도자들에게는 특정 스포츠에 대한 위험을 선수들에게 경고할 의무가 있다는 것을 깨닫게 해주었다.

- 코칭 과학 / Rainer Martens 지음 / 대한미디어 / P 469

소송이 자유로운 사회에서 보험은 위험을 관리할 때에 필수적인 요소다. 팀 보험이 없이는 절대로 지도해서는 안 되고 소속 기관도 팀 보험 가입 없이 지도하도록 허락해서는 안 된다. 단순히 보험이 있다는 것만으로는 충분치 않다. 더 구체적인 적용 범위에 대해 알아야 한다.

다음 질문에 대답해 보아라.

어떤 행사에 적용되는가?
어떤 재산에 적용되는가?
어떤 활동에 적용되는가?
어떤 장소가 적용되는가?
어떤 손실이 적용되는가?
보험사는 어느 정도의 손실을 보상해주는가?
어느 기간에 적용되는가?
어떤 특별한 상황이 제외되는가?
손해에 대해 어떤 단계를 따라야 하는가?
소속기관의 차를 사용할 때에 어떤 보장이 적용되는가?

- 코칭 과학 / Rainer Martens 지음 / 대한미디어 / P 499

6) 보험, 누구에게 들어야 하는가?

보험 가입 시 이 역시 매우 중요한 사안이나 대부분 생각지도 않고 가입한다. 일례로, 전방십자인대 파열 시 어느 의사에게 치료를 받아야 하는가? 이 분야에서 가장 효과적으로 치료하는 의사를 찾아가야 한다. 보험도 마찬가지다. 경험해본 사람은 알고 있다. 보험설계사가 생각보다 보험에 무지하다는 것을…. 그러므로 보상에 밝은 설계사를 통해 가입해야 한다. 예를 들면, 5가지 보장을 받을 수 있는 걸 보험설계사의 무지로 3가지 밖에 보장받지 못하는 경우가 너무나 많다.

참고로 보험 효과를 최고로 누리는 방법은 한 번도 보상을 받지 않는 것이다. 한 번도 사고나 질병이 없을 때 이러하다. 선수가 빈번하게 보장받는다는 건 그만큼 스포츠상해(부상)가 잦다는 이야기이며, 보험업계는 앞으로 자동차보험처럼 보상율에 따라 보험금을 차등 부과하겠다고 발표한 바 있다.

7) 스포츠 공제보험(생활체육보험)도 있다.

대한축구협회에 가입하지 않고 취미로 축구를 하는 팀은 선수 보험에 들지 않고 일반보험에 들어도 계약상의 혜택을 100% 누릴 수 있다. 생활체육을 즐기는 사람은 스포츠 공제보험(생활체육보험)들 수 있다. 스포츠공제보험은 5인 이상 클럽 단위로 가입할 수 있으며, 보험료가 저렴하다는 것이 장점이다. 경기나 행사 중은 물론, 경기 참가를 위한 이동 때 발생하는 상해, 사망 등 자기사고를 보장받을 수 있고 타인을 다치게 하거나 타인의 물건에 피해를 주는 대인 및 대물사고까지 보장받을 수 있다.

가입 절차는 국민생활체육 공제회 홈페이지(safe.sportal.or.kr)에서 가입 신청서를 다운받아 작성한 후 공제 보험료를 지로 또는 무통장 입금하면 된다. 홈페이지를 이용할 수 없는 사람은 국민생활체육 공제회(T. 02. 2152. 7370 ~ 2)로 연락하면 가입 신청서를 바로 받을 수 있다. 스포츠 공제보험(생활체육보험)은 팀 보험의 성격이 강하다.

- 스포츠서울, 2009. 3. 5. 목. 22면

8) 지금 무엇을 해야 하는가?

(1) 선수는 모두 민영보험(실손 보험)을 들어야 한다.

이때 가입 시 축구선수(대한축구협회 등록 기준)임을 알리고(통지 의무) 충분한 보장을 받을 수 있도록 설계해야 한다. 물론 일반학생보다 선수가 위험 급수가 높기에 매월 내는 보험료가 조금 더 많아지나 실손 보험은 하나만 들기에 든든한 보장을 확보하는 게 좋다. 감독 코치는 선수가 든 '**보험 가입 증명서**' 사본을 제출받아 가입 여부를 반드시 확인해야 한다. 미가입 선수는 즉시 가입하도록 조치해야 한다. 선수가 실손 보험 가입으로 맘 놓고 경기와 연습에 열중할 수 있는 환경을 만들어야 하는 것이다.

(2) 팀 보험도 가입해야 한다.

팀 보험은 이중의 안전장치와 같은 역할을 한다.

(3) 보험 가입 시 보장에 밝은 설계사를 선택해야 한다.

10. 선수, 진출하고자 하는 팀을 미리 정하자

"목표를 설정하지 않는 사람은 목표를 뚜렷하게 설정한 사람을 위해 일하게 된다."

- 브라이언 트레이시

2010년 자율형 사립고가 된 서울 우신고는 1학년을 대상으로 1학년 1학기에 2주간 16시간에 걸쳐 비전수업을 실시하고 '비전 선언문'과 '나의 헌법' 3개 조항을 작성해 전교생과 학부모 앞에서 선포식을 가졌다. 비전 선포식을 마친 학생들에게는 자신의 비전 선언문이 담긴 기념 액자가 전달된다.

　　"나의 사명은 병으로 고통받는 사람들이 제때 치료받을 수 있는 세상을 만드는 것입니다. 이 사명을 이루기 위해 고려대 생물학과에 진학해 공부한 뒤 암, 에이즈 등 난치병 치료용 신약을 개발해 가난한 사람들에게 무료로 보급하겠습니다."(조지웅)

　　"나는 소외계층이 정당한 대우를 받고 살아갈 수 있는 세상을 만드는 데 앞장서는 사람이 되겠습니다. 2020년까지 중앙대에서 사회복지학을 전공하고 2025년까지 공무원으로 일하며 실무경험을 쌓아나갈 것입니다. 2035년부터는 소외계층이 필요로 하는 복지와 혜택을 실현시켜 나갈 것입니다."(홍창우)

　　안민규군은 "대통령이 돼 국가와 국민을 위해 헌신하겠다."는 비전을 선포했다. 그는 "5월부터 무작정 놀고만 싶었는데 이런 공식적인 자리에서 비전을 선포하고 나니 이를 현실화해야겠다는 책임감이 생긴다."고 말했다.

　　　　- 전교생 앞에서 내 꿈을 밝혔다 나태한 마음이 싹 달아났다/ 중앙일보. 2010. 9. 15.水. S5면

　　선수들에게 "장차 어느 팀에서 뛰고 싶은가?"라고 질문하면 둘로 나뉜다. 목표로 하는 팀을 선명하게 정하고 축구하는 선수와 그렇지 못한 선수다. 후자가 더 많았다. 아직 팀을 정하지 못했다는 건 선수 자신에게 도움이 되지 않는다. 목적지 없이 나가는 배는 표류하고 있다는 뜻이다. 항해가 아니다. 선수도 마찬가지다. 지혜로운 사람은 여행을 하고 어리석은 사람은 방황을 한다. 선수 학부모 지도자가 협력하여 그 선수가 목표로 하는 팀을 정할 것을 제안한다. 빠를수록 좋다. 이 글 읽고 일주일 안에 정할 것을 권유 드린다. 팀을 정하면 학교 숙소와 집에 액자를 부착하자. 액자에는 '가득히 입장한 관중이 열렬하게 응원하는 그 팀의 경기 장면' 사진을 배치하고, 그 밑에 자신의 계획을 친필로 써넣는다. 예를 들면, "나 박준영(가명)은 고3 때인 2019년 11월 이전에 바르셀로나 주전으로 진출한다!"와 같은. 사람은 타인의 명령이나 지시가 아닌, 자신이 한 약속에는 책임을 지려고 한다. 액자는 팀에서는 숙소 현관에, 집에서는 거실에 부착하여 누구나 쉽게 볼 수 있도록 한다. 이건 어렵지 않다. 누구나 쉽게 할 수 있다. 그런데 이렇게 한 팀이, 가정이 있는지 궁금하다.

　　세계역사의 위인들에게 보듯이 선명한 목표는 강력한 동기부여로 계속 작용한다. 그를

내부로부터 움직여 시종일관 목표를 달성하려는 생각과 실천을 하게 하는 것이다. "어느 팀에서 활약하고 싶나?"고 질문하면 선수들은 인기 높은 팀을 선호하고 있었다. 바르셀로나, 레알 마드리드, 맨체스터 유나이티드, 맨체스터 시티, 바이에른 뮌헨 등등…. 목표는 높고 클수록 좋다. 아니 최고로 높게 잡아야 한다. "(500년을 살아도) 인생은 작아지기에는 너무 짧다."(디즈레일리). "크게 생각할수록 크게 이룬다."(나폴레옹 힐)는 말에 동의하는가? '대부분의 인간은 자기 자신의 능력을 1%도 제대로 활용하지 못하고 있다.'는 연구 결과도 적지 않다. 자기 스스로를 제한하는 사람들을 보면 웃음이 난다. 목표를 높게 가지면 여러 가지 좋은 점이 있다. 거기에 걸맞은 더 높은 노력을 이끌어낸다. 최고 최선의 방법을 찾아내고 실천하면 그 목표를 성취할 수도 있다. 설령 목표한 팀에 입단하지 못하더라도 그 다음 수준(레벨)의 팀에 입단할 수 있다. 저 아래에 순위를 둔 K리그 입단도 어려운 게 아니다. 중국 일본 중동 리그도 어려운 게 아니다. "시 군 대회에서 우승하려면 전국대회 우승을 목표로 연습하고, 전국대회에서 우승하려면 세계대회 우승을 목표로 하는 것처럼 연습하라."는 코칭론의 지적과 궤를 같이 한다.

호박벌은 몸길이가 평균 2.5cm 밖에 안 되는 작은 체구를 가졌다. 그런 호박벌은 꿀을 모으기 위해 하루에 약 200km이상 되는 먼 거리를 쉴 새 없이 날아다니는 신기한 곤충이다. 체구에 비교하면 천문학적 거리를 날아다니는 셈이다. 사실, 호박벌은 태생적으로 날 수 없는 신체구조로 되어 있다. 몸통은 크고 뚱뚱한데 비해, 날개는 작고 가벼워서 날기는 커녕 떠 있는 것 자체가 불가능할 정도다. 하지만 호박벌은 매일같이 꿀을 모으기 위해 비행을 한다. 어떻게 그 작고 뚱뚱한 몸으로 기적 같은 비행을 하는 것일까? 호박벌은 자신이 날 수 있는지, 없는지는 전혀 관심이 없다. 아침부터 저녁까지 쉬지 않고 오로지 꿀을 모으겠다는 일념이 비행을 가능하게 만든 것이다.

목표는 인생이라는 항해에서 거친 파도와 역경을 극복하는 힘이 된다. 그리고 불가능한 일들을 가능하게 만들기도 한다. 만약 목표 없이 일을 진행한다면 기회가 와도 성공은 한낱 꿈에 불과할 수 있다. 장애물이란 목표 지점에서 눈을 돌릴 때 나타나는 것이다. 목표에 눈을 고정하고 있다면 장애물은 보이지 않는다. 2016년 9월 5일 아침 어느 분이 카톡으로 보내준 글이다. 호박벌에 대해 새롭게 알게 되었다.

위대한 업적이나 성공을 거둔 사람들의 공통점은 그들에게 목표가 있었으며 그 목표가 선명하고 아주 컸다는 사실이다. 선명하고 큰 목표가 그들을 이끌었으며 힘들고 지칠 때 그 목표가 그들을 인도해주었다. 우리의 잠재의식과 모든 행동에는 목표를 지향하는 긍정적인 의도가 있다.

그래서 목표를 정하고 나면 목표를 실현하기 위한 모든 자원이 동원되고 자신의 삶 속에서 그것을 현실로 창조해나가는 힘을 얻게 된다. 그 힘이 어떠한 어려움도 극복하고 성취할 수 있는 굳건한 의지와 끈기가 되어 목표에 자신을 끌어당기는 자성을 갖게 해준다. 목표를 세우게 되면 목표를 성취하기 위해 자신과 주변사람, 환경의 자원을 하나로 연결하여 일치시키기 때문에 그 자원을 증폭시킬 수 있는 시너지 효과가 생기게 된다.

목표는 자신이 갖고 있는 자원과 상대의 자원을 활용하는 무한성취의 기적을 창조하는 강력한 원동력을 갖게 해준다. 목표는 초점 맞추기라고 할 수 있다. 아무리 큰 돋보기라도 초점을 맞추지 못하면 아무런 에너지가 생기지 않는다. 하지만 작은 돋보기라도 초점을 맞추기만 한다면 큰 에너지가 생겨 물질을 태울 수 있게 된다. 우리는 자원이 없는 것이 아니라 목표가 없거나 희미해서 우리의 소중한 자원을 사용하지 못하는 상태에 갇혀 있을 뿐이다.

- 멘탈의 비밀 / 박영곤 지음 / 도서출판 벗 / 2015. 10. 12 / 18,000 원 / P 184 ~ 185

해외 진출 시기는 프로 유스는 이후 프로선수 1년차나 고3 때가 가장 좋다. 올바르게 가르치면 고교 3년이면 충분하고도 남는 시간이다. 이런 코칭을 하는 감독 코치가 어디에 있느냐고 반문하는 선수와 학부모가 있을 것이다. 초 중 고 대학 실업 프로구단이나 사설 클럽축구팀에 누구 없소? 지금처럼 팀을 운영하고 연습하면 300년 이상 노력해도 불가능하다. 아무 소용이 없는 동계 스토브리그 출전이나 연습경기를 지나치게 많이 하면 할수록 가능성이 빠르게 사라진다. 이건 시간, 노력, 돈, 인생 낭비다. 걷지도 못하는 어린 아이에게 "달려라"고 독촉하는 꼴이다. 연습경기 하는 시간에 개인기 향상과 상황판단 능력 향상에 전력투구해야 한다. 낭중지추(囊中之錐)라, 실력이 탁월하면 스카우터가 저절로 찾아온다.

현재 고교 랭킹 1위 선수도 개인 기술능력과 상황판단 능력(전술)에서 세계 경쟁력이 많이 부족하다. 거듭 말하지만 개인 기술능력과 상황 판단 능력이 세계 경쟁력의 핵심이다. 자녀가 주전으로 나서지 못하고, 경기에 출전하지 못한다고 의기소침해하는 부모가 너무 많다. 경기에 나서고, 출전하지 못하고는 지나가는 하나의 과정일 뿐 지나고 나면 아무것도 아니다. 이런 조그마하고 졸렬한 축구인식으로 자녀를 지혜롭게 인도할 수 있을까? 선수 성공의 결정적인 열쇠를 쥐고 있는 사람이 선수 부모다. 감독 코치가 아니다. 김연아의 어머니 박미희 씨를, 손흥민의 아버지 손웅정 씨를, 박지성의 부모 박성종 장명자 씨를 보라.

선수 역시 어제의 자신과 결별하라! 왜 실패하는 길로 계속 가고 있는가?

최고 최선의 방법을 찾아내어 혼신의 노력을 쏟아부어라!

걸출한 기량으로 고1, 2 때 이미 세계의 스카우터의 표적이 되어야 한다. 그 이후에는 늦다. 거듭 말하지만 최고로 연습하면 고교 3년이면 충분하다.

고3 때 원하는 프로 팀 주전으로 진출하라.

그리하여 소속 팀에 '선수 육성 보상금'도 듬뿍 안겨라.

영감을 주는 경기력과 페어플레이로 지구를 아름답고 장엄하게 만들어라!

11. 유럽으로 진출하려는 선수는 미리 영어를 준비하라!

1) 2가지 사례

사례 1. "영어 안돼 미칠 것 같았다"

잉글랜드에서 K리그로 유턴한 조원희(27. 수원 삼성)의 가슴에는 '아픔과 희망'이 공존한다. '위건'을 떠올리면 가슴 한편이 아파 오지만 차범근 감독을 바라보며 힘을 얻고 있다. 2010년 1월 26일 수원의 훈련캠프가 차려진 전남 강진종합운동장에서 그를 만났다. 그는 "심장이 터질 정도로 경기를 뛰어야 할 나이에 벤치에 앉아 있는 것이 너무 고통스러웠다"고 말했다.

조원희는 2009년 2월 위건에 입단했다. 하지만 **5경기만을 소화한 채** 지난 4월 수원으로 1년간 임대됐다. 벤치를 지키는 사이 그의 거취에 대한 여러 소문이 오갔다. 그는 "사실 마르티네스 감독은 내게 호의적이었다. 그런데 경기에 뛰지 못해 답답했다. **언어문제로 의사소통이 되지 않으니 미칠 것 같았다.** 다른 선수들은 한 시간 넘게 감독과 면담을 하는 데 나는 그럴 수가 없었다."고 털어놨다.

- 일간스포츠, 2010. 1. 27. 수. 4면

사례 2. 여민지 "해외 진출 대비 영어공부 시작"

지난 한 달 대한민국을 흔들었던 여민지(17. 함안 대산고)는 내년 고3 졸업반이 된다. 현재로선 대학 진학이 수순이지만 프로 팀 입단도 배제하지 않고 있다. 17세 이하 여자월드컵과 전국체전을 마치고 꿀맛 휴식을 즐기고 있는 여민지는 "내년에 진로를 정해야 하는데 주위에서 대학 진학과 프로 팀 입단에 대해 장단점을 설명해주신다. 아직은 어떤 게 좋은지 잘 모르겠다."고 했다.

그런데 축구 말고도 걱정거리가 하나 늘었다. 영어공부다. 본인이 원해서 시작하는 것이지만 아무래도 운동에 집중해야 할 시간에 다른 공부를 한다는 게 부담스럽다. 본격적으로 영어공부를 시작하기로 한 것은 해외 진출을 위해서다. 여민지는 "언제가 될지 모르겠지만 해외 팀에서 뛴다는 생각을 가지고 있다. 어머니가 좋은 과외 선생님을 알아보고 있다."고 했다.

- 스포츠조선, 2010. 10. 21. 목. 12면

2) 가장 효과적인 영어 마스터 방법을 찾아내어 선수에게 제공하자

위의 두 가지 사례 중 어느 쪽이 바람직한가? 지구에서 가장 많은 사람이 사용하는 언어는 중국어다. 그러나 주로 중국과 그 주변 국가에서 사용하기에 세계어라고 하기에는 무리가 있다. 유럽에서, 아메리카에서, 호주에서 중국어를 사용하면 자유로운 의사소통이 가능할까? 두 번째로 많은 사람들이 사용하는 언어가 영어다. 세계인의 언어다. 한국에서도 초중고 대학에서 영어를 가르치며 영어학원이 성업 중이다. 공무원 시험에도 영어가 있고, 영어를 잘하기 위해 사용하는 사교육비도 천문학적인 금액이다.

한때 영국은 전 세계 육지면적의 1/4, 인류의 1/5 가량을 통치했다. 대영제국(大英帝國 British Empire)은 약 3세기(1583~1931) 가량 유지되었으며 19세기가 대영제국의 최전성기였다. 그때에는 "대영제국은 해가 지지 않는다."고 했다. 당시 현재의 미국도, 호주도, 인도도, 아프리카의 절반이, 이 지역 외에도 영국 지배하에 있었다. 이런 연유로 자연스럽게 영어가 전 세계로 퍼져나갔다. 지금도 최첨단 고급 정보는 영어로 유통되고 있다. 초강대국 미국 그리고 영국과 호주 인도 등 영어사용권이 상대적으로 선진국이고 영어가 세계 공통어이기 때문이다. 축구시장도 잉글랜드 프리미어리그(EPL)가 단연 세계 1위다.

유럽으로 진출하려는 한국의 축구선수는 영어를 알아야 한다. 감독의 지시를 이행하고, 동료선수들과의 의사소통 그리고 현지에서의 일상생활 등 모두를 영어로 의사소통해야 하고, 영어로 사고(思考)해야 하기 때문이다. 그러므로 미리 준비해야 한다. 어릴수록 외국어 습득 속도도 빠르다고 한다. 시간이 있다는 건 준비할 기회가 있다는 의미. 준비 없이 지내다 유럽 진출이 임박해 허둥대서는 안된다. 영어를 공부하며 스스로를 동기 부여하자. '반드시 유럽 명문 팀으로 진출해야 하며, 그렇게 하기 위해 영어를 마스터하자. 그곳에서 감독 코치 그리고 소속 프로선수들과 의사소통에 아무 문제가 없도록 하자. 축구용어도 영어가 많지 않은가!'하며 스스로에게 영어 공부의 의미를 부여하자.

선수 부모는 가장 효과적으로, 가장 빨리 영어를 마스터할 수 있는 방안을 찾아내어 선

수에게 제공하자. 물론 준비 과정에서 다양한 정보를 모으고, 모범사례를 찾아내며, 여러 전문가의 조언과 도움을 받아 시행착오를 최소화해야 한다. 늦어도 18세 이전에 완성한다는 계획으로 미리 준비하자. 고3인 18세에 유럽 빅 3 명문구단 주전 진출을 목표로 하기 때문이다.

"로마는 하루아침에 이루어지지 않았다.""Rome was not built in a day."

12. 선수, 해마다 36권 이상의 책을 읽자!

2009년, '공부하는 선수'를 목표로 주말리그를 시작했다. 그 후 여덟 번째 주말리그를 치르고 있는 2016년 8월 현재, 이 목표가 이루어 졌는가? 결론은, 실패했다. 장황하게 말할 것 없이 당사자인 선수 자신과 부모가 잘 알고 있다. '학습권' 보장이 지켜지지 않기는 학원축구가 클럽축구보다 더 심각하다. 학년이 올라갈수록 학습결손이 누적되어 공부할 엄두를 못 낸다. 주말리그는 애초의 목표를 상실한 채 지난해에도, 올해도 여기에 대한 대책 없이 진행되고 있다. 내년에도 그러할 것이다. 학기 중에 자그마치 열흘이나 버젓이 전지훈련 가는 중학교 팀도 있다. 교장과 축구부장(교사)은 무얼 하는 사람인가? 금요일에 거의 모든 대학 주말리그가 열리고 있다. 금요일에는 수업이 없는가? 주말리그 시작 이래 부작용을 해결하고, 또다시 개선하려고 천착하는 직원이 대한축구협회에 얼마나 있는지 궁금하다. 있다면 주말리그와 선수의 학업 성취가 이 지경이 되어 있는가?

한국축구계는 한 분야를 붙잡아 끝까지 열정과 사명감을 쏟아붓는 인물이 500년 가뭄에 콩 나듯 희귀하다. 그 결과로 세계적인 업적을 내었거나 내고 있는 사람이 있는가? 축구계에 변화와 발전이 너무나 더디다.

1) 그 교실 풍경

그 반에는 고교 축구선수 2명이 있다. 수업시간에 어찌지 못해 교실에 들어왔으나 수업 중에는 엎드려 자고 있다. 이 학교의 다른 교실도 그러하고 전국의 고교 이상 교실에서 어디서나 흔히 볼 수 있는 풍경이다. 이렇게 행동하기에 교장 교감 교사를 비롯한 교직원들이 축구부를 탐탁지 않게 보고 있다. 축구부가 학교에 아무 도움도 되지 않고 면학 분위기를 해치는 골칫거리라고 생각한다. 축구부 존폐가 걸린 사안이 생기면 이들은 "해체하자!"는 쪽에 적극적으로 동조한다.

수업 중 왜 엎드려 자야 하나? 그게 최선인가? 이 얼마나 한심한 모습인가? "청춘은 청년에게 주기 아깝다!"는 말이 생각나게 한다. 시간은 그 무엇으로도 대체할 수 없는 가장 귀중한 자원이다. 한 사람이 사용할 수 있는 시간은 유한하고, 돈이 아무리 많은 부호라도 연장할 수 없다. **감독은 왜 이걸 계속 방치해두고 있는가?** 학원축구의 경우, 중학교 2,3학년이 되면서 서서히 공부에 손을 놓기 시작한다. 고등, 대학으로 가면 학력 부진의 누적으로 교사의 설명이 이해되지 않는다. 본격적으로 학력 미달 상태가 되고 공부와 담을 쌓는다. 좀 더 자세히 살펴보자. 수학 과학 영어 등은 교과지식의 연속성이 강하기에 거의 대부분의 선수들은 이전 내용을 알지 못하면 교사의 설명을 이해하지 못한다. 반면, 사회 윤리 국어 국사 세계사, 이런 과목은 집중해서 들으면 알 수 있는 내용이 많기에 교사의 설명을 진지하게 들을 필요가 있다.

공부해야 하는 시기에 공부하지 않으면 그 후유증이 매우 크고 길게 간다. 선수 시절 내내, 은퇴했어도, 감독 코치가 되어도, 삶이 다하는 그 날까지 열패감에서 벗어날 수 없게 한다. 사고의 폭이 좁고 창조성의 발현을 제한한다. 어쩌다 중책을 맡아도 제대로 해낼 수 없게 된다. 최소한의 기본 지식 요소도 가지고 있지 못하기에 새로운 무엇을 시작하려 해도 엄두가 나지 않는다. 무모하게 덤비다 실패하게 될 개연성이 높다. 실제로 축구선수 출신이 사업에서 성공하는 경우보다 실패하는 일이 훨씬 더 많다. 현대사회에서 지식이 가장 강력한 경쟁 수단이요, 최후의 경쟁무기가 아니던가. 이 후유증을 최소화하거나 극복할 수 있는 방안이 없는가? 현실은 감독이 별다른 대안 없이 방치하고 있는 모양새다. 아니, 감독이 해결 능력을 가지고 있지 못하다. 시간이 지나고 세월이 흘러가면 상처가 더욱 커지고 단단해진다. 도대체 해결 방안이 없는가?

하나의 방안을 제시한다. 그것은 책 읽기, 즉 독서다.

기초 학력 부진으로 공부가 엄두가 나지 않는 선수가 선택할 수 있는 차선책이 아닐까? 독서가 습관화되어 있는 감독에게는 이 일이 매우 쉽다. 반면에 책을 읽지 않는 감독에게는 매우 어려운 과제가 될 것이다. 선수에게 독서를 침투시키려면 감독이 먼저 책 읽기에 모범을 보여야함은 상식이다. 실제로 한국 축구팀 중 이 글처럼 하는 팀이 하나도 없다고 해도 과언이 아닌데, 그 이유는 감독이 독서의 중요성을 모르거나 경시하기 때문이다.

2) 선수, 해마다 36권 이상의 책을 읽자

1년은 365일이다. 52주 1일이다. 감독은 수준 높은 책을 해마다 최소 52권(주 1권 이상) 읽어야 한다. 선수가 해마다 36권 이상 읽는다면 10일마다 1권 읽는 셈이다. 10일에 1권,

가능하지 않을까? 책 읽기의 필요성을 확고하게 깨닫고 틈틈이 부지런히 읽으면 가능하지 않을까? 1년 36권을 읽으면 10년이면 360권이다. 아니, 점점 책 읽는 스피드가 빨라져 10년이면 500권 이상 읽을 것이다. 20년이면 1,000권 이상 읽는다. 세상에 엄선한 책 1,000권, 아니 300권 이상 읽은 사람 많지 않다. 축구선수 출신이지만 같은 시기의 졸업생(학생)에 비해 조금도 뒤지지 않는다. 인식과 통찰에서 그들보다 성큼 앞서 있을 가능성이 높다. **1,000권 독서면 책을 쓸 수 있는 경지에 이르게 된다.** 이러면 축구선수 출신인 나도 지식인이다. 거기다 몸이 전나무처럼 튼튼하다. 더 많은 일을 할 수 있다.

(1) 독서의 위력, 선수가 알아야 한다.

선수에게 독서의 엄청난 힘을 알게 하는 쉬운 방법이 있다. 독서전문가를 초청하여 강연을 듣게 하면 된다. 강연 중에 그리고 강연 후에 선수가 독서의 필요성을 절감하게 될 것이다. 책을 읽어야겠다는 마음이 불같이 일어날 것이다. 한 권의 책을 읽은 사람은 두 권의 책을 읽은 사람을 결코 앞서갈 수 없다.

학생의 경우도 초등학교 때는 독서가 공부보다 열 배 더 중요하다. 이러면 학교 공부는 저절로 이루어진다. 미국에서 특별한 업적을 이룬 사람들을 조사한 결과 이들에게는 한 가지 공통점이 있었다고 한다. 초등학교 시절 모두 1,000권 이상의 책을 읽었다고 한다. 물론 그 후에도 책 읽기가 습관이 되어 독서는 하루도 빼먹을 수 없는 중요 일과가 되었다고 한다. 책 읽기의 위력을 보여주는 일화를 소개한다. 정말 책 읽기가 사람을 이렇게 변화시킨단 말인가?

에디슨, 처칠, 아인슈타인의 공통점이 무엇인가? 이들에게는 3가지 공통점이 있다.
첫째, 저능아였다. 초등학교 시절 공식적인 저능아였다.
둘째, 철학 고전 독서 교육의 힘을 아는 사람이 곁에 있었다.
셋째, 철학 고전 독서 교육을 받으면서 두뇌가 천재적으로 변했다.

에디슨?
에디슨이 다녔던 초등학교 교장은 "우리 학교에서 저능아 판별 시험을 본 결과, 에디슨이라는 어린이가 저능아인 것으로 판명됐습니다."라는 공문을 작성해서 교육청에 보냈다. 이 소식을 전해 듣고 화가 난 에디슨의 어머니는 학교를 항의차 방문했다. 그러나 그녀는 분명히 드러난 시험 결과 앞에서 아무런 말도 하지 못했다. 결국 에디슨을 자퇴시킬 수밖에 없었다. 에디슨은 어머니로부터 철학 고전 위주의 독서 교육을 집중적으로 받았다. 플라톤, 아리스토텔레스, 데카르트가 쓴 고전 철학 서적은 물론이고「맥스웰 전기방정식」,「패러데이의 전자기유도법칙」 같은, 한마디로 대학 전공자들이나 읽을 만한 책들을 읽혔다.

덕분에 에디슨은 초등학교 6학년 나이에 이미 대학교수 수준의 실험을 할 수 있었다. 에디슨의 어머니가 독서에 얼마나 목숨을 걸었는지는 10대 시절에 에디슨이 읽은 책의 수를 보면 알 수 있다. 에디슨은 10대 시절에 이미 2만 권 이상의 책을 읽었다. 디트로이트 도서관의 책을 모두 읽은 일화는 독서계의 전설이다. 에디슨은 30대 초반에 초국가적인 천재가 되었다.

처칠?

처칠은 초등학교 시절 내내 전교 꼴찌를 도맡아했다. 정신이상자 아버지는 툭하면 처칠을 세워 놓고 이렇게 말하곤 했다. "너는 내 인생의 찌꺼기야. 너는 절대로 제대로 자랄 수 없을 거야." 어머니는 아예 집에 들어오지 않는 날이 많았다. 그는 초등학교 시절에 이미 절도를 일삼았다. 시험지를 받으면 한 글자도 쓰지 못했다. "얘들아, 우리 학교에서 제일 멍청한 학생이 바로 이 녀석이란다. 시험만 보면 전교 꼴찌를 하는 녀석이지." 담임선생님은 담임선생님대로 시험 결과가 발표될 때마다 학생들 앞에 처칠을 세워 놓고 이렇게 모욕하곤 했다.

그러던 어느 날, 10대 중반이 된 처칠이 그녀를 찾아왔다. 아들은 어머니를 보자마자 자신의 처지를 하소연하기 시작했다. "학교 아이들은 모두 나를 따돌리고 선생님은 툭하면 나를 보고 천하의 멍청이라고 한다. 죽고 싶다. 달리는 기차 앞으로 뛰어들고 싶다."라며 몇 년 만에 만난 어머니 앞에서 울부짖었다. 그 날부터 그녀의 삶은 변하기 시작했다. 바람둥이 생활을 청산하고 아들 처칠의 장래를 위해 헌신하는 여성으로 변했던 것이다. 아들 처칠을 저능아에서 천재로 변화시키기 위해 그녀가 사용한 처방은 바로 이것이었다. "하루 다섯 시간 이상은 무조건 독서해라. 두 시간은 무조건 신체를 단련해라." 그러면서 그녀가 아들 손에 쥐어준 첫 번째 책이 플라톤의「소크라테스의 변명」이었다. 처칠은 후일 자서전에서 "내가 읽었던 책 두 권 중 한 권은 철학 고전이었다."라고 말했다.

아인슈타인?

아인슈타인은 네 살 때까지, 그러니까 우리나라 나이로 따지면 여섯 살 때까지 말을 못했

다. 말을 잘 알아듣지 못해서 초등학교 시절 심부름 하나도 제대로 해내지 못했다. 담임선생님은 아인슈타인에게 저능아라는 낙인을 찍으며 통신표에 '아이는 앞으로 무엇을 하더라도 성공하지 못할 것입니다.'고 적었다. 아인슈타인의 부모에게는 '아인슈타인이 수업을 따라가지 못할 뿐 아니라 같이 수업을 듣는 다른 학생들에게도 막대한 피해를 끼치고 있으니, 모두를 위해 아들을 학교에 그만 보냈으면 좋겠다.'는 내용의 편지를 보냈다. 아인슈타인의 어머니는 1주일에 한 번씩 일류대학교 학생들을 집으로 초청해서 초등학생 아들과 자연스럽게 어울리게 유도했다. 또한 그녀는 아들을 천재로 변화시키기 위해 음악과 독서 두 가지를 사용했다. 매일 바이올린으로 클래식 음악을 연주하게 했고,「유클리드 기하학」등을 읽혔다. 아인슈타인의 전기에 따르면 그의 어머니는 아인슈타인이 열여섯 살이 되기 전에 웬만한 철학 고전은 다 읽힌 것으로 보인다. 아인슈타인은 20대 중반에 후일 노벨상을 수상하게 될 논문을 완성했다.

- 성공하는 아이에게는 미래형 커리큘럼이 있다/ 이지성 지음/ 랜덤하우스중앙/ P 85~90

그리고 한국축구계에 세계적인 감독 코치가 희귀한 중요한 이유 중의 하나가 독서량이 터무니없이 부족하다는 것과 깊이 연결되어 있다. 책이, 독서가 가장 강력한 평생교육 수단이기 때문이다. 감독실에 방문할 때 서재와 서가가 있는지 눈여겨볼 일이다. 서가가 있다면 어떤 책을 주로 읽고 있는지 은근하게 살펴보자. 세계적인 수준의 방대한 독서량을 보여 주는 감독이 기다려진다.

(2) **책을 항상 가지고 다녀야 한다.**

언제 어디서나 틈이 나면 책을 꺼내 읽을 수 있도록 항상 책을 가지고 다니자. 진정으로 독서하고자 하는 사람은 이렇게 한다. 선수가 언제나 가지고 다녀야 할 3가지, 책 축구공 줄넘기다.

(3) **자투리 시간을 지혜롭게 활용한다.**

고교 선수의 경우, 교과 내용을 이해할 수 없는 수학 과학 영어 시간에 책을 읽을 수 있다. 감독이 요청하여, 학교에서 이 시간에 책 읽기를 허용한다고 발표하도록 해야 한다. 수업시간에 엎드려 자는 것보다 훨씬 바람직하지 않은가! 점심 식사 후 15분 정도, 저녁 식사 후 30분 정도 시간을 낼 수도 있다. 휴가 받아 귀가하는 버스 기차 지하철 안에서, 이동하는 축구팀 버스 안에서 등등… 이처럼 자투리 시간이 하루 중 생각보다 많이 생긴다. 이렇게 하면 10일마다 1권 이상의 책을 읽을 수 있다. 책 읽는 스피드는 처음에는 오래 걸리나, 읽을수록 빨라진다. 정민 교수는 지하철 안에서 이동하는 자투리 시간에 여러 권의 책을 썼다. 단순히 책을 읽은 것이 아니다.

(4) 쉽고 재미있는 책에서 깊이 있는 책으로 나아간다.
"인생은 짧다. 이 책은 읽을 수 있어도 저 책은 읽을 수 없다."

- 에머슨

책 선택의 중요성을 일깨워 준다. 한 권의 책을 읽어도 여러 권의 책을 읽은 효과를 주는 책이면 더욱 좋다. 실제로 같은 분야의 책이지만 이런 책들이 있다. 감독이 책과 책 읽기에 밝은 전문가에게 책 선정을 의뢰하는 것도 한 방법이다. 처음에는 만화도 좋다. 단, 재미는 풍부하나 '건강함'이 없는 만화는 피해야 한다. 어린 선수의 정신이 세균 박테리아 바이러스 곰팡이에 감염되지 않도록 예방하기 위해서다. 적극적으로 인문고전과 철학에 도전하자. 인문고전과 철학이 어떤 책이며, 어떤 역할을 하는지 잠시 살펴보자.

인문고전과 철학은 스테디셀러 중의 스테디셀러다. 수천 년의 세월 속에 무수한 책들의 치열한 경쟁을 뚫고 인류에게 선택받은 책이다. 인문고전과 철학서적 1권은 일반서적 천 권 이상의 영향력을 가지고 있다. 「**국가론** Politeia」을 읽는 순간 플라톤의 철학 세계와 바로 접속된다. 「**맹자** 孟子」를 읽으면 맹자의 정신세계와 만나고 있는 것이다. 과거의 역대급 천재와 만나는 가장 좋은 방법이다. 인문고전과 철학은 인간 의식을 혁명적으로 도약시키는 근원적인 힘을 가지고 있다. 다른 책에는 이런 영향력이 별로 없다. 인문고전과 철학의 저자가 천재 중의 천재였기 때문이다. 일반서적의 저자들이 비행기라면 인문고전과 철학의 저자들은 우주왕복선이다. 처음부터 차원이 다르다. 겨우 대기권 안팎 정도를 비행하는 비행기가 우주 왕복을 할 수 있는가?

책과 관련하여 이쯤에서 꼭 알아야 할 한 가지가 있다. 인문고전과 철학은 이처럼 탁월한 책이다. 그러나 한계가 있다. 사람에게는 3가지 생명이 있다. 돈(물질), 몸, 영혼이다. 인문고전과 철학은 한시적인 생명인 돈과 몸에 공헌하고 있다. 그러나 인간의 영혼 구원에는 거의 도움이 되지 않는다. 한시적인 돈이나 몸과 달리 영원한 생명, 진정한 생명, 그 무엇과도 비교할 수 없는 유일한 생명, 개인이 세상 다한 후 천국과 지옥으로 영원히 거처가 정해지는 영혼 구원에는 무용지물이다. 그렇지만 다행하게도 이 책이 있다. 지금까지 인류

가 만든 책 중에서 단연 으뜸이다. 앞으로도 이 책 이상의 책은 절대로 나오지 못하며, 나올 수도 없다. 세상 모든 책을 합쳐도 이 책 한 권을 당하지 못한다. 그 책은 「**성경 Bible**」이다! 믿지 않는 사람에게는 믿는 게 기적이고, 믿는 사람에게는 믿지 않는 게 기적이다. 선수 뿐만 아니라 세상 모든 사람이 이 책을 읽고 묵상하기를 권유 드린다. **천하를 얻고도 자신의 영혼을 구원받지 못하면 무슨 소용이 있으랴! 월드컵 우승도, 올해의 선수상도, 그 어떤 부귀와 영화도 잠깐 왔다 사라지는 세상 일이다.**

(5) 팀에 미니도서관을 만들자

우선 300여 권으로 미니도서관을 만들어 책을 읽을 수 있는 여건을 갖추자. 모두 엄선한 책이어야 한다. 책이 책다워야 선수에게 설득력이 높아진다. 선수 중에서 독서반장 1명을 선정한다. 독서반장은 질 좋은 대학노트로 독서공책 1권을 마련한다. 우측 상단에 연속적으로 페이지를 적는다. 한 선수당 3페이지를 배당하며, 이러면 한 선수당 69권의 책 대여 기록을 적을 수 있다. 노트 첫 페이지에 각 선수별 해당 페이지를 기록한다. 일종의 '차례'가 된다. 이것으로 선수별 도서대여 현황을 알게 된다. 선수는 반드시 독서반장을 통해 책을 빌려가고 반납하도록 규정하여 전 선수에게 알려 지키게 한다.

(6) 매달 우수 선수에게 상(賞)을 주라!

독서반장(50%), 선수들(30%), 코칭스태프(20%)의 평가로 매달 우수 독서 선수 3명에게 상을 주자. 팀의 모든 선수 앞에서 최우수, 우수, 장려상으로 차등 지급하되 책, 축구화, 체육복, 식사권, 도서상품권, 현금 등으로 상을 주고 지속적으로 동기부여하자. 수상 대상선수에게 질문하여 원하는 것을 책정된 금액으로 구입해서 주어도 좋다. 교장이 전체 조례에서 시상하면 더욱 좋다. 가끔 학부모가 시상해도 나쁘지 않다. 감독이 직접 시상할 때는 경이적인 표정으로 환한 얼굴로 시상해야 한다. 감독의 눈빛이 기쁨으로 크게 빛나며, 얼굴에는 웃음이 충만하고, 입이 귀에 걸려야 한다. 감독이 독서를 얼마나 장려하고 강조하는지 분명하게 전달하는 거다. 수상 선수 부모에게도 알려 부모도 자녀를 힘껏 칭찬하게 하자.

학교방송이나 지역과 전국 일간지와 지상파 방송사에 보도자료를 주어도 좋다. 그리하여 신문, 방송에 보도되면 나쁠 게 있는가? 선수의 독서하고자 하는 의욕과 외부의 동기부여가 줄탁동시로 이루어져야 하는 것이다. 꾸준히 계속하면 어느 순간 선수가 스스로 책을 읽게 된다. 그 순간이 인생의 터닝 포인트다. 회복 탄력성이 폭발적으로 강해져 고난 극복력이 성큼 높아진다. 책 속의 밝은 길을 읽어서 자신의 길로 개척하는 능력이 길러지기 시작하는 순간이다. 생각하는 축구를 하게 된다. 올바른 생활은 보너스다.

평생을 두고 독서능력(습관)을 길러준 그 감독에게 두고두고 고마운 마음을 가지게 될 것이다. 은퇴 후 뛰어난 선수를 계속 배출하게 된다. 무엇보다 충실한 인생을 살아갈 수 있다. 모든 선수가 〈독서 공책〉을 준비하여 활용하게 하라. 책 읽은 후 생각을 자유로운 양식으로 간략하게 기록하는 것이다. 〈독서 공책〉을 잘 활용하는 선수에게도 상을 주라.

3) 글을 정리하며

책 읽기는 선수에게 크고 가치 있으며 대담한 의식 세계를 선물한다. 축구팀 운영이 바로 경영이다. 감독이 이렇게 하기 어려운 이유가 무엇인가? 감독이 이 글처럼 실천해주기를 바라나 그렇게 하지 않을 때 학부모가 나서야 한다. 소중한 아들딸을 어중이떠중이로 만들지 않기 위해 이제는 부모가 나서야 한다. 학부모가 개별적으로 엄선한 책을 자녀에게 전해주는 것이다. 휴가 오면 같이 독서하고, 독서 대가와 대화할 기회도 만들어주는 일이다. 그리고 이 일은 매우 쉽고도 쉽다. 그러나 그 효과는 상상 그 이상이다.

13. 식재료 정보 확보 및 활용

사례 1 : 이 음식 먹고 코트 지배, 조코비치 '황제의 식단'

"조코비치는 무적이었다. 내가 할 수 있는 건 그의 승리를 축하해 주는 일 뿐이다." 테니스 스타 라파엘 나달(29. 스페인. 세계 랭킹 5위)은 2015년 11월 22일 바클레이스 월드 투어 파이널스 준결승전에서 노박 조코비치(28. 세르비아)에게 0-2로 완패한 뒤 이렇게 말했다. 2015년 세계 테니스계는 '조코비치 천하'다. 올해 호주 오픈, 윔블던, US 오픈 등 3개 메이저 대회에서 우승한 조코비치는 단 하루도 세계랭킹 1위 자리를 내주지 않았다. 올해 11개의 우승 타이틀을 차지해 2159만 달러(249억 원)의 상금을 벌어들였다. 승률은 무려 93%(82승 6패)다.

조코비치는 5년 전까지만 해도 노력형 수재로 평가받았다. 황제 페더러와 클레이 코트의 제왕 나달을 넘어서지 못했다. 나비처럼 우아한 스트로크를 하는 페더러와 클레이 코트에서 적수가 없는 나달에 밀려 번번이 우승 목전에서 물러났다. 반짝 스타에 그칠 뻔했던 그를 살린 건 **'글루텐 프리 다이어트** (Gluten - free Diet)'이었다. 조코비치는 2013년 펴낸 자서전「승리를 위한 서브 (Serve to Win)」에서 자신이 글루텐 알레르기가 있다는 걸 털어놓았다. 일상생활에 지장은 없었지만 운동할 때 특히 체력이 심하게 떨어졌다. 조코비치는

영양사의 조언에 따라 즐겨 먹던 피자, 파스타 등을 2010년부터 멀리 했다. 대신 아침마다 뉴질랜드산 마누카꿀을 넣은 미지근한 물을 마셨다. 또 호두 땅콩 등 견과류, 글루텐이 없는 빵, 과일 등을 골라 먹었다. 결과는 놀라웠다. 조코비치는 2011년 3개 메이저 대회 우승을 차지하며 페더러 - 나달의 양강 체제를 무너뜨렸다.

요즘도 식이요법을 하고 있는 조코비치는 "나는 지금 육체적으로나 정신적으로나 가장 높이 올라와 있다."며 자신감을 드러냈다. 조코비치는 아침엔 꿀물, 글루텐 없는 오트밀, 건포도, 해바라기 씨를 먹고 점심에는 호박 토마토 등을 얹고 올리브 오일 뿌린 쌀 파스타, 저녁에는 닭고기, 생선, 야채 스프, 과일주스를 섭취한다. 간식으로 바나나 블루베리 아몬드 시금치 등 갈아 만든 스무디를 먹는다.

- 이 음식 먹고 코트 지배, 조코비치 '황제의 식단' (중앙일보, 2015. 12. 1. 화, 29면)

사례 2 : 식재료 정보의 보물창고 신문

국내 최대 규모의 송고버섯 재배 단지는 안성 버섯랜드(대표 김상곤, 031. 673. 0560)이다. 포도는 색이 짙고 고유의 향이 있으며 알과 알 사이가 빽빽한 것이 좋은 포도나. 매일유업은 지방을 반으로 줄이고 칼슘은 두 배가 된 '저지방 &고칼슘 2%'를 출시했다. 쌍둥이블루베리농원(대표 김영민, 경북 의성, HP 010. 8888. 5725)은 안토시아닌의 결정체 슈퍼푸드 아로니아를 지하 120m 천연암반수로 유기농으로 재배하여 판매한다. 탱글탱글 감칠맛 남원 흑돼지는 110년 전 미국에서 왔다. 반면 제주도와 지례(경북 김천) 흑돼지는 한국 재래 흑돼지다. 항산화 수치가 가장 높은(1026으로 46의 블루베리보다 23배 높음) 전 세계 슈퍼푸드 NO. 1 아사이베리 중 미 농무부 최초 인정된 아사이베리로만 생산하는 '볼바 아사이베리'가 한국에서 시판(1599 ~ 8486)되고 있다. 김장철 절임배추의 2대 명산지는 전남 해남과 충북 괴산이다. '쌈추 박사' 이관호 교수는 맛 좋고 영양 만점인 붉은 색을 띠는 '홍배추'를 개발했다. '문경전통된장마을'(대표 이해무, 054 ~ 571 ~ 8800)에서는 방부제나 색소, 화학조미료를 일절 첨가하지 않고 엄선한 100% 국산콩과 천일염을 사용하여 만든 된장을 판매한다. 완도 금일수협 유통센터 1층에서 매일 오전 8시, 오후 2시 두 차례 완도 수산물 경매가 열린다. 우리나라에서 살아있는 활어가 가장 많이 모이는 어시장이다. 100% 신뢰할 수 있는 '고우미 고춧가루'를 생산 공급하는 농업회사법인 (주) 참솔(대표 김경태, 044 ~ 868 ~ 3371)이 급격한 성장세를 보이고 있다. 임실 무지개영농조합 '두 마리 목장'(대표 심요섭)은 수제 치즈와 요구르트로만 연간 5억 원의 매출을 올리고 있다.

- 직원 5명 年 5억 매출… '날마다 ' 치즈 '(문화일보, 2015. 3. 24. 火. 28면) 외

사례 3 : 충남 A중학교 축구팀의 텃밭

충남의 한 면 소재지에 있는 A중학교 축구팀은 학교 인근의 밭 2268 평방미터(약 750여 평)를 임차하여 텃밭을 가꾸고 있다. 고추 상추 쑥갓 무 배추 파 방울토마토 오이 우엉 호박 등을 기른다. 필요할 때마다 바로 채취하여 먹는다. 더없이 싱싱하고 영양 풍부하고 맛있는 채소를 섭취한다. 밭을 갈거나 채소를 심고 파종할 때 등 시간이 많이 걸리는 일은 인부를 쓰거나 학부모들이 와서 도와준다. 선수들도 틈틈이 잡초를 뽑는다.

또 이 팀은 열흘마다 70kg 내외의 돼지를 통째로 구입하여 삶거나 떡 방앗간의 떡시루에 쪄서 먹는다. 이때 비타민 C가 풍부한 고추, 향긋한 쑥갓, 비타민 A가 가득하고 아삭아삭 씹히는 적치마상추 등을 함께 먹는다. 채소의 품질이 상업적으로 대량 재배한 것과는 확연하게 차이 난다. 식품의 생명력이나 항산화 수치도 우수하다. 즉 파이토케미컬에서 차원이 다르다. 맛도 영양도 월등해 선수들 모두 크게 만족하고 있다.

이 일은 별로 어렵지 않다. 감독이 마음만 먹으면 누구나 쉽게 할 수 있다. 대도시 팀은 주변의 농민과 위탁 재배 계약 등 방법은 얼마든지 있다. 몸은 음식에 의존해 살아간다. 음식은 몸을 구성한다. 심장 박동 체온 유지 호흡 등 생명을 유지하며, 노동 운동 등 활동에 필요한 에너지를 공급한다. 키와 체중을 증가시킨다. 질병을 예방하고 치료하며 먹는 즐거움과 심리적인 안정을 제공한다. 반면 영양 부족이나 영양 과잉은 건강을 해치는 원인으로 작용한다. 건강의 유지와 증진을 결정짓는 4대 요소는 운동 영양 위생 휴식이다. 이 중 가장 중시되는 것이 영양이다. 현대병을 '식원병(食原病)'이라 부르는 사람들도 많다. 일찍이 의성(醫聖) 히포크라테스는 "음식으로 다스릴 수 없는 병은 고칠 수 없다."고 했을 정도다. "그가 어떤 사람인지 알려면 그가 먹는 음식을 보면 된다."는 지적도 있다.

보다 높은 삶의 질을 추구하는 현대인은 이전의 그 어느 시대보다 음식과 영양을 중시한다. 특히 몸으로 축구 기능을 익히고 경기를 풀어 가는 선수에게 음식물의 중요성을 아무리 강조해도 지나치지 않다. 음식물의 품질은 누가 만들었느냐와 어떤 식재료를 사용했느냐, 이 2가지에 의해 결정된다. 조코비치 선수의 사례에서 보듯이 감독은 영양섭취에 대한 연간 계획을 가지고 있어야 한다. 식품영양학에도 해박해야 한다. 감독이 식품에 밝게 깨어 있어야 한다. 어떻게 하면 선수에게 최고 최선의 영양을 섭취하게 할까? 연구해야 한다. 선수의 장래를 책임지고 있는 감독은 신중하며 과학적으로 계획된 식단이 실행되는지 확인해야 한다. 식품첨가물이 없고 가공하지 않은 1차 식품이 가장 바람직하다. 이동거리가 짧은 로컬푸드가 좋다. 조리의 편리함보다 경기력 향상에 초점을 맞추어야 한다. 라면

빵 국수 등 밀가루를 주원료로 하는 식품, 피자나 치킨 같은 튀긴 음식, 햄, 청량음료, 아이스크림, 학교 앞의 불량식품 등은 경기력 향상을 방해하기에 모두 멀리 해야 한다. 하나의 보기를 들어 보자. 선수들이 치킨이나 피자와 즐겨 마시는 **콜라는 어떠한가?**

   콜라는 특히 산성이 강하다. 인산 수치도 높다. 인산은 신속하게 중화되지 않으면 우리 몸에 해를 끼칠 수 있는 아주 강력한 산이다. 콜라는 2.5 내외로 PH 수치가 극도로 낮은 강한 산이다(위산은 PH 1.5). PH 수치는 대수적이므로(PH가 1 감소하면 산성도가 10 증가한다) PH 2.5인 콜라를 단 한 잔 마셨다 해도 그 산을 중화시키려면 PH 알칼리수 3,200잔을(PH 10 의 알칼리수는 32잔) 마셔야 한다. 만약 인체가 이에 대응하기 위해 아무런 조치도 취하지 않는다면 단 한 잔의 콜라만으로도 우리 혈액의 PH는 4.6으로 변하고 만다. 당장에 사망할 수 있는 수치인 것이다.

- 20년 젊어지는 건강 비법 1 / 우병호 지음 / 모아북스 / 2013. 4. 5

문득 선수에게 식품영양학을 강의해야 한다, 는 생각이 들지 않는가?
알고 난 후에는 전과는 다른 선택을 하게 될 것이기에…
1초가 모여 하루가 되고, 하루가 모여 인생이 된다.
매일 먹는 음식의 차이가 세월 속에서 경기력의 차이를 만들어 낸다.
식재료 정보의 지속적인 확보와 지혜로운 활용, 감독에게 주어진 과제다.
누구는 실행할 것이고 누구는 하지 않을 것이다.
그리고 그 결과 혜택도 폐해도 모두 고스란히 선수의 몫이다.

14. '척하는' 선수들에게 수시로 현재 자신의 위치(경기력)를 인식하게 해야 한다.

먼저 몇 가지 사례를 살펴보고 이야기를 진행하기로 하자.

1) 그런 이야기들

> 사례 1. 초일류 만난 한국선수들, "나는 우물 안 개구리였다."

   목표는 결선 진출이었지만 현실은 예선 탈락이었다. 2011년 8월 28일 대구스타디움에서 열린 대구세계육상선수권 남자 100m 허들 조별 예선에서 탈락한 박태경(31. 광주시청)은 "오늘 순위가 현재 내 위치라는 걸 다시 한번 절감했다. 더 열심히 하겠다."고 고개를 숙였다. 준결승 진출에 실패한 여자 100m의 정혜림(24. 구미시청)도 "다른 선수들이 몸에 느껴

질 정도로 잘 뛰더라. 마지막에는 차이가 심했다."고 고백했다.

여자 장대 높이뛰기의 최윤희(25. SH공사)는 자신의 최고 기록과 타이인 4m 40을 넘었지만 결선 진출에는 10cm나 모자랐다. 전날 여자 멀리뛰기에서 결선 진출에 실패한 정순옥(28. 안동시청)은 "우물 안 개구리였다."고 실토했다.

- 중앙일보, 2011. 8. 29. 월. 30면

사례 2. '척하는' 한국 축구선수들

"한국 축구선수들은 순종적이며 말을 잘 듣는다." 2002 한일월드컵 때 한국 대표 팀 감독이었던 거스 히딩크를 비롯해, K리그 팀을 맡았던 외국인 감독들이 공통적으로 하는 말이다. 과연 그럴까? 듣는 척, 아는 척, 하는 척… 한국 축구선수들은 이 세 가지 '척'을 하는 선수들이 아닌지 한국 축구계에 숨겨진 진실을 묻고 싶다.

과거 K리그와 내셔널리그 사령탑을 맡았던 필자의 경험을 되새겨보자. 훈련에 앞선 미팅에서 감독은 훈련 방법과 목적을 철저하게 선수들에게 주지시킨다. 하지만 막상 훈련에 돌입하면 선수들은 이를 까맣게 잊어버리고 낯설기만 한 표정과 행동을 취한다. 또한 실전에 앞서 전술적 지시를 내리고 그 날의 전략을 설명한 뒤 "알았니?"하고 물으면, "네"하며 큰 소리로 외치며 기세등등하게 그라운드로 뛰어나간다. 그러나 그렇게 기세등등하던 선수들은 운동장 안에 들어가면 좌우를 살피지 못하고 한 치 앞 밖에 보지 못하는 다른 선수가 돼 버리곤 한다. 과거 K리그 부천 에스케이(현 제주 유나이티드)를 이끌었던 발레리 니폼니시 감독은 한국 축구선수들에 대해 이렇게 평한 적이 있다.

"한국 축구선수들이 감독 말을 잘 듣는 것은 사실이지만 팀워크를 다지는 것은 쉽지 않다. 기본적으로 생각을 적게 한다. 그리고 감독이 시키는 대로 주어진 임무를 하도록 교육받으며 성장해왔다. 따라서 한국 축구선수들의 기강은 '회초리'기강이다." 니폼니시는 일본 축구선수들과 비교해 이렇게 말했다. "일본 축구선수들의 기강은 '의식적'인 기강이다. 그들은 절대로 마시고 놀고 하는 식으로 규율을 어기지 않는데 반해 **한국 축구선수들은 감시하지 않으면 규율을 어긴다**. 또 전술이론을 설명하는 시간에 **한국 축구선수들은 절대 질문을 하지 않는 데 비해** 일본 축구선수들은 자신이 완벽하게 이해하지 못하는 부분에 대해서는 언제나 질문을 한다. 그렇기 때문에 같은 결과를 달성하기 위해서 한국에서는 2년이 걸리지만 일본에서는 반년이면 충분하다"

- 하재훈의 축구 인사이드, 한겨레신문, 2012. 4. 4. 수. 27면

사례 3. 프리미어리그에서의 이동국 선수의 부진

#1. 이동국 EPL 최악 공격수 1위 불명예

2016년 4월 25일 현재 이동국 선수가 K리그에서 펄펄 날고 있다. K리그 최고 득점자로 골을 넣을 때마다 K리그 득점 신기록을 스스로 갈아치우고 있다. 전북 현대의 K리그 연속 우승에 결정적으로 기여하고 팬들의 인기도 드높다. 그런 그도 그렇게 진출하고 싶어 했던 프리미어리그에서는 고전을 면치 못하고 돌아왔다. 이동국(29. 잉글랜드 미들즈브러)이 잉글랜드팬으로부터 '**최악의 프리미어 공격수**' 1위에 선정되는 불명예를 안았다.

영국 언론 '데일리 메일'은 최근 '누가 프리미어리그 최악의 공격수인가'라는 제목으로 실시한 팬 투표 결과를 보도했다. 이동국이 5732표를 얻어 리버풀의 골잡이 디르크 카윗(5172표)를 제치고 1위에 올랐다. 이동국은 이번 시즌 14차례 리그 경기에 출전했으나 단 한 골도 기록하지 못하고 있다.

- 스포츠서울, 2008. 3. 1. 토. 2면

사례 4. 영국 매체, "손흥민 선수 EPL 슈팅 부정확도 2위"

영국 매체 '풋볼 365'는 "2016년 4월 6일 현재 손흥민은 30개의 슈팅을 하여 2골을 넣었다. 슛 성공률이 6.7%다. EPL 슈팅 부정확도가 멤피스 데파이(맨체스터 유나이티드, 4.3%)에 이어 2위다."라고 보도했다. 한국 언론은 손흥민이 슛이 좋은 선수로 보도하지만 실상은 이러하다.

국민과 팬들이 잉글랜드에서 크게 성공하기를 기대하지만 손흥민 선수는 주전 경쟁에서 밀려 후반 종반 교체 투입되고 있는 실정이다.

사례 5. 벤치도 장담 못하는 유럽파

윤석영의 '찰턴 애슬레틱'은 3부 리그 강등이 확정되었다. 국가대표 수비수 김진수(24·호펜하임)는 지난 2016년 4월16일 독일 라인 넥카 아레나에서 열린 헤르타 베를린과의 독일 분데스리가 30라운드에서 아예 출전선수 명단에도 이름을 올리지 못했다. 그가 녹색 그라운드에서 실종된 지 벌써 11경기째. 김진수는 최근 독일 '키커'와의 인터뷰에서 "요즘 출장 명단에도 이름을 올리지 못하고 있다. 축구인생에서 가장 힘든 시기" 라고 아쉬움을 토로했다. 박주호(29·도르트문트)도 2016년 1월 24일 뮌헨글라드바흐전 이후 경기에 나서지 못하고 있다. 설상가상 박주호는 2016년 4월 23일 정강이 부상으로 '시즌 아웃'되었다.

수비수들만의 이야기도 아니다. 잉글랜드 프리미어리그에서 뛰고 있는 '쌍용'에게도 적신호가 울리고 있다. 이청용(28·크리스털 팰리스)은 2016년 2월 13일 왓포드전 이후 두 달 넘게 벤치 신세로 전락했고, 스완지시티에서 주축으로 활약하던 기성용(27)은 A매치 휴식기가 끝난 직후 2경기에서 연속 벤치를 지킨데 이어 2016년 4월 16일 뉴캐슬 유나이티드전에선 아예 출전 명단에서 제외됐다. 한국 축구의 새 희망으로 떠올랐던 손흥민(24·토트넘)도 주전경쟁에 어려움을 겪고 있어 아쉬움이 크다. 꾸준히 풀타임으로 출전하고 있는 구자철(27·아우크스부르크)을 제외하면 유럽파가 단체로 침체에 빠진 셈이다. 손흥민의 경우, 16/17 시즌에서는 15/16 시즌과는 판이하게 다른 좋은 경기력을 보여 주고 있다.

초등 선수가 같은 학년 중에서 K리거가 될 수 있는 확률이 0.8% 정도라고 한다. 국가대표가 될 가능성은 1400 : 1 정도다. 국가대표 중에서 유럽 빅3(잉글랜드, 스페인, 독일)에 진출할 수 있는 확률은 이보다 비교할 수 없이 낮다. 그렇게 바라던 유럽에 진출한 선수 중 제대로 해내는 선수가 드물다. 현실이 이러한데 초중고 대학 선수들이 자랑할 게 있는가?

사례 6. 2002 월드컵 4강과 2012 올림픽 동메달 자세히 보기

#1. 한국 최초의 월드컵 4강

2002년 6월 22일 광주월드컵경기장에서 치러진 8강전 한국과 스페인의 경기에서 스페인은 연장 전반 오른쪽 사이드를 돌파한 호아킨의 크로스를 모리엔테스가 헤딩으로 골대에 넣었다. 그러나 그 이전에 이집트 주심의 휘슬이 울렸다. 호아킨이 볼을 띄운 순간에 볼이 골라인을 넘었다는 판단이었다. 하지만 비디오로 살펴보니 볼은 골라인을 넘지 않았음이 밝혀졌다. 이 판정은 로이터 통신도 "이번 대회 최악의 판정"이라고 지적했을 정도다. "심판 탓에 우리는 지고 말았다"

8강전에서 승부차기로 패배한 직후 스페인의 카마초 감독은 판정에 불만을 털어 놓았다. "오심이 잇따랐다", "믿을 수 없다." 한국에게 격침당하자 스페인 국내에서는 분노와 실망감이 소용돌이쳤다. 스페인 '안테나 3' TV 해설자는 "이탈리아전과 마찬가지로 완전히 한국에 치우친 판정을 내렸다. 제대로였으면 스페인이 1~2점은 넣었을 것이다."라고 투덜댔다.

- TV도 잡지 못한 2002 월드컵 드라마/ 고두현 지음/ 지문사/ 2002. 11. 25/ P 87~88

이 경기에서 스페인이 2골을 넣었으나 모두 득점으로 인정되지 못했던데 비해, 한국은 경기 내내 한 골도 넣지 못했다. 승부차기에서 이겨 4강에 진출했다. 당시 스페인 골키퍼 카시야스는 지금도 그 경기에서 스페인이 이겼다고 주장하고 있다고 한다.

#2. 2012 런던올림픽 동메달

당시 대회 과정을 살펴보자. 한국 올림픽 대표 팀은 **6번의 경기에서 단 4골을 넣어** 동메달을 획득했다. 믿기지 않는 최고의 행운으로 3위를 할 수 있었다. 잉글랜드와 1 : 1로 비기고 승부차기에서 5 : 4로 이긴 8강전에서는 경기 중 스터리지의 페널티킥 실축이라는 행운에 힘입어 이길 수 있었다. 당시의 경기 결과는 이러했다.

- 조별리그 : 1승 2무
  한국 0 : 0 멕시코 / 한국 2 : 1 스위스 / 한국 0 : 0 가봉
- 8강전 한국 1 : 1 잉글랜드 (승부차기 5 : 4)
- 4강전 한국 0 : 3 브라질
- 3, 4위전 한국 1 : 0 일본

2) 피터 드러커와 비전기업이 들려주는 이야기

피터 드러커(Peter F Drucker)는 현대경영학의 창시자다. 경영학의 구루다. 비전기업이란 동종업계 세계 1위 기업을 말한다. 동종업계 세계 2위도 '하늘의 별따기'처럼 어렵다. 휴대폰 제조업에서는 삼성전자는 2위고 애플이 1위다. 자동차 생산업에서는 현대자동차는 3위권 밖에 있고 도요타가 1위다. 이마트는 영업지역이 세계에 몇 곳 없으나 월마트는 세계 1위로 글로벌 기업이다.

피터 드러커가 전해주는 몰락을 가져오는 '만족'. "하나의 성공은 언제나 그 성공을 성취할 수 있게 해준 것들을 진부하게 만들어버리는 습성이 있다. 성공은 언제나 새로운 현실들을 창조한다. 무엇보다도 성공은 언제나 그 자신으로부터 비롯된 문제들과 완전히 다른 새로운 문제들을 만들어 낸다. '그들은 그 후로도 오랫동안 행복하게 살았다.'라는 식은 오직 동화의 세계에만 가능한 일이다. 현실세계에서는 한 번의 성공이 오래도록 유지되는 일이 매우 드문 법이다. 정상에 서 있는 사람에게는 쉬운 길만 남아 있다. 즉 내려가는 일 말이다. 정상을 지키는 일은 정상에 오르는 것에 비해 몇 배의 기술과 노력을 필요로 한다."

3) 선수들이여, 자랑할 게 있는가?

'만족'하는 순간 성장을 위한 도전이 중단된다. 축구선수도 이러하다. 1년 매출 20조 원 이상 되는 분야에서 한국에 비전기업이 있는가? 한국축구 135년(1882~2016)이라는 오랜 역사에서 월드클래스를 한 명이라도 배출했는가? 감독 코치는 소속 팀 선수들에게 자기 자신이 세계무대에서 어느 정도 위치에 있는지를 수시로 주지시켜야 한다. 부모가 하면 더욱 좋다. '나는 거품이고 아무 것도 아니다. 세계무대에서 경쟁력이 전혀 없다'는 걸 절절하게 깨닫는 순간 진정한 분발이 시작된다. 이게 터닝 포인트다. 초중고 대학 실업 프로 대표 선수들 중 자신의 실력이 뛰어나다고 생각하고 있는 선수들이 의외로 적지 않다. 선수 부모도 이런 경우가 더러 있다. 심각한 마취 속에 빠져 있다. 한국은 아시아에서는 축구 강국이다. 그러나 세계무대에서는 아니다. 개인기와 상황 판단 능력에서 뒤지고 있기에 월드컵이나 올림픽 같은 큰 무대에서 체력과 조직력으로 경기를 풀어나가려고 한다. 물론 이런 팀은 중요한 세계대회에서 결코 우승할 수 없다. **자신의 경기력이 출중하다고 착각하고 있는 선수에게 몇 가지 질문을 드린다.**

(1) 150계단을 신체 여러 부위로 볼 리프팅하면서 자유자재로 올라갔다 내려올 수 있는가?

발등으로 180cm 이상 차올리면서, 헤딩으로 1m 이상 볼 리프팅하면서, 어깨 좌우로 볼을 보내면서 등 여러 가지 방법으로. 단, 스텝은 한 계단에서 한 번 딛는다. 즉, 계단 올라갈 때와 꼭 같은 스텝이다.

(2) 이번에는 줄넘기다.

쉬지 않고 연속으로 이단 뛰기를 1,200번 이상 할 수 있는가?

(3) 이번에는 헤딩이다.

헤딩 리프팅하다 이마로 볼 스톱 후 이마 위의 볼을 떨어뜨리지 않고 전력질주의 70% 스피드로 50m 이상 뛰어갈 수 있는가?

(4) 이번에는 킥력이다.

한국 국가대표 선수 중 볼을 잔디 위에 세워 두고 75m 이상 킥할 수 있는 선수가 한 명이라도 있는가? 이렇게 할 수 있어야 국제무대에서 50m 이상의 강력한 중장거리 슛과 초장거리 공중패스가 가능하다.

(5) 볼 리프팅이다.

발가락으로, 정강이로, 어깨로, 발뒤꿈치로 2시간 이상 볼 리프팅(keepy up)이 가능한가? 가슴으로, 등으로 3m 이상 연속으로 또는 번갈아가면서 1시간이상 볼 리프팅 할 수 있는가?

자기 자신의 실력을 자랑하고 있는, '~~~ 척하는' 선수 여러분!

이 5가지를 모두 해낼 수 있는가? **단언하건대 한 명도 없다.** 5가지는 커녕 하나라도 해낼 수 있는 선수가 한국에 한 명이라도 있는가? 여러분 판단은 어떠한가? 자신이 같은 나이대에 세계 서열 15위 안에 드는 선수가 한국축구계에 단 한 명이라도 있는가? **그런데 위의 5가지는 월드클래스가 되려면 당연히 통과해야 할 기초적이고 기본적인 기능일 뿐이다.** 한국 선수들은 이걸 못한다. 한국이 월드클래스를 내지 못하고, 되지 못하는 원인 중의 하나다. 세계적인 선수들은 하나같이 프리스타일의 대가들이며, 이걸 경기에서 수시로 활용하곤 한다. 그러므로 선수 여러분이 자랑할 게 없다. '척하는' 선수는 자멸하게 될 뿐이다. 세계적인 선수가 되려는 선수는 세계적인 생가으로 세계적인 연습을 한다. 해마다 여기저기서 초중고 대학 팀의 경기가 열린다. 대회 때마다 우승 팀이 나오고, 최우수 선수, 득점 왕 등이 나온다. 한 선수가 우승, 최우수 선수, 득점 왕이라는 3관왕을 먹는 경우도 있다. 그러나 이 선수도, 저 선수도 월드클래스가 되지 못하기는 다 마찬가지다. 국내 대회 우승, 최우수 선수, 득점 왕이 세계무대에서는 전혀 통하지 않는다는 걸 하루 빨리 인식해야 한다. 선수와 선수 부모는 그 이유를 빨리 알아야 한다. 그래야 대책을 세울 수 있기 때문이다. 조그마한 성과에 결코 만족하지도, 자랑하지도 말라.

월드클래스로 되기로 자신과 결의했다면 사무치는 바가 있어야 한다. 지금 여기에서 무엇을 어떻게 해야 하는지 종이에 기록해야 한다. 매일 무엇을 폐기하고 무엇을 혁신해야 하는지 알고, 실천해야 한다. 지금처럼 해서는 앞으로도 월드클래스는 그림 속의 떡이라는 걸 알아야 한다. 남만큼 해서는 남보다 앞설 수 없다. 월드클래스의 꿈을 가진 건 좋으나 거기에 요구되는 실천을 해야 하는 것이다. 이러한 현실을 감독 코치와 부모가 선수에게 침투시켜야 한다. 선수는 이 글을 읽는 지금부터 지극한 마음으로 연습에 천착해야 한다.

"삶은 대담한 모험이거나, 아니면 그 아무 것도 아니다"(헬렌 켈러)라는 말처럼 선수는 월드클래스라는 대담한 모험에 도전해보자. "세상에 인재 없다고 한탄하지 말라. 내가 인재가 되면 된다."(도산 안창호)는 지적처럼 선수인 내가 한국의 첫 월드클래스를 달성하자.

15. 축구 재능은 타고 나는가, 후천적으로 만들어지는가?

　전국대회가 열리고 있는 2016년 2월이다. 2월 25일 현재 우승 팀이 정해진 대회도 있고 몇몇 대회는 진행 중이다. 한국 축구는 1882년 시작되었다. 올해 2016년은 한국축구 역사 135년이 되는 해다. 해마다 여러 전국대회가 열렸고, 그때마다 우승 팀, 최우수 선수, 득점왕이 나왔다. 대회마다 뛰어난 재능의 유망주들이 주목받곤 했다. 우리는 그 이름들을 기억하고 있다. 그러나 거기까지였다. 축구 선진국의 유망주들이 재능을 활짝 꽃 피워 펄펄 날아다닐 때 한국의 기대주들은 그저 그런 평범한 선수로 세계무대에서 잊혀져 갔다.

　원인이 무엇일까? 가장 큰 원인이 선수 부모에게 있다. 선수의 성공과 실패에 결정적으로 영향을 미치는 사람이 선수 부모이기 때문이다. 무려 85% 이상이다. 감독 코치는 15%도 되지 않는다. 축구뿐만 아니라 자녀의 학업 성취, 예술, 사업 그 외 모든 분야에서 부모의 영향력은 거의 절대적이다. 세 살 버릇 여든까지 간다. 오죽하면 "문제 청소년은 없고 문제 부모가 있을 뿐이다."라는 말이 생겨났을까? 잘 가르치면 큰 선수로 성장하고 선수의 성공여부는 자신에게 달려 있다고 믿고 있는 감독 코치가 적지 않다. 이런 생각은 '아직 통찰력이 부족하다, 깊은 깨달음이 없다.'는 구체적인 반증이다. 감독 코치에게만 선수를 맡겨두고 감독 코치를 지나치게 의존하면 실패는 저절로 이루어진다. 반드시 선수 성공 이전에 부모의 지혜로운 안내와 지원이 있었고, 선수 실패 이전에 축구에 대한 부모의 무지와 안일함이 있었다. 부모 잘못 만난 선수는 성공할 길이 없다고 해도 조금도 지나치지 않는다. 반면 감독 코치 잘못 만나도 축구에서 성공할 길은 여럿 있다. 축구를 계속 공부해가면서, 선수와 학부모를 지켜보면서, 각급 팀의 연습 내용을 주시하면서 이런 확신이 더욱 강하게 들었다.

　선택해야 할 상황이 오면 부모는 정확한 판단으로 최선의 선택을 해야 한다. 최고 최적의 방법을 찾아내어 선수에게 제공해야 한다. 유럽과 남미에 비해 모든 것이 뒤지는 한국이기에 부모가 나서야 한다. 이러기 위해서는 부모가 축구를 공부하여 밝게 알아야 한다. 놀라운 사실은, 축구를 공부해보면 축구가 매우 쉽다는 것이다. 대학시절을 지나온 사람에게는 축구 공부가 너무 쉽다. 거의 대부분의 감독 코치에게 부족한 인문고전, 철학, 자연과학, 사회과학, 인문과학, 경영학, 교육학 등에 경험이 있는 학부모라면 몇 년 안에 바로 감독 코치를 뛰어 넘을 수 있다. 프로 선수를 열망하는 자녀의 꿈의 성취를 위해 오늘부터 축구 공부를 시작하기를 권유 드린다.

　본격적으로 축구 공부를 하고자 하면 축구 지도자 자격증 취득에 도전하고 달성해도 좋

다. 이후 축구팀을 지도해도 아주 모범적으로 잘 해낼 것이라고 짐작된다. 이건 하나의 선택사항이다.

글의 주제로 들어가자. 축구 선수를 비롯한 운동선수의 재능은 타고 나는가, 후천적인 노력으로 만들어지는가? 태어날 때부터 결정되어 있다면 천부적인 재능의 선수를 찾아야 할 것이다. 후천적인 노력으로 만들어진다면 보다 과학적인 육성 방법을 계속 창출해야 할 것이다. 축구 선수를 둘러싸고 있는 1차적인 이해 당사자는 선수 자신, 부모 그리고 소속 팀 감독 코치다. 이들이 축구 선수로서의 성공에 필요한 재능이 무엇인지 아는 것은 매우 중요하다. 최적의 재능이 무엇인지 정확하게 알고, 이걸 극대화하는 게 경쟁우위를 만들어 내는 지름길이 될 수 있기 때문이다.

이 글이 '천재'에 대한 미신과 편견을 해소하는 출발점이 되기를 기대한다. '재능'이 무엇인지 올바르게 알고, 재능을 꽃피우기 위해 무엇을 어떻게 해야 하는지 영감을 얻기를 희망한다. 그러면 축구하는 내 아들딸의 축구 재능이 어느 정도일까?

1) 모차르트는 타고난 천재인가?

흔히 사람들은 모차르트를 천재 중의 천재라고 말한다. 30억 명 중에 한 명 나올까 말까 하는 천재라고 한다. 연습도 습작도 필요 없고 그냥 머릿속에서 곡을 오선지에 그려 넣기만 하면 현저하게 탁월한 작품이 된다고 한다. 이런 이야기를 하는 사람들이 많고, 이와 비슷한 글을 읽었기에 나도 그렇게 받아들이고 있었다. 과연 그러한가?

많은 사람들이 모차르트의 천재성에 대해 오해한다. 그의 별명에서 이런 오해가 비롯된 것 같다. 사람들은 모차르트를 '음악의 신동'이라고 부른다. 이 말 때문에 많은 사람이 모차르트가 마치 남들보다 더 많은 연습이나 훈련을 하지 않고도 그들보다 더 훌륭한 곡을 만들어 낼 수 있는 천재였던 것처럼 생각하게 되었다. 하지만 모차르트는 어렸을 때는 베끼기를 했다. 남들보다 더 많이 했다. 모차르트는 십 년 이상을 표절만 했다. 그것이 그의 기본기를 튼튼하게 만들어주었고 결국 그를 위대한 음악가로 거듭나게 했다. 모차르트가 위대한 작곡가가 될 수 있었던 것은 당신보다 몇백 배 더 많이, 더 빨리 베끼기를 했기 때문이다. 그것뿐이다. 나의 이 말이 믿기지 않는다면, 모차르트가 친구에게 보낸 편지에서 했던 말을 보라.

- 책 쓰기 혁명 / 김병완 지음 / 아템포 / 2014. 11. 4 / P 137

사람들은 내가 쉽게 작곡한다고 생각하지만 이건 실수라네. 단언컨대 친구여, 나만큼 작곡에 많은 시간과 생각을 바치는 사람은 없을 걸세. 유명한 작곡가의 음악치고 내가 수십 번에 걸쳐 꼼꼼하게 연구하지 않은 작품은 하나도 없으니 말이야.

- 천재들의 창조적인 습관 / 트와일라 타프 지음 / P 21

2) 게르트 뮐러, 아카 빌리, 호날두, 메시와 데페트리스 이야기

(1) 게르트 뮐러

뮌헨의 TSV 클럽의 감독은 게르트 뮐러에게 이렇게 말한 적이 있었다. "너는 축구로 성공하기 힘들 것 같으니, 아예 다른 일을 찾아보는 것이 더 나을 것이다." 그 당시 게르트 뮐러는 하루 열 두 시간씩 섬유공장에서 일하고 있었다. 11년이 지난 1974년, 땅딸막하고 숏 다리의 이 선수는 결승골로 1974 뮌헨 월드컵 우승을 이루어 내었다… 분데스리가와 독일 국가 대표 팀에서 이 선수보다 더 많은 골을 넣은 사람은 아무도 없었다.

- 축구, 그 빛과 그림자 / 에두아르도 갈레아노 지음 / 예림기획 / 2002.5.13 / P 248

(2) 아깝다, 빌리의 자멸

당시 뉴웰스 올드 보이스 팀에는 레오(리오넬 메시) 말고도 구스타보 아리엘 로다스나 아카 빌리 같은 스타플레이어가 있었지만 지금의 그들은 레오와는 정반대의 상황이거나 다른 분야의 길을 걷고 있다. 단지 타고 난 재능만으로 성공할 수 없다는 것을 알 수 있게 해주는 사실이다. 탁월한 기술을 가지고 있던 1986년생, 팀의 공격형 미드필더였던 아카 빌리는 레오(메시)와 마찬가지로 로사리오 출신이기는 하나 빈민가에서 자랐다. 그가 15살 되던 해 빌리는 뉴웰스 1군의 후보가 되었고 한편으로는 한 아이의 아버지가 되었다.

그는 16살이 되기도 전에 아르헨티나 1부 리그에서 선수로 뛸 수 있었고 많은 사람들이 그의 밝은 미래를 예견했다. 현재 22살이 된 그는 슬하에 2명의 아이를 두고 있고 사람들에게 그의 존재는 완전히 잊혀졌다. 베지오 씨는 말했다. "빈민가의 가정에서 자란 많은 선수들에게 빌리와 같은 경우는 매우 흔한 일입니다. 축구로 참담한 생활을 벗어났다가도 결국에는 자신에게 익숙한 빈민가의 생활로 돌아가게 되죠. 술과 마약에 찌들어 절망을 느끼기도 합니다. 결국 교육의 차이죠."

- 축구의 메시아 메시/ 루카 카이올리 지음 / 중앙생활사 / 2010.6.23 / P 50

(3) 호날두

내가 집에 오자마자 가장 먼저 했던 일은 책가방을 소파나 침대에 집어 던진 다음 바나나 하나와 요구르트 하나를 집어 들고 요구르트 곽 위에 구멍을 내고는 축구공을 겨드랑이에 끼고 거리로 달려 나가는 것이었다. 그랬다. 나는 주로 거리, 정확하게 말하자면 내가 태어난 퀸타 도 팔카오 Quinta do Falcao 거리에서 축구를 했는데, 우리 동네에는 운동장이 없었기 때문이다. 나와 - 그 당시 대여섯 살 정도 되었을 것이다 - 친구들은 경사가 심한 곳이었지만 돌멩이 두 개를 축구공 골대거리 만큼 늘어놓고 골대 삼아 거리 한복판에서 축구를 했다. 차가 다니는 도로였기 때문에 우리는 항상 차가 오는지 조심해야 했다. 버스가 우리의 거리 축구장으로 다가올 때마다, 버스는 잠깐 멈춰 서서 기다렸다가 우리가 골대를 치운 뒤에야 비로소 운행을 계속할 수 있었다. 그러면 우리는 다시 골대를 갖다 놓고, 또 차가 오면 골대를 치우고, 이런 식으로 반복하면서 축구를 했다. 이런 식의 길거리 축구는 5~6년 정도, 그러니까 내가 마데이라를 떠나 리스본으로 갈 때까지 계속되었다. 그렇게 시간을 보내다 밤이 되어서야 집으로 돌아오곤 했는데, 그것도 어머니가 소리쳐 불러서야 겨우 집으로 향했다.

- 최고의 순간/호날두,마누엘라 브란다오 지음 / 랜덤하우스 / 2008.12.17 / PP58 ~59

조금 더 알아보자. 레알 마드리드의 이케르 카시야스는 "레알 마드리드에서 호날두보다 빨리 훈련장에 도착하는 선수는 없다. 가끔은 '이 녀석이 훈련장에서 잠을 잤나 '하는 생각이 들 정도다. 우리는 호날두가 언제 훈련장에 도착하는지조차 모른다. 팀원 가운데 호날두보다 일찍 훈련장에 도착하는 선수가 없기 때문이다."

호날두는 보통 예정 시간보다 1시간 30분 정도 일찍 훈련장에 도착한다. 선수들을 기다리는 동안에는 팀 훈련에서 할 수 없는 기술들을 홀로 연습한다. 어렸을 때는 드리블 연습을 했고, 맨체스터 유나이티드에서는 프리킥을 주로 연습했다. 카를로스 케이로스(2016년 2월 현재 이란 대표 팀 감독) 전 맨체스터 유나이티드 수석 코치는 "전 세계 모든 축구 선수들이 호날두처럼 행동한다면 세계 축구의 수준이 한 단계 높아질 것 "이라고 말한다.

- 우리는 왜 호날두에게 열광하는가 / SPORTS ON 2010년 10월호 P77

(4) 메시와 데페트리스

레오(메시)는 세 살 때까지 축구보다 구슬치기에 더 관심이 많은 아이였어요. 다른 건 거들떠보지도 않고 만날 구슬만 가지고 놀았으니까요. 레오의 가방 안에는 친구들에게 딴 구슬이 항상 가득 차 있었어요. 그러던 레오가 처음으로 축구공을 만진 건 네 살 때였어요. 네 번째 생일날 부모님이 빨간 다이어몬드 무늬가 새겨진 하얀 축구공을 선물했거든요. 아버지 호르헤는 축구공을 처음 가지고 놀던 레오의 모습을 이렇게 회상하고 있어요. "이제껏 축구에 별 관심이 없던 레오가 공을 향해 걸어갔어요. 그리고 손이 아닌 발로 공을 갖고 놀기 시작했죠. '아, 이거구나!' 싶었어요."

생일 후 **단 하루도 거르지 않고** 두 형과 함께 공을 갖고 놀았으니까요. 어린 시절부터 축구공은 레오의 가장 친한 친구였어요. 밥을 먹을 때도, 잠을 잘 때도 축구공과 떨어지는 법이 없었죠. 심지어 집안에서까지 공을 찼어요. 현관문을 골대 삼아 슈팅 연습을 하거나, 이웃집 담벼락에 공을 차는 바람에 말썽을 일으키곤 했죠. 어린 시절 레오를 지도했던 아드리안 코리아 감독은 레오가 성공할 수 있었던 원동력으로 '열정'을 손꼽고 있죠. "물론 재능도 다른 선수들보다 뛰어 났어요. 하지만 아르헨티나는 축구의 나라예요. 뛰어난 재능을 갖춘 소년들은 많았죠. 예를 들어 **열한 살의 나이로 AC 밀란에 입단했던 데페트리스도** 레오 못지않은 재능을 갖고 있었어요." 데페트리스는 1988년 생으로 레오보다 한 살 어린 금발의 소년이었어요. 그 역시 매우 뛰어난 천재 소년으로 명성을 떨치고 있었지요. 레오가 바르세로나에 입단했던 비슷한 시기에 데페트리스는 이탈리아 명문 구단 AC 밀란의 유니폼을 입었어요. 얼마 후 아르헨티나로 돌아와 리베르 플라테로 팀을 옮기긴 했지만, 데페트리스가 레오보다 뛰어난 선수라고 평가하는 전문가들도 많았어요. 하지만 코리아 감독의 생각은 달랐던 것 같아요. "데페트리스는 천재적인 소년이었어요. 모두가 최고의 재능이라고 말했죠. 데페트리스는 우아하고 영리했지만 레오만큼 열정이 없었으니까요." 코리아 감독의 말을 더 들어보기로 해요. "훌륭한 기술을 갖춘 남미 선수들은 셀 수 없을 정도로 많아요. 하지만 유럽에서 성공하는 선수는 그만큼 많지 않아요. 성공과 실패의 차이를 가르는 게 뭔지 압니까? 그건 바로 열정이예요. 자신의 기술만 믿고 열정을 보여 주지 않는 선수들은 유럽에서 살아남을 수 없어요." 코리아 감독의 평가는 정확했어요. 레오는 세계 최고의 선수로 우뚝 선 반면, 데페트리스는 어린 시절의 명성을 이어 가지 못한 채 무명 선수로 전락하고 말았으니까요. 두 천재 소년의 차이는 무엇이었을까요? 그건 바로 '재능'이 아닌 축구를 향한 순수한 '열정'이었어요.

- 메시, 축구는 키로 하는 게 아니야/ 이형석 지음/ 2012. 3. 15/ P 16 ~ 17, 71, 74~75

3) 천재를 만드는 세 가지 조건

1993년 플로리다 주립대학교의 앤더스 에릭손 교수는 천재와 재능에 관한 기념비적인 연구를 진행했다. 그는 우수한 재능은 어떻게 형성되는지에 대해 면밀히 조사했다. 그의 연구 결과에 따르면 **스포츠, 체스, 음악, 비즈니스 등 다양한 분야의 천재들은 모두 선천적으로 타고난 게 아니라 후천적으로 만들어졌다.** 대표적인 사례로 모차르트를 들었다. 그는 모차르트가 만 2세부터 8세까지 1주일에 35시간씩 총 1만 시간의 연습을 거쳤다는 놀라운 사실을 밝혀냈다. 즉 모차르트는 선천적인 천재, 음악의 신동이 아니었다. 모차르트는 최소 18년 동안의 혹독한 연습을 견뎌낸 뒤에야 우리가 아는 음악의 천재가 되었다. 요컨대 모차르트는 우리와 같은 평범한 사람이었다. 그의 천재성은 뼈를 깎는 노력으로 만들어진 값진 결과였다.

그런데 여기서 문제는 그의 노력이 어떤 것이었는가 하는 점이다. 에릭손 교수의 연구를 통해 인류는 천재에 대한 막연한 편견을 버릴 수 있게 되었다. 그리고 이 연구를 시작점으로 천재에 관한 수많은 연구와 조사가 이루어졌다. **위대함이나 탁월함은 절대로 타고 나는 것이 아니다.** 그렇다고 무조건 성실하게 열심히 한다고 되는 것도 아니다. 좋은 환경에서 교육받는다고 해서 모두 비범한 성과를 창출할 수 있는 것도 아니다. 최소한 앞으로 설명할 세 가지 요소가 다 충족되어야만 한다는 사실을 강조하고 싶다. 말콤 글래드웰은 자신의 저서 「아웃라이어」에서 사회 문화적인 환경이라는 측면에 집중하여 궁극적으로 연습량, 즉 시간의 중요성을 강조했다. 어느 분야에서든 탁월해지기 위해서는 하루에 3시간씩 10년 동안 연습을 해야 한다. 신경과학자 대니얼 레비틴 역시 어느 분야에서든 세계적인 수준으로 도약하기 위해서는 1만 시간의 연습이 필요하다는 연구 결과를 발표한 적이 있다. 이것이 천재가 되는 세 가지 요소 중 **첫 번째 요소**이다. 1만 시간의 연습량, 즉 1만 시간이 필요하다. 한국 사람들은 하루에 9시간 연습할 수 있는 지독함을 가지고 있다. 그래서 1만 시간을 연습하기 위해 하루에 9시간을 투자한다면 3년이면 된다.

천재로 도약하기 위해서는 엄청난 에너지와 시간을 투자할 수 있게 해주는, 즉 **재능에 불을 붙이는 점화장치**가 필요하다. 이 점화장치는 자신에게 보내는 자기 암시가 될 수도 있고, 나도 할 수 있다는 강력한 의식일 수도 있고, 자신의 분야나 코치에 대한 사랑일 수도 있다. 또한 점화장치는 외부적인 요인에 의해 스스로 갖게 되는 강력한 동기부여일 수도 있다. 그리고 연습하는 과정을 통해 스스로 가지게 되는 열정이 될 수도 있다. 어떤 형태로 시작되었건 간에 그것은 열정이라는 모습으로 우리에게 나타난다. 그 덕분에 우리는 위대한 인물과 위대한 삶에는 반드시 열정이 녹아들어 있다는 사실을 발견할 수 있는 것이다. 랠프 월도 에머슨은 "세계 역사에서 모든 위대하고 위엄 있는 순간은 열정이 승리를 거두는 순간이다."라고 말했다. 이처럼 우리는 열정을 통해 내면의 모든 에너지를 쏟을 수 있게 된다.

세 번째 요소는 어떻게 보면 세 가지 요소 중에서 가장 중요한 요소이자 천재로 도약하는 열쇠와 같은 것이다. 제프 콜빈은 자신의 저서를 통해 이 세 번째 요소를 '**신중하게 계획된 연습**'이라고 말했다. '신중하게 계획된 연습'이란 단순히 양만 늘려서 마구 연습하는 것을 의미하지 않는다. 반대로 아주 예리하게 의도된 연습을 한다는 뜻이다. 자신에 대한 성찰을 통해 자신에게 특별히 개선되어야 할 필요가 있는 부분을 날카롭게 찾아내 그 부분을 집중적으로 훈련하는 것을 말한다. 즉 위대한 성과를 거둔 사람들은 그저 연습하는 것이 아니라 신중하게 계획된 연습을 통해 더 많이 인식하고, 더 많이 배우고, 더 많이 기억하는 능력을 개발했다. 그리고 그러한 훈련을 통해 성장했다. 그리고 「탤런트 코드」의 대니얼 코일은 표현을 바꾸어 '**심층 연습**'이라고 했다. 요약하면 천재가 되는 필요한 3가지 요소는 이것이다.

(1) 1만 시간의 연습량
(2) 재능에 불을 붙이는 점화장치
(3) 신중하게 계획된 심층 연습

- 초의식 독서법 / 김병완 지음 / 아템포 / 2014. 2. 14 / 15,000 원 / P81 ~ 85

4) 존 우든 감독의 성공 피라미드

존 우든 감독은 스포츠 종목 감독 중 저자가 이 지구에서 가장 존경하는 감독이다. 그는 어떤 감독이었던가? 존 우든(John Wooden) 감독은 1910년 10월 14일 미국 인디에나 주에서 태어나 2010년 6월 4일 100번째 생일을 넉 달 앞두고 타계했다. 미국에서 농구선수와 감독으로 활약하며 경이적인 대기록을 세운 신화적 인물이다. 그가 이끈 UCLA농구팀은 12년 동안 88연승과 완벽한 네 시즌 연속 우승과 10회의 전미대학농구선수권(NCAA) 챔피언십 우승이라는 대기록을 세웠다. 그는 세계 최고 권위를 자랑하는 스포츠 채널 ESPN에 의해 '세기의 감독'이라는 칭호를 얻었고, 선수와 코치 부분 모두에서 최초로 '명예의 전당'에 올랐다. 또한 대통령 자유의 메달을 받았다. 그는 40여 년의 감독 생활 중 664승 162패를 기록했다. 승률이 무려 80.4 퍼센트였다. 스포츠계 뿐만 아니라 그 어떤 비즈니스 리더도 그보다 높은 성공 확률을 갖고 있지 않았다.

- 88연승의 비밀 / 존 우든 지음, 클라우드나인 / 앞날개의 저자 소개글에서

운동부 감독으로 부임한 첫해 겨울부터 그 자질들이 무엇인지 골똘히 생각하기 시작했다. 성공하기 위해서는 정확히 무엇이 필요할까? 그 후 수년 동안 나는 신중하고 오랜 숙고를 거친 끝에 성공에 필요한 습관들을 선정했다. 뿐만 아니라 각 자질이 어느 블록에 들어가야 할지도 고심했다. 또 오랜 생각과 시행착오, 반성을 통해서 15개의 기본 습관들을 피라미드를 구성하는 블록으로 최종 선정했다. 나는 15개의 기본 습관 즉 자질이, 자신이 오를 수 있는 최고 수준에 도달하고자 하는 리더와 조직이라면 반드시 갖추어야 할 필수조건이라고 믿는다. 성공 피라미드를 완성한 때는 인디애나주립교육대학을 떠나 UCLA대학교가 있는 캘리포니아로 가기 직전이었다. 서른일곱의 나이에 UCLA 농구팀의 새 감독으로 부임한 나는 매 시즌마다 선수들에게 내가 내린 성공에 대한 정의와 피라미드 이론을 가르쳤다.

15 가지의 '성공 피라미드' 습관들 중 두 개의 주춧돌을 선정했다. '근면'과 '열정'이다. 나머지 13가지 습관(우정 충성심 협동심 자제력 기민함 진취성 집념 컨디션 기술 평정심 자신감, 팀 정신, 위대한 경쟁력)은 이 2가지 토대에 의존하여 존재하며, 이 2개의 토대 없이는 어떤 성공도 있을 수 없다고 확신했다. 근면과 열정은 성공 피라미드의 모든 다른 블록에 힘을 불어 넣어주는 추진력이다. 근면과 열정은 그 자체만으로도 굉장한 힘을 지닌다. 이 둘을 합하면 막강한 힘을 발휘할 수 있다. 또 근면과 열정은 다른 사람들에게 전염되는 특성이 있다. 근면과 열정, 이 두 가지 습관은 내가 피라미드 구조를 교육 도구로 써야겠다고 마음먹고 나서 제일 먼저 선택한 것들이다. 다른 블록들은 그 후 14년에 걸쳐서 택했다가 버렸다가 혹은 피라미드 구조물 내에서 위치를 바꾸기를 수십 번 반복했지만, 두 주춧돌로 정한 근면과 열정은 단 한 번도 바뀌지 않았다.

근면이란 어떤 일에 완벽하게 몰입하고 집중하는 자세이다. 자기 일에 최선을 다하는 태도를 말한다. 근면을 실천하기 위해서는 그것만큼이나 중요한 다른 습관이 필요하다. 바로 열정이다.

열정은 자신이 하는 일에 마음이 가 있을 때 일어난다. **열정** enthus(**內面의 神**) = en (**內面**) + theos (**神**). 당신이 다른 사람들을 고무시키고자 한다면 먼저 당신 스스로 열정에 넘쳐야 한다.

열정적인 사람은 패배에 무릎을 꿇지 않으며, 시련이 닥치더라도 경기에 대한 사랑과 그 사랑을 다른 사람에게 나누어 주고 싶다는 열망으로 그 시련을 무사히 이겨낸다. 열정은 성공 피라미드의 두 번째 주춧돌인데, 자신의 일을 부지런히 할 수 있는 활력은 물론 최고의 역량에 도달할 수 있도록 하는 추진력을 제공하기 때문이다.

- 조직을 성공으로 이끄는 우든의 리더십 / 존 우든 / 이지북 / P 37 ~ 43

5) 축구선수의 성공에 가장 필요한 재능

축구선수로 크게 성공하기 위해 갖추어야 할 요소는 무엇일까? 물론 사람마다, 감독 코치마다 조금씩 다를 것이다. 많은 이들이 3B(Brain, Body Balance, Ball Control)라고 한다. 기술 전술 피지컬 보다 '얼마나 축구를 사랑하느냐?'가 더욱 중요하다고 하는 이들도 있다. 옳은 말이다. 글쓴이는 그간의 축구와 생활 속에서의 경험을 통하여 확고하게 이렇게 생각한다. 현재 대부분의 한국 축구 감독 코치는 키 크고 주력이 빠른 선수를 찾아다니고 있다. 축구 선수는 반드시 성공하려면 무엇을 가지고 있어야 할까?

첫째가 근면과 열정이다. 이건 존 우든 감독의 '성공 피라미드'의 2대 토대인 근면과 열정에서 많은 영향을 받았다. 생활하면서 절실하게 느낀 깨달음이기도 하다. 이 이상의, 이보다 뛰어난 재능은 없다. 세상일이나 축구나 원리는 다르지 않다. 부지런히 하면 하는 만큼 이루어지고 열정이 있으면 목표를 달성코자 행동하게 마련이다. 선수가 가진 근면과 열정은 그가 개인 시간을 어떻게 사용하는지 보면 바로 드러난다. 지속적인 것이 혁신이며 성공 여부를 결정한다. 한 달 열정, 1년 열정으로는 성공할 수 있을까? 평범한 선수라도 근면과 열정으로 날마다 조금씩 높여간 경기력은 기복이 없다. 언제나 그 수준 이상의 경기력을 보여 준다. "공든 탑이 무너지랴!"라는 속담 그대로다. 예사롭지 않은 교수학습이론인 '완전학습의 이론'에서도 성적(경기력)을 결정하는 여러 요소 중 학습 적성(몸의 운동적성)보다 학습에 사용한 시간(개인 연습 시간)이 더욱 중요하다고 강조하고 있다. "천재는 99%의 노력과 1%의 영감으로 이루어진다."(에디슨)에 동의하는가?

둘째, 학습능력이다.

감독 코치의 지도를 정확하게 그리고 빨리 이해하는 능력이다. 여기에 더해 팀 연습 때 배운 것과 스스로 익혀야겠다고 생각한 과제를 개인 연습으로 선수 자신의 경기력으로 만드는 능력이다. 나아가 스스로 과제를 만들고 해결해나가는 능력이다. 독서하는 습관도 중요한 학습능력 중의 하나다. 이걸 지속적으로 해내는 능력이다. 학습능력도 후천적인 노력으로 얼마든지 향상시킬 수 있다. 학습능력을 촉발시키는 에너지가 근면과 열정이다.

셋째, 타고난 몸의 축구 재능(운동 적성)이다.

근면과 열정, 학습 능력보다 덜 중요한 세 번째 재능이다. 그러나 거의 대부분의 선수, 선수 부모, 감독 코치, 축구 전문가들이 이게 가장 중요하다고 생각하고 있다. 세계 축구 역사에서 어릴 때부터 촉망받던 유망주가 성공한 경우는 생각보다 낮다. 반대로 재능은 평범했지만 날마다 근면과 열정을 높여간 선수는 거의 다 프로가 되었거나 일부는 월드클래스로 성장했다. 재미있는 사실은 몸의 운동 적성이 고정되어 변화하지 않는 게 아니라 연습으로 계속 향상된다는 사실이 의학계에 밝혀져 있다. 어렵게 생각할 것 없다. 웨이트 트레이닝으로 근섬유를 크고 뚜렷하게 발달시키면 스피드 순발력 민첩성 등이 저절로 좋아지지 않는가! 사람의 몸은 세포로 구성되어 있고 운동선수는 6개월 안에 기존 세포가 없어지고 새로운 세포로 교체된다. 즉, 운동선수는 적어도 6개월 이전에 몸이 바뀌곤 하는 것이다. 사이토카인9가 낮은 세포를 철거하고 사이토카인6이 새로운 세포를 만들어낸다. 동시에 천부적인 몸의 재능도 연습을 게을리하면 퇴화된다.

글을 정리해보자. 선수는 "저 선수의 번뜩이는 재능이 부럽다."니 "나는 운동 적성이 이래서 성공하지 못할 거야." 등 이런 생각은 지금부터 말끔히 청소하길 바란다. 오직 근면과 열정을 날마다 높여 가느냐에 집중하고 이루어내어야 한다. 이 글이 자신의 축구 재능이 부족하다고 고민하는 선수에게 '**할 수 있다.**'는 자신감을 가득 전해주기를 기대한다. 부모, 감독 코치의 인식 전환이 시급한 시점이다.

16. 선수 , 프리스타일을 지배하라

동영상에서 **마라도나**가 몸을 풀고 있다. 좌우 어깨로 번갈아 볼을 높이 쳐올리고 있다. 이어 가슴으로, 등으로 3m 이상 높이로 연속 볼을 리프팅하고 있다. '한국 선수 중 이렇게 할 수 있는 선수가 있을까' 하는 생각이 저절로 일어난다. 이번에는 발등으로 볼을 높이 차올리고 떨어지는 볼을 지면 가까이서 발등 위로 살짝 내려놓는다. 마치 두 손으로 잡아 잔디 위에 놓아두는 것 같다.

경기 중 **호나우지뉴**가 공중 볼을 등으로 정확하게 패스내고 있다. 어깨로 뒤로, 가슴으로 먼 거리로 능숙하게 패스해내고 있다. 가슴 컨트롤 후 발 뒤꿈치로 공중 패스를 한다. 그 상황에서 가장 빠르게 플레이할 수 있는 몸의 부위를 선택하여 자유자재로 사용하고 있어 플레이 스피드가 신속하기에 수비가 방해할 수 있는 틈이 그만큼 없어진다. 수비를 앞에 두고 오른 발등으로 볼을 자신의 머리 위로 넘기고 돌아서면서 상체를 오른쪽으로 뉘면서 왼발 수평 발리슛으로 득점하고 있다. 순간에 이루어져서 수비는 아무런 방해를 못하고 시선으로 바라보고만 있을 뿐이다. 이처럼 호나우지뉴는 평소 프리스타일(freestyle)로 연마한 각종 묘기를 경기에서 자주 활용하곤 했다.

경기 중 '사포'로 손쉽게 수비를 돌파하는 **네이마르**를 보곤 한다. 드리블 하다가 한 번 터치로 볼을 수비 머리 위로 넘겨 순간 돌파하고 있다. 점프하면서 발바닥으로 공중 볼을 스톱, 다음 플레이로 연결하곤 하는데 모두 자연스럽고 순간에 이루어진다. 그는 공중으로 오는 패스를 온 몸의 부위로 의도한대로 능숙하게 컨트롤한다. 첫 임팩트가 정확하기 때문이다. 한 번의 볼 터치로 2~3명을 순간 돌파하기도 한다. 공중 볼 발리 슛 골 결정력이 매우 높고, 한 번에 슛할 수 없는 공중 볼을 첫 터치로 슛할 수 있도록 만든 후 두 번째 터치로 슛하는 '투 터치 슛'으로도 많은 득점을 올리곤 한다. 평소 연습해서 높은 경지에 이른 프리스타일 영향이 크게 작용하고 있다.

프리스타일에 능숙하다고 모두 세계적인 선수가 되는 건 아니다. 그러나 세계적인 선수는 공통적으로 고난이도의 프리스타일에 능숙하다. 프리스타일은 볼 리프팅으로 시작하며, 볼 컨트롤에 포함되는 개인 기술이다.

" 한국 대표선수들은 볼 컨트롤이 잘 안 되는 것 같다. 한국축구는 공부를 좀 더 해야 한다. 한국 팀에는 창조적인 선수가 없다."

- 에르순 야날 터키 감독, 2004. 6. 2 평가전 후

1) 축구의 6대 개인기와 볼 컨트롤

축구의 6대 개인기는 킥, 패스, 슛, 드리블, 헤딩, 볼 컨트롤이다. 뒤로 갈수록 더 어려운 고난이도의 개인기다. 선수는 볼 컨트롤을 가장 어려워한다. 더 어렵다는 건 더 많은 개인 시간을 사용해야 마스터할 수 있다는 뜻이다. 선수는 언제 자신감을 가지게 되는가? 경기 중 드리블 1 : 1 돌파가 되고 자신이 의도한대로 볼 컨트롤이 될 때다. 자세히, 깊이 그리고 계속 지켜보면 6대 개인기는 결국 볼 컨트롤이다.

경기에서 선수 간 개인기의 수준 차이란 첫 터치의 정확함과 신속함의 차이에 다름 아니다. 첫 터치의 수준이 그 선수의 개인기의 수준이다. 그리고 볼에 대한 터치의 기준(표준 부위)은 볼의 무게중심이다.

　매일 선수를 가르치는 감독 코치는 무얼 하는 사람인가? 한국 축구의 감독 코치는 공부를 더해야 한다. 마르고 닳도록 공부해도 유럽과 남미 감독 코치를 따라 잡지 못할 개연성이 높다. 그들은 공부하는 좋은 습관이 되어 있고, 실제로 한국 감독 코치보다 훨씬 공부를 더하기 때문이다. **글쓴이가 앞으로 한국축구계에서 그러한 자리에서 일하게 되면 유럽과 남미에 앞서 있는 한국 감독 코치의 평생교육 시스템과 환경을 만들어 제공할 것이다.**

　김종환 교수(중앙대)는 효과적인 첫 터치의 10가지 주요 요소(key factor)를 아래와 같이 일러주고 있다. 매우 유용한 정보다.

a. 짧은 시간 내에 빠른 판단과 무의식적인 움직임을 갖도록 노력한다.
b. 항상 넓은 시야를 확보하고, 제 2동작으로 빠르게 연결할 수 있게 몸의 방향과 자세를 갖춘다.
c. 변화하는 상대 수비수의 자세와 움직임을 재빨리 인지한다.
d. 볼을 컨트롤할 때는 자기중심에서 1m 이내로 하고 몸의 균형을 확보한다.
e. 볼이 도달하는 동선을 확인한 후 가능하면 항상 공격 방향으로 컨트롤한다.
f. 드리블 시 공간을 활용하되 자신 있는 발을 사용할 수 있는 방향을 선택한다.
g. 수비수가 등 뒤쪽에서 압박하면 첫 터치는 빠른 패스(논스톱 백패스 등)로 연결한다.
h. 첫 터치가 측면에서 이루어지면 빠른 하프 턴(몸의 방향 전환) 기술로 시야를 넓게 확보하고, 경기장을 넓게 활용하며 제2 동작을 생각한다.
i. 첫 터치 기술을 향상시키기 위해서는 빠르게 오는 볼을 통제할 수 있어야 하고, 인사이드 부분을 이용한다. 그렇게 하면 패스가 아무리 강해도 볼을 원하는 방향으로 컨트롤하기가 유리하다.
j. 첫 터치를 슛으로 연결할 수 있는 상황이라면 과감히 논스톱으로 슛한다.

　한국 축구 시작부터 지금까지 135년(1882~2016) 동안 끈질기게 고질병으로 남아 있는 거칠고 둔탁한 첫 터치를 무엇으로 어떻게 극복할 것인가? 아래의 7가지 원칙을 지키면서 <u>의도적이고 계획적으로 연습하면</u> 첫 터치 마스터에 크게 도움이 될 것이다.

(1) 볼이 닿는 몸의 부위에 마음이 가 있어야 한다.

　가령, 인스텝 슛할 때는 발등의 중심과 발목에 마음이 가 있어야 한다. 발등의 중심이 볼의 무게중심을 정확하게 임팩트 하는가? 임팩트 시 발목이 180도로 완전히 펴져 있는가?

또 하나의 보기를 들면, 무릎으로 볼을 터치할 때는 그 순간 무릎에 마음이 가 있어야 한다. 그리하여 이때 볼의 무게중심과 무릎의 중심이 만나고 있는가? 볼의 스피드를 효과적으로 흡수하고 있는가? 볼과 무릎이 만나는 각도는 정확한가? 볼을 튕겨 올리는 높이는 적정한가? 등등 마음이 무릎에서 살아 있어야 정확한 볼 터치가 가능하다. 그렇지 않으면 볼은 부딪히는 순간 '반동'이라는 고유한 속성이 생겨나 엉뚱한 곳으로 도망가 버린다. 너무나 많은 선수가 이러한 깨어 있는 의도적인 의식 없이 기계적이고 형식적인 볼 터치를 한다. **즉시 버려야 할 매우 나쁜 습관이다.**

(2) 온 몸에 유연성이 살아 있어야 한다.

유연성이란 근육·관절·뼈와 뼈를 연결하는 인대·뼈와 근육을 연결하는 건의 가동 범위를 말한다. 한국 선수들은 선천적으로 아프리카나 남미 선수들에 비해 몸이 뻣뻣하다. 뻣뻣할수록 뻣뻣하게 볼 컨트롤하고 유연할수록 부드럽게 컨트롤하게 된다. 태어날 때부터 뒤지는 유연성에서 이기기 위해 더 많이, 더 적극적으로 유연성 배가 운동을 해야 한다. 우리 몸은 노력하는 만큼 변화한다. 어릴 때부터 매일 요가를 하거나, 틈날 때마다 스트레칭을 하도록 하자.

(3) 첫 터치 내용을 미리 결정해 있어야 한다.

이래야 첫 터치를 고양이처럼 부드럽게 할 수 있는 시간이 생기고, 찰나의 순간이지만 시간 여유가 있으니 차분하게 준비할 수 있고, 준비한 대로 볼을 정교하게 컨트롤할 수 있는 것이다.

선택의 스피드가 빠를수록 첫 터치가 부드러워진다는 걸 기억하라!

(4) 볼을 자세히, 끝까지 주시해야 한다.

일례로, 국가대표나 K리거의 크로스바를 훌쩍 넘는 어처구니없는 우주개발 슛이 왜 자주 나오는가? 여러 이유 중 볼을 자세히 보지 않는 게 가장 큰 이유다. 공중 볼이든 잔디 위를 구르는 볼이든 볼의 무게중심을 자세히 그리고 끝까지 보지 않고 슛하기 때문이다. 그 선수는 볼의 무게중심을 보지 않고 막연하게 볼을 보고 슛한 것이다. 볼을 자세히 그리고 끝까지 볼수록 세밀한 터치가 가능해진다. 볼에 쓰여 있는 글씨 상호 이음새까지도 선명하게 보면서 볼을 터치하도록 하라.

(5) 볼의 스피드를 완벽하게 흡수하라!

볼은 정직하다. 스포츠 물리학의 법칙대로 볼이 움직인다. 볼을 멀리 보내려면 볼과 접촉하는 몸의 부위를 딱딱하게 하고 고정시켜야 한다. 반대로 최대한 몸 가까이에서 소유하려면 볼과 접촉하는 몸의 부위를 솜덩이처럼 부드럽게 하여 볼의 스피드를 흡수해야 한다. 즉 상황에 따라 볼과 만나는 몸의 부위는 강철 벽이 되기도 하고, 솜덩이가 되기도 하여야 한다.

- 축구코칭론 / 김기호 지음 / 두남 / P 178 ~ 180

🥾 움직이는 볼을 멈추는 방법은 크게 2 가지다.

a. **패스된 볼을 멈추게 하는 방법 1**

다가오는 볼을 멈추게 하려면 반발계수를 고려하여 볼을 받는 발의 속도를 볼이 멈출 수 있도록 조절해야 한다. 여기서 발을 움직이는 속도는 **반발계수를 e라 할 때 볼의 속도와 e/(e+1)를 곱한 속도와 같아야 한다**. 가령 볼이 시속 40Km로 이동하고 반발계수가 2/3일 때 볼을 받으면서 발을 뒤로 빼는 속도는 시속 16Km여야 한다. 이상적인 상태라면 볼은 멈추게 된다.

b. **패스된 볼을 멈추게 하는 방법 2**

빠른 볼을 제대로 받으려면 발을 움직이는 적절한 속도 이외에도 타이밍을 잘 맞추어야 한다.

시속 50Km로 움직이는 볼은 대략 6분의 1초 동안에 볼 한 개만큼 움직이므로 타이밍을 맞추기가 얼마나 어려운지 짐작할 수 있다. 선수가 볼의 움직임에 반응하는 시간은 그 보다 10배 이상이나 걸리므로 이 기술을 사용하려며 미리 예측하고 움직이는 능력을 갖추어야 한다.

- 축구강국 유소년 훈련서 꿈은 이루어진다. 중학교 2학년 /김의수 외/
대한미디어 /P78~79

(6) 볼 리프팅, 프리스타일과 친해져라

볼 한 개를 언제나 갖고 다니면 틈새 시간이 나면 바로 여러 가지 연습을 할 수 있다. 이 때 틈틈이 볼 리프팅과 프리스타일도 향상시킬 수 있다. 고난도의 볼 리프팅과 프리스타일에 익숙해지면 볼 컨트롤에 엄청나게 자신감이 생긴다. 경기 중의 볼 처리가 그렇게 쉬울 수가 없다. 볼 리프팅과 프리스타일이 경기 중의 볼 컨트롤과 거의 다르지 않기 때문이다.

(7) 볼 리프팅을 가장 빠르고 실전적으로 마스터하는 방법

　발 정강이 무릎 배 가슴 어깨 이마 등 몸의 각 부위별로 할 수 있는 모든 볼 리프팅 유형을 반복 연습으로 체득하는 것이다.

2) 볼 리프팅의 필요성과 원리

　리프팅과 프리스타일에 대한 선수, 감독 코치, 학부모의 판단과 선택은 조금씩 다르다. 크게 두 가지로 나누어진다. 하나는, 이런 건 경기에 사용할 수 없으니 연습할 필요가 없다는 입장이다. 또 하나는, 뛰어난 선수가 되려면 반드시 마스터해야 한다는 주장이다. 각자 자신의 판단대로 선택할 것이다. 글쓴이는 반드시 볼 리프팅과 프리스타일을 마스터해야 한다고 강력하게 주장한다. 그것도 가능한 빠른 시기에. 세계의 경쟁자보다 더 빨리 마스터하여 더 빠른 시기에 경기에 사용해야 하기에. 볼 리프팅을 마스터한 후 프리스타일로 넘어가야 한다. 프리스타일이 볼 리프팅의 응용이며 보다 고난이도이기 때문이다.

(1) 볼 리프팅의 필요성

　a. 온 몸으로 볼 감각을 익히게 된다.
　　볼의 탄성, 볼 접촉 시 그 부위의 느낌, 어떤 힘을 어느 정도 가했을 때 볼이 어떻게 반발하는지 등 볼을 섬세하고 정확하게 느껴야 올바르고 적확하게 볼을 다룰 수 있다.
　b. 볼 터치 시 올바른 자세를 저절로 배울 수 있다.
　　볼 리프팅에 익숙해질수록 최적의 자세, 즉 가장 능률적이고 경제적인 자세를 실행할 수 있다. 이렇게 되면 보다 빠른 시간에 볼 처리가 가능해진다.
　c. 경기에 자주 나오기에 경기에서 바로 활용할 수 있다.
　　볼 리프팅을 마스터하면 경기 중 그런 상황이 올 때 바로 의도대로 볼을 다룰 수 있다. 특히 프리스타일이 그렇다.
　　볼 리프팅과 프리스타일이 경기에 도움이 안된다는 분들이 있는데 경기를 자세히 보면 자신의 판단이 틀렸다는 걸 수시로 확인할 수 있다.
　d. 선수의 자신감이 엄청 높아진다.
　　왜냐? 경기에서 자신이 의도하는 대로 볼을 다룰 수 있으니까.
　e. 무엇보다 가장 중요한 이유는 볼 컨트롤을 마스터하는 지름길이기 때문이다.
　　볼 컨트롤은 볼 리프팅에서 시작하여 프리스타일로 완성된다고 해도 과언이 아니다.

대표선수든 프로든 한국 선수 중 볼 컨트롤이 제대로 되는 선수 매우 드물다. 월드클래스가 나오지 않고 있는 이유 중 하나다.

경기 중 볼 리프팅과 프리스타일로 자유자재로 볼을 다룰 수 있기에 어떤 볼이 와도 자신만만하다. 아무리 강하고 빠른 공중 볼이 와도 볼의 반발계수를 흡수하고 적극적으로 플레이한다.

반면 그렇지 못한 선수는 고난이도의 이런 볼을 어려워한다.

볼 리프팅 연습과 프리스타일을 어릴 때 마스터할수록 바람직하다.

이러하기에 한국축구계에 프리스타일의 세계적인 대가인 전권 선생과 우희용 회장은 한국 축구의 보물이다. 이 분들에게 배울 수 있기에 선수들에게 큰 축복이다. 글쓴이는 선수가 두 분에게 찾아가 프리스타일을 가능한 빨리 마스터하라고 권유하곤 한다. 이렇게 하지 않을 이유가 없고 외국 유학 가는 일에 비하면 매우 쉬운 일이고, 효과도 탁월하다. 축구카페를 통해 프리스타일을 이해하고 배우려는 선수는 http://cafe.daum.net/soccos 의 〈볼 컨트롤〉(대메뉴)에 있는 〈프리스타일〉(소메뉴)을 활용할 수 있다. 프리스타일 이론도 다양하고, 수백 개의 프리스타일 동영상이 배우려는 선수들을 기다리고 있다.

(2) 볼 리프팅 원리

선수들이 볼 리프팅을 자주 연습한다. **놀라운 사실은 선수들이 볼 리프팅 원리를 모르고 무작정 연습만 한다는 점이다.** 이렇게 하니 발전 속도도 늦고 볼 리프팅도 세계 경쟁력이 없게 되는 것이다. 시간 낭비를 많이 하고 효과는 미미하다. 현재 한국에서 가장 축구 잘한다는 선수들을 뽑아 놓은 대표 선수들이 구체적인 보기다. 대표 선수 중 어느 정도 이상의 고난이도 리프팅을 자유자재로 해내는 선수가 있는가? 볼 리프팅과 프리스타일을 정복하지 못하면 월드클래스는 꿈도 꿀 수 없다. 초중고 대학 선수들이 대표선수들을 타산지석으로 삼아야 한다.

이론 부재는 목표 그 자체를 달성할 수 없게 만들기도 한다. **그런데 볼 리프팅 원칙은 너무나 간단하다.**

a. 지면에서 볼 때 볼의 무게중심을 임팩트 해야 한다.
b. 위 아래로 오르내리는 볼의 동선과 터치하는 몸의 부위는 직각으로(90도로) 만나야 한다.

볼은 위 아래로 움직이고 임팩트 하는 순간 볼이 닿는 몸의 부위는 지면처럼 평평해야 한다. 즉, 몸의 부위 중 가장 넓은 부위가 볼과 만나야 한다. 볼이 닿는 부위가 넓을수록 더 정확하게 볼이 움직인다.

보기를 들면, 가슴은 중앙, 발등도 발등의 중심…

c. 임팩트 하는 순간 그 부위에 힘을 주어 딱딱하게 만들어 볼에 반탄력을 준다.

볼 리프팅은 볼을 소유하는 게 아니라 볼을 가볍게 몸 밖으로 튕겨 올리는 동작이다.

d. 마음은?

볼이 닿는 몸의 부위에 가 있어 올바르게 볼의 무게중심과 만나고 있는지 점검한다. 이때 잘못되어 있으면 순간에 스스로 고친다.

지금처럼 별 생각 없이 습관적으로 볼과 만나는 버릇과 즉시 이별해야 한다.

e. 시선은?

볼의 무게중심을 주시하면서 계속 추적한다. 이렇게 해야 볼의 무게중심을 정확하게 맞힐 수 있다. 12가지가 넘는 시력 중에서 축구에서 가장 중요한 시력은 물체추적시력(동체시력)과 주변인지 시력이다.

f. 성공 경험을 잘 활용한다.

발등으로 수백, 수천 번 리프팅 하는 선수가 헤딩 리프팅에는 어려움을 겪는 선수가 있다. 이 선수는 발등 리프팅의 방법을 헤딩에 그대로 적용하면 된다.

g. 실수했을 때 그 원인을 알아 즉시 교정한다.

위의 볼 리프팅 원리에서 벗어나면 실수가 나온다.

원리(이론)를 알면 스스로 고칠 수 있다.

h. 난이도를 서서히 높여간다.

점진성의 원리다. 처음에는 쉬운 것부터, 이게 익숙해지면 난이도를 한 단계씩 높여간다. 일례로, 발등 리프팅에서 처음에는 30~40cm 정도로 차올리다 점점 높이를 높여 5m 이상 왼발 오른발, 다양한 방법으로, 반지름 1m 원 안에서 연속으로 차올린다. 이 리프팅을 일명 '**전봇대**'라 한다. 왼발 오른발 교대로 최소 2m 이상 리프팅하면서 달린다. 달리는 스피드를 점점 높여 전력질주에 가깝게 한다.

150 이상의 계단을 온 몸으로 높이 리프팅하면서 올라갔다 내려온다. 익숙해지면 연습을 경기 상황으로 만들어 방해하는 수비를 두고 프리스타일로 돌파를 시도한다. 다른 선수가 흉내 낼 수 없는 고난이도의 볼 리프팅과 프리스타일을 마스터해야 비로

소 경기에서 활용할 수 있다.

현실은 어떠한가? 선수들의 볼 리프팅과 프리스타일 연습을 보면 여기에 턱없이 미치지 못하고 있다. **볼 리프팅의 원리는 너무 쉽다.** 그러나 선수들이 이걸 모르고 무작정 연습하니 안타깝다. 알고 연습해야 하는 데, 감독 코치가 가르쳐주지 않으면 선수들이 모른다. 그 감독 코치는 이 간단한 걸 왜 선수에게 가르쳐주지 않을까?

3) 또 하나의 선물

선수가 프리스타일을 마스터하면 또 하나의 소중한 선물을 받게 된다. 축구에는 6대 개인기가 있다. 킥, 패스, 슛, 드리블, 헤딩, 볼 컨트롤이다. 선수는 언제 자신감이 생기는가? 경기에서 드리블 1:1 돌파가 되고 볼 컨트롤이 마음먹은 대로 될 때다. 즉, 프리스타일은 선수에게 엄청난 자신감을 선물한다. 감독은 선수의 자신감이 어떤 역할을 하는지 선명하게 알고 있어야 한다.

영국의 심리학자 J. 하드필드 박사는 자신감에 대해 한평생 연구했습니다. 우리가 자신에게 "넌 틀렸어, 이제 끝났어."라고 말하며 자괴감을 가지면, 자신이 가진 능력을 30%도 채 발휘할 수 없다고 합니다. 그러나 반대로 "넌 할 수 있어. 넌 특별한 사람이야."라고 말하며 스스로에게 자신감을 줄 때, 자신이 가진 한계를 뛰어넘어 무려 500%의 능력을 발휘할 수 있다고 합니다.

한 예로, 우리나라 축구 선수들은 유럽 선수들만 만나면 기가 죽어 헛발질을 하거나 패스할 때 실수하고 절호의 기회에도 슛을 못하는 경우가 많았습니다. 유럽 선수들과의 경기 경험이 부족한 데서 오는 '**자신감 결여**' 때문이었습니다. 그러나 이후 유럽 선수들과의 많은 대결을 통해 승리를 경험한 우리 선수들은 두려움을 이기고 자신감을 가지게 되었습니다.

- 박원규의 〈비범한 일을 성취하라〉 중에서

4) 선택하기

월드클래스의 공통적인 특징 중 하나가 자유자재로 해내는 볼 리프팅과 프리스타일이다. 그들은 경기 중 이걸 자주 활용하곤 한다. 반면 한국의 각급 대표선수들이 프리스타일에 서툴다. 경기 중 고난이도의 볼 컨트롤에 힘들어하며, 실수가 잦다. 월드클래스에 이르지 못하는 중요 원인 중의 하나다.

비유하면, 프리스타일은 닫혀있는 문을 여는 열쇠와 같다. 축구에서도 월드클래스에 들어가는 기본 기초 필수 기술이다. 이 선수도, 저 선수도 수준 있는 팀과의 경기에서 감독이 지시한 전술을 제대로 수행하지 못하는 경기를 하곤 한다. 개인기는 전술에 우선하는데, 전술을 실현해낼 수 있는 개인기가 부족하기 때문이다. 수준 높은 경기를 하기 위해서 볼 리프팅과 프리스타일 마스터는 선택이 아닌 필수다. 감독 코치는 선수에게 볼 리프팅과 프리스타일을 장려해야 한다.

어릴 때 마스터할수록 바람직하다. 경쟁자보다 먼저 마스터하면 경쟁자보다 먼저 경기에 활용할 수 있다. 전권, 우희용 같은 프리스타일 대가를 초청하여 선수가 배우게 하고, **분기별로 '프리스타일 콘테스트'를** 열고 시상하는 것도 동기부여의 한 방법이다. 배운 프리스타일을 경기에 적극 활용하도록 권장해야 한다.

볼 주머니에 볼 한 개를 넣어 다니면서 자투리 시간에 프리스타일을 연습하도록 구조화시키는 것도 좋은 방법이다. 그런데 이렇게 하는 축구부가 없다. 감독 코치, 왜 이렇게 하지 않는가?

17. 합숙소를 쾌적하게 운영하자

한국의 중고 대학 등 학원축구팀은 거의 합숙소 생활을 한다. 심지어 어린 나이에 집을 떠나 합숙하는 초등 축구팀도 적지 않다. 23개 K리그 프로구단 중 21개 팀이 합숙을 한다. 프로 축구선수들의 합숙, 이런 건 축구 선진국 유럽과 남미에서는 하지 않는다. 합숙소 생활을 하는 선수는 하루 중 어디에서 가장 많은 시간을 보내는가? 교실도, 운동장도 아니다. 합숙소다. 가장 자주, 많이 사용하는 공간이 보다 소중한 곳이다. 그러므로 합숙소 관리와 운영은 축구팀 경영의 중요 과제 중 하나다.

그러나 현실은 어떠한가? 여러 합숙소를 가보았다. 둘러보면서 '**돼지우리보다는 조금 낫구나.**'하는 생각이 들곤 했다. '감독이 이걸 방치하고 있구나. 왜 이래야 하지?' 하는 아쉬움을 금할 수 없었다. 제대로 하고 있는 합숙소도 있다. 그러나 그렇지 못한 곳이 비교할 수 없을 정도로 훨씬 더 많다. 학생 신분의 청소년 선수들 중 상당수가 청소에 익숙하지 못하다. 핵가족시대에 가정에서 부모가 방 청소와 정리정돈까지 해주고 있는 실정이다. 사과를 제대로 깎지 못하는 중고등학생이 적지 않다. 과보호에 노출돼 있는 청소년은 자신의 생활공간 청소와 정리정돈도 힘들어한다.

그러나 합숙소는 경기력 향상의 진원지가 되어야 한다. 교과부는 운동부의 합숙소를 단

계적으로 모두 폐지하겠다고 발표했다. 여러 가지 부작용이 많기 때문이다. 합숙소는 하루 빨리 폐지되는 게 바람직하다. 선배의 후배 구타, 심부름시키기, 금품 갈취, 폭언 등 선수들 간의 비리가 대부분 합숙소에서 발생한다. 이런 일로 저학년 학부모의 원성이 끊이지 않는 합숙소도 적지 않다.

　합숙소에서의 감독 코치의 가혹 행위가 언론에 보도되는 경우도 심심치 않게 있다. 이 모든 책임은 팀의 의사결정을 좌지우지하는 감독에게 있다. 여자 운동부 선수들에게는 합숙소 생활은 매우 위험한 장소가 될 개연성이 많고, 실제로 곳곳에서 성폭력 성추행 등 온갖 기괴하고 추악한 일이 벌어지고 있다.

　아래의 글은 정희준 동아대 스포츠과학부 교수의 글이다. 읽어가면서 깜짝 놀라게 될 것이다. 이러고도 인간이 '만물의 영장(靈長)'인가? 악령(惡靈)에게 사로잡힌 '감독'이라는 괴물이 자신의 영혼을 사탄마귀에게 팔아 저지르는 추악한 성폭력 성추행의 결국은 어떻게 될까? 그 감독의 자유의지는 자신과 자신의 영혼이 사탄 마귀의 밥이 되었다는 걸 모르고 있다. 사탄 마귀의 도구가 되어 존엄한 인간인 선수를 괴롭히고 있는 것이다. 그것이 결국 영원토록 상상도 할 수 없는 끔찍하고 처절한 고통을 받게 된다는 걸 깨닫지 못하고 있으니 안타깝기 짝이 없다. '지옥'이 어떤 곳인지 알게 되면 함부로 사는 인간이 한 사람도 없을 것이다. 이 세상에서 '영적 무지'만큼 위험하고 후회스러운 일은 없다. 모두 다 그런 건 아니지만 이제부터 여자 운동부 팀의 감독을 어떻게 보고, 평가해야 할까?

1) "우리 애들이 있는데 룸살롱은 왜 가요?"

　작년 여름 국가인권위원회에서 여성운동선수 성폭력과 관련한 간담회가 있었다. 소속 선수를 성폭행한 우리은행 여자농구팀 **박모 전 감독** 사건을 계기로 열린 것이다. 당시 사건과 관련하여 '어퍼컷'에 몇 개의 글을 기고했던 내게도 연락이 와 먼 길 마다않고 가기로 했다. 스포츠계 성폭력에 관심을 가져줘 다행이라 생각하면서 간담회에서 제시할 사례들을 머릿속에 차곡차곡 챙겨 넣었다. '이런 이야기 들으면 아마 그분들 뒤로 나자빠지겠지'하며 말이다. 최대한 '충격적'이고 '파렴치'한 것으로만 골라서 서울로 갔다. 그런데 예상과는 좀 달리 일이 진행됐다. 내가 그 충격적이고 파렴치한 사례들을 침을 튀겨가며 쏟아낸 후 간담회를 주재하는 인권위의 여성 임원은 조용히 말을 이어갔다. "그러게요. 저도 이쪽이 이렇게 심한 줄 몰랐었는데 성폭력상담소에 있을 때 전화가 왔는데…, 글쎄 초등학생을 임신을 시켜서…, 부모가 왔더라고요…" 충격을 주려고 서울까지 올라갔던 내가 되레 충격을 받고 먹먹한 상태에서 부산으로 돌아와야 했다.

작년 가을 역시 인권위에서 학생선수의 인권과 관련된 토론회가 열렸다. 거기서 스포츠에 관심이 많은 한 국회의원이 여성 선수 성폭력과 관련해 "(…) 심지어 어느 학교는 감독이 여자 선수들을 모조리 건드린 경우까지도 있다."고 고발한다. 역시 이 동네는 나의 상상을 초월한다. 그런데 대한체육회가 체육계 폭력과 비리를 시정하기 위해 만들었다는 소위 자정운동본부의 장이라는 분이 이런 식으로 화답한다. "젊은 사람들 모아 놓으면 그런 일이 있을 수 있지 않습니까. 그 왜 직장 내 성폭력 같은 것도 항상 있는 일 아닙니까?…"

문제해결 #1. 이제 제발 합숙 좀 없애자.

〈쌈〉에서도 잘 밝혀진 것이지만 성폭력을 근절하기 위한 첫 단추는 '합숙소 폐지'다. 그놈의 합숙소 때문에 몇 년 전 천안초등학교 축구부 여덟 명이 그 어린 생을 마감했다. '그놈의 합숙소'에서 지금도 숱한 여성 선수들이 감독들의 성적 노리개가 되고 있다. 갓 열 살이 넘은 여자 아이들이 밤에 자는 사이 감독에게 끌려 나가지 않으려고 서로서로 손을 묶고 잤다고 하지 않는가. **어느 여고 팀에서는 3학년 진학할 때 모두 살기 위해 합숙이나 전지훈련** 때 1년 동안 감독님을 '모실' 한 명을 정했단다. 주장이 스스로 나서기도 했단다. 눈물 없인 볼 수 없는 장면 아닌가. 합숙소 없으면 안된다고? 현실을 모르는 말이라고? 웃기지 마라. 현실을 잘 안다. 그게 다 감독과 협회 편하라고, 편하게 통제하고 쉽게 성적 올리려고 안 없애는 것 아닌가. **우리나라 스포츠계 폭력문제의 절반 이상이 합숙에서 비롯된다.** 그곳에서 감독이 선수를 구타하고 성폭행하고 그곳에서 선배가 후배에게 유사 성행위를 강요하고 때리고 돈 뜯고 공부 못하게 한다.

문제해결 #2. 당당한 가해자, 고개 숙인 피해자?

축구, 야구, 농구, 배구 등 인기 종목 중 '○○신고센터' 운영하지 않는 협회는 없다. 개인종목은 대한체육회로 하면 된다. 자정운동본부라는 것도 만들지 않았나. 그러나 제대로 운영되는 곳이 있으면 손 한 번 들어 보시라. 그러면 제대로 운영되지 않는 제도를 왜 자꾸 만드는가. 면피용, 생색내기용, 무마용이 필요하기 때문이다. 문제가 불거지면 납득이 가도록 일관성 있게, 공평하게 징계하면 된다. 그러나 체육단체 중에 그런 곳은 매우 드물다. 왜? 그 밥에 그 나물이니까. 결국엔 '우리가 남인가' '좋은 게 좋은 거'라는 식으로 넘어간다.

협회가 제대로 된 제도를 만들어 단호하게 시행하면 될 일이지 괜히 여기저기 신고하라고 떠들 일이 아니다. 한 학교의 여자 선수들을 하나둘 빼고 모조리 유린해서 협회로부터 영구제명된 자가 다시 여학교에서 가르친다는 게 도대체 말이 되는가. 성폭행 감독이 본래 팀으로 복귀하고, 다른 팀 감독으로, 협회 임원으로 버젓이 경기장에 나타나는 게 우리의 수준인가. '가해자는 아니꼽게 보고 피해자는 고개 숙이는 법'이 우리 스포츠의 수준인가.

문제해결 #3. 여성스포츠는 여성이 접수케 하라.

우리나라엔 세계적 선수들이 많다. 그런데 여자와 남자, 어느 쪽이 많을까? 여자 쪽이다. 양궁이나 쇼트트랙도 그렇고 농구, 배구, 핸드볼, 필드하키, 탁구 등도 그러하다. 올림픽 메달 수 따져 보면 쉽게 알 수 있다. 그런데 국가대표팀이고 프로 팀이고 실업팀이고 감독, 코치는 죄다 남자들이다. 여자 프로농구의 경우 작년 말 총 23명의 지도자 중 여성은 코치 단 한 명이었다. 그러나 세계적 수준에서 보면 어떠한가. 한국남자 농구는 여자농구 따라가지 못한다. 여자 농구는 올림픽 은메달까지 땄었다. 그런데 왜 남자들이 감독 자리를 독식하는가. 사회가 그렇지만 특히 스포츠는 완전무결한 남성들의 세계다.

남자농구에서 지도자 되겠다는 이들이 넘쳐나니 서로 피나게 싸우다가 그쪽에 자리를 못 잡으면 여자농구로 흘러 들어간다. 사실 여자농구를 맡은 감독들을 보면 남자 쪽에 비해 선수시절 '이름값'에서 한참 뒤떨어진다. 어쨌든 직업, 즉 생계를 위해 자리가 나면 여자팀으로 가는 것이다. 여자팀은 여자들이 맡으면 된다. 능력 면에서 하등 뒤질 것 없다. 필기시험 한 번 볼까? 구술면접 해볼까? 남자들보다 쳐지는 게 있다면 술 실력과 로비 능력 뿐이다.

진정 이런 스포츠를 원하는가?

10년 전 쯤, 애 하나 운동시켜서 대학 보내려면 1억 원 든다는 얘기가 있었다. 지금은 더 들 것이다. 자식 운동시키려고 집 팔고, 저당잡힌 부모들 부지기수다. 그렇게 보낸 아들이 툭하면 맞아서 어디론가 도망가고, 딸은 감독에게 당하기도 한다. 그러면서까지 운동을 계속 시키는 이유는 무엇일까. 공부를 진작 포기했기 때문이다. 운동에 비전이 없거나 감독이 인간으로 보이지 않으면 뛰쳐나와야 하는데 공부와는 완전히 담을 쌓았기 때문에 그럴 수가 없는 것이다. 운동을 그만둬봐야 전교 꼴찌를 두고 다툴 것은 뻔하고 이미 선생님들도 포기했으니 어느 대학이라도 보내기 위해선 맘에 안 들더라도 감독에게 계속 매달려야 하는 것이다. 지도자들도 이러한 현실을 잘 깨닫고 있다. 그러기에 힘없는 선수들을 밤에 괴롭히고 낮엔 부모들 앞에서도 애들을 마음대로 팰 수 있는 것이다.

공부시켜야 한다. 합숙소 없애야 한다. 대회 수도 줄이고 열 살 갓 넘은 아이들 전지훈련도 없애야 한다. 그래서 그들에게도 '운동부 밖의 세계'가 있다는 것을 알게 해야 한다. 운동이 맞지 않으면 다른 꿈을 품고 훨훨 날아갈 수 있어야 한다. 체육계와 지도자들은 선수들을 자신의 '종'으로, 성공의 도구로, 생계를 위한 수단으로, 존속을 위한 방편으로 여기는 못된 버릇부터 고쳐야 한다. 이런 식이라면 협회나 학교 운동부 다 없애도 된다. 이런 야만적, 비상식적 스포츠가 도대체 이 시대에 어울리는가. 그냥 나가서 신나게 공차고 친구들과 재밌게 달리면 된다. 더 이상 무엇을 바라겠는가.

- [정희준의 어퍼컷·21] 행동보다 무서운 그들의 생각

광복 이후 지금까지 지속되어온 운동부의 합숙소를 폐지하면 별다른 대책이 없는 운동부에 많은 어려움과 혼란이 오기에 교과부가 한시적으로 묵인하고 있는 실정이다. 이러하기에 합숙소가 아닌 사감이 상근하는 학교 내 기숙사에서 숙식하는 방안을 추진하고 있는 운동부도 있다. 현재 합숙소를 운영하는 팀은 합숙소를 유지하는 그날까지 올바르고 효과적으로 운영해야 한다. 현재는 개선해야 할 점이 너무나 많다. 가정과 비교하여 합숙소 생활에 불편을 호소하는 선수들이 많다. 학부모도 안쓰러워하고 있다. 방법이 없는가? 여러 곳에서 배워 개선할 수 있다. 여기에 밝은 사람과 인터넷, 책을 통해 관련 정보를 얻을 수 있다. 대입 기숙학원, 대기업의 연수원 그리고 앞서 있는 펜션 등을 벤치마킹해도 좋다. 여기서 기숙학원의 사례를 잠시 살펴보자. 배울 게 많다.

2) 기숙학원의 모범 사례들

기숙학원은 대입을 준비하는 재수생들이 기숙하면서 공부하는 학원이다. 기숙학원에 입소한다는 것은 '수능의 전지훈련'을 떠나는 것과 다름없다. 경기도에 주로 밀집되어 있으며 기숙학원 간의 경쟁이 치열하다. 교수학습방법, 생활지도, 시설과 교육도구 등에서 경쟁 우위를 확보하기 위해 총력을 기울이고 있다. 기숙학원에서 공부한 학생들은 성적이 큰 폭으로 뛴다. 무엇보다 공부하는 시간과 학습량이 많기 때문이다. "기숙학원에서의 하루는 바깥세상에서의 3일과 같다"고 말하는 이들도 있다. 일반 종합학원에서 재수할 경우 등하교에 하루 1시간 이상이 든다. 또 TV보며 뒹굴기에 하루 1시간, 휴대폰 사용에도 매일 1시간 이상 사용한다. 인터넷 게임과 서핑에도 하루 1시간을 예사로 들인다. 여기다 주말 빈둥

거리기에 1주에 4시간이 들고 친구 만나기에도 오가는 시간을 치면 1주에 4시간은 사용한다. 결국 1주일에 36시간 이상을 허비한다는 계산이다. 한 달이면 144시간, 본격적으로 재수하며 학원 다니는 기간이 10개월임을 감안하면 결국 60일이라는 시간을 쓸 데 없는 데 쓴다고 할 수 있다. 기숙학원에서 생활하며 공부할 경우 이런 시간 낭비가 없어 10개월간 남보다 두 달을 더 공부할 수 있다(중앙일보, 2009. 1. 22.목. 22면).

일례로, 서울케이스사관학원은 서울에 있지 않다. 경남 함안군 신인면 송정리 깊은 산자락에 자리했다. 학생들은 일단 들어오면 외출이나 외박을 할 수 없다. 오직 연간 10일의 휴가를 즐길 수 있을 뿐이다. 이 학원은 토, 일요일은 물론 국경일에도 정상수업을 한다. 기숙학원은 휴대폰 휴대를 금지한다. 인터넷 시설은 아예 없애두고 있다. 이천, 비봉 등 2개의 탑클래스 기숙학원은 '실시간 학원 견학 시스템'을 도입하고 있다. 학부모들은 언제 어디서나 인터넷으로 이 학원 홈페이지에 연결해 자녀의 수업 및 생활하는 모습, 독서실에서 자습하는 모습을 볼 수 있다. 학생들은 부모가 수업 장면을 보고 있을지 모른다 생각하고 수업하니 집중력이 높아진다. 학부모가 보고 있으니 강사들도 열심히 강의하지 않을 수 없다. 그동안 15개 다른 학원에서 방문해 이 제도를 벤치마킹해갔다. 여기다 대형 헬스시설을 두어 틈틈이 체력을 관리할 수 있으며 축구 농구 족구 배드민턴 시설도 갖췄다. 용인종로학원은 채광 통풍을 고려해 설계했다. 광주종로학원은 학생들이 궁금한 게 있으면 언제든지 질문지에 적어 교사에 제출한다. 교사는 질문지의 해답란에 답을 풀이해주고 학생을 불러 자세히 설명해준다. 이 질문지를 모아두면 자연스레 오답노트가 된다.

양평 대영학원은 학원 지정 병원도 두고 있다. 양평길병원, 양평정형외과 등 인근 병원들과 연계해 학생들의 건강상태를 수시로 체크한다. 일영청솔학원은 인터넷 강의를 강사와 함께 듣는다. 궁금한 점이 있으면 바로 도움을 받을 수 있다. 용인메가스타디 기숙학원은 목표를 달성한 수험생에게 대학 입학금을 지원한다. 기숙학원 선택에 우선적으로 고려해야 할 사항은 시설이다. 특히 편안한 잠자리가 중요하다. 함께 생활하는 인원수가 많다면 숙면을 취하지 못하거나 성격 차이 등으로 갈등이 불거질 수도 있다. 학림원기숙학원은 2인 1실 숙소를 도입했다. 각 방에는 화장실과 샤워실이 있어 학생들은 원할 때 다른 이들 눈치를 보지 않고 편안하게 이용할 수 있다.

광주대성, 성남대성, 용인대성학원(기숙학원)은 최신 사우나 시설을 갖추어 수시로 학업으로 인한 스트레스를 풀 수 있다. 넓은 운동장에 축구장 족구장 농구장을 두어 학생들은 체력 관리도 할 수 있다.

3) 합숙소를 지금보다 편리하고 쾌적하게 운영하자

동전에 양면(앞 뒤, Head 와 Tail)이 있듯이 합숙소 생활이 주는 강점과 약점이 있다. 장점 중 하나가 앞서 살펴본 기숙학원처럼 개인 연습할 수 있는 시간이 많다는 점이다. 평일의 밤과 새벽, 등교하지 않는 토요일 일요일 국경일 개교기념일 방학 기간 중에 많은 시간을 내어 개인 연습할 수 있다. 가령, 밤에 2시간, 새벽에 1시간 개인 연습하면 하루 3시간 이상 개인 연습할 수 있다. 매달 80여 시간이니 1년이면 1,000시간 가까이 개인 연습할 수 있다. 계획적, 구조적, 과학적, 독창적으로 이 시간 만큼 3년(3,000 시간) 개인 연습하면 뭔가를 충분히 이룰 수 있는 시간이다.

그러나 합숙소는 얻는 것보다 잃는 게 더 많다. 근본적으로는 모두 폐지해야 한다. 그때까지는 제대로 운영하여야 한다. 합숙소 운영에서 초점을 맞추어야 할 분야는 크게 4분야다. 인간관계, 휴식과 피로 회복, 팀 교육, 개인 연습 분야다. 감독의 의지로 얼마든지 최고의 합숙소로 변신시킬 수 있다.

(1) 인간관계

무엇보다 1학년의 마음이 평온해야 한다. 2, 3학년이 부당하게 1학년을 괴롭히는 일이 한 번이라도 있어서는 안된다. 인간의 존엄성은 나이와 관계없이 동등하다. 수평적 인간관계에서 서로 존중하고 배려하며 협력하는 합숙소 생활이 이루어져야 한다. 주장과 팀의 핵심선수들이 솔선수범해야 한다. 감독이 수시로 교육해야 하고, 숙직하는 코치의 의지도 중요하다. 합숙소에서 선배들의 부당행위로 고통당하는 1학년이 있다면, 그리하여 그 선수가 축구를 그만둘까를 진지하게 고심하고 있다면 사전에 예방하지 못한 감독의 잘못이 98% 이상이다. 변명의 여지가 없다. 선수를 보호하지 못하면, 그는 더 이상 감독이 아니다. "어린이들은 장난으로 돌을 던지지만 개구리들은 진지하게 죽어간다."(플루타아크 영웅전 중에서).

(2) 휴식과 피로 회복

숙면을 취할 수 있는 환경을 조성해야 한다. 많아도 1실 4인 이하여야 한다. 1실 2인이 바람직하다. 방마다 세면실 샤워장을 가지고 있어야 한다. 큰 방 한 개에 모든 선수가 함께 잠자는 팀을 여럿 보았다. 숙면에 최적의 침대와 침구를 선택해야 한다. 소음과 진동 같은 공해가 없는 장소에 합숙소를 선정하는 지혜가 요구된다. 미네랄이 없는 물을 만드는 역삼

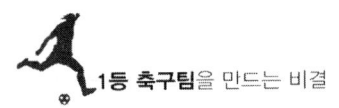

투압 정수기를 당장 교체해야 한다. 수소가 풍부하고 물속의 미네랄을 통과시키며 육각수 파동수를 생산하는 기능수기를 설치하자. 물맛부터 다르다. 식당은 청결하고 위생적이어야 한다. 조리하는 사람에게 식품영양학과 위생청결을 수시로 강조하고 확인해야 한다. 교육하고 강조해도 사람은 습관대로 움직이기 때문이다.

깨끗한 개인 수건을 비치하고 조리하기 전에는 반드시 손을 씻어야 한다. 도마와 부엌칼은 최소 3종류 이상 되어야 한다. 채소, 육류, 생선류 요리 시 각각 따로 사용해야 한다. 음식의 맛과 안전성은 첫째가 누가 요리하느냐, 둘째 식재료의 품질 그리고 셋째가 위생 청결이다. 합숙소 주위에 나무를 많이 심자. 11월에 큰 나무를 옮겨 심으면 더 빨리 더 큰 그늘을 활용할 수 있다. 나무는 거짓되고 심히 부패한 인간의 마음을 편안하게 진정시키는 힘이 있다. 여름에는 시원한 그늘을 선물한다. 나무 아래에는 다양한 모양의 탁자나 벤치를 설치하자. 휴식 공간으로 최고다. 깊은 명상으로 안내한다. 선수가 자신과의 대화를 하기에 최적의 장소다. 여기다 트레이닝 할 수 있는 몇 가지 시설을 갖추면 금상첨화다.

(3) 팀 교육

시청각실을 갖추자. 여기서 교육, 강의, 동영상을 활용하는 경기 분석과 동영상을 통한 기술 배우기 등 가치 있고 다양한 활동을 할 수 있다.

(4) 개인 연습

고교, 대학팀은 웨이트 트레이닝 시설은 필수다. 공간이 된다면 일정 구역에 인조잔디를 포설하고 조명시설, 숫 보드, 펜듈럼시설 등을 설치하면 접근성이 좋아 수시로 연습할 수 있다. 줄넘기 할 수 있는 공간도 만들자. 이상으로 간략하게 '합숙소 운영 개선'에 대한 의견을 제시했다.

뭐 새로운 게 있는가? 없다. 절실하다면 누구나 생각해낼 수 있는, 몇 사람과 의논하면 답이 바로 나오는 기본적인 내용들이다. 현실은 이것조차 하고 있지 못하는 팀이 대부분이니 선수들이 불쌍하다. 재정이 없다고? 우선순위를 정하고, 팀 재정 형편에 맞추어 순차적으로 실행하면 된다. 일정 수준 이상의 청소나 정리정돈 같은 건 돈 한 푼 들이지 않고 당장 실천할 수 있다. 진정으로 하고자하면 감독의 의지로 필요 재정을 확보하는 것도 어렵지 않다. 그러니 합숙소를 '돼지우리'로 만들지 말아야 한다.

자신은 항상 깨끗한 고가의 옷을 입고 다니며 '인성 운운하는' 감독이 자신의 팀 합숙소를 엉망으로 운영한다면 가증스러운 자기 위선이요, 누워서 침 뱉기다.

　하는 만큼 좋아진다.

　하면 된다.

　그러니 하자!

18. 축구부 '자립 기금' 적립과 적극적이고 지속적인 장학금 수여

　"우리는 동계비. 피복비 등 회비까지 500만 원. 거기에 부모가 왔다 갔다하면… 휴… 정말 사는 게 사는 게 아니네요… 정말 이 정도로 들어야 하나요. 동계비 따로 받고 회비도 그대로 또 받으니…"

- 동계 전지훈련비 납부를 앞두고 어느 선수 부모가 한 축구 카페에 올린 댓글

　2008년 일본육상연맹은 '육상 발전기금' 적립 1조 2천억 원을 달성했다. 기금을 계속 늘려가면서 이자 수입과 투자 수익으로 매달 육상 유망주에게 장학금을 여유 있게 지급한다. 돈에 조금도 구애받지 않고 선수들이 연습에 열중하도록 해주고 있다. 각급 대표 팀 코칭 스태프에게 지도비와 연구비를 넉넉하게 지급하고 있다. 일본 육상이 아시아에서 최고인 것은 우연이 아니다. 7년이 지난 2015년 12월 현재 최소 2조 원 이상이 적립되었을 것으로 추정된다.

　반면 대한축구협회의 1년 예산은 850억 정도다. 기금 적립도 미미하여 일본육상연맹과는 아예 비교조차 되지 않는다. 협회도 우수선수에게 장학금을 준다. 그러나 한 선수에게 1년에 1~2회 정도로 그치며 장학금 액수도 200만원 정도로 별로 도움이 되지 않는다. 생색내기란 인상을 지울 수 없게 한다. 한국프로축구연맹을 비롯하여 K리그 23개 구단도 '자립 기금'을 적립하고 있다는 걸 들어본 적이 없다.

　대한축구협회, 프로축구연맹을 비롯한 8개 산하 연맹, 17개 시 도 축구협회, 23개 프로 구단 그리고 한국의 각급 축구팀 중 '자립 기금'을 적립하고 있는 팀이 있는가? 있다면 몇 곳이며, 적립된 기금은 얼마이며, 어떻게 활용되고 있는가?

　축구부 '자립 기금'이란 '외부의 도움 없이 축구부를 운영해나갈 수 있는 재정의 확보와 운용'을 의미한다. 초중고 대학 등 학원축구의 경우 '자립 기금'의 적립금이 많을수록 학부모가 매달 내는 부담금이 줄어든다. 목표한 '자립 기금'이 조성되면 선수 부모는 한 푼도 내지 않아도 된다. 지금의 학원축구는 선수 부모에게 너무나 무거운 경제적 부담을 주고 있다. 등이 휠 지경이다. 이런 저런 명목으로 매월 부과되는(강요되는) 경비의 종류도 많고

금액도 만만치 않다. 학원축구를 모르는 이들이 들으면 깜짝 놀란다.

매월 회비, 전지훈련비, 유니폼 구입비, 대회 참가비, 김장비, 감독 코치 생일 선물비, 설 추석 떡값, 심판 로비비, 후원의 밤 찬조금, 고사비, 심판 로비비, 진학 로비비, 선수스카웃비, 성적 사례비, 경기 관람비 등등…

목표한 축구부 '자립 기금'적립이 이런 문제를 해결하는 최고 최선의 방법이다.

(1) 고기를 먹여주마

2004년 6월 21일(月) 매일신문에 다음과 같은 내용이 보도되었다. 대구 달서경찰서는 21일 운동선수인 아들에게 고기를 먹이고 싶지만 돈이 없어 대형 할인점에서 음식물을 훔친 혐의로 김 모(39세 달서구 본동)씨를 입건했다. 경찰에 따르면, 김 씨는 남편과 4년 전 이혼한 뒤 고교생 아들과 함께 살고 있는데 20일 오후 4시쯤 달서구의 한 대형 할인점에 선풍기를 사러 갔다가 아들에게 먹이려고 한우 고기와 포도, 갈치, 파인애플 등 5만 7천여 원 어치를 웃옷에 숨기고 나왔다는 것. 경찰은 "김 씨가 식당일을 하면서 생계를 꾸려오다 최근 그만 뒀다."고 발표했다.

(2) 이화여고 장학재단 5년 만에 기금 108억

"개미 군단의 힘이에요. 후배들이 우리처럼 좋은 교육을 받을 수 있도록 돕자고 하니 동문 수천 명이 뜻을 모았습니다." 이화여고 총동창회에서 설립한 이화장학재단의 김영자 이사장은 장학기금 108억 원을 모은 배경을 이렇게 설명했다. 이화장학재단은 2010년 이화여고로부터 42억 원을 이어받아 재단을 설립했다. 이후 5년 만에 동문들이 66억 원을 추가로 모았다. 장학금을 한 번 이상 낸 동문들은 4,500명쯤 된다. 북미 남미 유럽 등 해외 거주 동문들도 적극 참여했다. 김대중 대통령 부인 이희호 여사가 6천만 원, 김 이사장은 5억 원을 기부했다. 재단은 성적이 우수하거나 어려운 학생 200명에게 해마다 장학금을 준다. 또 교사 연수비와 기숙사 건립 등 교육시설을 지원하는 데 기금을 쓴다. 재단은 2015년 12월 14일 서울 삼성동 코엑스 인터컨티넨탈호텔에서 고액 기부자와 기수 대표 등 120여 명을 초대해 '100억 달성 감사 모임'을 연다.

- 중앙일보, 2015. 12. 11. 金. 27면

지방자치단체 여러 곳에서도 경쟁적으로 '장학기금'을 조성하고 있다. 남도 답사 1번지 전남 강진군의 경우 2015년 12월 현재 155억 원의 장학 기금을 만들었다. 이보다 많이 조성하여 활용하고 있는 지방자치단체도 적지 않다. 우동기 대구시 교육감은 대구시 장학기금 1,000억 원 조성을 발표한 후 추진 중에 있다.

(3) 축구부 '자립 기금'을 시급히 모으면서 활용하자!

세월 속에서 목표한 기금이 쌓이면서 기금의 이자 수입과 투자 수익을 축구부에 활용하면 상상하기 어려운 놀라운 일들이 일어나기 시작한다. 한국에서 유스 시스템이 상대적으로 앞서 있다는 FC 서울, 수원 삼성, 포항 스틸러스를 능가하게 된다. 세계적인 유스 시스템으로 성과를 내고 있는 웨스트햄, 바르셀로나, 포르투, 아약스, 산투스 등과 비교해도 조금도 뒤지지 않는다. 월드클래스로 대성할 수 있는 선수 확보, 최고의 코칭스태프, 최고 컨디션 유지 프로그램 제공, 최적의 시설과 장비 등등 축구에서 하고자 하는 거의 대부분의 일을 해낼 수 있다. 지속적인 월드클래스 선수 배출도 어려운 일이 아니다.

a. '축구부 자립 기금 조성위원회' 구성

여기서부터 이 일이 시작된다. 구성 방법은 여러 가지 있을 수 있으며, 의견을 모으고 정리하여 선택하면 될 것이다. 선수 학부모 대표 2명, 감독 1인 코치 1인, 졸업한 선수 대표 2명, 총동창회 2명, 학교장, 행정실장, 지역의 경영 전문가 1명, 축구부 후원회장 등으로 조직할 수도 있다. 매월 2회 정도 정기회의를 가지며, 크고 가치 있으며 대담한 기금 운용 이념을 담고 있는 '운영규정'을 만들고 실무를 추진한다.

b. 목표 금액

합숙하지 않는 초등학교 팀은 최소 300억 원 이상, 중고 대학팀은 최소 700억 원 이상, 프로구단은 최소 3천억 원 이상을 목표로 하기를 권장한다. 이 금액을 초과해야 완전히 자립할 수 있기 때문이다. 포기하지 않는다면 세월 속에서 어느 팀이라도 달성할 수 있다. 진정으로 하고자 하는 사람은 방법을 찾고 그렇지 않은 사람은 변명거리를 찾는다. 열심을 내면 더 빨리, 이보다 많이 성취할 것이다.

c. 기금 모금 대상

72억 지구인 모두가 대상이다. '한국인에게만'이라고 좁혀 스스로 제한할 이유는 전혀 없

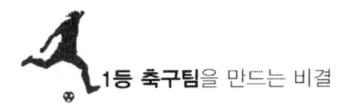

다. 좀 더 구체적으로 살펴보자. 경제적으로 성공한 학교 동문, 메세나에 적극적인 기업, 총동창회 지원금, 종교단체, 각종 사회 재단, 교육청 지원금, 현역 프로선수 및 프로선수 출신 선배들, 마사회, 구글 애플 3M 로열더치셸 같은 세계의 비전기업, 국내 외국계 기업, 삼성전자 현대자동차 등 국내 기업, 지역 사업체, 개인의 기부, 스포츠용품회사, 선수육성 보상금, 축구부 후원의 밤 등 무궁무진하다. 지원을 요청할 대상이 막막하다면 신문을 읽으면 된다. 찾아가서 설득하고 지원을 받아낼 대상이 날마다 신문에 계속 등장하고 있다. 이 정보를 스크랩하여 활용하면 된다. 인명연감도 있다.

높은 수준으로 준비되어 있다면 누구에게나, 어디서나 말할 수 있고 뜻을 성취할 수 있을 것이다. 가장 먼저 해야 할 일은 매달 축구부 총 운영경비의 10%를 무조건 저축하는 일이다. 예를 들면, 한 달 총 운영비가 7천만 원이라면 700만 원을 적립하는 것이다. 지혜롭게 살림을 하면 이렇게 해도 운영에 전혀 어려움이 없다. 오히려 축구부 살림살이가 더욱 풍부해질 개연성이 커진다. 이러한 의지에 동참하여 돕고자 하는 개인이나 기업 등이 등장하기 때문이다.

2015년 11월 분데스리가 오펜하임 구단은 영등포공고에 3억5천만 원을 송금했다. 박인혁 선수의 입단에 따른 '**선수 육성 보상금**'이다. FC 서울의 김진규 선수는 해마다 1천만 원 이상을 강구초등학교(경북 영덕군 강구면) 축구부와 모교인 안동고 축구부에 기부한다. 이런 돈은 고스란히 축구부 '자립 기금'에 적립하는 것이 가장 좋다. 그러나 언론 보도를 보면 그렇게 하지 않는 것 같다. 아마 '축구부 자립 기금'이라는 그릇이 없기에 아예 담는 것 자체가 불가능했을 것이다. "구조가 결과를 결정한다."는 진리는 여기서도 그대로 적용된다.

d. 기금의 적립과 활용

이 부분에서는 현재 모범적으로 운영하고 있는 몇몇 재단에 배울 필요가 있다. 독창적인 방안을 활용해도 좋을 것이다.

기금 적립

적립된 기금(원금)은 절대적으로 보존해야 한다. 기금(원금)을 빼내 쓰는 일이 결코 있어서는 안된다.

기금 활용 : 3 + 3 + 3 + 1 원칙

매월 기금에서 발생하는 이자 수입과 투자 수익의 30%는 선수 장학금, 30%는 선수단 운영(식품 구입비, 장비 구입비 등), 30%는 다시 기금에 적립, 10%는 외주 연구비로 활용한다. 기금의 당월 수익이 2천만 원이면 선수 장학금 600만 원, 선수단 운영 600만 원, 기금 적립 600만 원, 외주 연구비 200만 원이 된다. 연구비는 사안에 따라 계약한 외부 전문가에게 지급하며, 연구 결과는 선수, 코칭스태프, 학부모, 학교 관계자 등에게 공유되어야 한다. 서면으로 보고되고 축구부 홈페이지(또는 축구 카페)에도 저장되어 두고두고 축구부의 지적 자산으로 활용되어야 한다.

기금 투자처

처음 시작하여 일정 기간 동안은 금융기관에 저축하는 걸 권장한다. 여러 금융기관과 대화하고 설득하여 '우대금리'를 적용받도록 하면 좋다. 기금 규모가 커지면서 투자를 하되 고수익보다 안전성을 최우선으로 해야 한다. 투자 전문가의 조력과 자문은 상식이다.

'5% 보너스' 원칙

뉴욕 양키스는 놀랍게도 지난 80년 동안 성공을 유지했다. 1921년 이후로 월드시리즈에 39번 출전했으며, 그 가운데서 26번 우승을 차지했다. 그 어떤 팀도 그 기록에 근접하지 못했다. 그나마 가장 근접한 기록은 월드시리즈 9번 우승이다. 역사상 그 어떤 스포츠 팀도 양키스만큼 장기간 우승을 차지하지 못했다. 80년간 독점력을 유지하는 것은 분명히 미국 역사에서 그 어떤 기업도 누려보지 못한 영광이다.

양키스의 또 다른 성공 요인은 인재를 스카우트하고 평가하는 능력이다. 양키스 조직에서는 모든 사람들이 조직 안팎에서 끊임없이 인재를 발굴하고, 추천하며, 심지어는 영입한다. 다시 말해 선수와 구단주, 감독, 코치 모두가 팀을 향상시킬 방법을 끊임없이 모색하는 것이다. **추천한 유망주가 슈퍼스타로 발전하면, 채용 담당자와 관리자에게 재정적 보상을 지급하고, 그들의 공로를 반드시 인정해준다.** 그 슈퍼스타가 이적 시 이적료의 5%를 지급하는 경우도 적지 않다. 이적료가 2천만 달러라면 100만 달러를 추천자에게 선물하는 것이다.

- 전설적인 조직 뉴욕 양키스의 경영방식 / 랜스 A 버거 지음/ 예솜출판 / 2005. 10. 10 / P 11 ~ 12, 132 ~ 133, 138

뉴욕 양키스는 1923년 월드시리즈 첫 우승을 거둔 후 가장 최근인 2009년까지 무려 스물일곱 번이나 우승을 엮어냈다. 세인트루이스 카디널스가 열한 번으로 메이저리그에서

두 번째로 우승을 많이 한 팀인데 무려 두 배 이상의 차이가 난다. 그야말로 혁혁한 전과를 올린 팀이다. …

메이저리그의 에이전트는 통상 4~5%의 수수료를 받는데, 광고출연료 등과 같은 부가 수입에 대해서는 약 10~20%를 받기도 한다.

- 꿈의 기업 메이저리그 / 송재우 지음 / 인플루엔셜 / 2014. 4. 10 / P94, 204

이처럼 축구부 '자립 기금'을 유치한 당사자에게도 해당 기금의 5%를 제공하는 원칙을 정하고 실행할 것을 권장한다. 가령 3억 원을 유치하면 1,500만 원을 전달하는 것이다. 지속적인 동기부여로 작용한다.

(4) 지금 당장 장학금을 줄 수 없을까?

지방의 A중학교 축구부원 9명은 매달 장학금을 받고 있다. 경제적으로 부유한 동문이 선수와 1대 1 결연하여 돕고 있는 것이다. 이처럼 총동창회 학부모 감독이 긴밀하게 협력하면 의외로 쉬울 수도 있다. 총동창회 이외에도 장학금 지원을 받을 수 있는 대상은 많다. 기업, 종교단체, 장학재단(삼성재단, 대산문화재단, 청암재단 등), 지방자치단체 장학제도, 인근 대형병원, 불티나게 손님이 많은 음식점, 이마트나 홈플러스 등 여기저기에 가득하다. 상대방을 설득할 수 있는 명쾌한 시나리오를 준비하여 가서 만나고 설득하는 것이다. 그리고 "장학금을 정기적으로 수여해 달라!"는 결정적인 말을 하라! 운이 좋다면 이걸 요청하려는 당신을 기다리고 있는 사람이 있을지도 모를 일이다. 당신의 논리보다 당신의 태도가 상대방을 설득하고 움직일 수 있다는 걸 잊지 말라. 이 일 역시 문을 두드린 횟수에 비례하여 판매가 이루어진다는 '**일반법칙의 원리**'가 그대로 적용된다.

누구는 할 것이다. (Some will.)
누구는 하지 않을 것이다. (Some wo'nt.)
그게 어쨌다는 거지. (So what.)
다음 대상을 찾아가자! (Next!)

돈에 대한 잘못된 고정관념을 극복해야 이 일을 당당하게 추진할 수 있다. 돈은 한 개인의 소유가 아니라 사회에 존재하는 공공재다. 현재 한 개인의 수중에 있는 돈은 신(神)이 그에게 올바르게 활용하라고 맡겨놓은 것이다. 그는 사회적 약자나 돈이 필요한 사람에게 무제한의 구제와 나눔을 실천해야 하는 것이다. 신(神)이 부자들에게 물질의 축복을 주신 것은 그들 자신만을 위해서가 아니라 가난한 자들을 위해 물질을 사용하라는 뜻이다.

낙관주의자는 오래가지 않아 어려움에 부딪힐 가능성이 크다. 그렇다고 비관주의자가 될 필요도 없다. 비관주의자는 아예 시작하려고도 하지 않을 것이다. 현실주의자가 되어야 한다. 그리고 계획을 세우고 함께 '자립 기금' 적립을 시작하는 것이다. 지속적인 것이 혁신이다. 축구부 '자립 기금'? 추진하지 않으면 지금처럼 학부모와 팀의 경제적 어려움이 해결되지 않는다. 시작하면 세월 속에서 기금이 모이고 놀라운 혜택을 누리게 된다. 두고두고 계속 더 크게 …

19. 줄넘기로 세계적인 체력 우위를 확보하라!

프로 축구선수를 목표로 하는 선수는 고3의 11~12월에 프로구단과 계약한다는 목표로 준비하기를 권유 드린다. 유럽 빅 3(잉글랜드 스페인 독일) 명문구단 주전을 목표로 하고 K리그는 7번째 진출 리그로 하라. 선수 학부모 그리고 감독 코치가 "이 목표를 반드시 성취하겠다."는 자세로 의도적 과학적 구조적 통합적으로 연습할수록 달성 가능성이 높아진다. 일반적으로 고교 3년 때 프로구단과 계약하면 이듬 해 그 팀 주전으로 활약하는 경우는 매우 드물다. 그 이유는 체력에서 기존 선수들에게 밀려서다. K리그도 그러하고 유럽 빅 3은 더욱 힘들다. 개인기에서 앞서 있어도 체력 열세로 기술사용에 어려움을 겪기 때문이다.

그러나 계획적이고 지속적인 트레이닝으로 이걸 극복할 수 있다. 18세의 나이에 유럽 빅 3 명문구단의 주전 선수를 앞서는 체력을 소유할 수 있다. 웨이트 트레이닝과 줄넘기를 권장한다. 무게의 저항을 활용하는 웨이트 트레이닝은 근육을 발달시키는 가장 좋은 방법이다. 여기서는 줄넘기에 대해서만 알아보기로 하자.

1) 이영표와 최윤겸을 국가대표로 만든 줄넘기

(1) 이영표의 2단 뛰기 1,000번

"노력을 많이 하면 노력에서 오는 자신감이라는 게 확실히 있어.

예를 들어, 고등학교 1학년 됐을 때 줄넘기 2단 뛰기 있지?

그거 하루에 1,000개씩 연습했어.

처음에는 100개 하고 일 분 쉬고, 백 개 하고 또 일 분 쉬고, 이렇게 열 번 해서 천 개를

했어. 백 개만 하면 너무 힘들어서 꼭 쉬어야 했거든.

그런데 3년 하니까 3학년 때는 천 개를 한 번에 하게 된 거야. "

"이단 뛰기? 쌩쌩이? 천 개를 한 번에요?"

"그 천 개도 옆에서 세 주는데 하다가 그만둔 거였어. 시간이 없어서, 더 할 수 있었는데." 아쉬운 표정을 짓는 형의 모습에서 다시 한 번 스펙터클 포스가 뿜어져 나왔다.

축구 선수가 왜 쌩쌩이를 천 개씩 하고 싶어 한 건지… 참.

"그러고 나서 삼단뛰기 백이십 번…"

할 말이 없었다. 이젠 스펙터클을 넘어 블록버스터로 넘어가고 있었다.

삼단뛰기는 시도도 안 해본 전설의 종목인데.

"대학교에 가서 이단 뛰기 얘기들을 하다가 내가 천 개 한다니까 아무도 안 믿더라고."

누가 믿을까, 그걸.

"무슨 천 개를 하냐는 거야" 그래서 내가 "몇 개 하면 믿으실래요?" 하니까 처음에는 오백 개를 부르나가 육백 개 하면 믿겠다고 하는 거야. 그래서 그 자리에서 육백 개를 했어. 그 불쌍한 선배는 얼마나 놀랐을까. 후배 중에 괴물이 들어왔다는 걸 알게 된 그 순간. "그러니까 믿더라고. 노력을 정말 많이 하다 보면, 그 자체에서 어떤 자신감이 생기는 거야."

- 성공이 성공이 아니고 실패가 실패가 아니다. / 이영표 지음 / 홍성사 / P 59 ~ 61

(2) 인천대 시절 매일 1시간씩 줄넘기한 최윤겸

초등학교 5학년 때 선생님의 권유로 축구를 시작했다. 대전체육중 2학년 때 축구팀이 해체되면서 전학을 갔지만 별 볼일 없는 축구 실력 때문에 그를 받아주는 고교 팀이 없어 1년을 학교에 다니지 않고 '놀았다.' 이리 저리 고교 팀에 테스트 받으러 다니다 힘들게 들어간 홍주고도 축구팀이 강하지 않아 힘들기는 마찬가지였다. 다행히 4강에 들지 못한 고교 팀에서 1명은 대학에 입학하게 하는 고교 상비군제도의 혜택을 받아 때마침 창단한 인천대에 들어갔다. "축구 인생에서 가장 아름다운 나날이었다. 지옥 훈련을 받으면서도 친구들과 매일 1시간씩 줄넘기를 했다." 인천대에서의 활약을 계기로 88올림픽 상비군인 박종환 사단에 합류했고, 대표 팀과 프로 팀 유공(1986~1992)에서 꾸준히 활약하다 장단지 부상으로 은퇴했다.

- 뻥 축구로 이기느니 재밌게 지겠다. / 스포츠서울, 2003. 5. 6. 화. 9면

이영표와 최윤겸 선수에게 줄넘기는 경기력의 차원이 달라지는 분수령이었던 셈이다.

2) 줄넘기의 효과와 종류

(1) 줄넘기의 효과

줄넘기는 시간 장소 인원 복장 등에 큰 구애를 받지 않고 즐길 수 있다는 장점이 있다. 줄넘기 줄만 있으면 되기 때문에 비용도 저렴하고 뛰는 속도와 방법 등을 자신의 체력 수준에 맞춰 가며 스스로 조절할 수 있어 부상의 위험도 적다. 줄넘기는 간단한 동작의 반복이지만 건강에 주는 효과가 크다는 게 전문의들의 의견이다. 여의도한의원 변희승 원장에 따르면 줄넘기는 강도 높은 유산소 운동으로 심장과 폐 기능 강화에 좋다. 혈액 순환과 혈액 내 나쁜 콜레스테롤을 없애 성인병 예방에 도움을 준다. 자라나는 어린이들과 청소년들에게는 연속적인 도약 동작으로 인해 성장점을 자극해줘 성장을 촉진시키는데 좋다. 노인층에게는 치매예방에 좋다. 변 원장은 "반복적인 상하운동으로 장 기능이 활성화돼 변비예방에도 좋으며 다이어트에도 도움이 된다."며 "다만 너무 무리하게 하면 무릎관절에 무리가 가므로 주의해야 한다."고 말했다.

사단법인 '21세기 줄넘기협회'에 따르면 줄넘기 인구는 수백만 명에 달할 것으로 추산되며 이중 갖가지 다양한 동작으로 전문가 수준의 줄넘기를 하는 마니아층은 8,000여 명에 달할 것으로 집계하고 있다. 전국 조직으로 '대한줄넘기총연맹'이 있고, 줄넘기 국가대표를 선발해 '세계 줄넘기 선수권대회'에 참가하기도 한다. 한국의 대표적인 줄넘기 인물로는 줄넘기 경력 41년을 자랑하는 김수열 씨가 있다. 세계 최고의 줄넘기 전문지도자 중의 한 사람이다. '97 세계 줄넘기선수권대회' 3중 뛰기 챔피언이며 2002 월드컵 성공기원 줄넘기 국토 종단(부산에서 서울까지 567km)에 성공했고, 2003년 춘천조선일보마라톤에서 줄넘기로 완주했다. 1991부터 지금까지 1,200여 회의 줄넘기 시연 및 연수를 했다. 김 씨는 보다 쉽고 체계적인 줄넘기 방법을 전파하고자 **'아이러브점프'**(DVD)를 출시했다. 여기서 더 나아가 아예 줄넘기(www.jumprope.co.kr)를 생산, 판매하고 있는데 최고의 명작으로 평가받고 있다. 어린이용(롱키형), 스피드 줄넘기, 고급형, 색동(일반) 등 여러 종류가 있으며 선수는 스피드 줄넘기로 연습해야 제대로 효과를 볼 수 있다. 전국의 대형할인마트, 문구점, 체육사 등에서 구입할 수 있다.

(2) 90여 가지나 되는 다양한 줄넘기 방법

줄넘기는 단순한 동작 같으나 개인 줄넘기 50 종목, 단체 줄넘기 40 종목 등 90여 가지나 되는 다양한 동작이 있다. 줄넘기를 크게 나누면 5가지 정도. 우리가 일반적으로 아는,

혼자 하는 줄넘기는 '개인 줄넘기'로 2m 짜리 줄을 사용한다. 이 외에 둘이 한 조로 줄을 넘는 '짝줄 넘기', 동네나 학교 운동회에서 흔히 볼 수 있는 것으로 양 쪽에서 두 사람이 잡고 돌려주는 6m 짜리나 8m 짜리 줄을 한 명이 넘는 '긴 줄넘기' 등이 있다. 난이도가 높은 것으로는 두 줄을 갖고 줄넘기를 하는 '쌍 줄넘기', 묘기에 가까운 여러 가지 다양한 동작을 펼치는 '기술 줄넘기' 등이 있다. 각각의 종목에 수십 가지의 세부 동작이 있기 때문에 싫증 나지 않게 즐길 수 있다. 21세기 줄넘기협회(www.rope21.com / **전화** 032. 882. 9593) 홈페이지에서 자세한 동작 설명을 찾아볼 수 있다.

- 스포츠서울, 2007. 4. 25. 수. 23면

3) 선택 : 줄넘기를 할 것인가?

줄넘기는 개인 시간에 손쉽게 할 수 있다. 특히 밤에 하면 좋다. 저녁 식사 후 60~80분 뒤 격일로(월 수 금 또는 화 목 토) 60~70분씩 하기를 강력하게 권유 드린다. 줄넘기를 하지 않는 날은 웨이트 트레이닝을 하자. 혹자는 "단순한 줄넘기가 뭐 그리 효과가 있을까?" 하고 의구심을 가지고 있을 지도 모르겠다. 꾸준히 3개월만 해보라. 놀라운 체력의 변화를 느낄 것이다. 순간 스피드, 순발력, 도약력은 기본이고 달리기에 숨어 있는 1~2초가 단축된다. **문제는 지속력이다.** 지속적인 것이 혁신이다. 고교 3년 동안 지극하게, 한결같이 줄넘기를 해야 한다. 휴가 기간에도, 설 추석 같은 명절에도 해야 한다. 선수가 언제 어디서나 가지고 다녀야 할 3가지, 축구공 책 줄넘기다. 월드클래스가 되고자 하는 선수는 세계적인 생각의 크기로 매일 세계 최고 수준의 연습을 해야 한다. 그런데 줄넘기 이 일 역시 부모가 나서야 한다.

20. 스포츠과학, 적극적으로 활용하자!

"축구도 과학이다. 지도자의 경험이나 직관에 의존하던 시대는 지났다. 과학을 제대로 축구와 접목시킬 수 있을 때 한국 축구는 또 한 단계 업그레이드 할 것이다."

- 압신 고트비

100명이 삽으로 하루 일하는 작업량과 굴삭기 1대가 해내는 작업량은 어느 쪽이 더 많을까? 같은 시간에 1,000명이 양동이로 물을 길어 나르는 양과 지름 1m의 파이프라인이 운반하는 물의 양 중 어디가 더 효과적일까? 이처럼 과학을 활용하는 쪽이 성과를 낸다. 축구에서도 마찬가지다. 현재 스포츠과학은 3분야에서 집중 연구되고 있다. 스포츠역학 스포츠

생리학 스포츠심리학이다.

월드컵축구대회나 올림픽 같은 큰 국제대회는 경기력뿐만 아니라 물 밑에서 또 하나의 세계가 치열하게 경쟁하는 무대이다. 바로 스포츠과학이다. 2008 베이징올림픽에서 중국은 과학훈련으로 미국을 제치고 종합 1위를 달성했다. 중국은 국가대표 선수들의 과학적인 훈련을 지원하기 위한 '체육과학연구소'가 별도로 있다. 이곳에는 150여 명의 연구 인력과 9개의 영역별 실험실이 있으며 45개국의 엘리트 스포츠 관련 정보를 수집하고 있다. 중국은 또 16개 체육대학에 교수진이 전문 영역별로 과학적인 훈련을 지원하고 있다. 올림픽에서 선수가 입상하면 지도자는 물론 과학적인 훈련을 지원한 학자에게도 선수와 똑같은 액수의 포상금이 지급된다.

- 미국 제친 중국의 힘? / 중앙일보, 2008. 8. 22. 金. 6면

1) 스포츠과학을 활용하지 않을 이유가 있을까?

국내의 축구 지도자들은 스포츠과학에 관심을 가지고 있다. 하지만 어디서 어떻게 풀어가야 할 지 막막할 때가 많이 있을 것이다. 무슨 일이든 어렵게 생각하면 해결하기가 어려워진다. 쉽게 생각하자. 합리적으로 생각하자. 왜 득점이 나오지 않는가? 슛하지 않기 때문이다. 슛하지 않으면 득점은 없다. 문제 해결의 열쇠는 전문가가 쥐고 있다. 깊이 생각하는 사람이 가지고 있다. 이 경우도 그렇다. 어떻게 풀어나갈까?

첫째, 스포츠과학 전문 연구기관을 찾아 의논하면 어떨까?

대표적 2곳이 체육과학연구원과 한국표준과학연구원이다. 참고로 체육과학연구원은 국가대표팀의 경기력 향상을 위한 기술적인 부분을 지원하고 생활체육 등 국가스포츠 전체의 바람직한 발전모델을 제시하는 곳이다.

한국은 지난 1980년 스포츠과학연구소를 설립했고, 99년 체육과학연구원으로 확대됐다. 연구인력 29명 등 79명이 근무 중이다. 중국은 각 지방정부마다 체육과학연구소를 운영 중이다. 국책체육과학연구소는 연구원 120명 등 160명 규모로 베이징에서 총괄한다. 일본은 지난 2000년 4000억 원을 투자해 체육과학연구소를 발족했다. 자본과 장비에서 최고를 자랑한다. 한국은 체육 현장과의 유기적 시스템, 일본은 시설과 의학적 접근, 중국은 국가차원의 심도 있는 연구가 돋보인다.

- 국가스포츠 기술 지원·발전 모델 제시 / 스포츠조선, 2005.5.12.木. 10면

둘째, 주위의 가까운 곳에도 전문가가 있다.

평소 지역의 대학, 개인 전문가, 관련 연구기관 등에 대한 정보를 확보해 두면 필요 시 활용할 수 있다. 언제나 스포츠과학 정보 안테나를 세계와 온갖 미디어에 열어 두고 관련 정보를 흡수하자.

셋째, 수시로 틈틈이 스포츠과학을 공부하면 무엇을 채택해야 할지 정확한 판단을 하는 데 도움이 된다.

넷째, 스크랩북을 만들면 요긴하게 활용할 수 있다. 여기에는 스포츠용품, 식품과 영양, 스포츠생리학, 스포츠물리학, 스포츠역학 등 새로운 정보를 계속 추가한다. 스포츠과학을 모르는 지도자는 여전히 과거의 경험대로 팀을 운영할 개연성이 높다. 그러나 한번 스포츠과학의 효능을 경험하면 스스로 활용하려고 시도한다. 이 두 팀의 경기력 차이는 세월 속에서 점점 커져 어느 시점에는 극복할 수 없는 실력 차로 나타날 것이다.

2) 스포츠과학 적용의 구체적인 사례

(1) "1초만 당기면 세계 기록"… 달리며 기록 보는 스마트 안경

2016년 8월5일(현지시간) 브라질 리우데자네이루에서 개막한 2016년 여름 올림픽. 금메달을 향한 각국의 경쟁이 치열한 가운데 선수들의 경기력을 끌어올리는 스포츠 테크에 대한 관심도 높아지고 있다. 스포츠 테크란 운동선수의 경기력 향상을 위해 활용되는 다양한 정보통신기술(ICT)과 기기를 의미한다. 2010년 국제수영연맹이 기록 향상에 엄청난 도움을 주는 전신 수영복을 아예 금지해버린 사례에서도 드러나듯 선수의 땀과 정신력, 코치의 경험과 감(感)만으로 겨루는 시대는 이미 지났다. 이번 올림픽을 앞두고도 각국 대표 팀이 훈련에서 활용한 기술은 빅데이터 분석 솔루션부터 특수 모자, 증강현실(AR · Augmented Reality) 스마트안경, 웨어러블 센서 등 다양하다.

미국 사이클 대표 팀은 1년 전부터 AR 스마트 안경을 끼고 자전거 위에 올랐다. 군사용 스마트 안경개발기업 코핀이 만든 사이클 선수용 AR 스마트 안경 '솔로스'다. 이 안경은 선수가 페달을 밟는 힘과 횟수, 선수의 심박수, 주행 속도와 거리, 경과 시간 등 각종 운동 정보를 자전거를 타고 있는 선수의 눈앞에 실시간으로 보여준다. 달리는 중 실시간으로 눈앞에 숫자가 보이기 때문에 선수가 목표를 달성하려면 얼마나 더 페달을 밟아야 하는지 전략을 바로바로 수정할 수 있다. 스마트폰으로 같은 정보를 받아보는 코치도 스마트 안경에 탑재된 이어폰으로 선수에게 지시 사항을 전달할 수 있다. 여기엔 IBM의 클라우드 기반 데이터분석 소프트웨어가 활용됐다. 나이키는 런던 올림픽 남자 육상 10종 경기(데카슬론) 금메달리스트인 미국 애슈턴 이튼을 위해 쿨링 후드를 개발했다. 미세 물주머니가 내장된 이 쿨링 후드는 짧은 시간 내에 머리와 얼굴의 열기를 식혀주고 체력을 회복할 수 있게 도와준다. 나이키는 이 후드 외에도 육상·필드 선수들을 위해 공기역학 슈트, 보디테이프, 선글라스 등을 개발했다. 3D프린터를 활용해 한 명의 선수만을 위한 맞춤형 운동화도 정교하게 제작했다.

빅데이터·클라우드 분야 정보기술(IT) 기업의 역할도 늘고 있다. 스마트 안경이나 센서에서 확보한 데이터를 실시간으로 분석하고 전송할 수 있는 기술이 절실하기 때문이다. 독일 소프트웨어 기업 SAP는 독일 요트 대표 팀과 손잡고 전용 분석 솔루션을 개발했다. 위성위치확인시스템(GPS)과 센서 등을 활용해 풍속, 요트 속도, 물살 등 데이터를 수집한다. SAP는 "지난 한 해 동안 전 세계 4500개 이상의 대회에서 10억 개 이상의 데이터를 수집했다"고 밝혔다. 독일 대표 팀이 훈련 중 확보한 데이터와 요트 경기가 열리는 주요 경기장의 데이터를 조합해 최적의 전략을 짤 수 있게 돕는다는 것이다. **SAP의 분석 솔루션은 2014년 브라질 월드컵에서 독일 축구 대표 팀의 우승을 이끈 숨은 주역으로도 유명하다.**

- 중앙일보, 2016. 8. 9. 화. 20면

(2) '감보다 과학적 훈련' 20년 넘게 효자 종목

세계 최정상에 서있는 한국 양궁의 독주를 막기 위해 국제양궁연맹(FITA)은 수차례 경기 방식을 변경했지만 여전히 한국 양궁은 굳건히 최강의 자리를 지키고 있다. 한국 양궁의 발전에는 과학적인 요소를 바탕으로 선수들의 기량 발전에 버팀목 역할을 해준 체계적인 훈련 방식도 한 몫을 했다. 단순히 감에 치중한 훈련이 아닌 과학적인 시각을 접목시켜 철저히 자신과의 싸움에서 승리할 수 있는 공식을 찾아가고 있는 것이다.

#1. **경기장에 들어서면 이미 경기는 시작된다.**

한국체육과학연구원의 김병현 박사는 보다 많은 양궁 선수들의 기량 향상을 위해 지난 2003년 루틴 프로그램을 개발했다. 루틴(Routine)이란 사전적 의미로는 '일상의 일' '일과' 등으로 해석된다. 양궁선수의 '루틴'은 경기장에 도착해 경기를 위해 활을 쏠 때까지 7가지 과정으로 나눌 수 있는 데, 루틴 프로그램을 만든 주목적은 일관되고 자동화된 움직임과 생각을 통해 정신적인 안정감을 찾기 위한 것이다. 루틴 프로그램은 집중력 뺏기지 않기, 자신의 기술에 대한 믿음, 흥분을 가라앉히기, 주의 산만 등 경기에 방해가 되는 12가지 요인들을 제거하는 것에서 시작한다. 오직 목표에만 집중할 수 있는 힘을 기르게 해주고, 경기에서 최대한 자연스러운 동작이 나올 수 있도록 심리적인 안정을 찾아준다. 김 박사는 "루틴 프로그램은 쉽게 생각하면 경기장 들어서면서 첫 화살을 쏠 때까지 시나리오를 짜서 훈련하는 것"이라고 설명했다.

#2. 심박수를 활용한 경기력 극대화 찾기

서울대 스포츠과학연구소의 홍성택 박사는 2009년 1월 22명의 남여 선수 전원의 심박수 체크에 들어갔다. 평상시와 연습 시 그리고 국내에서 열린 실내 양궁대회, 대표 팀 자체 평가전 등 다양한 상황에서 심박수 측정이 이뤄졌다. 긴장도를 유지하기 위한 선수 개인별 최적의 맥박수를 찾아냈다. 대표 팀의 막내 곽예지(대전체고)의 경우 훈련 중 가장 좋은 페이스를 유지할 때 심박수는 분당 115~125회 정도였다. 반면, 안정 시 분당 70~80회, 경기 중 긴장상태에 몰리면 최고 140회까지 맥박이 치솟는 사실을 알아냈다.

#3. 기술과 심리훈련의 결합

양궁의 기술적인 훈련과 심리적인 훈련은 그동안 각기 다른 영역으로 생각돼왔다. 하지만 최근 홍박사는 양궁의 기술과 심리훈련을 결합시킨 트레이닝을 시도하고 있다. 일종의 가상훈련이다. 이렇듯 과학적 접근이 세계 최강 양궁을 지탱하는 버팀목 역할을 톡톡히 하고 있다.

- 스포츠서울, 2009. 9. 9. 수. 12면

(3) 유럽이 디지털이라면 한국은 아날로그 수준

"많이 쫓아갔다고 생각했는데 아직도 유럽과는 격차가 심하다." 대표 팀 트레이닝센터 조영증 센터장의 넋두리다. 대표 팀을 기술적으로 지원하는 수준은 한국이 발전하는 만큼 유럽은 훌쩍 달아났다. 김세윤 분석관은 "유럽이 디지털이라면 한국은 아직 아날로그 시대"라고 냉정하게 평가한다. 유럽 유수의 클럽팀이나 대표 팀에서 사용하고 있는 프로존이란 프로그램은 감독이 원하는 거의 모든 정보를 자동으로 분석해낸다. 선수 개개인의 움직임(방향, 전력질주 횟수, 뛴 거리 등), 패스의 질 등이 동영상을 보지 않아도 그래픽화되어 나온다. 유로 2008 중계방송 때 전문적인 데이터를 실시간으로 시청자들에게 보여준 델타트레란 프로그램은 프로존과 비슷한 형태의 프로그램이다.

프로존 프로그램을 운용하기 위해서는 경기장에 카메라를 8대 이상 설치해야 한다. 김세윤 분석관은 "토트넘의 경우 전력분석실에 전문가 4명이 포진해 있다. 경기가 끝나면 감독이 일일이 선수를 지적할 필요가 없다. 경기 다음날이면 선수 개개인의 경기 데이터를 담은 자료가 선수 전원에게 배포된다. 이미 세계적인 수준에 올라있는 선수들이라 자료만 줘도 자신이 잘잘못을 쉽게 안다. 데이터 자체가 경기에 나선 선수들을 발가벗겨 놓는 엑스레이 같은 것"이라고 말했다. 분석 시스템의 업그레이드 필요성을 절감하고 있는 대표 팀은 추후 새 시스템 도입을 고려하고 있다. 하지만 비용이 만만찮은 데다 새 시스템을 활용하려면 영국 본사에서 한 달 이상 교육을 받아야 한다.

- 일간스포츠, 2009. 4. 11. 토. 6면

이 정보는 2009년 4월의 이야기이고, 그로부터 7년이 지난 2016년 현재 유럽에는 전력분석 프로그램이 얼마나 진화되었을까?

21. 1 : 1 맞춤 지도로 경기력 향상을 배가하자

1) '완전학습'을 추구하며

(1) Bloom의 우려

완전학습(完全學習)은 불완전학습의 상대적인 개념이다. '학급 안의 약 90% 이상의 학생들이 주어진 학습과제의 약 90% 이상을 완전히 학습해내는 학습'이다. 교사와 감독에게 학교 수업이든, 축구 지도든 완전학습 그 이상을 추구하고 달성해내는 치열함이 요구된다. 지금과 같은 거듭되는 불완전학습은 학생(선수)들의 계속적인 교육적 성장을 불가능하게 할 뿐만 아니라, 개인의 건전한 자아 개념의 발달을 조직적으로 저해한다.

완전학습의 가능성을 최초로 이론화하고 그 필요성을 역설하고 있는 미국의 교육학자 Bloom은, 그의 짧막한 글 속에서 "… 교사(감독)들은 각기 자기가 맡은 학생(선수)들의 약 3분의 1 정도가 충분히 학습을 할 것이라고 기대한다. 나머지 3분의 1 정도의 학생들은 실패하거나 가까스로 실패를 모면할 것이다. 그리고 마지막으로 남은 3분의 1은 꽤 많은 학습을 하긴 하나 '우수한 학생'이 될 정도는 아닐 것이라고 기대한다."라고, 이러한 기대의 내용을 설명해나가고 있다. 그리고 그는 계속해서 이러한 기대는 "자기구속적인 예언력을 나타내어, 학기가 끝났을 때 학생들을 성적에 의해서 분류해 보면 그 원래의 기대가 비슷하게 들어맞게" 되는 것을 발견할 수 있다고 갈파하고 있다(Bloom ; 1968).

여기서 정말로 무서운 것은, 불완전학습이 일어난다는 사실 그 자체에 있다기보다, 불완전학습을 당연하게 받아들이고 필연적인 결과라고 기대하는 교사(감독)들의 학습에 임하는 태도와 사고방식이다. 교사들의 그러한 사고방식과 태도는, 은연중에 때로는 노골적으로 학생들에게 전달되며, 학습지도의 계획과 평가에 의해서 현실화되는 것이다.

(2) Carroll의 학습모형

완전학습의 가능성이 최초로 이론적으로나마 제시된 것은 Carroll의 〈학교학습의 한 모형〉이란 제목이 붙은 짤막한 논문이다(Caroll ; 1963). 이 논문의 목적은 제목에서도 짐작할 수 있다시피, 학교에서 이루어지는 지적 학습을 결정하는 요인들을 추출하여 이론화하는 데에 있었지만, 우리는 그의 이 글에서 완전학습의 가능성을 뒷받침하는 한 강력한 이론적 기초를 찾아볼 수 있는 것이다. 캐롤의 학습모형에 의하면, 우선 학교에서 학습되는 학습과제는 일련의 하위개념들이 모여서 구성된 복합과제(complex task)로 규정된다. 그리고 이런 과제들의 학습의 정도는 정해진 시간 안에 성취하는 학습량에 의해서 측정될 수 있을 것이다. 캐롤은 학습자들의 학습의 정도에 끼치는 변인으로는 다섯 가지를 들고 있으며, 이런 변인들을 다시 **수업변인(授業變因)**과 **개인차변인(個人差變因)**의 두 가지로 분류하고 있다.

가. 수업변인

a. **수업의 질** : 과제 제시의 적절성
   수업의 질이 낮아질수록 학습에 필요한 시간의 길이는 연장된다.
b. **기회** : 과제의 학습을 위해 주어진 시간

나. 개인차 변인

c. **과제학습을 위한 학습자의 적성**
   학습자가 과제를 일정한 기준까지 학습하는 데에 필요한 시간 양으로 측정된다. 이 시간 양은 흔히 능력의 측정치와 이 과제의 학습을 시작하기 이전까지의 선행 학습 성취도로부터 예측될 수 있다.
d. **수업 이해를 위한 학습자의 능력** : 일반지능과 언어능력이 복합된 것
e. **학습자의 '지속력'** : 학습자가 학습을 위해 스스로 사용하려는 시간 양

캐롤은 이 다섯 가지 변인을 가지고 학교 학습의 여러 관계를 규정해 나간다.
이런 관계 중에서 완전학습의 이론 수립에 직접적으로 관련되는 학습의 정도와 이런 다섯 가지 요인과의 관계는 간단히 다음과 같은 방정식으로 표시된다.

학습정도 = f (학습에 사용한 시간 /학습에 필요한 시간)

이 방정식이 뜻하는 바는 지극히 명료하다. 즉, 학습의 정도를 백분율로 표시한다면, 그것은 학습자가 주어진 과제를 기준점까지 학습하는 데에 필요한 시간에 비해서 실지로 학습에 얼마만큼의 시간을 사용했느냐에 의해 결정된다는 것이다. 그리고 캐롤에 의하면, **'학습에 필요한 시간'은 학습자의 적성과 수업 이해력과 수업의 질이라는 세 가지 요인에 의해서 결정된다. 이 관계에서 수업의 질이 낮아질수록 요구되는 학습 이해력이 커지며, 그에 따라 학습에 필요한 시간이 늘어날 것이라는 것을 우리는 짐작할 수 있다. '학습에 사용한 시간'은 학습자의 지속력과 기회에 의해 결정된다.**

이 캐롤의 방정식이 의미하는 바 가장 중요한 것은, 학습자의 적성은 다만 학습에 필요한 시간을 결정할 뿐이며, 학습의 정도, 즉, 성적을 결정하는 데에는 다만 직간접적으로만 작용할 뿐이라는 가설이다. **학습자가 학습을 위해서 보낸 시간의 양이 상대적으로는 더 중요한 개념으로 나선다.** 이 관계를 더 분명히 하기 위해서 예를 들어 보기로 한다. 여기 한 학생이 어떤 특정한 과제(예컨대, 짤막한 나눗셈의 지식으로부터 시작하여 긴 나눗셈까지 하는 방법까지의 학습)를 최상의 수업 조건 아래에서 학습하는 데에 10시간이 걸린다고 할 때, 그는 실지로 그 과제의 학습을 위해서 10시간을 사용했다. 이때 이 학생이 그 과제를 학습하는 데에 10시간이 필요하다는 것이 바로 그의 적성을 가리키고 있다. 적성이 더 높은 학생에겐 더 적은 시간이 필요하고, 적성이 낮은 학생에겐 더 긴 시간이 필요한 것이다. 극단적인 경우 아무리 긴 시간을 공부해도 이 과제를 학습해내지 못하는 학생들도 있을 것이다.

앞의 방정식이 가리키는 바에 의하면, 10시간이면 학습을 끝낼 수 있는 학생이 실지로 10시간 동안 학습을 한다면, 그의 학습 정도는 100%일 것이다. 반면에 10시간이 필요한 데에도 5시간만 공부한다면 그의 학습은 겨우 50%에만 도달될 것이다. 이 경우에 그 학생은 자기에게 필요한 만큼의 시간을 사용하지 않았기 때문이다. 방정식의 분자가 가리키는 시간 양이 분모의 시간 양보다 클 경우 언제나 완전학습이 성립되는 것이다.

- 현대교수이론 / 김호권 지음 / 교육출판사 / P 272, 274, 275, 278, 279

이 글을 읽으면서 무슨 생각이 일어나는가? 경기력 향상에 관여하는 요소가 무엇이며, 이들이 어떻게 상호작용하고 있고, 선수의 경기력이 어떤 과정을 거쳐 어떻게 향상되는지에 대해 중요한 단서를 제공하고 있다. 감독이 왜 '교수학습이론'을 공부해서 알아야 하는지 웅변하고 있다.

2) 감독, 수시로 '1 : 1 맞춤 지도'를 하라

'트레이닝의 8대 원리'중 '**개별성의 원리** (Individual Diffences Principle)'가 있다. 모든 선수들은 각기 다르다. 같은 트레이닝 활동으로도 다른 반응을 보인다. 팀 트레이닝할 때는 모든 선수가 같은 연습 프로그램을 소화한다. 감독이 선수를 개별 지도할 시간을 만들어 가능한 한 트레이닝을 개별화시키는 것이 꼭 필요하다. 소속 팀 선수들은 체력, 개인기, 전술, 정신력에서 모두 다르다. 이 4분야의 성취 수준을 점수로 수치화하면 선수 개개인의 장단점이 드러난다. 즉, 누구에게 어떤 개인 지도가 필요한 지 알 수 있다. 감독은 수시로 '개인기'에 취약한 선수들에게 '1 : 1 맞춤 지도'를 할 필요가 있다.

그런데 왜 개인기인가? 체력 전술 정신력은 비교적 단기간에 목표 수준으로 향상시킬 수 있다. 그러나 '개인기'는 무척 시간이 오래 걸리기 때문이다. 거기다 '개인기'의 수준이 세계 경쟁력을 결정하는 핵심요소다. 비유하면, '1 : 1 맞춤 지도'는 학생의 '1 : 1 과외 공부'와 같다.

이렇게 공부하면 성적(경기력)이 빠르게 큰 폭으로 올라간다. 해당 선수의 개인기에 나타나는 취약점을 분석, 처방한 후 '1 : 1 맞춤 지도'를 통하여 교정, 정형화, 습관화의 경지로 나가는 것이다. 가장 빠르고 정확하게 경기력을 향상시키는 한 방법이다. 무엇보다 선수들이 이렇게 해주기를 간절히 바라고 있다.

팀 전력을 구성하는 요소는 체력, 전술, 정신력, 감독의 용병술, 수비력, 공격력, 스쿼드, 동기 부여 등이다. 팀 전력의 최고치를 100이라 할 때 경기를 앞둔 A, B 두 팀의 경기력이 모두 92라면 어느 팀이 승리할 개연성이 높을까? 특출한 선수와 취약한 선수가 함께 있는 팀보다 균질한 수준의 경기력을 가진 팀이 승리할 가능성이 훨씬 높다. 취약한 선수는 상대팀의 집중 공략 표적이 될 수도 있다. 이러하기에 '1 : 1 맞춤 지도'는 팀 전력을 단기간에 향상시키는 비결이다.

이 과정에서 선수의 나쁜 버릇이 고쳐지기도 한다. 완전학습의 이론에 적용하면, '1 : 1 맞춤 지도'는 수준 높은 수업의 질(감독)을 제공하여 선수에게 '학습에 사용한 시간'을 더 많이 가지게 해주어 완전학습에 이르도록 하는 효과가 있다. 합숙하는 팀의 경우, 저녁 식사 후 이 시간을 만들기 쉽다. 주말리그가 없고 휴가 가지 않는 토, 일요일도 시간이 많다. 이때 코치들도 적극 참여하면 더욱 좋다.

3) 전훈지 '족집게 교사' 인스트럭터

한국의 축구 감독은 대부분 혼자 힘으로 선수를 지도하려고 한다. 소속 팀 코칭스태프 외에는 그 누구도 활용하지 않는다. 아예 생각조차 않는다. 감독이 외부 전문가의 지도를 받는 걸 자존심의 상처로 여기는 듯하다. 유연성이 곧 포용력인데, 유연성이 너무 부족하여 뻣뻣하게 경직되어 있다. 그러나 이건 선수에게는 재앙과 같은 악영향을 준다. 끊임없이 혁신과 변화를 추구하는 초일류 비전기업과 너무나 대조적이다. 발상의 전환이 시급하나 여전히 그럴 기미가 없다. 지나치게 폐쇄적이어서 감독 자신의 발전에도 도움이 되지 않는다. 그러나 한국 프로야구는 한국 축구와 다르다. 전훈지에서나 시즌 중 필요하면 인스트럭터를 활용한다. 인스트럭터란 특정 분야의 전문가가 하는, 일종의 과외다. 짧게는 며칠, 길게는 한 달 정도 고용되는 까닭에 '원 포인트 레슨'이 기본이다.

일례로, 2008년 1월 전지훈련 기간 중 삼성 라이온즈는 전 긴테쓰 감독인 사사키 토우스케를 타격 인스트럭터로 초빙했다. 현대는 플로리다 전훈 동안 기용할 코칭스태프를 피츠버그에 의뢰했다. LG는 일본 오키나와로 떠나기 전 단계인 사이판 전지훈련 때 인스트럭터를 초빙하기로 하고 이를 추진 중이다.

- 스포츠서울, 2008. 1. 8. 월, 12면

4) 답은 외부에 있다

팀 경기력이 지지부진하고 선수의 기량 발전이 정체되어 있으면 자신의 지도력을 스스로 점검해야 한다. 선수의 잘못은 미미하고 문제는 감독의 지도력 빈곤에 있다. 이때 합리적인 해결 방법의 하나가 외부 전문가를 초빙하여 '**원 포인트 레슨**'을 받는 것이다. 축구 지도 뿐만 아니라 육상, 웨이트 트레이닝, 피지컬 트레이닝, 프리스타일, 줄넘기, 축구심리학 등 다양한 분야의 고수들의 수업을 보고 느끼고 생각하고 영감을 얻고 배우고 채택하는 것이다. 감독 자신과 다른 외부 전문가의 수업 방법을 통해 지금 여기에서 무엇을 폐기하고, 무엇을 혁신해야 하는지 바로 알 수 있게 된다. 즉시 차용할 수 있는 코칭 철학과 교수학습 방법을 만나게 되는 것이다.

해답이 외부에 있는 경우가 너무나 많다. 문제는 너무나 많은 감독이 이런 생각조차 하지 않는다는 점이다. 진정으로 수준 높게 가르치고자 하는 열정이 있는 감독은 배움을 게을리 하지 않는다. 배운다는 건 새롭고 낯선 일이다. 하여 대부분의 사람들은 배우기를 싫어한다. 현재에 안주하려고 한다. 배운다는 건 용기, 그 자체다. 현실은 감독은 배운 만큼만 가르칠 수 있다. 감독은 자기 자신이 모르는 건 절대로 가르칠 수 없다. 끊임없이 배워야 하는 이유다. 배우기를 멈추면 감독 자신의 성장도 멈춘다.

5) 한국프로야구와 K리그는 학습 풍토가 다르다

현재 프로야구는 한국에서 부동의 인기 1위 스포츠다. 2008 베이징 올림픽에서 한국의 야구 우승 후 이런 현상이 고착됐다. 1년 중계료가 23개 구단의 K리그는 65억 원이며 10개 구단인 프로야구는 360억 원이다. 프로야구의 18%에 불과하다. 지상파 3사 TV의 중계도 프로야구는 넘쳐 나나 K리그 중계는 1년에 3~4회 정도로 빈곤하다. 아예 비교 자체가 되지 않는다.

K리그가 이런 현실로 전락한 이유 중 하나가 '기업가의 혁신 정신'이 실종된 대부분의 한국 감독 코치들의 경영에 대한 치열함 부족이다. 감독이 선수 시절 경영을 배우기는 커녕 학교 수업도 제대로 받지 못했다. 선수 은퇴 후에도 스스로 경영을 공부한 적도 없어 경영을 모르고 있다. 축구 감독 중 '축구 경영자'는 희귀하고 '축구 기술자'만 넘쳐나는 이유다. 축구 기술 지도에서도 유럽과 남미에 많이 뒤지고 있다. 선수와 학부모가 불쌍하다. 글을 쓰면서 긴 한숨을 쉬게 된다.

22. 감독, 선수가 적극적으로 질문하게 하라

1) 상위 0.1% 학력의 특징

상위 0.1%란 1,000명 중 성적 1위의 위치다. 한 학급당 학생 수 30명, 한 학교당 학년별 학급수 10학급이라 가정할 때 상위 0.1%란 3개 학교 같은 학년 중 1위 학생이다. 한마디로 공부 선수다. 이런 학생에게는 2가지 특징이 있다. 질문하기와 심화학습이다. 궁금한 내용은 질문하고 배운 교과 지식은 심화학습(복습)으로 자신의 실력으로 만든다. 모르거나 궁금한 건 그냥 지나가지 않는다. 수업 중 교사에게 질문하거나 기록해두었다가 수업 후 교사를 따라 가면서 질문으로 궁금증을 지체하지 않고 해소한다.

그러나 초중고 대학 등 한국의 학원축구에는 질문이 없다. 선수가 감독 코치에게 질문하지 않는다. 아니 질문할 엄두를 내지 못한다. 감독 코치가 선수가 자유롭게 질문할 수 있는 분위기를 만들지 않는다. 오히려 그 반대이다. 대부분의 감독 코치는 선수가 질문하는 걸 싫어한다. 자유롭고 열린 분위기보다 선수를 억누르고 통제하려는 기운이 가득하다. 인공지능(AI), 사물인터넷(ioT) 등 제4차 산업혁명이 역동적으로 전개되고 있는 현재, 한국의 초중고 대학 등 학원축구의 기막힌 현실이다.

한결같이 동종업계 세계 1위 기업인 비전기업 '3M'은 현저하게 탁월한 기업문화를 가지고 있다. 그 중 하나가 〈15% 원칙〉이다. 근무시간의 15%를 직원 개인이 마음대로 사용할 수 있는 제도다. 1일 근무시간이 8시간(480분)이면 72분(15%) 동안 낮잠을 자든, 술을 마시든, 영화 감상을 하든 체스를 하든, 무얼 해도 된다. 목적은 직원들의 창의성을 최고로 발현시키는 데 있다. '**구글**'은 '3M'의 이 제도를 차용하여 〈20% 원칙〉을 채택하고 있다. 2016년 5월 26일 현재 세계 기업 중 주식 시가총액 1위 기업이 구글이다. 그 뒤를 애플, 마이크로 소프트, 페이스북이 뒤따르고 있다. '**구글**'은 휴대폰, TV, 자동차, 컴퓨터 등 유형의 제품을 하나도 팔지 않는다. 이 외에도 '3M'은 〈**실패 축하 파티**〉, 〈**당장 실험해보라!**〉 등 모험적이고 과감한 기업문화를 직원들에게 장려하고, 침투시키고 있다. 실패에 대해 문책은 커녕 위로하는 〈**실패 축하 파티**〉? 가부장적 유교문화 가치관을 가지고 있는 우리의 기성세대에게 이해하기 어려운 풍경이다.

한국의 축구 감독 코치가 3M, 구글, IBM보다 뛰어난가? 한국의 축구 감독 코치 중 이들 기업에서 일할 수 있는 역량이 되는 사람이 몇이나 될까? 이들 기업이 단연 세계의 초일류 비전기업이지만 혁신을 멈추지 않는다. 그러면 한국의 축구 감독 코치는 자신과 팀 경영에 어떤 혁신을 하고 있는가? 그 결과 자신과 소속 팀이 세계 경쟁에서 우위를 점하고 있는가? 연습 중인 학원축구 선수들을 보면 '불쌍하다'는 생각을 금할 수 없다. 말 못하는 짐승, 자유가 박탈당한 노예가 연상된다. 감독 코치가 지시하는 대로 움직인다. 질문은 없다. 먼 옛날부터 지금까지 줄기차고도 끈질기게 초중고 대학 등 학원축구에는 질문이 없다. 성공에의 열망이 가득한 선수들이 축구에 대한 궁금증이 생기면 어떻게, 무엇으로 해소하는가?

2) 선수, 그래도 감독 코치에게 질문해야 한다!

주역(周易) 건괘(乾卦) 구이의 기록 그대로 일찍이 공자는 "군자는 학이취지(**學以聚之**)하고 문이변지(**問以辨之**)라."라고 말했다. '군자는 모르는 것은 배우고 의심스러운(궁금한) 것은 질문한다'는 뜻이다. 이때 '학이취지'의 '**학**'과 '문의변지'의 '**문**'을 따서 '**학문**(**學問**)'이란 한자어가 생겨났다. '학문'의 어원이다. 이게 배우는 사람의 자세다.

"궁금하면 오백 원"이 아니라 궁금하면 질문해야 한다. 동시에 가르치는 사람은 질문을 장려하고 크게 칭찬하며 격려해야 한다. 언제, 어디서나, 누구나 주저 없이 질문할 수 있는 허용된 분위기를 조성해야 한다.

그러면 한국의 학원축구 감독 코치는 그러한가? 멀리 이야기할 것 없이 여러분의 소속 팀 감독 코치는 어떠한가? 선수의 질문은 감독 코치에게도 유익하다. 감독 코치 자신의 지식과 경험으로 답할 수 없는 질문을 만나면 대답할 수 없다. 감독 코치는 이걸 두려워한다. 자신의 권위가 손상되는 걸로 여겨 괘심한 행위로 기억해둔다. 선수가 질문할 수 없는 폭압적인 분위기를 의도적으로 만드는 감독 코치도 적지 않다. 가르치는 사람(교육자)으로서 지나치게 옹졸하고 졸렬한 처사가 아닐 수 없다. 자신이 알지 못해 답하지 못하는 질문에 두려워할 필요가 있을까? 관점을 바꾸어 유연하게 대처하면 된다. 질문은 기록해두고, 질문한 선수에게는 "공부해서 답하겠다."고 말하고 그렇게 하면 된다. 다른 학문 분야와 마찬가지로 축구 역시 방대한 학문이기에 세계 1위의 축구 석학이라도 아는 것보다 모르는 게 훨씬 더 많다. 모르는 게 부끄러운 게 아니라 공부하지 않는 게 진정 부끄러운 일이다. 선수의 장래와 성공에 깊은 책임감을 가지고 있는 감독 코치라면 여기서 더 나아가야 한다.

최고로 가르치려고 하는 감독 코치는 배움을 게을리 하지 않는다. 김남표 협회 지도자 강습회 주강사는 종종 "롱런(Long Run)하려면 롱런(Long Learn)하라"고 강조하곤 한다. 질문에 답하는 과정 또는 답을 준비하는 과정에서 감독 코치가 공부하게 되고, 이때 얻은 지식을 지도 과정에서 평생 활용할 수 있으니 모두에게 좋은 일이다. 소속 팀 선수가 수시로 질문하여 감독 코치 자신의 현재 공부 수준이 어떠한지를 일깨워주어야 한다. 세계적인 기업 IBM(International Business Machine)은 해결해야 할 과제에 대한 토론이 벌어지면 온갖 질문이 쏟아진다. 머리로 생각할 수 있는 모든 질문이 등장한다. 현장에서 발생할 수 있는 시행착오를 아예 없게 하거나 최소화하기 위해서다. 이렇게 해도 문제가 나타나곤 한다. 그러나 이런 과정을 거쳤기에 중차대한 문제는 사전에 예방된다. 이게 '**질문의 힘**'이다.

많은 경우 질문은 질문하는 사람의 현재의 필요를 드러낸다. 이 필요를 충족시켜 주면 성장이 일어난다. 질문은 '**성장하려는 의지**'의 구체적인 표현인 것이다. 선수의 질문을 통해 현재 그 선수의 관심사를 알 수 있고, 동기부여의 촉매로 활용할 수 있다. 질문은 자신의 인식 세계를 확장하려는 적극적인 선택이다. 반면, 무기력한 사람은 결코 질문하지 않는다. 꿈꾸는 사람은 질문을 멈추지 않는다. 꿈같은 질문을 하는 사람이 꿈같은 일을 이룬다. 질문하는 선수의 눈은 왕관의 보석처럼 빛난다. 질문은 스스로의 내면에 숨어 있는 창의성을 이끌어 내는 통로다. 질문을 통하여 배움에의 깊은 갈망을 충족시킨다. 질문은 개선과 혁신으로 향해 가는 발걸음이다. 그러므로 질문하지 않는 선수의 정신세계는 버려져 썩어져 가는 폐가(廢家)와 같다. 질문을 억압하는 감독 코치는 가르치는 사람(교육자)으로서의 혼(魂)을 잃어버린 어중이떠중이다.

3) 질문의 유익

(1) 경기를 풀어가는 스피드를 배가시킨다.

공기가 무게가 있듯이 생각에도 무게가 있다. 선수가 축구에 대한 궁금증을 해소하지 못하고 경기하면 생각의 무게만큼 무거워 플레이 전개 스피드가 떨어진다. 고속도로 주행시 짐을 가득 실은 대형 트럭이 빨리 달리지 못하는 것과 비슷한 이치다. 축구에 대한 그 궁금증이 말끔하게 해결되어 경쾌하게 최고 스피드로 경기를 풀어나가게 해야 한다.

(2) 선수들이 활발하게 질문하는 팀은 자연스럽게 뛰어난 성적을 낸다.

이런 팀 선수들은 기백이 살아 있다. 질문과 그 해소 과정에서 개인 기술 능력과 상황 판단 능력이 향상되기에 성적이 저절로 나올 수밖에 없는 것이다.

(3) 질문하는 선수와 팀은 건강하다.

비유하면, 질문은 우리 몸의 신진대사와 같다. 동맥경화증을 예방하며 병원 가지 않게 건강을 증진시킨다. 언어(질문)의 변비증에 걸려 있는 선수는 언제나 갑갑하다. 이런 상태에서 통찰이 일어날 수 있는가?

(4) 질문은 선수 자신의 자기주도적 학습능력을 배가시킨다.

자유 시간에 스스로 개인 연습을 조직하여 충실하게 소화해내는 능력을 길러준다. 선수의 경기력이 가장 빠르게, 가장 효과적으로 향상되는 순간이 개인 연습할 때다.

(5) 질문하는 습관이 선수의 리더십 고양에 결정적으로 기여한다.

질문이 발표력을 향상시킨다. 소통 능력은 리더십의 핵심 요소 중 하나다. 외국인 감독들은 이구동성으로 "한국 선수들은 시키는 대로만 움직이는 경향이 있다"고 지적하곤 한다. 창의성이 풍부한 한국 축구선수를 찾아보기 어렵다는 지적이 끊이지 않는다. 개인적으로

여러 선수들에게 질문했을 때 평온하면서도 선명한 목소리로 답하는 선수를 거의 만나지 못했다. 그때마다 그 선수의 소속 팀 감독 코치가 어떻게 선수를 대하는지 궁금해졌다.

(6) 선수의 질문이 감독 코치에 대한 불만을 완화 또는 해소하는 역할을 하기도 한다.

질문과 대답을 통해 감독 코치와 선수가 소통하는 효과가 저절로 일어나기 때문이다. 특히 성적이 안 좋은 팀일수록, 분위기가 가라 앉아 있는 팀일수록 지도자와 선수 간의 소통이 절실하다.

(7) 질문은 선수의 축구에 대한 인식을 넓고 깊고 새롭게 한다.

질문하는 선수뿐만 아니라 옆에서 질문과 응답을 듣고 있는 선수의 축구 인식도 덩달아 높아진다. 새롭고 가치 있는 영감을 불어 넣는다. 질문 자체가 탁월한 공부 방법 중의 하나다. 선수가 축구에 밝게, 깊게 알수록 축구가 정확해진다. 쉬워진다. 경기 판독력이나 전술 이해도 그리고 축구 이론에 정통해진다. 경기와 연습이 축구 이론의 확인에 지나지 않기에 여기에 밝으면 선수가 환하게 빛나는 경기를 만들어 낸다.

(8) 감독 코치가 질문을 통하여 선수의 축구 인식과 현재의 필요가 무엇인지를 알게 된다.

그리하여 지금, 무엇을, 어떻게 가르쳐야할지 영감을 얻게 된다. 문득 떠오른 이 영감을 실현하면 팀 경기력의 도약이 일어난다. 이 외에도 질문의 유익은 일일이 열거할 수 없을 정도로 많다. 그럼 어떻게 할 것인가?

4) 질문에 대한 감독 코치와 선수 그리고 부모의 선택

(1) 지도자는 선수의 질문을 다함없이 장려하고 칭찬하라

선수가 질문하면 크게 기뻐하면서 반드시 먼저 칭찬부터 하고 답을 하라.

(2) 언제, 어디서나, 누구나, 무엇이든 질문할 수 있는 개방적이고 자유로운 팀 문화를 만들어라

소설 「초한지」에서 항우가 웃었다는 내용이 있는가? 그러나 '항우가 불같이 화를 내었다'는 내용이 수시로 등장한다. 이런 일방적이고 자기중심적인 사람 앞에서는 질문과 토론이 자리하기 어렵다. 그는 대중의 지혜를 활용하지 못했다. 항우는 리더가 될 수 없는 정신적으로 미성숙한 사람에 다름 아니다. 초패왕 항우가 한고조 유방에게 패망한 것은 아주 자

연스러운 일이다.

(3) 매달 가장 가치 있는 질문을 가장 많이 한 선수를 시상하라

이 정도로 질문을 장려하라.

(4) 수시로 각계각층의 전문가를 초청하여 강연을 듣고, 최소 2시간 이상 질의응답하는 시간을 가져라.

질문도 연습할수록 수준이 높아진다. 점심은 뭘 먹었느냐, 어제 그 곳 날씨가 어떠했는가, 이런 질문이 서로에게 무슨 유익이 있는가?

(5) 서로 일상적으로 질문하라

감독과 코치 사이에, 감독 코치와 선수 사이에, 선수와 선수 사이에 일상적으로 질문과 응답이 있어야 한다. 지식은 들음에서 난다.

(6) 선수가 '질문 노트'를 활용해도 좋다

혼자 있을 때 궁금한 점이 떠오르면 도망가지 못하도록 기록해두었다가 후에 질문할 수 있도록 하는 것이다.

(7) 질문을 선수 스스로 해결할 수 있도록 권장한다.

질문이 생길 때마다 감독 코치가 해결해주기를 바라는 건 '**질문 의존증**'이다. 선수 자신이 자신의 궁금증을 스스로 해결하는 게 가장 바람직하다. 이때 주관적 오류가 생길 수 있으므로 스스로 한 질문과 응답을 감독 코치에게 말해 잘못된 점은 바로 잡아야 한다.

(8) 선수, 부모에게도 질문하자.

인생 경험과 광범위한 자연, 사회, 인문과학 지식에서 선수 자신보다 앞서 있는 부모에게서 해답을 들을 수도 있다. 그것도 자주 그리고 아주 깊이 있게. 부모는 자녀가 대화해 오기를 기다리고 있으며 환영한다. 대화로 '**부자유친(父子有親)**'이 더욱 돈독해진다.

23. 창의성을 최고로 이끌어내는 연습을 하라.

가서 연습을 참관해보라. 어떻게 진행되고 있는가? 짐작한 그대로다. 거의 대부분 처음

부터 끝까지 주입식으로 이루어지고 있다. 질문도, 토론도 없다. 감독 코치의 지시대로 선수가 움직인다. 선수를 감독의 지시에 따라야 할 대상으로 본다. 창발성이 발현될 수 있는 여지가 근원적으로 차단되고 있다. 현대축구의 2대 화두는 스피드와 압박이며 경기는 천변만화한다. 보다 정확하게, 상대보다 더 빨리 그리고 독창적으로 판단하여 선택하며 행동하는 능력이 갈수록 중시되고 있다. 지금의 연습 스타일로는 이런 능력을 기르기 어렵다. 야생 멧돼지와 들소는 구제역에 죽지 않는다. 반면 비좁은 우리 안의 돼지, 소와 같은 가축은 구제역에 쉽게 감염돼 죽게 된다.

교수학습법 중에 '학습자중심이론 (Learner - Centered Learning)'이란 이론이 있다. 교사(감독 코치) 위주의 지식 전달에서 벗어나 학생(선수)이 주인공이 되는 수업 형태다. 창의적 교수법(Creative Training Techniques)도 있다. 미국 밥 파이크(Bob Pike) 박사가 학생의 학습능력 기억능력 실용능력을 높이기 위해 창안한 교수학습법이다. 교사(감독 코치)의 개입을 줄이고 학생(선수)의 참여를 중시한다. '90/20/8 (수업이 90분을 넘지 않고 20분마다 변화를 줘 8분마다 학생(선수)이 참여한다)' '개념은 6번 반복한다.' '수업 중 작은 성공을 맛보게 한다.'등의 원칙으로 학습동기를 북돋는 것이 특징이다.

경험 중에서 반복적인 경험이 습관이 된다. 정보를 받아들일 때 뇌는 정보를 '생략, 왜곡, 일반화'한다. 익숙한 것을 좋아하나 새롭거나 낯선 것은 배척하려 한다. 뇌는 습관대로 움직인다. **감독 코치의 지도 스타일이 바뀌지 않는 원인도 여기에 있다.** 문제는 이런 습관에는 세계 경쟁력이 없다는 점이다. 경험과 습관은 형제자매다. 감독 코치는 선수 시절의 경험을 활용할 필요가 있다. 아니, 지도 현장에서 거의 모두가 저절로 그 경험을 활용하고 있다. 여기서 문제가 발생한다. 한국 축구 감독 코치의 경험의 질과 양이 유럽과 남미에 비해 조잡하고 졸렬하다. 상대가 되지 않는다. 공부하는 감독 코치가 즐비한 유럽과 남미에는 새로운 교수학습방법과 효과적인 연습 방법이 속속 등장하고 있다. 한국은 이걸 알지도 못하며, 어쩌다 알게 되어도 흉내조차 제대로 못 내고 있다. 기껏 유튜브 등을 보고 연습에 적용하려고 한다. 이래서는 결코 유럽과 남미를 이길 수 없다. **한국의 축구선수들이 불쌍하다.** 감독 코치는 경험을 15% 정도만 활용하라. 85% 이상 자신만의 교수학습방안과 구체적인 연습 방법을 창조하여 가르쳐라. 하루 최소 5시간 이상 책상에 앉아 공부에 천착해야 가능하다.

교육 경쟁력은 잘 가르치는 교사(감독 코치)에게 있다. 축구도 그러하다. 감독 코치는 경기장을 볼 때 사무치는 바가 있어야 한다. 관중석에 앉아 어둑새벽부터 밤이 올 때까지 운동장을 응시해보라. 무슨 생각이 드는가? 우주에 흐르는 영감을 안테나로 끌어 당겼는가? 자기 자신과 결의했는가? 감독 코치는 선수에게 깊은 책임감을 가지고 있어야 한다. 매일 매일 세계에서 가장 탁월한 코칭으로 선수의 경기력이 향상되도록 해야 한다. 선수의 경기력 성장을 하루 단위로 측정하고 대책을 세워야 한다. 선수의 성장과 경기의 승패는 이미 나와 있다. 하루하루의 연습 내용이 어떠하냐에 이미 판가름 나 있는 것이다. 하루가 모여 한 달이 되고, 하루가 모여 인생이 된다.

1) 하루의 힘

아일랜드의 더블린에서는 매년 6월 16일을 '**블룸스데이**'라고 부르며 축제를 벌인다. 제임스 조이스의 소설「율리시즈」의 주인공 레오폴드 블룸의 이름을 띤 '블룸스데이'엔 블룸이 거닌 길을 따라 걷거나 그가 먹은 음식을 똑같이 먹는 이벤트를 펼친다. 그리고 더블린의 공영방송에선 아예 아침부터 30시간에 걸쳐「율리시즈」를 낭독한다. 이방인의 눈으로 보면 참으로 별난 일이 아닐 수 없다. 하지만「율리시즈」가 1904년 6월 16일 오전 8시부터 그 다음날 오전 2시 반까지 19시간에 아일랜드의 더블린을 무대로 일어난 일들을 장장 800여 쪽에 25만여 단어로 담아낸 것임을 감지하는 순간 '블룸스데이'의 비밀 아닌 비밀이 풀리기 시작한다.

하루는 은밀함의 위대한 압축

사실 말이 800여 쪽이지 그것은 영어 원본의 경우이고「율리시즈」의 우리말 번역본은 해설을 포함해 1300여 쪽이 넘는다. 어마어마한 분량이다. 그런데 그 모든 것이 단 하루, 아니 19시간이 채 안되는 시간 동안의 일을 묘사한 것이라니!「율리시즈」를 보노라면 하루, 즉 24시간 = 1440분 = 86400초가 얼마나 대단하고 위대한 것들의 은밀한 압축이요, 함축인가 하는 것을 새삼 깨닫고 경탄하게 된다.

최고의 하루를 만들어라.

하지만 하루가 지나는 것을 아깝게만 생각하고 있을 일이 아니다. 진짜 중요한 것은 그 아까운 하루를 최고의 하루, 위대한 하루로 만드는 일이다. 프랭클린 루스벨트 전 미국 대통령의 부인 엘리너 루스벨트 여사가 생전에 이런 말을 했다. "어제는 역사, 내일은 미스터리, 오늘은 선물!" 그렇다. 어제는 역사이고 내일은 알 수 없지만 오늘은 분명히 선물이다. 그 선물인 오늘 하루를 최고의 날로 만드는 일! 그것이 오늘 나와 너, 그리고 우리가 할 일이다.

- 정진홍 / 중앙일보, 2007. 6. 16. 토. 30면

2) 창의성을 최고로 이끌어내는 활활 발발한 연습을 하라

잘 가르치는 비결은 충실한 준비에 있다. 동시에 최고 최선의 연습 방법을 찾아내겠다는 실험정신을 수시로 가동해야 할 것이다. 결국 공부하지 않으면 진정한 가르침은 불가능하다. 절대로 선수를 지도자의 지시대로 움직이는 존재로 대상화시키지 않아야 한다. 어리고 젊은 선수들은 감독 코치보다 더 창의적이며 예측할 수 없는 무한한 잠재력을 가지고 있다. 생각을 전개하는 기초로 삼고자 몇 가지 사례를 제시한다.

(1) '주입식' 유소년 교육 창조적 플레이 망친다.

요즘 한창 인기를 모으고 있는 TV 프로그램에서 이런 장면을 본 적이 있다. 7살 전후로 구성된 숫돌이 팀이 영국 원정을 갔을 때다. 상대팀의 이름이 잘 기억나지 않지만 그 팀의 감독과 어린이들의 말은 아직도 귓가에 생생하다. "우리가 볼을 잡았을 때 가장 먼저 할 일은?" 영국 감독이 묻자 어린이들이 일제히 큰 소리로 합창했다. "공간을 찾아요." 카메라는 다시 숫돌이 팀의 작전지시 장면을 보여줬다. "우리가 할 일은 사람을 잡아야 돼. 상대 선수를 절대 놓치지 마." 그 장면은 창의성을 유발하는 영국식 지도 방법과 승부에 집착하는 한국 유소년 축구의 현주소를 실감나게 비교해주는 장면으로 기억된다.

최근 핌 베어백 감독은 보완 과제로 드러난 중앙 수비의 문제점을 해결하기 위해 경기장을 돌고 있다. 수비수의 첫 번째 요건인 안전한 수비력을 지니면서 창조적 시야를 갖춘 선수를 발굴하기가 쉽지 않다고 한다. 이는 바로 어렸을 때부터 주입식 교육에 길들여진 우리 축구 문화에서 일정 부분 기인한다.

- 박순규 기자, 스포츠서울. 2006. 10. 20. 금. 8면

(2) '역할극'을 하자

7~10일에 한번, 시간은 50분 내외로 선수가 감독이 되어 선수를 지도하는 것이다. 사전에 지도 내용, 날짜, 담당 선수를 의논하여 확정한 뒤 실행하면 된다. 해당 선수는 가르칠 내용을 준비하고 공부할 것이다. 이 과정에서 선수가 자료를 모으고 정보를 구하며 교수학습이론에 관심을 가지게 된다. 처음에는 어색하겠지만 빠르게 잘 해낼 것이다. 가르치는 감독 코치의 마음을 이해할 것이다. 해보면 재미있고 경기력 향상에도 도움이 된다는 걸 실감하게 된다.

- 킥 오프 / 김기호 지음 / 삼보출판사 / P27

(3) 팀 연습 마무리 후 바로 개인 연습할 시간을 주어라

100에 98 이상이 코칭스태프의 지시대로 움직이다 연습을 마친다. 여기에 변화를 주자. 팀 연습 후에 바로 개인 연습을 조직하는 것이다. 선수는 이걸 하고 싶어 한다. 하나의 보기로, 오후 팀 연습 시간이 2시 30분부터 5시 30분이라면 두 시간의 정규 연습을 마치고 나머지 한 시간에(16:30~17:30) 개인 연습하게 하는 것이다. 최고로 자유로운 분위기에서 바로 직전의 팀 연습 내용을 연습하거나 자신이 원하는 연습을 하는 것이다. 선수는 자신의 기술적인 강점과 약점을 알고 있다. 강점을 더욱 성장시키고 약점을 극복할 수 있는 개별 연습시간을 원하고 있다. 이때 감독 코치는 필요할 경우 선수에게 조언하면 나쁘지 않다. 선수도 적극적으로 감독 코치의 도움을 받아 더욱 높은 단계로 나아가려고 노력할 것이다.

(4) 재미있는 훈련, 선수를 춤추게 한다.

"재미와 효과를 동시에 잡아라." 자칫 지루해지기 쉬운 스프링 캠프. 선수들의 훈련 집중도를 높이기 위한 여러 구단 코치 스태프의 아이디어 싸움이 볼만하다. 기존의 천편일률적인 훈련 스타일에서 벗어나 새로운 시도를 통해 때론 선수들의 체력을, 때론 기술적인 발전을 꾀하고 있다. 먼저 '찐뽕'과 '짐볼'을 선보인 두산의 일본 쓰쿠미캠프. 두산은 최근 투수들이 볼을 던지는 시늉만 하고 타자들이 '티볼'을 연상시키듯 막대 위에 올려진 공을 배트로 때리는 '찐뽕'스타일로 청백전을 치렀다. 수비는 물론 정식으로 수비 및 중계 플레이를 하고, 배트를 휘두른 타자도 전력질주했다. 투수가 던진 볼처럼 반발력을 이용할 수 없어 홈런이 나오기 힘든 이 훈련에서 간판타자 김동주는 5타수 5안타를 마크하기도 했다. 두산은 이 외에도 '짐볼 러닝' 훈련으로 체력도 끌어 올리고 있다.

짐볼은 선수들이 재활 훈련을 하거나 스트레칭을 할 때 사용하는 큰 공 모양의 훈련기구다. 선수들은 2인 1조로 팀을 이뤄 상대에게 짐볼을 튕기며 두 폴 사이를 달린다. 사이판에서 전지훈련 중인 LG도 드림통에 야구공 넣기에 이어 10일 '그라운드 컬링'이라는 깜짝 이벤트를 벌였다. 동계 스포츠 종목인 컬링의 룰을 본 따 약 30m 거리에서 야구공을 2루 베이스에 최대한 가깝게 붙이는 경기다. 김 감독이 700달러의 상금을 걸었고 1등 마해영을 비롯한 6명이 상금을 탔다. KIA는 골프공처럼 작은 볼로 타격 자세를 교정하고 배팅할 때 집중력을 높이고 있다. 서정환 감독이 직접 고안했다는 이 골프공은 속질과 크기만 골프공과 유사한 것으로 선수들은 본격 훈련에 앞서 이 골프공을 치며 밸런스를 잡는다. 야구공

에 비해 크기가 작아 보다 더 정확성을 요구한다.

- 스포츠서울, 2007. 2. 12. 월. 5면

(5) 선수끼리 서로 가르치고 배우게 하라.

민족사관고에서는 요즘 방과 후 개인 과외를 받는 학생들을 종종 볼 수 있다. 멘토로부터 학습 지도를 받는 학생들이다. 2003년 민사고 8기 학생들의 학습상담으로 시작한 학습 튜터링제를 전교생이 이용하면서 학습 효과를 톡톡히 보고 있다. 박혜선 담당교사는 "학원과 과외에 의존하지 않고 자기주도적 공부 습관을 기르도록 하기 위해 학습 튜터링제를 시작했다."고 말했다. 학습 튜터링제도는 도우미와 배우미가 1대 1 혹은 1대 2로 만나 공부하는 방식으로 이뤄진다. 2학년 매니저 김수지 양은 "전교생이 때론 배우미가 되고 도우미도 된다."며 "선후배끼리 자신 없는 과목에 SOS를 치는 것"이라고 말했다. 고서우군은 "도우미와 배우미가 선후배 사이 이므로 '눈높이'교육을 한다는 게 장점"이라며 "수업 시간에 잘 몰랐던 내용을 친구들에게 배우니까 훨씬 이해가 빠르다."고 자랑했다.

- 중앙일보, 2008. 9. 17. 수. C3면

(6) 가끔 선수에게 과제를 내어 주라

'생각하는' 매탄고 전국대회 3년 만에 우승. K리그 클래식 수원 삼성의 유스팀인 경기 매탄고가 '생각하는 축구'로 3년 만에 전국대회 정상에 올랐다. 매탄고는 2016년 2월 26일 막을 내린 제52회 춘계 한국고교축구연맹전 결승전에서 2골을 터뜨린 유주안의 맹활약에 힘입어 통진고를 2 - 0으로 꺾고 우승을 차지했다. 매탄고는 2013년 백운기와 전국체전 우승 이후 3년 만에 전국대회 우승을 맛봤다. 주승진 감독은 결승전 전날 제자들에게 색다른 숙제를 던졌다. 통진고의 준결승 경기를 보고 상대 전력을 각자 분석해 '경기 보고서'로 제출하라는 지시를 내렸다.

스승의 지시에 선수들은 어리둥절해졌다. 상대의 전력을 분석하고, 전술과 전략을 만드는 것이 코칭스태프의 권한으로만 알고 있던 선수들에게 신선한 충격으로 다가왔다. 주 감독은 결승을 앞두고 조금 느슨한 부분이 보였다. 어떻게 동기부여를 시켜줄까 고민을 많이 했다. 제자들에게 '결승전에서 너희에게 작전 지시를 안 할 거다. 너희들이 고민하고 준비를 해보라'고 했더니 금세 진지해졌다 그 모습을 보고 우승에 대한 확신을 가졌다고 설명했다. 주 감독은 우승 확정 직후 미팅에서 선수들이 직접 써 낸 경기보고서를 들어 보이면서 "너희들을 믿는다."며 고마움을 전했다.

- 스포츠서울, 2016. 2. 29. 월. 8면

24. 선수에게 스스로 동기부여하고 효과적으로 연습하는 방법을 알려주어라.

연습 효과를 극대화할 수 있는 방법이 없을까? 1시간 연습해도 남들이 2시간 연습하는 그 이상의 효과를 올릴 수 있는 방안이 있을까? 경기나 연습에서 처음부터 끝까지 고도의 집중력을 발휘할 수 없을까? 한결같이 자기 자신을 동기부여하려면 어떻게 해야 할까? 무엇으로 연습의 원리를 훤하게 알고, 스스로가 자기 자신의 코치가 되어 가르칠 수 있을까? 생활하면서 자연스럽게 트레이닝으로 연결할 수 있는 것으로 무엇이 있나?

한 번쯤 이런 생각을 안 해본 감독 코치, 선수, 학부모는 아마 없을 것이다. 그러나 여기에 지속적으로 천착하고, 영감을 끌어올리고, 생각을 기록하여 문서화한 사람이 얼마나 되는지 궁금하다. 그런 게 발표된 적이 있는가? 어느 분야나 수준의 차란 세밀함의 차이다. 수준 낮을수록 두루뭉술하다. 동시에 성패는 끈기에 의해 결정 나는 경우가 너무나 많다. 성공할 때까지 계속하는 꾸준함은 강력한 경쟁 무기다. "대부분의 사람들은 성공 직전에 포기한다."는 말도 있다. 아래의 '성공의 9대 원칙'은 글을 쓰면서 떠오르는 생각을 담은 것이다. 자유롭게 취사선택하기 바란다.

1) 성공의 9대 원칙

(1) 제1 원칙 : 항상 자신이 왜 축구를 하는지를 기억하라

　예시) 나는 축구를 통해 자아를 실현하고 '이웃 사랑'을 실천하기 위해 축구를 한다. 세계적인 선수가 되어 지금도 굶어 죽어가고 있는 아프리카에 매달 1억 원 이상을 후원하겠다. 아프리카 사람들이 나의 성공을 학수고대하고 있다.
　　　나는 이 일을 반드시 해야 한다. 이러하기에 나는 꼭 성공해야 한다.

(2) 제2 원칙 : 언제 어느 팀에 진출할 것인지를 정한 후 주위에 알려라

　예시) 나 구만리(가명)는 고등학교 3학년이 되는 2019년 12월에 맨체스터 유나이티드 주전으로 진출한다. 지금 중 3이니 남은 3년 5개월이면 충분하다. 언제나 최고 최선의 방법을 찾아내어 지극하게 실행하겠다. 김기호 원장은 3년이면 충분하다고 했다. 무슨 방안을 가지고 있는지 빠른 시간 안에 만나 조언을 들어봐야겠다.

(3) 제3 원칙 : 개인 시간을 세계에서 가장 효과적으로 활용하라

　나보다 먼저 축구를 시작한 유럽과 남미 선수를 따라잡고 끝내 이길 수 있는 비결이다.

(4) 제4 원칙 : 축구 이론을 공부하여 고3 이전에 소속 팀 감독 코치를 뛰어 넘어라

그리하여 축구 경기를 구성하고 있는 4대 요소인 체력 개인기 전술 정신력을 감독 코치에게 가르칠 수 있어야 한다. 가능하다. 책, 인터넷, 축구에 밝은 사람에게 배울 수 있다.

(5) 제5 원칙 : 부모에게 순종하라.

선수에게 감독 코치는 중요한 사람이다. 부모는 이들과는 비교할 수 없을 정도로 소중한 사람이다. 진학하면 감독 코치는 바뀐다. 학기 도중에 지도자가 경질되는 경우도 있다. 그러나 부모와 자녀는 평생 가는 관계다. 선수를 가장 사랑하는 사람이 부모다. 부모는 이익 손해를 따지지 않고 자식에게 늘 헌신한다. 어렸을 때는 순종하다 사춘기를 지나면서 부모를 가볍게 여기고 부모를 거역하거나 심지어 부모에게 대드는 경우도 있다. 이런 선수는 절대로 성공할 수 없다.

부모 말씀을 불순종한다는 건 생활에서 옳지 않은 길로 가고 있다는 증거이기 때문이다. 박지성, 이청용, 기성용, 이근호, 박주영, 염기훈, 김신욱 등등 현재 한국을 대표하고 있는 선수들 모두가 하나같이 효자다. 모세에게 내려주신 10계명 중 제 5계명부터 제 10계명은 인간이 인간 사이에서 지켜야할 계명이다. 이 중 처음으로 등장하는, 즉 가장 강조하는 계명이 제 5계명이며 자녀가 부모에게 지켜야 할 계명이다.

반대로, 부모를 공경하지 않으면 이런 걸 허락하지 않겠으며 후에 행한 대로 보응하시겠다는 무서운 말씀이다. 설사 부모가 터무니없는 말을 하더라도 자녀는 온유한 표정과 말씨로 자신의 생각을 말하고, 의논드려야 하는 것이다. 감독에게는 찍소리도 못하고 부모에게 걸핏하면 말대꾸하는 선수는 탁월한 바보요, 실패를 향해 달려가는 어중이떠중이다.

효도란, 먼저 부모의 마음을 편안하게 해드리는데서 시작한다. 착한 삶과 업무에서 이름을 빛내 부모를 기쁘게 하고, 물질에서도 부족함이 없도록 봉양해야 한다. 형제간에도 서로 돕고 우애 있게 지내는 것이 효도의 내용이다. 세월이 지나 부모가 세상을 떠난 후에는 이웃 어른을 부모로 여겨 공경하고 도와야 한다. 동시에 부모는 자녀를 어릴 때부터 올바르게 훈육해야 한다. 부모가 먼저 모범을 보이고, 자녀가 책임과 권한에 대해 철저하게 책임지도록 가르쳐야 한다. 올바르게 대화하는 방법과 의사소통을 연습시키며 독서를 습관화시켜 주어야 한다. 현실을 중시하되 무엇보다 이 다음의 세계인 영원을 준비하는 삶을 살도록 연습시켜 그렇게 되게 해야 한다.

이런 게 없이 "오냐, 오냐!" 이렇게 양육하다 자녀가 대학생이 되자 자녀 눈치 보기에 급급한 부모가 적지 않다. 이 얼마나 한심한 일인가! 부모는 자녀에게 존경을 받을 수 있을 때 지속적으로 영향력을 행사할 수 있다. 자녀는 부모의 일상을 자세히 알고 있다. 부모는 정당하지 못한 일을 해서는 안된다. 부모는 자녀의 행복과 거룩을 위해서도 올바르게 살아야 하는 것이다.

(6) 제 6원칙 : 경기와 연습 그리고 생활에서 목적이 분명해야 한다.

경기 전 팀 미팅에서 감독이 3가지를 지시하면 여기에 자신의 결정을 2~3가지 추가하여 실행하는 것이다. 예를들면, 경기를 중장거리 슛 연습 기회로 활용하는 것이다. 골문 20m 밖에서 최소 12번 이상의 중장거리 슛을 시도하고 5골 이상 성공시키겠다는 결의와 실천이다. 또 하나는 경기를 체력 연습의 무대로 삼는 것이다. 고1이지만 14km 이상을 달려 경기에서 가장 많이 달리는 선수가 되자는 자신과의 약속 등이다.

(7) 제 7원칙 : 언제나 최고 컨디션을 유지하라

한밤중에 자다가 일어나도 바로 경기를 할 수 있을 정도로 항상 최고 컨디션을 유지하라. 건강보조식품, 요가나 유연체조 그리고 평소 섭취하는 식품과 긴밀하게 연결되어 있다. 올바르고 성실한 생활 태도로 일관해야 한다.

(8) 제8 원칙 : 언제나 볼 하나를 가지고 다니면서 틈만 나면 연습하라.

여기에 대해서는 이미 하나의 주제로 설명한 바 있다.

(9) 제 9원칙 : 빨리 배우려고 하지 말고 정확하게 배워라.

많은 선수들이 가르쳐주면 바로 마스터하려는 과도한 의욕을 보인다. 그건 불가능하다. 오히려 조급증이 정확하고 수준 높게 배우는 걸 방해한다. 자세가 깨어지고 볼 터치도 부정확하게 만든다. 잘못된 방법으로 연습을 오래 하면 할수록 득보다 실이 많다. 처음 배우는 기술은 이론을 정확하게 알아야 하며 그리고 정확하게 연습하는 방법을 아는 데 총력을 기울여야 한다. 그래야 혼자 개인 연습 시 정확하고 올바르게 연습할 수 있다. 잘못된 방법으로 연습하면 성장이 멈추나 정확하게 연습하면 어느 순간 빠르게 향상된다.

2) 다른 분야에서 배우고 응용하자.

스포츠교육학은 교육학의 아류다. 스포츠심리학은 심리학의 이론을 빌려와서 스포츠에 응용하고 적용한 것이다. 당연히 근원이 아류보다 더 심원하고 방대하며 체계적이다. 축구

지도는 가르치고 배우는 과정이다. 한마디로 교육이다. 교육 관련 정보를 읽어보면 축구에 바로 적용할 수 있겠다는 생각이 들 때가 많다. 아래의 예시 중 김신욱(축구)과 김현수(야구)의 사례를 제외하고는 '교육'과 관련된 내용이다. 섬세한 안테나를 가지고 있는 감독은 축구에 응용할 수 있는 내용이라는 걸 즉시 감지하게 될 것이다. 글을 읽어가면서 고개를 끄덕이게 될 것이다. 동기부여와 자기주도적 연습(공부)에 관한 내용이며 선수와 감독이 영감을 가득 얻기를 기대한다.

3) 아래 예시에서 배워 활용하자

(1) 김신욱 진화 비결 '자기주도학습'

'진격의 거인' 김신욱이 진화하고 있다. 김신욱은 올 시즌 아시아축구연맹(AFC)챔피언스리그와 K리그 클래식까지 출전한 모든 경기에서 골을 터뜨리고 있다. 4경기 연속골이다. 김신욱은 2013년 K리그 클래식 최우수선수에 뽑히며 최고의 해를 보냈다. 올해 김신욱에게는 슬럼프기 없다. 비결은 '**자기주도학습**'이다. 김신욱은 잘하는 것을 계속하기보다는 못하는 것을 메우기 위해 부단히 노력한다. 대표적인 게 대표 팀 공격수 박주영 연구다. 지난 해 대표 팀에서 거듭 낙마한 김신욱은 홍명보 축구 대표 팀이 강조하는 '스위칭(선수 간 위치교환)'플레이를 연마하기 위해 박주영 경기 영상을 수차례 반복해서 봤다.

김신욱의 대학 시절 스승인 조정호 중앙대 감독은 "김신욱은 다른 사람 말을 잘 경청한다. 흔히 단점을 지적하면 기분이 상하기 마련인데, 신욱이는 겸허하게 받아들여서 자기 것으로 만든다."며 "경기가 끝나고 나면 바로 전화해서 오늘 문제점이 무엇이 있는지 꼭 묻는다."고 했다.

김신욱이 '자기주도적 학습'을 잘 해내는 이유는 절제력이 남다르기 때문이다. 그는 '바른 생활 사나이'로 유명하다. "비디오 게임, TV, 컴퓨터 게임을 최대한 멀리 하는 편이다. 술도 입에 대지 않는다."고 강조했다. 책도 자주 읽는다. 해외 원정 때는 꼭 종교 서적 등 책 2~3권을 챙겨 들고 떠날 정도로 대표적인 공부하는 선수다.

- 일간스포츠, 2014. 3. 8. 화. 10면

(2) 두산 김현수 "복습은 나의 힘"

"복습을 철저하게 했다." 김현수(24. 두산)의 머리맡에는 태블릿 PC가 한 대 놓여있다. 미국 애리조나주 피오리아에서 전지훈련 중인 그는 타격훈련이 끝나면 이 컴퓨터에 훈련일지를 남긴다. 그날 배웠거나 새롭게 느낀 것들을 메모 형식으로 정리한다. 김현수는 "나만 알아보기 쉽게 정리했다. 타석에서 다리를 높게 드느냐, 낮게 내리느냐와 같은 밸런스도 기록한다. 히팅 포인트나 스윙 강약 조절 등의 내용처럼 디테일한 것도 있다."고 한다. 자신만의 '복습노트'를 마련한 건 2년 전부터라고 한다. 그는 "당일 새롭게 시도한 타격 자세가 있었는데 결과가 좋을 때가 있다. '그 자세가 맞다' 싶으면 기억했다가 기록으로 남긴다. 써 놓지 않으면 까먹는다."라고 했다. 김현수는 2008, 2009년 두 시즌 연속 타율 0.357을 기록했다. 2년 동안이나 최고의 성적을 냈던 비결은 촘촘하게 기록해온 '복습노트'에 있다. 그는 "가끔 감이 떨어지거나 혼자 있을 때 꺼내 놓고 읽는다. 확실히 도움이 된다."고 말했다.

- 일간스포츠, 2012. 2. 15. 수. 6면

아래는 어떻게 공부해야 목표를 달성할 수 있는 지 공부의 달인 2명이 들려주는 이야기다. 공부법 전문가가 말하는 우등생의 조건은 간단하다. 자기에게 맞는 학습법을 찾아 꾸준히 노력하라고 한다. 축구 연습에도 그대로 적용할 수 있다. 아래의 글 내용을 선수가 자신의 개인 연습에 온전하게 활용하기를 권유 드린다. 아래의 내용 중 '공부'를 '축구 개인 연습'으로 바꾸어 읽으면 더욱 이해가 선명해질 것이다.

(3) '공부의 달인' 2인이 제시하는 성적 향상의 길

1. 박철범

복습으로 약점 찾아야 진짜 공부.

박 씨는 "공부와 공부하는 척을 구분하라."는 주문부터 했다. 책상 앞에 앉아 책을 보고 있다고 '공부'를 하는 건 아니란 의미다. 그는 "대다수 학생들이 진짜 공부를 하는 대신 '공부를 하고 있다'는 착각을 하고 위안을 얻고 있을 뿐"이라고 진단했다. 그가 말하는 진짜 공부란 뭘까. 박 씨는 "공부는 자신의 약점과 한계를 직면하는 데서 시작한다."고 말한다. 수십 번 풀었던 수학 문제에서 또 막히는 자신의 실체를 냉정하게 직시해야 진짜 공부를 시작할 수 있다는 것이다. "노력해도 잘 안되는 한계점을 명확하게 파악한 뒤에야 제대로 된 공부 방법을 찾을 수 있습니다."

박 씨가 강조한 진짜 공부의 대표적인 방법이 복습이다. 성적이 상위권인 학생은 누구나 복습을 최고의 학습법으로 꼽지만, 정작 이를 성실하게 해내는 학생은 흔치 않다. 그는 "복습과정에서 드러난 자기의 한계를 회피하려는 성향 때문"이라고 설명했다. 공부를 회피하는 흔한 방법으로 선행학습을 들었다. 배운 내용을 확인하고 부족한 부분을 반복하는 대신 다음 단원으로 넘어가 버린다는 것이다. 박 씨는 이를 **'자기 합리화'**라고 평했다. "약점은

외면한 채 '나는 새로운 내용을 공부하고 있다'며 스스로를 속이는 거죠. 이런 태도가 습관화되면 공부 시간이 아무리 길어도 성적은 제자리걸음에 머무르게 됩니다."

#2. 김동환
공부 양보다 실력 목표 달성에 집중.
김씨는 "공부 시간과 분량을 줄여야 성적이 오른다."고 강조했다. "성적을 올리려면 불필요한 것을 덜어내고 핵심을 반복해야 한다."며 "인터넷 강의나 교재도 꼭 필요한 것만 골라 학습량을 줄이라"고 설명했다. 무조건 공부 분량을 줄이라는 얘기가 아니다. 학습 방식을 단순화 체계화해 집중력을 높이라는 의미다. 김 씨는 "자신에게 맞는 학습 목표를 세우는 게 관건"이라고 강조했다. 주변 친구들에게 휩쓸려 자신에게 과도한 목표를 설정하게 되면 공부를 시작도 하기 전부터 지쳐 버리는 경우가 흔하기 때문이다. 목표를 세울 때는 공부 분량을 기준으로 삼아선 안된다.

자신만이 측정할 수 있는 '**실력목표**'를 선정하고 이를 달성하는 데만 집중하면 된다. 공부 분량을 기준으로 삼았을 때 '2시간 동안 사회 문제집 20쪽 풀기'가 학습 목표로 정해진다. 이에 반해 실력 목표는 '2시간이 지난 뒤에는 교과서에 실린 도자기 그림만 봐도 그 시대의 생활상을 줄줄 읊겠다.'는 식으로 정하는 것이다. 김 씨는 "공부 목표를 '성적이나 등수 올리기'가 아니라, '내 실력을 정직하고 충실하게 쌓아가겠다'고 정해야 어떤 것을 덜어내고 무엇에 집중해야 할지가 분명해진다."고 설명했다.

- 중앙일보, 2012. 6. 20. 수. S4면

(4) 공부 잘하는 학생은 어떤 특징 있나?
사교육 필수? 스스로 공부하는 능력이 우등생 조건.
공부를 잘하는 학생은 그렇지 않은 학생과 어떤 차이가 있을까? 중앙일보와 교육업체 진학사가 우등생의 조건을 찾아냈다. 전국 고교생 2만 2151명을 분석한 결과다. 응시생의 국어 영어 수학 모의 학력평가 성적과 비교한 결과 상위 4%(1등급) 우등생들은 두 가지 두드러진 특징을 보였다.

첫째, 자기주도 학습능력이 탁월하고 둘째, '학습 성실성'이 높다. 이 두 항목 점수가 높을수록 성적이 좋았다. 상위권과 하위권 격차도 이 두 항목에서 가장 컸다. 예컨대 국영수 내신 5~6 등급인 노모(고3)군은 스스로 공부하는 방법을 터득하지 못한 탓에 성적이 오르지 않는다. 그는 상위권 학생들이 다니는 수학 학원에 다녔다. 노군은 "학원 성적을 따라가지 못해 오히려 자신감까지 떨어진 것 같다"고 말했다. 진학사 청소년교육연구소에 따르면 공부를 하려는 의지(학습 동기)가 높고 자신의 학습 능력에 대한 확신이나 기대(학업 자신감)가 강하며, 시간 관리나 집중하는 태도(학습 전략)를 잘 기른 학생일수록 자기주도 학습 능력이 뛰어났다.

그리고 학습 성실성이란 놀고 싶어도 해야 할 일을 먼저 하거나 제 시간에 끝내지 못하면 쉬는 시간을 이용해서라도 마치려고 노력하는 자질을 말한다. 학습 성실성은 단기간에 갖기 힘든 공부 습관이라 초등학교 시절부터 반드시 잡아줘야 한다.

- 중앙일보, 2013. 11. 13. 수. 열려라 공부 1면

4) 정리 : 물고기를 주지 말고 물고기 잡는 방법을 알려 주라

초등학교 시절부터 대학교 졸업할 때까지 '**효과적인 공부 방법과 원리**'를 구조적 통합적으로 가르쳐 주는 선생님과 교수님이 한 분도 안계셨다. 지금 생각하니, 그때 가르쳐 주었다면 공부에 더욱 흥미를 느꼈을 것이며 더 수준 높은 성취를 이루었을 것이다. 하나 같이 수업 첫날부터 교과서 진도를 나갔다. 여러분도 같은 경험을 했을 것이다. 지금의 축구 지도도 그렇다. 운동장에 나가 준비운동 후 본운동하고 정리운동으로 마무리한다. 어제도 그랬고 오늘도 그러했고 내일도 그러할 것이다. 왜 그렇게 밖에 하지 못하는가? 감독이 '**구조적이며 효과적인 연습 원칙**'이라는 이론을 가르칠 수 있는 준비가 되어 있지 않는가? 비유하면, '**구조적이며 효과적인 연습 원칙**'을 가르치는 것은 물고기를 주는 게 아니라 물고기 잡는 방법을 가르쳐주는 것과 같다. 물고기 몇 마리는 몇 끼의 반찬 밖에 안되지만 물고기 잡는 방법을 가르쳐주면 평생 동안 물고기를 풍족하게 먹을 수 있는 것이다. 직업으로 삼아도 되고, 이웃에게 나누어줄 수도 있다.

혁신하지 않으면 눈이 오나 비가 오나 매일 450m 떨어진 우물가에 가서 물을 길어 와야 하지만 파이프라인을 설치하면 수도꼭지만 틀면 바로 물이 쏟아져 나온다. '**구조적이며 효과적인 연습 원칙**'은 **초고층 빌딩을 건축할 때의 기초공사와 같다**. 기초가 튼튼해야 지진에 견디고 100층 이상의 건물 부하를 이겨낼 수 있다. 건물의 안정성과 수명 그리고 품질을 결정하는 것이 기초공사다. 아래의 시카고대학의 사례는 우리에게 무엇을 던져주고 있는가?

시카고대학은 1890년 존 데이비스 록펠러가 설립한 대학이다. 둔재들만 들어가던 별 볼일 없는 3류 대학이었다. 그러다 1929년 로버트 허친스 총장 취임을 기점으로 환골탈태하

기 시작했다. 노벨상 수상자들이 하나 둘 나타나기 시작하더니, '싹쓸이'라는 표현이 어울릴 정도로 노벨상 수상자가 증폭한 것이다. 1929년부터 2000년까지만 봐도 시카고대학이 배출한 노벨상 수상자는 무려 68 명에 달한다. 허친스 총장이 무슨 일을 했던가? 세계의 위대한 고전 100권을 달달 외울 정도로 읽지 않은 학생은 졸업시키지 않는다는, 대학 4년 교육과정의 대부분이 인문고전 독서에 할애한 '시카고 플랜'을 강력하게 추진했던 것이다.

- 리딩으로 리드하라 / 이지성 지음 / 문학동네 / P 79 ~ 80

25. 부상과 재활에서 최선의 선택을 하자

1) 몇 가지 사례

(1) 선수 보호 극과 극

'한국 여자 축구의 미래' 여민지(17. 함안 대산고)가 혹사당하고 있다. 심각한 부상을 안고 소속 팀을 준우승으로 이끌었지만 이후가 문제다. 자칫 부상 후유증 등 부작용이 우려된다. 철저히 휴식과 재활운동을 병행해야 할 시점이지만 쉴 시간이 없다. '축구 천재'의 출현에 온 나라가 떠들썩하지만 자칫 '박제가 된 천재'가 되지 않을지 걱정의 목소리가 높다. 여민지는 2010년 10월 12일 전국체전 결승전에서 오산정보고에 0 - 3 으로 완패한 뒤 뜨거운 눈물을 흘렸다. 이날 여민지는 최전방 공격수로 80분 풀타임을 소화하며 아무런 활약을 펼치지 못했다. **여민지는 도저히 경기를 뛸 몸 상태가 아니었다.** 지난 주 전국체전 직전 여민지의 몸 상태를 진단한 강서 솔병원의 나영무 박사는 "여민지는 지난 U-17 월드컵 당시 오른쪽 허벅지 근육을 다쳤다. 이번에 검사해 보니 6cm 넓이, 2cm 깊이로 찢어져 있었다. 전국체전에서 절대 뛰면 안된다고 신신당부했다."고 말했다. 여민지는 병원의 대회 출전 만류를 거부했다. 부모가 말렸지만 선수 본인의 출전 의지가 강했다. "나 아니면 안된다."는, 어린 선수가 흔히 가질 수 있는 '소영웅주의'가 앞섰다. **소속 팀에서도 굳이 뛰겠다는 선수를 말리지 않았다.**

김대길 KBSN 해설위원은 "몸 상태를 뻔히 알면서도 경기 출전을 방관했다면 소속 팀 감독이나 부모의 대처에 분명 문제가 있다."고 말했다. 신연호 SBS 스포츠 해설위원은 "선수들은 자신의 몸 상태가 나쁘더라도 경기에 뛰고 싶은 마음을 가진다. 주위에서 냉정하게 판단하고 조절해줘야 한다. 어떤 경우라도 몸 상태가 정상이 아니라면 출전해서는 안된다. 선수 보호가 성적이나 어떤 가치보다 우선"이라며 안타까워했다.

- 스포츠서울, 2010. 10. 14. 목. 8면

(2) 6주간 부상 숨긴 한국영, "팀 보다 개인 욕심" 논란

'홍명보호' 1차전 멕시코와의 맞대결을 눈앞에 두고 골절상으로 낙마한 미드필더 한국영 때문에 논란이 분분하다. 그가 오래 전부터 부상을 안고 뛴 사실을 직접 공개하면서 파문이 커지고 있다. 한국영은 지난 2012년 7월 24일 귀국 지시를 받은 뒤 자신의 페이스북을 통해 "울면서 버틴 하루하루가 너무 아깝잖아. 6주 전부터 금이 가 있는 발을 만지면서 하루도 빠짐없이 했던 말이 '얼마든지 부러져도 좋으니 올림픽까지만 버텨줘'였다"면서 "엔트리에 들어가기 위해 모든 사람에게 비밀로 한 내 자신이 지금 너무 비참하잖아"라고 밝혔다. 대표 팀 관계자는 "2012년 7월 23일 훈련 도중 다쳤다"고 전했지만 실제론 한국영이 올림픽 출전을 위해 오래 전 중상을 입었음에도 코칭스태프에 알리지 않고 훈련하다 결국 탈이 난 것으로 보인다.

- 스포츠서울, 2012. 7. 28. 목. 3면

느끼는 게 없는가? 위의 사례에서 보듯이 국가대표 선수들도 자신의 부상에 대해 합리적으로 대처하지 못하고 있다. 자신의 부상을 소홀히 여기며 막연하게 부상을 치료해야 한다고 생각하지만 무엇을 어떻게 할 지 몰라 허둥대고 있는 듯한 인상을 준다. 한마디로 부상(스포츠상해)에 대해 무지하다. 더욱 놀라운 점은 이들의 감독 코치들도 선수 부상에 대해 안이하게 다루고 있다는 사실이다. 거듭 말하지만 세상의 모든 잘못이나 범죄는 무지에서 비롯된다. 밝게 아는 사람은 문제를 일으키지 않는다.

인체 조직은 말을 하지 못한다. 몸은 정상상태에서는 평온하다. 그러나 감당할 수 있는 그 이상으로 충격이 가해질 때 근육 인대 건은 끊어지고 찢어지며, 뼈와 관절은 금이 가거나 부러진다. 이때 부상 정도에 따라 가볍거나 극심한 통증을 느끼게 된다. 삶이 다하는 그 순간까지 충성하고 헌신하는 몸이 뇌에 보내는 신호다. 몸의 그 부위가 정상이 아니기에 신속하게 치료해달라는 하소연이다. 이러한데도 부상을 경시하여 방치하거나 미온적으로 대처하면 혹독한 대가를 치러야 한다. 통증의 초기단계를 놓치면 재활에 몇 배의 시간과 노력과 비용을 쏟아부어야 한다. '호미로 막을 수 있는 걸 삽으로 막아야 하는' 형국으로 진전되는 것이다. 재활 후에도 '약한 고리'로 남아 다른 부위보다 쉽게 부상을 입게 될 개연성이 상존한다. 부상은 뛰어난 선수로 성장하는 걸 가로 막는 걸림돌로 작용하기도 한다. 인대의 경우 아무리 수술이 잘 돼도 원래 상태의 90% 밖에 올라오지 않는다. 나머지 10%는 주위의 운동으로 만회해야 한다. 부상은 선수 생명을 한순간에 끝나게 만들 수 있는 재앙이 되기도 한다. 얼마나 많은 선수들이 부상으로 축구를 그만두게 되었던가?

2) 감독 코치, '부상 예방 및 치유(재활) 매뉴얼'이 있는가?

현실을 있는 그대로 살펴보자. 선수가 부상을 당하면 대부분의 감독 코치는 선수를 귀가시킨다. 집에서 치료하고 오라는 뜻이다. 이게 최선의 방법인가? 더 잘할 수 없는가? 선수 시절 한 번도 부상당하지 않은 선수가 있을까? 없다. 크고 작은 부상은 선수가 떨쳐버릴 수 없는 숙명이다. 팀 연습 개인연습 경기 그리고 일상생활 속에서 불현듯 부상이 찾아온다. 아무리 몸 관리를 잘하는 선수도 부상에서 예외일 수 없다. 선수의 몸은 쓰면 쓸수록 닳는다. 선수의 몸을 지우개, 분필로 비유하는 재활 트레이너도 있다. 부상은 선수 자신의 경기력을 심각하게 저하시키며 팀 전력에 지대한 공백을 가져올 수 있다. 평소 부상 예방 대책도 중요하지만 그에 못지않게 부상 후 선택도 매우 중요하다.

이러하기에 감독 코치는 〈부상 예방 및 재활 매뉴얼〉을 가지고 있어야 한다. 매뉴얼대로 움직여야 하고 부상 선수를 대하는 태도가 일관성이 있고 이치에 맞아야 한다. 선수와 부모에게 부상(스포츠 상해)의 현재 상태를 정확하게 알려 주고, 최선의 회복 방안을 제공해야 한다. 부상 후 회복에 이르는 길은 두 가지다. 하나는, 수술 없이 재활을 통해 회복하는 방법이다. 또 하나는, 수술과 재활을 거치는 과정이다. 〈부상 예방 및 재활 매뉴얼〉에는 최소한 다음과 같은 내용이 포함되어 있어야 한다.

a. 부상(스포츠상해)에 대한 전반적인 이해를 돕는 전문가의 강연이 선수에게 제공되어야 한다.
b. 상황별 부상 예방 프로그램을 필드 연습에서 가르치고, 선수가 배워 경기 중에 사용할 수 있게 해야 한다.
c. 페어플레이 정신을 경기에서 실천하도록 한다.
  상대 선수를 다치게 하는 거친 플레이는 보복당해 자신이 부상당하는 결과로 나타나곤 한다.
  감독 코치가 위협적인 플레이를 지시해도 선수는 이를 따라서는 안된다. 세상에는 별의 별 사람들이 있다. 미국프로풋볼(NFL) 2009~2011 시즌 세인트 뉴올리언스의 수비 코디네이터인 그레그 윌리엄스는 상대 선수를 다치게 할 경우 상금을 주는 포상 제도를 시행한 것으로 알려져 파문을 일으켰다. 그는 상대 선수의 의식을 잃게 하는 선수에게는 1,500 달러를, 상대 선수를 들것에 실려 나가게 할 경우 1,000 달러를 주었다. 플레이오프 때는 정규 시즌 2~3배의 상금을 주었다.

d. 신체 각 부위별 부상에 대한 치료 권위자(의사)와 유능한 재활 트레이너 명단을 확보하여 부상 선수와 부모에게 제공해야 한다.

대체의학에도 관심을 가져볼 필요가 있다. 일례로, 손으로 만져 힘줄이 끊어지거나 뜯어진 걸 치유에 가깝도록 고치는 사람도 있다. 이 경우 곧 바로 효과가 나타나기에 수술에 비해 비교할 수 없을 정도로 회복 시간이 빠르고 비용도 저렴하다.

e. 평소 보험에 들어 있어야 한다.

자신이 대한축구협회에 등록된 선수라는 사실을 알리고 충분히 보장받을 수 있도록 보험을 설계해야 한다. 원활하고 완전한 치유와 재활에 충분한 비용 확보는 필요하고, 이 경우 보험이 효자 노릇을 한다.

f. 최악의 부상에서 돌아온 여러 사례들을 제공하여 선수에게 '할 수 있다'는 자신감을 가득 주어야 한다.

g. 무엇보다 가장 중요한 것은 선수 보호다.

부상 선수는 절대로 경기에 투입해서는 안된다. 연습도 그러하다. 반드시 재활 후 120% 이상 회복된 이후에 정상적인 연습과 경기를 소화해야 한다. 세상에서 가장 권위 있고 중요한 월드컵 축구 결승전에서도 부상 선수는 뛰지 않는다.

3) 재활, 재기냐? 은퇴냐? 의 갈림길

몇 가지 사례로 전하고자 하는 내용을 대신하고자 한다. 구체적이고 생생한 보기를 통하여 재활하는 선수와 부모 그리고 감독 코치에게 도움이 되기를 기대한다. 구체적일수록 생생한 설득력을 전해줄 것이다.

(1) "재활의 가장 무서운 적은 조급증"

기자 : 어렸을 때 많이 던지는 게 어깨나 팔꿈치에 치명적인데

주형광 롯데 재활군 코치 : 프로에 입문하기 전부터 공을 많이 던졌다.

그때는 내가 던지고 싶어서 마운드에 올랐다. 투수는 경기에 자주 나가 많은 공을 던져야 투수라고 생각했다. 한 경기에서 160구를 넘게 던져도 선수들에게 계속 던지겠냐고 물어 보면 거절하는 경우가 거의 없었다. 지도자는 이런 걸 조절해야 한다. 1승이 중요한 게 아니다. 멀리 보고 선수를 기용해야 한다. 내가 실패했던 원인을 반복하지 않도록 하겠다.

기자 : 재활에 실패한 이유가 무엇이라고 생각하나

주형광 : 너무 급했다. 몸을 최상의 상태로 만들고 뛰었어야 했다.

몸 상태가 정상이 아니었지만 재활 과정을 모두 끝냈다고 말하고 뛴 게 잘못이었다. 하루하루 회복 속도가 다를 때였다.

- SPORTS 2.0 , 2008. 11. 24. P58 ~ 59

(2) 부상을 이겨낸 프로야구 선수들, 고통스런 재활 보고서

　대부분의 선수들은 통증 때문에 최소 한두 번의 좌절을 맛본다. 통증 없이 끝까지 수월하게 넘어가는 경우는 좀처럼 보기 힘들다는 게 트레이너들의 이야기다. 의학적인 부분보다는 조급증이 가장 큰 원인이다. 공을 던지고 싶다는 의욕이 앞서 훈련 강도를 무리하게 높이는 선수들도 있다. 대부분 다시 통증을 느끼게 된다. 빨리 복귀하기는커녕 재활 기간만 늘어나는 것이다. 그래서 트레이너 재활 담당자들은 "급할수록 돌아가라"는 말을 입에 달고 산다. 이들은 재활에는 왕도가 없다고 말한다. 그저 차분히 단계를 밟고 올라가는 것이 가장 빠른 길이라고 입을 모은다. 이 고비까지 넘겼다고 해서 끝은 아니다. 실제 마운드 위에서 전력으로 던지는 단계가 남아 있다. 이미 충분한 재활 과정을 거쳤음에도 이 단계에서 주저앉는 선수들이 의외로 많다.

　통증이 재발하는 케이스도 있지만, 막연한 두려움 때문에 공을 제대로 던지지 못하는 선수들도 있다. 일종의 트라우마다. 보통 투수들은 마운드에서 부상을 당한다. 그 마운드에 다시 올라 공을 던지려고 하면 예전의 아픈 기억이 떠오르는 것이 당연하다. 또 하나, 정작 중요한 전제를 잊고 있는 사람이 많다. 바로 피나는 노력이 필요하다는 점이다. 일반인들의 재활을 기준으로 생각하면 큰 오산이다. 지면에서는 도저히 표현할 수 없는 고통의 나날이 계속된다. 선수들이 재활을 '지옥'이라고 말하는 것에는 다 이유가 있다. 한편으로는 지루한 과정도 선수들에게 고통이다. 차라리 통증은 참을 수 있는 영역이다. 자잘한 통증 하나 없이 뛰는 선수는 단연코 없다. 예전부터 익숙했기에 참기도 쉽다. 하지만 시간과의 싸움은 이겨 내기가 쉽지 않다. 1년여에 걸쳐 지속되는 재활은 반복, 또 반복이다. 하루 종일 똑같은 자세만 되풀이한다고 생각해보라. 지루함의 극치다. 이에 지쳐 아예 포기하는 선수도 꽤 많다. 또 모든 선수들은 기본적으로 자신의 자리에 대한 불안감을 느끼고 있다.

　다음 단계로 빨리 넘어가고자 하는 조급증은 여기서 나온다. 토미 존 서저리의 대표적 성공작으로 불리는 정민태도 이런 과정을 거쳤다. 당시 투수 코치였던 김시진 넥센 감독은 "민태가 재활의 힘겨움과 조바심을 못 이겨 매일 울었다. 하지만 재활을 향한 민태의 의지는 정말 대단했었다. 그 의지가 대투수 정민태를 만들었다."라며 당시를 회고했다.

- SPORTS ON, 2010년 10월호 P116 ~ 117

(3) '재기냐? 은퇴냐?' 재활은 외줄타기

재활은 재기와 은퇴의 외줄 타기다. 재활을 무사히 잘 마치면 재기와 부활이라는 수식어로 다시 그라운드서 뛸 수 있다. 하지만 포기하거나 좌절하면 영영 그라운드를 밟지 못하고 뒤안길로 사라진다. 권태윤 야구 재활트레이너는 오 선수를 생각하면 속이 상한다. 오 선수는 해태에서 방출된 뒤 LG 유니폼을 입으면서 권 대표와 만났다. 체격 조건에서 남달랐다. 하지만 그는 미국에서 수술한 뒤 재활기간에 다른 곳으로 눈을 돌렸다. 재활 트레이닝을 충실히 소화하지 못하니 은퇴할 수밖에 없었다.

권 대표는 "트레이너는 선수의 한계치를 시험하는 사람들이다. 굳이 A급과 특급 선수를 구분하라고 한다면 그 한계치를 넘을 수 있느냐 없느냐로 구분할 수 있다"라고 말했다.

- 일간스포츠, 2009. 5. 2. 토. 20면

(4) 선수는 자기 자신의 몸을 스스로 보호하라.

선수는 몸으로 경기력을 표현한다. 경기는 최고의 몸 상태에 있는 선수들이 기량을 겨루는 무대다. 그리고 선수에게 몸이 재산이다. 자신의 몸을 잘 관리하여 오래 그리고 건강하게 선수생활을 할 수 있는 지혜가 요구된다. 반면, 감독은 경기에서 이기고 싶어 한다. 중요한 경기일수록 더욱 그렇다. 부상 중이지만 팀의 중심 선수라면 경기에 투입하고 싶은 유혹을 받는다. 선수에게 "이 경기(대회)만 뛰고 치료하도록 하자."고 미혹하는 경우도 종종 있다. 실제로 그렇게 하는 감독도 적지 않다. 매우 이기적이고 무지하며 위험한 선택이다. 치유와 재활에 감독이 최대의 원흉이 될 수도 있다는 걸 명심해야 한다. 선수는 호승심(남과 겨루어 이기기를 좋아하는 성벽 性癖)이 강하다. 부상 중이지만 경기에 나가 실력을 뽐내고 자신의 존재를 드러내려는 욕망이 가득하다. 감독의 승부욕과 선수의 호승심이 화학적으로 결합하면 선수에게 **'돌이킬 수 없는 부상'** 이라는 재앙이 기다리고 있다.

부상 중이라 경기할 수 없는 몸 상태지만 경기에 나서라고 지시하면 선수는 어떻게 해야 하나? 자신의 몸을 지켜야 한다. 젖 먹은 힘을 다하여 감독 코치로부터 자신의 몸을 지켜야 한다. 감독 코치와 선수의 몸은 각자 독립적이며, 감독 코치는 절대로 선수의 몸을 책임져 줄 수 없다. 먼저, 감독 코치가 알고 있지만 다시 한 번 더 부상 정도를 자세히 말씀드려 경기할 수 없는 상황이라고 분명히 알려주어야 한다. 둘째, 그럼에도 불구하고 경기에 투입시키면? 경기하되, 어슬렁거리면서 경기장에 있는 듯 없는 듯이 하자. 부상 중의 호승심이 몸을 망치는 지름길이다. 전력질주나 격렬한 경합은 절대로 해서는 안된다. 드리블도 금물이다. 패스가 와도 논스톱으로 주어 버리자. 경기 후 감독 코치가 체벌하거나 폭언하면 그 책임은 고스란히 감독 코치가 져야 한다. 사법적인, 행정적인 처벌을 받을 가능성도 농후하다. 언론에 보도되면 거의 100% 처벌을 면치 못할 것이다. 현재 정부 부처의 태도는 단호하다. '**원 스트라이크 아웃제도**'를 시행하고 있다. 물론 부상 중인 선수를 경기하게 하는 감독 코치가 한 명도 없어야 할 것이다. 이 땅의, 아니 전 세계의 감독 코치 모두가 선수를 제 몸보다 더 사랑하고 존중하기를 바라는 마음 가득하다.

26. '팀 위생 매뉴얼'을 만들어 실천하자

사람은 누구나 건강하게 생활하고 싶어 한다. 건강의 수준을 결정하는 4가지 요소가 있다. 운동 영양 위생 휴식이다. 그리고 의학계에서는 건강의 정도를 5단계로 나누며, 아래와 같다.

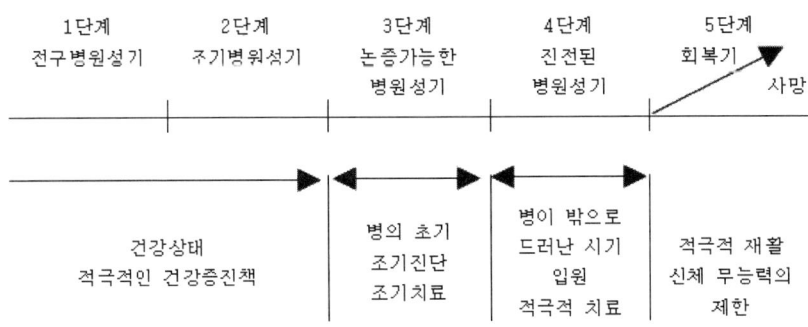

여기서는 '위생'에 대해 함께 생각해보는 시간을 가지고자 한다. 높은 위생 관념을 가지고 의도적으로 위생적인 생활을 하는 선수도 있으나 위생과 그 필요성에 무지하여 아무렇게나 생활하는 선수도 적지 않고 심각한 후유증을 일으키기도 한다. 감독 코치에게 배우지 못하면 선수가 위생에 밝게 알기 힘들게 된다. 위생교육은 반드시 정기적으로 있어야 한다. 위생은 질병 예방과 최고 컨디션 유지에 중대한 영향력을 행사한다.

1) 생각의 자료로 던지는 몇 가지 사례

(1) C형 간염은 '마른 덤불 아래 불씨'

"C형 간염 바이러스는 세상에서 가장 강력한 발암물질 중 하나다. 간염 바이러스 감염자는 비감염자보다 20배 높은 간암 발생률을 보인다. 예방백신이 없는 상황에서 바이러스 전파 경로를 막는 것이 중요하다. C형 간염 바이러스는 주로 혈액을 통해 전염된다. 무심코 돌려쓰기 쉬운 면도기 칫솔 손톱깎이 등을 사용하다가 감염된다. 제대로 소독하지 않은 침, 주사바늘로 치료 문신 피어싱 반영구화장(눈썹, 아이라인)도 위험하다. 간염 바이러스는 전염력이 강하다. 침이나 바늘 등에 묻어 있는 극소량의 혈액만으로도 퍼질 수 있다. 다만 가벼운 키스, 악수, 재채기, 식사 등 일상적인 접촉으로는 전염되지 않는다." 황재석 계명대의대 동산의료원 소화기내과 교수가 들려주는 경고다.

- 중앙일보, 2014. 10. 20. 월. S3면

(2) 결핵의 역습

결핵을 우습게 보는 사람이 있다. '요즘 세상에 누가 결핵에 걸리느냐'고 생각한다.

실상은 다르다. 지금 국내에서 매년 2,000명 이상이 결핵으로 사망한다. 한국의 결핵 사망자 수는 2013년 2230명, 2012년에는 2466명에 달했다. 새로 발생하는 환자 수도 상당하다. 2014년 기준 총 4만 3088명의 국내 결핵환자 중 3만4869명이 신규 환자였다. 더구나 우리나라는 결핵 유병률이 가장 높은 국가에 속한다. 세계보건기구에 따르면(2013년 발표) 한국의 결핵 유병률은 인구 10만 명당 143명으로 경제협력개발기구 (OECD) 회원국 중 1위다. 사망률 역시 인구 10만 명당 5.2명으로 가장 높다.

결핵은 전염성이 높은 질환이다. 결핵환자가 기침할 때 공기 중으로 배출된 결핵균이 주위 사람들이 숨을 쉴 때 폐로 들어가서 전염된다. 게다가 감기와 혼동하기 쉬워 제때 적절한 치료를 받기도 쉽지 않다. 감기 증상이 있을 때는 마스크를 착용하고 기침을 할 때는 손수건이나 티슈 등으로 가리는 것이 전염을 막는 한 방법이다. 결핵 백신은 생후 1개월 안에 신생아 대부분이 접종을 받지만 결핵에서 자유로운 건 아니다. BCG 백신이 결핵 자체의 예방보다 치명적인 결핵을 예방하는 데 초점이 맞춰져서다. 결핵은 제때 치료받지 않으면 심각한 폐 손상을 초래할 수 있다. 감기약을 먹어도 낫지 않거나 2주 이상 증상이 계속되면 결핵을 의심해보는 것이 좋다.

결핵에서 유의해야 할 부분은 또 있다. 잠복성이다. 일반적인 감염병과 다른 특징 중 하나다. 결핵균이 몸에 들어오면 바로 병을 일으키지는 않는다. 결핵균에 감염됐지만 균이 숨어 있어 발병하지 않는 것이다. 잠복결핵이다. 몸의 면역력이 떨어질 때 비로소 결핵을 일으킨다. 평소 아무런 증상이 없어도 언제든 결핵에 걸릴 수 있다는 얘기다. 결핵환자 중 50%는 결핵균 감염 후 1~2년 내에 발병하고, 나머지 50%는 면역력이 떨어졌을 때 발병한다.

- 결핵 사망, 유병률 1위 후진국 불명예 / 중앙일보 2015. 10. 12. 월. W6면

축구부에 활동성 결핵을 가진 선수가 1명이라도 있다면 팀원 거의 모두에게 결핵균이 전염되었을 가능성이 무척 높다.

2) 몇 가지 권장 항목을 통한 '구체적인 매뉴얼' 마련에 영감을 전하기

감독의 입장에서 선수의 합숙소 생활은 선수 부모에게 안전하고 건강한 생활을 책임지겠다는 무언의 약속이다. 선수의 장래를 책임지고 있는 감독 코치는 위생에 유의하여 각종 질병과 질환을 사전에 차단해야 한다. 아래의 몇 가지 구체적인 사례를 읽고 감독 코치는 영감을 얻고 '**효과적인 팀 위생 매뉴얼**'을 만들어 적극 실천하기를 촉구한다. 선수 성장과 팀 경기력 향상에 크게 그리고 지속적으로 도움이 된다.

(1) 손 씻기

1997년 「영양의 새로운 위기」를 낸 영양위생과 심장병 전문가 의사인 프레데릭 살드만이 최근 「**건강관리는 손 씻기부터**(on s'en lave les mains)」를 냈다. 건강관리는 위생에서 시작된다. 위생법은 먼 옛날부터 있었다. 그 중의 하나가 손 씻기다. 실제로 손 씻기만으로 질병, 특히 호흡기 질환을 최소 20%, 최대로는 40%까지 줄일 수 있다. 이 수치는 콜로라도 대학교에서 430명의 학생을 대상으로 실험해서 얻은 과학적 결과다. 그러나 손 씻기는 너무나 간단한 위생법이어서 그런지 대부분이 무시해 버린다. 설마 그렇겠냐고? 우리 자신을 돌아보자. 화장실을 쓰고 나서 항상 손을 씻는가? 급하다고, 남이 보지 않는다고 그냥 나온 적은 없는가? 메릴랜드 대학교에서 조사한 바에 따르면, 화장실을 사용하고 나서 주변에 사람이 없으면 무려 45%가 손을 씻지 않았다. 동료와 함께 있을 때도 9%가 손을 씻지 않았다.

요즘 우리 문화에서도 악수는 거의 필수적인 인사법이 됐다. 화장실을 사용하고 손을 씻지 않은 사람과 악수를 나누었을 때, 그 사람의 대변에 있는 균이 2시간 내에 내 입에서 발견될 가능성이 39%다.

그럼 손을 어떻게 씻어야 할까? 요즘 대부분의 화장실에는 열풍기가 설치돼 있다. 무척 위생적이란 생각이 든다. 그러나 객관적 조사에 따르면 그렇지도 않다. **오히려 손을 씻고 열풍기에 말렸을 때 손에 있는 세균의 수가 손을 씻기 전보다 증가했다!** 공기의 흐름으로 다른 사람의 손에 있던 세균과 공기 중에 떠돌던 세균이 열풍기 안으로 들어가, 따뜻한 열기와 습기 덕분에 더 번식해서 우리 손에 세균을 뱉어내기 때문이다. 열풍기보다 개별적으로 쭉 뽑아 사용하는 둘둘 말린 소독된 천이 더 낫다. 실제 조사에서도 이런 천을 사용했을 때 세균수가 절반 이하로 줄어들었다. 물론 종이를 사용해서 손을 닦는 것도 위생적이다. 하지만 이 방법도 비용 문제만이 아니라 환경문제와도 연결되기 때문에 낭비적인 면이 없지 않다.

손 씻기는 나만을 위한 위생법이 아니다. 다른 사람을 배려하는 위생법이기도 하다. 히포크라테스의 말대로 "**잘 먹는 것이 약**"이 되기 위해서도 생산과정에 있는 사람들이 손 씻기에 충실해야 한다. **이것저것 만진 손은 온갖 세균, 바이러스, 박테리아, 곰팡이의 창고다**. 감기 환자들이 만진 물건들에 감기 바이러스가 적어도 이틀 이상 남아 있을 수 있다는 연구 결과도 여럿 있다. 팀이나 가정에 감기 환자가 있다면 분비물이 묻은 휴지를 잘 관리하고, 손을 자주 씻는 등 개인위생을 지킬 필요가 있다. 손 씻기는 AI·장 바이러스 등에도 예방 주사의 역할을 한다.

- 손만 잘 씻어도 장·호흡기질환 40% 줄어요, 중앙일보, 2007.10.13.土. 23면

- **손수건을 사용하며, 연습이나 경기 시 선수 개인별로 수건을 준비하여 활용한다.**
  부모가 손수건을 최소 4장 이상 마련해주어 선수가 항상 가지고 다니면서 사용해야 한다. 그런데 이렇게 하고 있는가?
  감독이 부모에게 알리고, 선수의 손수건을 검사하면 바로 이루어진다.
  이렇게 쉬운 일을 하는 팀이 거의 없으니 어떻게 세계 경쟁력을 확보할 수 있을까?
- **식사 전(연습 중 간식 때도), 외출 후, 화장실 다녀온 뒤 꼭 손을 씻도록 지도한다.**
  식사 전에는 반드시 손을 씻도록 철저하게 지도하여 습관이 되도록 해야 한다.
  그리고 세균 덩어리인 손으로 음식물을 집어 먹는 행동을 못하게 교육해야 한다.

(2) 이 닦기

청소년기의 영구치로 평생을 쓴다. 이가 튼튼해야 음식물을 세밀하게 씹을 수 있고, 위장의 건강이 유지되고 음식물 소화력이 높아진다. 이가 튼튼할수록 연습이나 경기 중에 필요한 에너지를 보다 효과적으로 공급받을 수 있다. 구강질환의 근본 원인은 플라크다. 일반인의 경우엔 하루 3회 올바른 칫솔질만으로도 플라크를 효과적으로 제거할 수 있다. 꽉 눌러 힘들이지 않고 설렁설렁, 상당한 시간을 들여서 닦아야만 하는 작업이다. 세균은 혀와 입천장까지 골고루 퍼져 있다. 그러므로 이곳도 닦아야 한다.

특히 자기 전에 칫솔질하는 것이 중요하다. 자는 동안엔 침 분비가 적어 세균이 증가할

수 있다. 하루 10분 정도만 투자하면 대부분의 치과적인 문제는 예방할 수 있고 치과치료의 공포에서도 벗어날 수 있다. 대한치과의사협회와 오랄-비는 치아 수명을 늘려 건강한 치아를 유지할 수 있는 4가지 방법을 제시하고 있다. 올바른 칫솔질, 치과 방문 빈도를 높이는 것, 흡연을 하지 않고, 치실을 사용하는 것이다.

- 매일신문, 2007.5.24.木. 20면, 최성진 원장

- 식사 후, 간식 후에 가장 먼저 곧바로 해야 할 일이 이 닦기이다.
- 언제나 치약 칫솔을 휴대하여 활용한다.
- 선수들에게 이 닦기를 강조하고 필요하면 수시로 치아와 구강검사를 한다.

(3) 정기적인 구충제 복용

만약 피부에 벌레가 붙어있는 걸 발견했다면 크게 놀라 얼른 떼어내 버릴 것이다. 기생충은 말 그대로 몸속에 기생하는(빌붙어 사는) 벌레다. 눈에 보이지 않는다고 아무런 조치 없이 그냥 지낼 일이 아니다. 기생충은 생명 유지·활동 에너지·성장의 재료가 되는 영양을 빼앗아 갈 뿐만 아니라 더러 질병을 일으키고 장기에 심각한 폐해를 줄 수도 있다. 봄·가을 정기적으로 구충제를 복용하자. 분기마다 복용하면 더욱 좋다. 값싸고 효과가 뛰어난 구충제가 약국에 여럿 있다.

(4) 정기정밀 건강진단.

1~2년마다 정기정밀 건강진단으로 건강상태를 확인하고, 조기진단 조기치료를 달성해야 한다. 여기에다 팀 주치의는 반드시 있어야 한다. 팀 주치의는 일반의사와는 달리 전문적인 스포츠의학에 밝은 의사를 선정해야 하며, 선수들은 필요 시 적극적으로 자주, 수시로 팀 주치의의 도움을 받을 수 있어야 한다.

(5) 독감 예방주사 접종

최근 수년 사이에 독감으로 입원하는 환자가 늘고 유행기간도 길어져 예방접종의 중요성이 새삼 부각되고 있다. 질병관리본부에 따르면 2006~2007 겨울 평균 독감 유행기간은 14주인 데 반해 2007~2008년 겨울에는 5주 이상 늘어났다. 일반적으로 독감은 12월부터 3월까지 유행하는 것으로 알려져 있는데, 최근 2~3년 전부터는 4월까지도 독감환자가 발생하는 것으로 조사됐다. 독감 유행기간과 환자수가 늘어나는 가장 큰 원인은 독감예방접종률이 낮아지고 있기 때문이다. 독감 예방접종을 받은 뒤 2주가 지나면 면역 항체가 생기기

시작한다. 4주 후에는 면역력이 최고조에 이르고 1년 동안 면역이 유지된다.
- '따끔' 한방이면 독감 걱정 끝, 서울신문, 2008.9.27.土. 19면

11월에 독감예방접종을 하면 겨울철에 독감으로 7일 안팎 연습하지 못하는 시간 낭비를 하지 않아도 된다. 독감 예방접종? 안할 이유가 없다.

(6) 음식 각자 덜어 먹기

하나의 그릇에 담긴 찌개나 팥빙수 등을 덜어 먹지 않고 아무 생각 없이 여럿이 각자의 숟가락으로 같이 먹는 선수들이 한둘이 아니다. 여러분의 팀 선수들도 그러하다. 질병 전염의 강력한 원인조건이 되고 있다. 개인전용 물품(컵, 물통 등) 사용이 시급하다. 길 가면서 입에 달고 먹는 불량식품도 무슨 유익이 있는가?

3) 감독의 선택

선수에게 가장 중요하고 강력한 2대 환경이 있다.
첫째가 부모고, 둘째가 감독 코치다.
감독은 하루속히 '**팀 위생 매뉴얼**'을 만들어 선수에게 침투시켜야 한다.
이 과정에서 의사, 식품영양학자 등 해당 분야 전문가의 도움을 받으면 좋다.
동시에 선수의 자주적 자기관리 능력을 지속적으로 높여 가야 한다.
자연의 법칙은 가만히 놓아두어도 스스로 이루어져 가는 '**저절로 법칙**'이지만 인간 세계는 하는 만큼 이루어진다.

27. 참가하는 전국대회 개막 2~3개월 전에 숙소와 음식점을 예약하라!

전국대회의 광풍(狂風)이 지나간 후에는 곳곳에서 선수 부모의 원성과 불만이 터져 나온다. 어떤 경우는 비등점을 지나 위험 수위에 도달한 경우도 있다.

"한 방에 11명이 자고, 한 끼 6,000원 하는 식사가 왜 그토록 부실한가?
돼지죽보다 못한 식사였다. 식중독에 안 걸린 것이 천만다행이다.
선수들이 배고픈 중에도 밥을 남기고 군것질로 허기를 달랬다.
감독, 지 새끼라면 이런 밥을 먹이겠는가?"

"문자온 그대로 결승전 날짜까지 경비를 내었는데 조별리그 탈락했다.
그런데도 11일이나 지나도 감독이 남은 돈에 대해 일언반구도 없다.
이번에도 지난해와 같은 행태를 보이고 있다.
남은 돈이 얼마인가? 자그마치 1,920만 원이다.
하루 1인당 5만 원 × 남은 일수 12일 × 선수 수 32명 = 1,920만 원.
학부모 돈이 감독 자신의 돈인가?
이 더운 날 트럭 행상으로 번 돈으로, 그것도 부족해서 모자란 돈은 빌려서 대회비와 이번 달 회비를 내었다. 생각할수록 분통이 터진다.
이 원수같은 감독 놈을 어떻게 해야 속이 풀릴까?"

"한 끼 7,000원의 식사지만 터무니없이 빈약했다.
감독이 음식점 주인에게 선수 1인당 3,000원의 차액을 돌려받았기 때문이다.
식당 주인이 4,000원 중 다시 수익을 남겨야 하기에 부실할 수밖에!
모텔 비용도 이러지 않았는지 궁금하다.
평소 고매한 인격인 양 폼 잡던 감독이 이런 짓을 할 줄이야 …"

이 모두가 그 팀 감독의 잘못이다. 도둑놈은 도둑놈다워야 하고, 학자는 학자다워야 하고, 감독은 감독다워야 한다. 미리 준비하지 않은 감독의 잘못이 크다. 부정한 돈에 혈안이 된 감독의 잘못이 크고도 크다. 문제는 적지 않은 감독이 매번 이런 죄악을 반복한다는 것이다. 왜 이래야 하는가? 스스로의 존엄성을 왜 팽개치는가?

전국대회에 참가하면 숙소와 음식점은 필수다. 감독은 최적의 숙소와 음식점으로 선수의 경기력을 최고로 이끌어내야 한다. 조그마한 준비로 바로 해결할 수 있다. 전국대회 참가 1~3 주일 앞두고 부랴부랴 숙소와 음식점을 구하려면 여러 번 좌절을 겪게 될 것이다. 이미 다른 팀이 많은 곳을 예약했기에 마음에 드는 곳을 찾아 더 많은 발품을 팔아야 한다. 시간도 많이 든다. 해마다 이렇게 반복할 필요가 있을까? 해결 방법도 간단하다. 누구나 알고 있다. 단지, 실행하느냐, 아니냐의 차이가 있을 뿐이다. 미리 준비하면 더 좋은 숙소와 음식점을 선점할 수 있다. 초등 2학년도 아는 너무나 쉬운 일이다. 선수들을 수시로 호령하고 학부모 위에 황제처럼 군림하는 적지 않은 감독들이 초등학생보다 못해서야 되겠는가? 감독은 자신의 습관을 세밀하고도 깊게 점검해볼 필요가 있다. 습관대로 하기 때문이다.

중대하면서도 나쁜 습관을 고치지 않으면 자신도, 팀도 혁신할 수 없다. '정리한다'는 마음으로 함께 살펴보기로 하자.

1) 미리 준비하여 최적의 숙소와 음식점을 선점하라

해마다 12월 초(2월 대회)와 3월(7~8월 대회)에 참가할 전국대회를 미리 정하자. 거기에 맞춰 늦어도 전국대회 3개월 전에 숙소와 음식점을 예약하는 것이다. 보다 쾌적한 숙소와 맛있고 충분한 영양의 식사는 대회 성적 내는데 크게 도움이 되는 건 상식이다. 거기에 비해, 덥고 소란스러운 숙소와 더럽고 부실한 식사를 만나면 빨리 경기에 져서 하루속히 돌아가고 싶어 하는 선수들도 적지 않다.

2) 모텔보다 펜션이나 리조트를 추천한다.

사용하기가 모텔보다 자유롭고 편리하다. 팀 미팅을 할 수 있는 공간도 있다. 시골 마을 회관을 빌려 숙식을 해결하는 팀도 있다. 이 역시 나쁘지 않다.

3) 음식은 음식점보다 직접 해 먹는 쪽으로 하자

음식점 식사는 말 그대로 상업적이다. 직접 해 먹는 쪽이 바람직하다. 펜션, 리조트, 마을회관은 이게 가능하다. 선수 학부모들이 이걸 아주 잘 해낸다. 조를 짜고 식재료를 준비하여 맛있게 해낸다. 학부모의 정성스런 음식으로 최고의 식사를 하게 된다. 비용도 이쪽이 더 적게 든다. 응원 온 학부모도 여기서 식사하자. 음식을 함께 나누면 응집력이 강해진다. 팀 정신도 더욱 튼튼해진다.

4) 다양한 방법으로 정보를 구할 수 있다

인터넷, 지자체, 학부모, 감독 코치의 경험, 추천 받기, 답사 등을 통해 보다 실용적인 정보를 확보할 수 있다. 전국대회가 자주 열리는 곳을 중심으로 정보를 데이터 베이스화해 두고 활용할 수 있다.

5) 지속적인 후속 조치로 연결고리를 튼튼히 해두자.

최적의 음식점과 숙소를 만나면 계속 사용할 수 있는 여건을 만들어 두는 게 필요하다. 숙소 및 음식점 운영자와 형성된 '라포'를 더욱 튼튼하게 하는 일이다. 선수는 숙소와 음식점 시설을 내 물건보다 더 존중하여 보호해야 한다. 대회 기간 중에는 소속 팀의 경기에 초

청하거나, 팀 유니폼과 스타킹, 축구공 등을 선물하면 나쁘지 않다. 대회 마치고 출발 전에 감독 코치, 주장과 선수 몇 명, 학부모 대표단이 숙소와 음식점 사장에게 '감사의 마음'을 진지하게 전하는 게 중요하다.

미리 준비하자!
이 얼마나 간단한가? 감독이 이처럼 쉬운 걸 못하면 무슨 일을 해낼 수 있는가?
한 권의 책을 읽은 사람은 두 권의 책을 읽은 사람을 앞서갈 수 없고,
둔하고 게으른 감독은 미리 준비하는 감독을 이길 수 없다.

28. 전국대회 참가 후 바로 팀 여행을 하자!

1) 전국대회 참가 후 그 주변 지역을 팀 여행하자!

대한축구협회에 등록된 각급 팀들은 해마다 2번 이상 전국대회에 출전한다. 조별리그에서, 32강선에서, 16강전에서, 8강전에서, 4강전에서, 3위와 4위를 결정하는 경기에서 승부가 나면 거의 대부분 바로 돌아간다. 결승전 마친 후에도 그렇다. 무엇이 그리 바쁜 지 대회 개최지 주위를 둘러보는 팀 여행을 하는 팀은 거의 없다. 감독이 그렇게 결정하기 때문이다. 생각을 바꾸어 앞으로는 전국대회 참가 후 바로 팀 여행을 가져 보기를 권유 드린다.
거의 모든 팀이 대회 후에는 하나 같이 선수에게 휴가를 준다. 즉, 팀 여행할 수 있는 시간을 낼 수 있다는 뜻이다. 평소 일부러 대회 개최지로 팀 여행을 떠나기에는 여러 가지 제약으로 무척 어렵다. 대회 후에는 시간을 낼 수 있는 데다 이미 그곳에 와 있으니 여행하기에 최적의 조건이 갖춘 셈이다. 이동할 수 있는 팀 전용버스도 있다. 대회를 준비하느라 부지런히 연습했다. 선수는 대회 준비와 대회 출전이라는 큰 과제를 마쳤기에 긴장을 이완시키고 휴식하고 싶은 욕구가 있다. 대회 참가를 위해 거출한 돈이 있으니 재정 여유도 있다. 이동하는 시간도 짧아 더 많은 시간을 여행에 사용할 수 있다. 학부모도 반대하지 않는다. "쇠뿔도 단김에 빼라."는 속담 그대로 주어진 상황을 효과적으로 활용하는 것이다. 대회 참가 전에 미리 공지하면 선수와 학부모도 여기에 맞추어 개인 일정을 짤 것이다. 감독이 마음만 내면 되는 것이다. 여행 기간은 1박 2일이 적절할 것 같다.

2) 여행이 주는 유익

인간의 의식 수준을 높이는 가장 좋은 2가지 방법이 있다. 여행과 독서다. 앞서 있는 부

모가 자녀에게 여행 경험을 많이 주려고 하는 이유다. 여행 그 자체가 모두 새로운 곳에서의 새로운 경험이다. 만나는 사람도 새롭다. 각양각색으로 다양하다. 평소와 다른 새로운 시각으로 세상과 사람을 볼 수 있다. 새로운 사고의 확장이 저절로 일어날 수밖에 없다. 인생과 사회를 깊이 있게 볼 수 있는 능력이 생겨나기 시작한다. 사람에 대한 이해가 풍부해지고, 사람을 따뜻한 눈길로 보기 시작할 것이다. 여행 경험이 풍부할수록 고난을 이겨 내는 회복탄력성이 강해진다. 여행으로 세상의 풍부한 자산을 향유하기에 유연성이 커진다. 유연성이란 곧 포용력이다. 자연스럽게 인간관계에서 생기는 충돌을 예방하거나 적절하게 조정할 수 있는 능력이 생긴다. 여행은 자기 자신을 관리할 수 있는 능력인 자주적 자기관리 능력을 함양하는 효과가 크다.

한국의 축구 감독들 중 지나치게 경직되어 있는 사람이 적지 않다. 주구장창 축구만 해왔기에 축구 이외의 가치 있는 경험이 매우 빈약한 것도 그렇게 된 원인 중의 하나다. 이걸 선수에게 답습하려고 해서는 안된다. 몇몇 K리그 감독들의 인터뷰 중 "그 일로 어젯밤에 한 숨도 못 잤다."는 이런 류의 기사나 방송을 더러 만나곤 한다. 그때마다 웃게 된다. 왜냐? 코미디 같으니까! 그 감독이 멘탈이 약하며 이치에 맞게 생각하지도 행동하지도 않고 있다는 것 만천하에 드러내고 있는 꼴이다. 잠을 제대로 이루지 못하는 건 문제 해결에 도움이 되기는커녕 오히려 방해가 된다. 휴식을 취하지 못한 뇌가 최적의 판단과 선택을 할 수 있을까?

그리고 독서도 여행이다. 의자 위에서 하는 무한 여행이다. '**우물 안 개구리**'는 왜 우물 안의 개구리에서 조금도 발전하지 못하고 그 후 세상 사람들의 비웃음거리가 되었는가? 여행을 하지 않아서(못해서) 그렇게 되었다. 그 개구리의 인식 세계는 그 우물 안에 갇혀 있었다. 도무지 우물 밖 세상은 알지도 못했고 알려고도 하지 않았다. 좁은 우물 안과 광대한 세상, 비교가 되는가?

세상의 모든 존재는 직간접 경험을 통해 알지 못한 것은 인식할 수 없다. 그 우물 안 개구리는 좁은 세계에 갇혀 인식하지 못하는 우물 밖 세상은 없는 거나 마찬가지다. 도무지 인식의 지평을 확장하지도, 확산하지도 못하고 있는 것이다. "**우물 안 개구리**", "**도토리 키 재기**", "**오십보 백보**" "**어중이떠중이**", "**그 나물에 그 밥**", 이런 말은 서로 친척으로 사촌 사이다.

"여행은 그대에게 적어도 다음 3가지의 유익함을 가져다줄 것이다.
첫째로, 타향에 대한 지식이고,
둘째로, 고향에 대한 애착이며,
셋째로, 그대 자신에 대한 발견이다."

- 브하그완

"여행은 낯선 곳에서 진정한 나를 찾는 과정이다."

- 스제트

"어리석은 사람은 방황을 하고 지혜로운 사람은 여행을 한다."

3) 선수, 대회에 참가했지만 추억이 없다.

강원도 태백에서 열린 제47회 전국추계대학축구연맹전이 2016년 7월 29일 끝났다. 이 대회에 참가한 대학팀 중 공식 일정을 마치고 그 주변을 여행한 팀이 한 팀이라도 있었는지 궁금하다. 대회를 치르고 부랴부랴 돌아가기에 바빴다. 경기장과 숙소 외에는 가본 곳이 거의 없기에 그곳에 추억도 남아 있지 않다. 주마간산, 수박 겉핥기로 다녀갔다. 지난해에도, 올 해도 이렇게 했고, 내년에도 이렇게 반복할 것이다. 왜 이렇게만 해야 하는가? 팀 여행이라는 새로운 시도를 하자.

이번 추계대학축구연맹전 개최지 태백은 아름답고 독특한 지역이다. 태백은 어떤 곳인가? 알고 여행하면 재미가 배가된다.

태백은 태백산맥에 위치하여 시가지가 자리한 소규모의 협곡을 제외하고는 시 전역이 높이 1,000m 이상의 산지로 이루어져 있다. 동쪽은 백병산(1,259m) 면산(1,245m), 서쪽은 함백산(1,573m), 남쪽은 태백산(1,567m) 연화봉(1,053m), 북쪽은 대덕산(1,307m) 매봉산(1,303m) 등이 솟아 있으며, 시 중앙에도 연화산(1,117m)이 있다. 하천은 금대봉 북쪽 계곡에서 남한강이 발원하여 골지천이라 불리며 북쪽으로 흐르고 매봉산 남쪽 기슭에서 발원한 황지천과 철암천은 남쪽으로 흐르다가 동점동 부근에서 합류하여 낙동강 상류를 이룬다. 금대봉 산기슭 **검룡소는** 514km에 이르는 남한강의 발원지로 하루 2,000톤의 지하수가 석회암반을 뚫고 나온다. 도심의 **황지연못은** 1,300리 낙동강 발원지다. 태백산 정상에는 천제단(天祭壇 중요민속자료 228호)이 있어 매년 개천절에는 이곳에서 단군제를 지내며, 태백산신과 하늘에 기도하는 치성객이 1년 내내 끊이지 않는다.

　태백시는 평균 900m 이상 국내 최고도 도시이다. 여름에 시원하고 모기가 거의 없다. 서울보다 10도 정도 낮다. 한여름 태양을 피하는 방법 다 갖춘 최고의 피서지로 평가받고 있다. 여름이면 **구와우**에 가득 핀 100만 송이 해바라기, 백두대간의 중추격인 매봉산 바람의 언덕에는 진록의 배추로 뒤덮였다. 삼수동 귀네미 마을, 이곳 역시 천상의 배추밭으로 유명한 곳이다. 한마디로 장관이다. 태백산과 매봉산 주변에는 높은 고도에 경사가 완만한 고위평탄면이 발달해 있어 과거에는 우리나라의 대표적인 화전지대였다.

- 브리태니커 제22권 P 336 ~ 337 / 태백 , 스포츠서울 2016. 7. 28. 목. 16면

　이왕이면 5일장도 둘러볼 것을 강추한다. 태백시의 5일장은 특이하게도 다른 곳과 달리 5일에 한번 서는 장이 아니다. 한 달에 3번 열린다. **도계장이나 철암장보다 규모가 큰 태백의 가장 큰 장인 통리장은** 매달 5일, 15일, 25일에 열린다. 밀고 당기는 '흥정'이 정겨운 시골장에서 10년쯤 전의 풍경을 만날 수 있을 지도 모르겠다. 건장한 대학 축구선수들이 통리장을 둘러보면서 값도 물어보고, 먹거리도 맛보고, 물건을 구입하는 장면은 생각만 해도 너무 재미있지 않은가? 판매에의 의욕으로 치열한 아주머니도 있고, 느긋하게 세상을 관조하는 노점의 할머니도 만나게 된다. 시장 선술집에는 반쯤 죽은 술꾼이 죽은 양미리를 안주 삼아 도연하게 취해 가고 있을 것 같다. 이와 같은 시장 방문은 선수들의 기억 속에 시퍼렇게 살아 있어 평생 잊을 수 없는 추억이 된다. 두고두고 꺼내 쓸 수 있는 이야깃거리가 된다. **그러나 이번 대회 후 이렇게 한 대학팀이 하나라도 있었는가? 세상 일에는 빨리 해야 될 때가 있고, 여유 있게 천천히 해야 할 때가 있다.**

　또 하나. 미리 문화해설사를 섭외하여 동행하면 좋다. 문화해설사는 여행객이 많이 오는 토, 일요일에 근무하나 미리 요청하여 약속하면 서비스 받을 수 있다. 듣고 알게 되면 그냥 보기만 하고 지나치는 것보다 그 문화재에 대한 관심과 사랑이 달라진다.

"사랑하면 알게 되고, 알게 되면 보이나니,
　그때 보이는 것은 전과 같지 않으리라."

- 유홍준

　다시 또 하나. 여행 프로그램 중에 강연이나 공연을 넣을수록 좋다. 어느 지역이나 전국에서 독보적인 경지에 이른 대가들이 있다. 이들 중 한 분의 강연을 듣는 것이다. 선수가

새로운 세계를 알게 된다. 인식의 세계가 성큼 확장된다. 공연도 독특하고 매력적인 경험을 제공한다. 일례로 가야금 공연은 평소 만나기 어려운 특별한 음색을 향수하게 해준다. 선수는 처음 가까이서 만나는 이 음색을 잊을 수 없을 것이다. 이 외에도 다양하고 독창적인 여행 계획을 미리 세우고 준비하여 보다 충실한 여행으로 만들 수 있다.

4) 감독, 팀 여행을 조직하라!

대회 후 팀 여행을 하려는 감독은 아주 드물다. 대회 준비와 참가 후 피로를 빨리 쉬면서 풀고 싶고, 여행 시 안전사고도 걱정될 수 있다. 여행을 계획하고 준비하는 과정이 귀찮을 수도 있다. 감독이 개인적으로 더 많은 휴가기간을 가지고 싶어 할 수도 있다. 그러나 선수를 '우물 안 개구리'로 만들어서는 안된다. 팀 여행은 실보다 득이 훨씬 많다. 약간의 수고로 유익하며 즐겁고 특별한 팀 여행을 할 수 있다. 늦어도 대회 참가 2달 전에 코칭스탭, 선수 대표, 여행에 밝은 학부모 몇 분이 모여 회의로 팀 여행에 대한 큰 흐름을 정하고, 학부모에게 구체안을 부탁하면 된다. 여기에는 여행 기간, 코스, 문화해설사 섭외, 강연과 공연 요청 및 예약, 여행자 보험 가입 등 여행 계획 전반이 들어 있다. 팀 여행, 한번 다녀오면 그 효과를 실감하게 된다. 이러하기에 이후로는 감독이 스스로 팀 여행을 조직할 개연성이 크다. 어리석은 사람은 방황을 하고 지혜로운 사람은 여행을 한다.

29. 여러분의 팀에는 불법 스포츠토토 하는 선수가 없는가?

여러분의 팀에는 불법 스포츠토토를 하는 선수가 없는가? 당황스럽고도 심각한 질문이다. 초중고 대학으로 올라갈수록 이런 선수가 많을 개연성이 크다. 사실을 알게 되면 놀라게 된다. 현실은 매우 우려스러운 상황으로 변해가고 있다.

C고교 축구부 3학년인 재광(가명)이는 불법 스포츠토토 경력이 1년 7개월이 넘는다. 이미 도박 중독 초기 단계를 넘어섰다. 수시로 부모에게 돈 보내 달라고 문자를 보낸다. 베팅할 돈을 마련하기 위해 재광이가 앞으로 어떤 범죄를 저지를지 아슬아슬하다. 언제 터질지 모르는 시한폭탄과 같다. 현재 팀 동료 5명도 매주 상습적으로 불법 스포츠토토에 베팅하고 있다. 팀에서 참여하는 선수가 점점 늘어날 것이다. 이 학교 축구부만 이러할까? B공고 2학년인 동수(가명)는 토요일마다 밤 세워 프리미어리그를 시청하고 일요일 아침 6시경 취침한다. 매주 이렇게 한다. 부모의 지적도 아무 소용이 없다. 불법 스포츠토토에 베팅했기 때문이다. 실시간으로 베팅 결과를 확인하고 각 팀의 전력을 분석하여 다음 베팅에 이용하

기 위해서다.

1) 각종 도박의 무서운 해악

 # 1. 판돈 마련 독 오른 오빠, 2억 보험금 노려 여동생까지…

2015년 9월 울산에서 벌어진 '여동생 독극물 살인'사건을 수사했을 때다. 당시 지목된 용의자는 충북 제천에 사는 친오빠 신모(25)씨였다. 그는 여동생이 생명보험(사망 시 2억 원)에 들도록 하고 여동생에게 독극물을 먹여 살해한 혐의로 긴급 체포됐다. 오빠 신 씨의 차량 트렁크에서 500ml 가량의 청산가리와 붕산, 염화 제2수소 등 독극물을 찾아내 압수했다. 여동생의 몸에서 청산염이 검출됐다는 국립과학수사연구원의 부검 결과를 바탕으로 오빠 신 씨를 추궁해 살인 혐의로 구속했다. 어려서 부모와 떨어진 남매는 친척집을 오가며 20년을 서로 의지하며 살았다. 여동생은 세상에 하나밖에 없는 오빠를 믿고 따랐다.

"조심히 가… 혹시나 음주하지 말고." 2015년 9월 22일 여동생이 그에게 보낸 마지막 카카오톡 메시지를 보니 마음이 씁쓸했다. 오빠가 소화제라고 속인 청산가리 캡슐을 먹고 숨지기 전까지도 여동생은 오빠의 안부를 걱정했다. 네일아트 학원에 다니며 작은 가게를 내겠다던 여동생의 꿈을 앗아간 범인이 다름 아닌 친오빠라는 사실이 믿기 힘들었다. 신 씨의 범행 동기를 수사해보니 도박 중독이 원인이었다. 긴급체포되기 전인 2015년 10월까지 심각한 도박중독 상태였다. 불법 스포츠토토와 바카라 같은 인터넷 도박으로 1년간 탕진한 돈이 3억 원이 넘었다. 신 씨는 도박에 빠지면 "가족도 일도 아무 것도 눈에 들어오지 않는다."고 말했다.

한림대 조은경(심리학) 교수는 "도박중독자들이 궁지에 몰리면 가족을 마지막 탈출구로 이용하려 하기 때문에 도박과 연계된 2차 범죄에서 가족이 희생되는 경우가 많다."고 분석했다. 충북 제천경찰서 형사는 "예전에는 도박 자금을 날려 스스로 목숨을 끊는 사건이 많았는데 최근에는 오직 돈을 위해 가족을 쉽게 살해하는 2차 범죄가 많다."고 말했다.

- 도박에 빠진 대한민국(하), 중앙일보, 2016. 3. 10. 목. 12면

자신과 가족의 생명을 지키고 보호하기 위해 아들딸이 도박을 하고 있지 않나를 예의 감시해야 하는 시대가 왔는가?

2. 불법 스포츠도박 혐의 실업배구 선수 '극단적 선택'

배구 모 실업팀 소속의 A선수는 2015년 12월 28일 싸늘한 주검으로 발견됐다. 수도권 대학을 중퇴하고 지방 실업팀에서 활동 중인 A선수는 한 달 전 결혼해 단란한 가정을 꾸렸다가 돌연 극단적인 선택을 해 궁금증을 자아내게 했다. 경찰은 타살의 혐의점이 없어 자살로 결론 내렸지만 주변의 얘기를 종합해보면 A선수는 불법 스포츠도박과 관련해 빌린 사채의 부담을 이기지 못해 스스로 목숨을 끊은 것으로 알려졌다. 배구선수의 자살 사건은 2011년에도 있었다. 당시 상무 소속의 B선수가 제대를 5개월 앞두고 휴가를 나와 스스로 목숨을 끊었다. 당시 B선수가 승부조작에 깊숙이 관여돼 있다는 소문이 나돈 가운데 사건은 단순 자살로 종결됐다. 하지만 아니나 다를까. 이듬해 3월 상무 선수들이 대거 연루된 프로배구 승부조작 사건이 터져 배구계는 쑥대밭이 됐다.

- 스포츠서울, 2016. 1. 6. 수. 2면

3. 2011년 한국 프로축구계 승부조작 광풍

「모두의 가슴에 별이 된 골키퍼」(옥정화 지음 / 책과 나무 / 2014. 12. 11 / 13,000원)이란 책이 있다. 윤기원 선수의 어머니 옥정화씨가 세상 모든 사람에게 아들의 죽음에 대한 진실을 전하기 위해 쓴 책이다. 2011년 5월, 그 아름다운 봄의 절정에 한 통의 비보(悲報)가 날아든다. 전도유망했던 축구선수 윤기원의 죽음이다. 그리고 가족들은 찢어지는 가슴과 무너지는 억장을 채 추스를 겨를도 없이 장례식장에서 윤기원 선수의 죽음과 관련된 한 마디의 말을 듣게 된다.

'승부조작'

그리고 경찰은 그 어떠한 정황증거나 납득할만한 이유를 가족들에게 제시하지 못한 채 사인을 '이성 문제와 주전 경쟁에 따른 스트레스에 의한 자살'이라 결론짓고 급하게 수사를 마무리한다. 의구심을 가진 가족들이 사건에 대하여 직접 조사를 하며 알아갈수록 점점 의혹들은 커져만 간다. 3년이나 더 흐른 지금도 아직 인터넷에는 고(故) 윤기원 선수의 사망에 대해 '2011년 5월'이라고만 밝히고 있다. 그가 진짜 죽은 시점은 언제이며, 왜 부검을 했음에도 그가 죽은 시점은 밝혀지지 않았으며, 그의 죽음은 갖가지 의문점을 남긴 채 빠르게 종결된 것일까? 명확히 밝혀지지 않은 윤기원 선수 죽음의 진실. 그 진실에 다가서보자.

아주대를 졸업하고 2010년 K리그 신인 드래프트를 통해 인천유나이티드에 입단한 윤 선수는 한창 주전 골키퍼로 자리 잡던 때인 2011년 5월6일 서초구 경부고속도로 만남의 광장

휴게소 주차장에 주차된 자신의 차량에서 숨진 채 발견됐다. 당시 차량에서 타다 남은 번개탄이 발견된 가운데 사인도 일산화탄소 중독으로 나와 경찰은 타살 혐의점이 없다고 보고 자살로 내사 종결했다. 그러나 윤 선수가 불법 스포츠 도박 사이트를 운영하는 조폭의 승부조작에 연루됐고, 조폭의 협박과 회유를 견디다 못해 스스로 목숨을 끊었다는 의혹이 제기됐다.

　윤 선수가 숨진 직후인 그 해 5월 말 프로축구 승부조작 사태가 터져 선수 수십 명이 줄줄이 입건됐다. 유족은 윤 선수의 죽음 뒤에 승부조작 및 조폭이 있다며 의혹을 꾸준히 제기해왔다. 지난달 유족에게는 당시 사건 현장에서 봉고차가 윤 선수의 차량을 둘러싸고 있고 누군가 나오지 못하도록 협박하는 모습을 봤다는 제보가 전해지기도 했다. 최근 한 시사프로그램은 윤 선수의 죽음이 조폭과 관련된 승부조작 사건과 관계있을 것이라는 옛 동료의 진술을 보도하기도 했다. 경찰은 최근 사건 수사 보고서를 재검토해 윤 선수의 사인이 일산화탄소 중독이 명확하고 타살 혐의점이 없다는 사실을 재확인했다. 다만 윤 선수의 사망이 당시 프로축구 승부조작이나 조폭 등과 관련이 있었을 것이라는 의혹에 대해 조사할 필요가 있다고 판단해 추가 내사를 하기로 했다. 경찰은 유족 등에게 협조를 구해 그의 사망과 관련된 제보를 한 선수들을 수소문, 조사해나갈 방침이다. 지금으로서는 내사 단계이지만 경찰은 조사 과정에서 타의에 의한 자살이나 승부조작 연루 정황이 발견되면 정식 수사로 전환할 예정이다. 경찰 관계자는 "죽음의 동기가 무엇인지에 대해 진위 여부를 가릴 필요가 있다고 생각해 추가 내사를 하는 것"이라며 "자살이라는 종전 수사 결과를 뒤집고 타살이라 보고 수사를 하면 재수사가 되지만, 이번 조사는 추가 내사로 봐야한다"고 전했다.

- 출처 : 풋볼뉴스

　2011년 한국 프로축구계의 승부 조작 사건이 보도되었고, 거센 후폭풍이 일어났다. 당시 상무 팀의 이모 감독이 아파트에서 투신하여 생을 마감했고, 여러 선수들이 구속되고, 40여 명의 선수들이 K리그 선수 자격이 영구 박탈되어 프로축구계에서 퇴출되었다. 최성국 김동현 김정겸 등 우리는 그 이름을 기억하고 있다. 지난 2012년 5월 25일에는 승부조작 전 국가대표 선수 출신이 부녀자 납치 및 강도 행위로 구속됐다. 1억 원을 대출받아 지인의 회사에 투자했는데, 대출이자 압박에 시달렸던 것으로 알려졌다.

　선수에게 승부 조작을 누가 사주하는가? 불법 스포츠토토를 운영하는 토사장(불법 스포츠토토 사이트 운영자) 및 토사장과 밀착해 있는 범죄조직이다. 자본금이 부족한 소규모

토사장들이 유저가 큰돈을 딸 경우 배당금을 주지 않고 ID를 삭제하는 일명 '먹튀'행위도 빈번하다. 불법 스포츠토토에 베팅하는 사람은 결코 사이트 운영자를 이길 수 없다. 불법 스포츠토토는 사행심을 먹고 자란다. 베팅하는 사람이 없으면 기존의 불법 스포츠토토 사이트가 모두 사라질 것이며, 이와 관련된 범죄도 없을 것이다. 그러므로 불법 스포츠토토에 베팅하는 건 여기에 자양분을 공급하는 범죄 행위다. 이걸 깊이 느껴 오늘부터 불법 스포츠토토와 결별하기를 권유 드린다.

4. 온라인 도박 중독 10대들, 밑천 구하려 중고품 사기

중학생 김 모(15)군은 2015년 2월 중고품 거래 인터넷 사이트에 '빅뱅 콘서트 막콘(마지막 콘서트) 스탠딩 B구역 2연석 양도합니다.'라는 글을 올렸다. 표를 구하지 못한 사람들에게서 연락이 오자 "25만 원을 선입금하면 티켓을 보내주겠다"며 계좌번호를 알려줬다. 김 군이 제시한 계좌번호는 불법 스포츠 도박 사이트의 것이었다. 김 군은 입금된 돈만큼 도박 포인트를 돌려받았다. 콘서트 티켓은 애초에 없었다. 도박 밑천 마련을 위해 벌인 사기 행각이었다. 김 군은 이런 수법으로 일주일 동안 280만 원을 도박 사이트 계좌로 입금하게 됐다. 피해자의 신고로 김 군은 2016년 4월 대구 동부경찰서 경찰관에게 체포돼 소년보호시설로 보내졌다. 김 군처럼 도박 밑천을 구하기 위해 중고 거래 사기 범행을 벌이는 10대들이 늘고 있다,

돈이나 물건이 필요해서가 아니라 도박을 위해 사기를 벌였다. 범죄를 저질러서라도 도박 밑천을 마련해야 할 만큼 도박에 빠져 있었다는 의미다. 서울 광진구의 고교에 다니는 양 모(18)군은 "어디까지 중독인진 모르겠지만 매일 스포츠 도박에 베팅하고 도박을 위해 스포츠 경기를 챙겨보는 애들이 한반에 4~5명은 있다."고 말했다. **이들은 스마트폰을 이용해 수업 시간에도 몇천 원에서 몇만 원까지 베팅을 하고 해외 스포츠 경기를 보기 위해 새벽까지 잠을 자지 않는 일도 잦다고 한다.** 게임을 하듯 일상적으로 도박을 하고 있다는 뜻이다.

한국도박문제관리센터의 '2015 청소년 도박 문제 실태조사'에 따르면 학교에 재학 중인 중 고교 학생 중 약 3만 명이 시급한 개입이 필요한 수준의 도박 중독 문제를 갖고 있는 '문제군'에 속하는 것으로 추정되며 11만 명은 도박 중독에 빠질 가능성이 높은 '위험군'으로 조사됐다. 청소년 도박 문제는 성인기까지 지속돼 도박 중독자가 될 위험성이 크다고 한다.

- 중앙일보, 2016. 5. 27. 금. 4면

2) 불법 스포츠토토 이용자도 처벌을 받는다

국민체육진흥공단이 발행하는 체육진흥투표권(토토 / 프로토)과 온라인 공식 인터넷 발매 사이트인 베트맨(www.betman.co.kr)만이 운영할 권리를 가지며 이외 모든 유사 스포츠 베팅 행위는 '불법 스포츠도박'이며, 이를 이용할 시 국민체육진흥법 제48조에 의거해 5년 이하의 징역이나 5천만 원 이하의 벌금에 처해진다. 불법 도박 공급자 뿐 아니라 이용자도 집중 단속해야 한다는 지적도 있다. 관련부처에서는 불법 스포츠도박 신고를 장려하고 있다. 사이버 머니, 현금, 아이템 등을 걸고 스포츠의 경기 결과를 예측하는 유사행위를 비롯해 체육진흥투표권과 관련한 각종 부정행위를 목격한 사람은 클린스포츠 통합콜센터(1899-1110)를 통해 신고할 수 있으며 신고 사안에 따라 포상금 또는 상품권이 지급된다. 불법 스포츠도박 사이트 운영자 신고 시 최고 1,000만 원, 이용자를 신고한 경우에도 최고 300만 원이 지급된다.

불법 도박의 시장 규모도 점점 가파르게 커지고 있다. 이건 이용자가 그만큼 많아지고 있다는 이야기다. 사행산업통합감독위원회는 지난 2012년 불법 스포츠도박 시장 규모를 약 7조 6103억 원으로 추정했지만 형사정책연구원은 2013년 이 시장 규모가 31조 원이 넘는다고 내다봤다. 이 기관은 2014년에는 무려 169조 원에 달한다고 발표했다. 이처럼 불법 도박 시장은 나날이 성장하고 있다. 이종화 광운대 범죄학과 교수는 "사행산업통합감독위원회(사감위)가 적극적으로 감독해도 우리나라의 도박 유병률(중독률)은 5.4%로 미국(3.2%), 영국(2.5%)에 비해 크게 높다. 이는 불법도박이 많기 때문이다"고 주장했다.

3) 여러분의 팀에는 불법 스포츠토토하는 선수가 있는가?

"축구 경기 승패를 맞춰 3만 원으로 50만 원을 벌었다." 이런 대화가 선수들 사이에 횡행하고 있다. 돈 욕심에 혹한 선수들이 불법 스포츠토토에 뛰어들고 있다. 처음에는 대부분 이렇게 발을 들여 놓다 서서히 빠져 완전하게 중독된다. 불법 스포츠토토를 하는 선수는 사과 박스 속의 썩은 사과의 역할을 하고 있다. 썩은 사과 속의 세균이 주위의 건강한 사과 속에 침투하여 썩은 사과로 만들어 버린다. 기온이 높을수록(팀에서 불법 스포츠토토 참여자가 많을수록) 더 빠르게 부패가 진행된다.

이 선수들이 축구에의 목표를 성취하기는 불가능하다. 정신이 허기져 병든 선수가 경기력 향상에 온전하게 집중할 수 있는가? 이런 선수들이 있는 팀에서 뛰어난 선수들이 배출될 수 있는가? 팀이 정상적으로 유지될 수 있는가? 이런 선수들이 있는 팀의 감독 코치는

축구 지도 이전에 불법 스포츠토토를 근절하는 게 더욱 시급한 일이다.

　뇌과학에 의하면, 뇌는 익숙한 것(행위, 약물, 음식, 환경, 운동 등)을 좋아하고 새로운 것을 싫어한다고 한다. 의식적인 반복이 습관이 되고 잠재의식으로 저장되어 그런 상황이 되면 저절로 그렇게 반응한다. 마약을 복용하면 엄청난 양의 도파민이 분비되고 신경망이 과대하게 활성화되면서 대단한 쾌락을 느끼게 해준다. 하지만 시간이 지나면서 급격한 신경망의 위축과 화학물질의 분비가 감소되면서 뇌가 완전히 다운되어 금단증세가 나타나게 된다. 다음에는 전에 보다 더 많은 양의 마약을 복용해야만 전에 느꼈던 쾌락을 느낄 수 있게 된다. 어떠한 중독이든 우리의 뇌는 그 중독 상태를 계속 유지하려 한다(박영곤의 〈멘탈의 비밀〉에서).

　불법 스포츠토토도 이와 같다. 비유하면 브레이크 없이 질주하는 자동차와 같다. 전문가에 의하면, 중독된 사람은 혼자 힘으로 스스로의 결의로 중독을 이길 수 없다고 한다. 팀에 불법 스포츠토토에 빠져 있는 선수기 있다면 감독 코치는 무엇을 어떻게 해야 하는가? 어려운 상황이다. 비법은 없다. 하지만 무엇인가 해야 한다.

　먼저, 전문가의 도움을 받는 일이다.

　감독 코치가 먼저 전문가의 상담을 받아야 한다. 이어 해당 선수가 상담을 받게 해야 한다. 그 후 팀 선수 전원이 일정 시간 교육을 받는다. 일정 기간 동안 정기적으로 교육 받아야 한다. 이 행위가 얼마나 큰 해악을 끼치는지 밝게 알게 되면 예방과 선택에 도움이 될 것이다. 이때 전문가가 아닌 감독 코치의 어설픈 훈계나 분노의 표출은 문제 해결에 전혀 도움이 되지 않고 오히려 악화시킬 뿐이다.

　둘째, 조기 발견을 위한 고성능 안테나를 가동해야 한다.

　불법 스포츠토토에 베팅하는 선수들은 철저하게 은밀하게 진행하기에 학부모와 감독 코치가 모르고 있다. 자신의 행위가 어떠한 결과를 가져올 지에 대해서는 깊이 있게 생각하지도 않는다. 돈을 따서 당장 하고 싶은 욕구를 충족시키려는 욕심에 별 죄책감 없이 계속한다. 그러나 가능한 빨리 탐지하여 조기 발견, 조기 상담, 조기 치유를 해야 한다. 개인 상담, 설문조사, 주장 면담, 학부모와의 긴밀한 협조, 탐문조사 등이다. 필요하면 스마트폰 검사도 해야 하나? 학부모는 자녀와 차를 마시면서 분위기를 만든 후 깊이 있는 대화를 자주 나누어야 한다. 특히 자녀가 필요 이상의 용돈을 자주 요구할 때는 불법 스포츠토토를 의심해볼 필요가 충분하다.

30. 다시, 경기를 줄이고 개인기에 전력투구하라

#1. '배드민턴 왕국' 중국 … 비결은 기본기

어릴 땐 경기 안 하고 훈련만…성인 돼 진가 발휘, 요넥스 코리아오픈, 남자 복식 빼고 4종목 휩쓸어. 2007년 1월 29일 막을 내린 요넥스 코리아오픈 배드민턴 대회는 중국의 독주를 확인한 채 끝났다. 중국은 남자 복식(이용대-정재성 : 한국)을 제외한 나머지 4개 종목을 석권했다. 탁구에서처럼 배드민턴에서도 중국의 기세는 하늘을 찌른다. 현재 남자단식 세계 랭킹 1~6위 중 4명이 중국 선수다. 여자단식은 중국 선수(4명)와 다른 나라로 귀화한 중국 출신 선수가 세계 랭킹 1~8위를 석권하고 있다. 중국 배드민턴이 이처럼 독보적인 위치로 올라선 원동력이 무엇인가. 성한국 국가대표팀 코치는 "청소년 시절만 해도 우리에게 지던 중국 선수들이 성인 무대로 올라서면 뒤집어진다."며 "중국은 어릴 때는 경기를 치르지 않고 스윙 풋워크 등 기본기 훈련에 주력하기 때문"이라고 말했다. 중국엔 초등부 대회가 거의 없다고 한다. 반면 한국 선수들은 어릴 때부터 승부에 노출돼 '이기는 법'을 배운다. 경기 운영에 능해 청소년 때는 한국 선수들이 우세하지만 동작이 정확하고 깔끔한 중국 선수들은 경기를 거듭할수록 일취월장했다는 것이다.

- 중앙일보 .2007. 1. 29. 월. 24면

#2. 연습보다 경기 우선 풍토 없애야

2011년 대구 세계육상선수권대회를 2년 앞두고 외국인 코치들을 대거 영입, '히딩크 프로젝트'를 시작한 대한육상경기연맹이 2009년 5월 19일 첫 현장회의를 열었다. 랜들 헌팅턴(55. 미국) 도약 코치는 "한국의 어린 선수들은 훈련을 별로 하지 않고 경기만 많이 나간다. 그렇게 해서는 빨리 소진되기만 할 뿐 최상위 수준에 도달할 수 없다."고 지적했다. 어린 나이부터 과도한 경쟁에만 내몰려 훌륭한 밑바탕을 만들 기회를 놓친다는 것. 육상연맹 백형훈 트랙 기술위원장은 "소년체전 금메달리스트 중 국가대표가 되는 선수는 15%에 지나지 않는다. 단기적으로 결과를 내야 하는 풍토가 문제"라고 동의했다.

- 서울신문, 2009. 5. 20. 수. 19면

#3. 재미 스타 과학자 3인 "기초과학 부실하면 성장에 한계"

독창적 연구 성과로 세계적인 주목을 받고 있는 김필립(45) 컬럼비아대 교수, 정재훈(65) 테이코 엔지니어링 대표와 임성현(38) 메타볼로믹스 대표를 각각 인터뷰해 한국 과학계에 대한 조언을 들었다. 가시적 성과를 낼 수 있는 응용과학에만 투자가 집중되는 데 대한 지

적이 가장 많았다. 김교수는 "기초과학 기반이 탄탄하지 않으면 응용과학의 발전 가능성도 제한되는 '악순환'의 고리에 빠지게 된다."고 꼬집었다. 임 박사는 "한국은 제품 개발과 생산성에 강점을 갖고 있는데 제품을 뜯어보면 원천기술은 죄다 미국 일본 것"이라며 "기초연구를 육성시키지 않으면 성장에 한계가 올 것"이라고 주장했다.

- 중앙일보, 2012. 9. 18. 화. 5면

4. 이광종 감독의 지적

"유럽 남미의 빠르고 기술 좋은 선수들을 상대로 도전하는 입장이었는데 부족함을 느꼈다."고 아쉬움을 털어놨다. 이광종 감독은 "멀리 내다보는 일본과 달리 우리 학원스포츠는 눈앞의 성적만 좇다 보니 기술적인 부분을 등한시하는 경우가 많다."면서 "장기적으로 바뀌어야 할 문제"라고 꼬집었다.

- 2013 U- 20 8강 달성 후 귀국 인터뷰에서(스포츠서울, 2013. 7. 10. 水. 7면)

5. 그 감독의 무대책

2000년 K 리그 전반기 경기가 진행 중일 때 국내 프로구단 감독과 나눈 이야기다. "골이 잘 안 들어가서 미치겠다."고 푸념하던 그에게 "해결 방법이 없느냐"고 질문하자 이렇게 답했다. "공격은 선수가 해결해야 돼. 감독이 어떻게 하나. 공격수가 골을 넣지 못하는데." 그때 아리송하다는 생각이 들었다. '축구란 골을 넣는 게임인데, 감독이 할 일이 없다면 뭐 하러 감독이라는 자리가 있는 거지?'

- 그 감독과 어느 축구 담당 기자와의 대화

6. 2006 독일 월드컵에서의 대표 팀

개인기란 볼을 다루는 선수의 기초 기술을 말한다. 이 개인기가 한국 선수들에게는 턱없이 부족하다. 한국은 2002년 한일 월드컵에서 4강의 기적을 낳았다. 4년이 지난 지금 유럽 축구 선진국의 미디어들은 독일월드컵에서 한국이 내세울 것은 '팀워크와 정신력'뿐이라고 똑같은 얘기를 쏟아냈다.

- 개인기가 뭐 길래, 스포츠조선, 2006. 6. 10. 土. 4면

7. 이게 사실인가?

"한국 대표선수들은 볼 컨트롤이 잘 안되는 것 같다."

- 2004. 6. 2 , 평가전 후 터키 대표 팀 선수들이

1) 연습 경기를 지나치게 많이 하고 있다

A도시의 D고교는 매주 3경기 이상을 한다. 주말리그 1 경기와 연습 경기다. 매주 연습 시간은 3일 이내다. 연습보다 경기가 더 많다. 도무지 차분하게 개인기 향상에 집중하기 어렵다. 이 팀의 1년 경기 시간이 얼마일까? 29,025분(483 시간) 이상이다.

    a. 경기 소요 시간 : 105분(전반 45분, 후반 45분, 하프 타임 15분)
    b. 경기 준비 시간 : 최소 50분 이상
    c. 이동 시간 : 최소 60분 이상
    d. 1경기 총 소요 시간 : 215분(105분 + 50분 + 60분) 이상
    e. 매주 경기에 사용하는 시간 : 645분(215분 * 3 = 645분)
    f. 1년 경기 시간 : 29,025 분 (매주 경기 사용 시간 645분 * 45주), (1년은 52주)

2) 각종 대회도 너무 많다.

대부분의 한국의 학원축구팀과 클럽축구팀은 지나칠 정도로 경기를 많이 하고 있다. 3월부터 10월까지 주말리그가 있다. 연습경기도 수시로 한다. 감독이 결정하면 선수는 경기해야 한다. 여름과 겨울 전지훈련 가서는 연습경기로 날이 새고 밤이 온다. 여름과 2월에는 전국대회가 있다. 교과부가 매 학기당 1개의 전국대회에만 출전하도록 규정했지만 지켜지지 않고 있다. 온갖 편법으로 대회를 만들어 낸다. 지방자치단체 스포츠용품회사 그리고 교과부의 지시를 어기고 이에 동조하는 감독의 합작품이다. 대회 출전 경비 부담으로 안 그래도 힘든 학부모를 더욱 힘들게 하고 있다.

경기는 왜 하는가? 크게 선수의 기량 점검, 경기 적응력 향상, 팀 과제 확인과 처방에 있다. 팀과 선수 개개인에게 나타나는 강점과 약점을 확인하고 대책을 세우는데 있다. 학교에서 보는 시험과 같다. 교사는 시험을 통하여 학생의 성취도를 점검하고 자신의 교수학습 방법을 개선하는 것이다. 그러므로 지나치게 많은 경기는 득보다 실이 많다. 이런 감독은 자신이 뭐가 뭔지 모르는 혼돈 속에 있다는 걸 스스로 드러내는 것이다. 경기 후 경기하는 목적을 충족시키는 피드백을 하지 않는 것도 잘못이다. 거기다 경기 중에는 나머지 선수들도 앉아서 경기를 관전하게 한다. 이건 쓸데없는 시간 낭비다.

3) 프리미어리그 해외파의 현주소?

잉글랜드 프리미어리그는 세상에서 첫째로 가는 리그다. 세계의 선수들이 어릴 때부터

꿈꾸는 리그다. 박지성의 맨체스터 유나이티드 진출 이후 여러 선수들이 뛰고 있다. FC 서울과 광저우 헝다의 AFC 챔피언스리그 결승전을 하루 앞두고 있는 2013년 11월 8일 현재 이들의 현주소는 어떠한가? 아스널의 박주영 선수는 주전 경쟁에서 밀려 정규리그에서 모습을 보이지 못하고 있다. 기성용은 스완지시티에서 선덜랜드로 임대되었다. 이청용의 볼턴은 지난 시즌 2부 리그로 강등되었다. 퀸즈파크레인저스(QPR)의 윤석영은 정규리그에서 한 경기도 출전 못했다. 지금은 이름도 생소한 돈캐스터에서 임대 선수로 뛰고 있다. 김보경 선수만이 소속 팀 카디프시티에서 평균 이상의 활약으로 주전 선수이다. 우리는 그토록 원했던 프리미어리그에서 실패하고 돌아온 여러 선수들을 알고 있다. 이러하기에 맨유에서 7년 동안 활약한 박지성 선수를 높게 평가하지 않을 수 없다.

앞에서 지적했듯이 축구에서 개인기는 6가지다. 볼컨트롤 킥 패스 드리블 헤딩 그리고 슛이다. 태클 드로우 인 등도 있지만 활용 빈도와 중요도에서 떨어진다. 축구에서 세계 경쟁력은 개인기의 우열에 의해 결정된다. 축구에서 경기력은 두 가지로 나눌 수 있다. 선수의 경기력은 체력 개인기 전술 정신력으로 이루어져 있다. 팀 경기력은 이 4가지에 더해 동기 부여, 스쿼드, 전술, 공격력, 수비력, 조직력으로 구성되어 있다. 경기력은 개인기에 의해 결정된다고 해도 과언이 아니다. 체력은 6개월이면 충분하다. 개인기는 오래 걸린다. 거기다 한국 선수는 어릴 때부터 남미나 유럽에 비해 볼 터치 횟수가 적어 개인기의 열세를 면치 못하고 있다. 일찍이 묵자는 "기초가 튼튼하지 못하면 언젠가는 위태로운 지경을 만나게 된다."고 했다.

개인기가 탄탄하면 어떤 스타일의 경기도 바로 적응하고, 앞서 나간다. 1년, 2년, 그 이상의 기간에 단 한 경기도 안 해도 아무 문제가 안된다. 반면 개인기가 부실하면 수준 높은 경기에서 단 5분도 버티기 어렵다. 손흥민 선수는 8세부터 중학교 3학년 2학기 이전까지 단 한 경기도 하지 않았다고 한다. 경기로 날이 새고 지는 지금의 학원축구보다 훨씬 바람직하고, 결과도 그러하지 않은가? 너무나 많은 선수 부모가 자녀가 경기에 뛰지 못하면 불안해한다. 경기장을 찾았는데 자녀가 경기에 나서지 못하면 의기소침하고 서운해 하는 부모가 너무나 많다.

너무나 많은 감독 코치는 선수가 오랜 기간 경기하지 않으면 경기 감각을 잃게 되어 좋지 않다고 말한다. 오히려 그 반대다. 가장 바람직한 것은 한 경기도 하지 않고 개인 기술 능력과 상황 판단 능력 향상에 올인하는 것이다. 이게 성공의 지름길이다. 세계 경쟁력을 가지는 가장 확실한 방법이다.

4) 개인 기술 능력과 상황 판단 능력 향상에 가장 많은 시간을 투자하라.

첫돌도 지나지 않아 걷지도 못하는 신생아에게 달리라고 주문하면 할 수 있는가? 불가능하다. 개인 기술능력과 상황 판단 능력이 부족한 선수가 경기에서 감독의 지시를 제대로 수행할 수 있는가? 불가능하다. 좌절감만 느낄 뿐이다. 지나치게 경기를 많이 해온 지금까지의 관성과 결별해야 한다. 감독이 관점을 바꾸어야 한다. 전국대회 우승보다 뛰어난 선수 한 명 배출이 훨씬 더 가치 있다. 선수 개개인의 기량 향상에 우선순위를 두어야 한다. 이러면 성적은 저절로 따라 온다. 천재를 둔재로 만드는 코칭을 즉각 중단해야 한다. "어리석은 지도자는 적보다도 더 위험하다."는 지적이 여기에 해당한다. 날마다 사용할 수 있는 시간은 24시간으로 한정되어 있다. 어디에 우선순위를 두고 더 많은 시간을 투입해야 하는지 선택해야 한다.

31. 매일 연습일지를 쓰자!

효과적인 복습의 토대, 기록. 감독 코치는 자신이 모르는 것은 가르칠 수 없다. 선수는 알지 못하는 것을 경기에서 실행할 수 없다. 누구든지 배운 것을 기록하지 않으면 효과적인 복습을 기대할 수 없다. 기록은 기억을 저장하는 창고다. 사람의 망각 속도를 최초로 규명한 독일의 심리학자 에빙하우스에 따르면, 사람은 하루 뒤면 학습한 것의 절반을 잊어버린다. 실제 실험에서도 24시간 뒤엔 46%를, 2주 뒤엔 79%를 잊어버린다. 즉 여러분의 머리가 나빠서 그런 것이 아니라 사람이면 누구나 그렇게 빨리 잊어버린다는 말이다.

하지만 우리가 공부하는 태도는 어떠한가? 수업을 듣든, 문제집을 풀든 한번 공부하면 그 내용은 내 것이 된 것이라 생각하곤 한다. 엄청난 착각이다. 공부를 마친 그 순간의 기분일 뿐, 다시 보지 않으면 금세 잊어버려 거의 보지 않은 수준에 이른다. 여러분도 분명 내가 필기한 내용인데 남이 쓴 것 같은 느낌을 경험해본 적이 있을지 모르겠다. 벼락치기를 할 때 흔히 겪는 일이다. 강조하고 싶은 것은 복습이다. 복습의 중요성은 너무나 중요해 공부 그 자체라 해도 과언이 아니다. 상위 1% 성적의 비결이 혼자서 목표에 집중하는 심화학습에 있다고 밝혀졌다. **축구도 그러하다. 경기도, 단체연습도 아니고 혼자 개인연습에 천착할 때 실력이 성큼 향상된다.** 그렇다면 같은 복습이라도 어떻게 하면 좀 더 효과적으로 할 수 있을까. 많은 학생이 공신(공부의 신)은 무언가 비상한 재능이 있을 거라 생각한다. 하지만 극소수의 천재를 제외하곤 솔직히 거기에서 거기다. 다른 점이 있다면 이렇게 복습하는 습관, 즉 노력이 있을 뿐이다. 세상에 노력 없이 되는 것이 어디 있겠는가. 여러분도

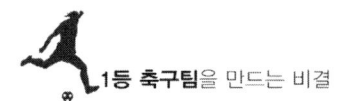

공신이 되고 싶다면 지금 당장 책을 펼쳐라. 그리고 공부했던 내용을 되새겨 보자. 그리고 매일 하라. 시간이 지나면 천재라는 소리를 들을 수 있을지도 모르겠다. 에디슨이 말하지 않았는가. 천재는 1%영감과 99%의 노력으로 만들어지는 것이라고. **축구선수도 마찬가지다!** (참고 자료 : 복습은 최대한 자주, 그리고 빨리 시작해봐~, 중앙일보, 2009.2.18.水 . C2, 강성태의 gongsin 학습 노하우)

메모의 유익함!

세계 역사에서 위대한 발명가, 세기의 사업가 , 문학계의 거장, 큰 정치가들의 공통점 중 하나는 '메모광'이라는 점이다. 현대인들은 대부분 보고 듣고 말하면서 수많은 정보를 받아들인다. 하지만 '쓰기'는 부족하다. **기록을 안 하면 기억력도 떨어진다**. 매일 수많은 정보를 받아들이지만 기록을 하지 않으면 내 것이라고 믿었던 정보도 물고기처럼 빠져나가 버리고 만다.

기록하고 잊어라. 안심하고 잊을 수 있는 기쁨을 만끽하면서 항상 메모리를 창의적으로 쓰는 사람이 성공한다. 그 비결은 바로 '메모 습관'이다. 메모를 잘하려면 항상 메모장과 필기도구를 휴대하고, 정보를 얻거나 아이디어가 떠오를 때마다 즉시 메모해야 한다. 강의 듣고, 라디오를 듣고, TV를 보고, 무언가 좋은 아이디어가 떠올랐는데도, 잠시 뒤에 정리하려고 하면 잘 기억나지 않는 경우가 많다. 메모를 육하원칙에 따라 쓰고, 자기 자신의 고유한 약어나 암호를 활용하면 간단명료하게 기록할 수 있다. 그리고 메모하는 것만이 목적이 아니므로 반드시 활용하는 것이 가장 중요하다. 메모를 하면 머리가 살아난다. 그래서 메모 예찬론자는 늘 이런 말로 주위 사람들에게 메모를 권유하고 있다. "메모는 돈이다(Memo is money)""메모는 그대를 자유롭게 하리라" (참고 자료 : 메모의 습관, 사카노 켄지 지음 , 해바라기, 2003.9.15, 이 책 추천의 글 '메모를 하면 뇌가 살아난다' 中에서 윤은기)

#사례 1 숙소에 감독 지적사항 도배 : 김효범, 양동근

프로농구 울산 모비스에 새로운 전통이 생겼다. 메모붙이기다. 4년 차 김효범(25·193cm)과 시즌 전 LG에서 트레이드 된 김현중(27·178cm)의 신갈 숙소 방에는 A4지로 벽이 도배됐다. 무려 30여장의 메모가 나부낀다. 방문을 열고 닫을 때는 벽에 붙은 메모지들이 춤을 춘다. A4지에는 유재학(45) 모비스 감독으로부터 훈련 중 받았던 지적 사항과 새로 부여된 임무에 관한 내용이 꼼꼼히 적혀 있다. 이들은 훈련 중간의 휴식시간과 취침 전후 생기는 짧은 여유 시간에도 틈틈이 벽을 보면서 무엇을 어떻게 할 것인지 고민한다. 메모는 한마디로 생존방법이다.

유 감독은 날카롭고 세심한 감독으로 유명하다. 각 선수들마다 임무가 정해져 있다. 또 훈련이 세뇌될 때까지 반복 훈련시키는 것이 트레이드 마크다. 그래서 같은 지적을 여러 번 듣지 않기 위해 생각해 낸 방법이다. 이동훈 모비스 기획팀장은 "**메모하기의 원조는 상무에 입대한 양동근이다.**"고 말했다. 양동근(27·180cm)은 루키 때부터 숙소 방 벽을 A4지로 가득 채웠다. 그는 피나는 노력과 메모의 힘으로 유감독이 원하는 만큼 쑥쑥 성장해 2006~2007 시즌 유 감독에게 챔피언전 우승 트로피를 선물했다.

#사례 2 가르침 적다보니 어느새 노트 한 권 : 가득염

SK 가득염은 한국시리즈 2차전까지 내준 뒤 씁쓸한 표정이었지만, 벤치에 앉아 있는 김성근 감독을 보더니 "후배들을 이끌어서 감독님의 첫 우승을 안겨드리겠다"며 주먹을 불끈 쥐었다. 가득염은 지난해 롯데에서 방출된 뒤 SK 유니폼을 입었다. "선수생활을 더 하고 싶다."는 이유로 롯데의 코치 제의를 거부하고 가시밭길을 선택한 것이었는데, 김성근 감독을 만나 야구와 인생의 눈을 떴다고 한다.

김 감독은 지난해 마무리 훈련부터 일본 전지훈련까지 이런저런 주제를 놓고 강의를 했다. 당시 항상 맨 앞줄에 앉아 메모하는 선수가 가득염이었다. 그는 "야구뿐만 아니라 인생 전반에 걸쳐 많은 것을 배웠다. 앞으로 살아가는데 지침이 될 만한 것들이 많았다"면서 "글자 하나도 놓치지 않고 적다 보니 어느 새 노트 한 권이 됐다"고 말했다. 그의 노트에는 '너는 너의 공만 쳐다보지만, 그 공에 너의 가족의 생계가 달려있다.' '남자는 어느 누구도 밟지 않았던 길을 가야한다.' 등 야구와 인생에 대한 글들이 가득했다. 단순한 경구가 아니라 김 감독의 연륜과 경험이 더해진 강의였기에 감동이 남달랐다고 한다. (참고 자료 : 모비스 김효범 실력 쑥쑥 '메모의 힘', 일간스포츠, 2008.10.22.水.10면, 채준 기자 / 가득염 "김성근 감독 만나 야구와 인생 눈떴다", 스포츠서울, 2007.10.25. 5면, 윤승옥 기자)

매일 연습일지를 써라!

감독 코치는 선수에게 매일 연습일지를 쓰도록 지도해야 한다. 이 일은 선택이 아니라 필수가 되어야 한다. 오늘 배운 감독 코치의 지도 내용, 생활하면서 한순간 떠오른 아이디어, 경기력을 향상시키기 위해 앞으로 해야 할 과제 등을 그때마다 메모하고 활용하면 크

나 큰 유익함이 많다.

몇 가지를 찾아보면?

① 경기력 향상의 지름길이다.

연습일지를 쓰면서 생각하게 된다. 자신의 강점과 약점을 점검하게 된다. 쓰면서 스스로 해결방안을 찾아내게 된다. 다시 자기 자신과 결의한다. 추진력의 에너지를 얻는다.

② 자율연습(자기주도적 학습문화)의 계획 자료가 된다.

혼자 어떤 연습을 하지? 이때 연습일지를 펴놓고 스스로 효과적인 연습 계획을 세울 수 있다.

③ 감독 코치가 되어 요긴하게 활용할 수 있다.

부천 SK 시절 니폼니시 감독에게서 배웠던 조윤환 前 전북 현대 감독, 최윤겸 前 대전 시티즌 감독은 선수 시절 기록한 연습일지 공책을 감독시절 펴놓고 수시로 활용했다.

④ 공부(학습)하는 습관을 기를 수 있다.

연습일지를 쓰려면 책상에 앉아야 한다. 연습일지 쓰는 그 자체가 축구 공부다. 이 행위를 통해 기량이 향상되고 있다는 걸 느끼면 더욱 정성을 기울인다. 공부(학습)의 필요성을 체험하면 스스로 다양한 분야의 공부에 눈을 뜬다.

⑤ 감독 코치와 인간관계가 좋아진다.

지도자는 열심히 하려는 선수를 주목하게 마련이다. 가르침에 순종하는 선수를 어여삐 여기게 마련이다. 가령 같은 포지션의 실력이 비슷한 누구를 기용할 것인가? 연습일지를 쓰고 기록하는 선수를 기용할 것이다. 자연스러운 결정 아닌가?

Tip 편리한 메모 방법

A4 용지를 (이면지도 좋다) 가로로 한 번 접고, 이어서 세로로 한 번 접고, 다시 가로로 한 번 접으면 와이셔츠나 T셔츠 주머니에 들어가는 크기가 된다. 메모지가 든 주머니에 필기구를 넣거나 꽂으면 메모 준비 완료. 이제 메모하면 된다. 그리고 귀가해서 메모공책에 옮겨 적고, 활용방안을 모색하고, 실천하면 된다.

연습일지 예시

연습일지 형식은 선수마다, 팀마다 다를 수 있다. 형식에 구애받지 말고 자기 자신에게 가장 맞는, 가장 효과적인 방법으로 쓰면 된다. 쓰다가 더 좋은 방법이 떠오르면 그때마다 변화를 주면 더욱 좋다. 연습일지 쓰기에 도움이 되기를 바라며 몇 가지 참고사항과 하나의 보기를 예시한다.

① 연습일지는 매일 쓴다.
  연습, 경기, 개인 연습 등 쓸 내용이 날마다 있다.
② 연습일지 공책은 질 좋은 걸로 구입한다.
  대학노트 크기가 좋으며, 오래 쓸 수 있도록 제본이 튼튼한 공책을 선택한다.
③ 만약 분실했을 경우 되돌려 받을 수 있도록 앞표지에 성명 전화번호를 적고, 속지 첫 페이지도 당부의 말씀을 적는다.

- 앞표지
- 연습일지 1
- △△고 축구부
- 홍길동
  HP 010-1234-4567

※ 라벨에 써 붙이고 그 위에 광폭 투명테이프를 붙여 글씨가 깨끗하게 오래 보존되도록 한다.

- 속지 첫 페이지

이 공책은 저의 소중한 공부 자료인 '연습일지'이니 습득하신 분은 꼭 전화주시고, 돌려주시기를 부탁드립니다.

④ 분량
  1일 1페이지가 적당하다. 시간은 10~20분 정도
  경기 기록, 특별한 강의내용 등의 경우에는 1페이지를 초과할 수도 있을 것이다.
⑤ 내용
  이것저것 많이 쓴다고 잘 쓰는 게 아니다.

간략하지만 핵심을 적어야 한다. 처음 배우는 연습내용은 반드시 기록해야 한다. 감독 코치가 특히 강조한 점, 경기 분석 등도 빠뜨릴 수 없다.

⑥ 핵심

연습일지의 가장 큰 목적은 경기력 향상에 있다.

그러므로 연습이나 경기에서 자기 자신의 약점과 강점 분석, 극복대책 찾기, 평가 반성(결의)이 연습일지에서 가장 '중요한 핵심'이다.

연습일지 예시

- 때 : 2009. 10. 20(火) 15:00~17:00
- 곳 : △△고 인조잔디구장
- 지도 : 감독님, A코치님, B코치님

1. **연습 내용**
    - 볼 컨트롤(20), 패스 받는 연습(40), 슛(15)

2. **자세히 보기** : 패스 받는 연습(오늘 처음 배운 연습임)
    - 패스 받는 선수는 항상 달린다.
    - 달리는 스피드와 방향에 변화를 주어 패스 받을 수 있는 각도와 공간을 확보하라. 그러면 패스가 저절로 온다.

    달리는 스피드 : 전력질주, 조용하면서도 신속하게, 천천히, 천천히 달리다가 순간적으로 전력질주 등

    달리는 방향 : 360°방향으로 자유자재로 달린다.

    대각선, 수비수 뒤를 돌아 들어가는, 두 수비수 사이를 침투하는, 볼가진 동료에게 가까이 다가가면서 또는 멀어지면서, 앞으로 나오면서, 뒤로 물러나면서, 좌로, 우로 움직이면서, 앞으로 나왔다가 다시 순간적으로 되돌아가면서 등등

    - 볼가진 선수가 패스하기 쉽도록 움직여라

3. **과제·결의**

    감독님이 패스 받는 움직임이 정확하고 자유자재가 되면 개인 경기력이 30% 이상 향상된다고 하셨다. 축구는 패스 게임이다. 패스에 (주기와 받기) 뛰어난 선수가 진정

가치 있는 선수, 경기를 지배하는 선수이다.

좋다!
오늘부터 저녁 식사 후 오리(별명)와 연습하여 2주 안에 내 실력으로 만들겠다!

여민지 선수 ?
'FIFA 2010 여자 U 17 '대회 우승의 일등 공신이었다.
한국 축구 역사 이래 FIFA 주관 세계 대회 최초 유일의 우승이었다.
당시 여민지 선수는 대회 3관왕(우승, 득점상, 최우수선수상)에 올랐고
이후 여민지 선수는 또 한 번의 특별한 이벤트를 만들어 내었다.
바로 「일기가 나를 키웠어요.」라는 축구서적 출판이다.

- 「일기가 나를 키웠어요.」 (여민지 지음 , 명진출판, 2011. 1. 15)

그렇다!
일기, 즉 〈연습일지〉가 여민지를 키웠다!

제4부 선수 학부모에게!

1. 학부모, 축구 후유증 최소화하기 및 프로선수 만들기

한국 축구는 기형적이다 못해 기괴하다. 축구 시장도 너무나 조그마하다. 프리미어리그의 1/1,000도 안된다. 학생 신분이지만 학력 결손의 누적으로 공부를 내팽개치고 프로축구선수를 꿈꾸며 축구에 올인하지만 초등 선수가 K리거가 될 확률은 0.5~0.8 %에 불과하다. 이 선수도, 저 선수도, 저기 가는 저 선수도 실패할 것이다. 끝없이 실패자, 낙오자를 양산하는 지나치게 비효율적인 구조다. 도중에 하차하는 선수들이 즐비하다. 공부도 축구도 아닌 어중이떠중이로 전락한다. '**청춘** FC'에 신청서를 낸 2,500여 명의 선수들을 보며 무슨 생각이 드는가? 선발된 이들 중 변변한 직업을 가지고 있는 사람은 한 명도 없었다.

이 프로그램에서 깊이 반성하고 혁신에 분발해야 하는 기관이 대한축구협회다. 이러한 결과를 초래하는 구조를 만든 장본인이기 때문이다. 그러나 해마다 대한축구협회가 한 일이 무엇인가? 대한축구협회는 많은 자원을 가지고 있지만 내놓는 결과물은 매우 빈약하다. 제대로 그리고 올바르게 하면 선수와 학부모 그리고 국민에게 보다 건강한 삶과 행복을 계속 전해줄 수 있건만 너무나 수공업적이다. 연습시간은 단연 세계 최고 수준이지만 World Class 선수는 단 한 명도 배출하지 못하고 있다. 거기다 축구시키는 데 들어가는 돈도 선수 부모의 허리가 휠 정도다. 아파트 평수를 좁혀 이사 가고, 마이너스 통장을 사용하다 급기야 대출받는다. 그래도 부족하여 선수 어머니가 파출부로, 가요방 도우미로 나서기도 한다. 경제적 노후준비를 아예 포기해야 하는 가정도 적지 않다. 가정 경제가 파탄 나 부부 사이

가 위태위태하거나 이혼한 부부도 적지 않다. 이게 현실이다. 축구가 인간을 행복하게 하기는 커녕 고통을 가중시킨다면 왜 축구를 해야 하는가?

    그럼 선수를 자녀로 둔 부모는 지금 여기에서 무엇을 어떻게 해야 하는가? 초 중 고 대학 나이의 축구선수와 그 부모에게 지금 하고 있는 것과는 다른 새로운 선택이 있다는 걸 강조하고자 이 글을 쓴다. 특히 초등, 중등 선수는 아직 기회가 있다. 실패를 향해 미친 듯이 달려갈 필요가 있을까? "역사에서와 마찬가지로 인생에서도 성공은 중요하다"(핸드릭 반 룬).

1) 초중등 시기 ; 취미로 클럽축구 하자!

    인생에서나 축구에서나 '**열심**'보다 '**방향**'이 훨씬 더 중요하다! 적지 않은 사람들이 '열심히 하면 이룰 수 있다'고 생각한다. 크리스토퍼 콜럼부스, 마젤란, 아메리고 베스푸치 등이 항해에서 보여 주었듯이 방향이 잘못되면 아무리 열심히 항해해도 목표한 곳이 아닌 엉뚱한 곳으로 가버린다. 축구에서도 이와 같다. 올바른 방향(선택)을 정하는 게 그 무엇보다 중요하다.

(1) 초중등 시기에는 취미로 클럽축구하자!

    한국의 축구선수는 대부분 초등시절 축구선수로 입문한다. 처음부터 프로선수를 목표로 축구에 올인하는 선수와 부모가 적지 않다. 한마디로 미친 짓이다. 부모라고 자녀의 인생을 망칠 권리가 있는가? 세계 축구를 움직이고 있는 유럽의 초중학생이 이 시기에 축구에 올인하는 경우는 없다. 클럽에서 취미로 축구를 하다 중3 시기에 축구냐, 공부냐를 선택한다. 대부분 공부를 선택하고, 축구의 길로 가는 학생은 그리 많지 않다. 스페인의 경우, 후베닐 A(고교 나이)에 입문하면 프로선수의 길을 선택했다고 평한다. 이때에도 공부의 끈을 놓지 않는데 축구와 공부의 비율을 6 : 4로 시간을 사용한다. 유럽의 다른 나라도 이와 비슷하다. 프로축구 선수의 길로 가다 그만 두어도 바로 공부로 전환할 수 있는 학력을 가지고 있다. 즉, 학업에의 회복 탄력성을 가지고 있는 것이다. 일정 학력이 되지 못하면(50% 미만) 경기에 나가지 못하며 유급제도를 시행하고 있다. 수업에 들어가도 엎드려 자고 학력 결손의 누적으로 공부와 담을 쌓은 한국 고교 선수와는 극명하게 대비된다.

    스페인 유소년 축구를 소개하고 있는 서적 「**그들은 왜 이기는 법을 가르치지 않는가**」(조세민 지음 / GRIjOA / 2015. 8. 15 / 13,500원)를 꼭 일독하기를 권유 드린다. 부모 자신의 생각이 많이 합리적이지 못하다는 것을 느끼게 될 것이다. 많이 배우게 될 것이다. 다시 생각할 것이다. 자녀에게 올바른 길을 안내할 수 있게 될 것이다. 초중 시절에 미리부터 프로 선수가 되겠다는 망상을 가져서는 안된다. 클럽축구하면서 생활 속의 스트레스를 풀고, 평생 건강의 기초를 튼튼히 하며, 부담 없이 축구를 즐겨야 한다. 초중등 시기에는 한국에 직업의 종류가 얼마나 많은지, 자신의 최고의 적성이 무엇인지 알지 못하고 있다. 축구 아닌 곳에 있을 개연성이 현저하게 높지만 축구에 올인하다 알지도 못하고 시기를 놓쳐버린다. 너무나 소중한 인생의 낭비다. 자신이 가진 최고 최적의 적성을 알고, 그걸 활짝 꽃피우는 게 행복한 인생이요, 빛나는 '자아실현'이다. 초 중 시기에 절대로 축구에 올인해서는 안 되는 또 하나의 이유다.

(2) 클럽축구에서도 올바르게 해야 한다!

집을 떠나 합숙하는 클럽축구는 피해야 한다. 초중 시기에는 무조건 가족과 함께 생활해야 한다. 경기도 교육청은 "초등학생이 중학교에 입학할 경우 학교가 있는 시군구에 반드시 거주지를 두어야 한다."는 교육부 초중등교육법에 의거, 위장 전입이 체육의 병폐를 양산한다며 2016년 6월 17일 지역교육청과 일선 학교에 "학교장이 나서 학생의 전입학 시 사실 거주지 확인을 철저하게 할 것"등의 전입학 규정이 강화된 내용이 포함된 공문을 보냈다. 이에 학교 체육 관계자와 학부모들이 현실을 외면하는 탁상행정이라며 강력히 반발하고 있다. 그러나 이는 학교 체육 관계자와 학부모들의 인식이 매우 삐뚤어져 있고 본질을 왜곡하고 있다. 학부모, 특히 감독 코치가 잘못된 현실을 바꾸지 말고 계속 이대로 가자는 주장이다.

어린 초중학생이 왜 집을 떠나 외지에서 운동하고 합숙해야 하는가? 교육부와 경기도교육청의 지시가 학생과 학부모의 행복과 학습에 올바르고 유익하다. 선수는 선수 이전에 학생이다. 학교는 선수 없이도 아무 문제없으나 학생 없이는 존재할 수 없다. 초중등 시절에 달성해야 할 발달과업으로 선수로서의 능력 향상, 이런 건 전혀 없다. 부모의 보살핌과 사랑을 받으며 집에서 등교해야 하며, 아버지는 아들에게, 어머니는 딸에게 역할 모델이 되는 잠재적 교육의 기능과 가족 구성원으로서 각자의 역할과 책임을 배우는 것도 긴 인생살이에서 매우 중요하다. 어렸을 때의 정서적 안정과 수용 여부가 평생의 정신 건강을 좌우한다.

주말리그에도 나가지 않는 게 바람직하다. 주말리그에 참가하면 연습에 필요 이상으로 많은 시간을 사용하게 되고 비용 부담도 많아지고 소속 팀 감독 코치가 학생보다 선수로 자기 정체성을 확립하라고 강요할 개연성이 매우 높아진다. 주 3~4일 연습하고 연습하지

않은 날에 배운 걸 개인연습하면 된다. 의도적 구조적 과학적으로 가르치면 이렇게 해도 학원축구 그 이상의 실력을 갖출 수 있다. 면이나 읍 단위 지역이라 클럽축구가 없는 곳에서는 어떻게 해야 하나? 필요를 같이 하는 부모들이 협력하여 클럽축구팀을 만들면 된다. 학부모가 운영 주체가 되어 지도자는 초빙하거나 조기축구하는 학부모들이 가르칠 분야를 분담해서 공부해가면서 정한 요일에 가르치면 된다. 투명하고 건강하게 운영할 수 있다. 이러면 비용 부담도 아주 가볍다. 30명의 참가자로 구성되면 월 10만 원의 회비로도 충분하다.

(3) 축구보다 공부를 더 중시해야 한다.

거듭 말하지만 학교는 운동부 없이도 존재하나 학생 없이는 존재할 수 없다. 학생 신분이기에 당연히 축구보다 공부에 더 많은 시간을 투자해야 한다. 프로선수를 목표로 고교시기에 축구를 계속해도 공부의 끈을 놓아서는 안된다. 100세 그 이상의 시대라는 말이 회자하는 오늘, 긴 인생길에서 공부는 선택이 아니라 필수다. 공부는 자기 인생에 대한 책임이다.

대학 축구선수들 중 상당수가 학교 친구들과 대화가 잘 되지 못하고 있는 실정이다. 기초적인 지식조차 빈곤해 우선 대화 내용 자체를 이해하지 못하는 경우가 적지 않고, 대화에 참여할 엄두조차 못 내고 듣기만 하기도 한다. 대화 내용에 사용되는 어휘를 알지도 못하고 자신의 의견을 말할 지식 기반이 '거의 전혀'라고 할 정도로 없기 때문이다. '내가 아는 것이 너무나 부족하구나!'하는 자괴감에 빠져 들곤 하는 것이다. 또 공부는 은퇴 후 감독 코치가 되었을 때 최고의 능력을 발휘하게 해주는 원동력이 된다.

이런 선수가 있다. 그 선수는 대학 1학년 1학기를 마치고 입대, 2016년 6월 14일 전역했다. 그로부터 14일 후인 6월 28일 스페인으로 출국했다. 스페인 이탈리아에서 축구를 공부하기 위해서였다. 스페인에서는 8일간 자비로 통역을 구해서 매일 6시간씩 그곳의 한 감독에게 배웠다. 그 감독은 아트레티코 마드리드 샛별인 19세의 주전 선수 올리베이라 토레스를 육성한 감독이다. 이 감독에게 수준 높은 많은 자료도 확보했다고 한다.

그는 축구 지도자 연수차 스페인과 이탈리아로 갔고, 이 글을 쓰고 있는 오늘 2016년 7월 20일 귀국한다고 한다. 일찍부터 스스로 감독 코치 공부를 해왔으며 전략 전술에 해박하며 문장력도 좋다. K리그 감독을 거쳐 UEFA - P 자격증을 취득, 유럽 빅3 명문구단 감독에 도전하겠다고 한다. 참고로, 아시아에서 UEFA - P 라이선스를 획득한 지도자는 한 명도 없다.

그러하다. 프로선수가 되어도 선수 시기는 그리 길지 못하다. 반면 실력을 보이면 감독 코치로 50년 이상도 가능하다. 22세의 나이에 이걸 간파하고 실천에 나섰다니 예사롭지 않은 선수다. "네, 감사합니다. 만나 뵙고 할 말이 많을 것 같습니다."라는 카톡 문자를 받은 시각이 이 글을 쓰고 있는 2016년 7월 20일(수) 오전 01 : 58분이다. 평소 수차례 만난 적이 있는데, 그때마다 축구 전문서를 집필하기를 권유했고 귀국하자마자 바로 책 쓰기에 들어가겠다고 하니 벌써부터 책이 기다려진다. 축구를 평생의 과업으로 한결같이 걸어가기로 한 이 청년이 한국 축구의 보배가 되리라 예상해본다.

(4) 운동의 효과를 자세하게 이해시켜라!

상품의 가치를 밝게 알 때 그 상품에 관심을 가지게 되고 소유하고 싶은 욕구가 생긴다. 운동도 그러하다. 운동효과를 자세히 알게 되면 자발적으로 운동하려는 마음이 생기고 운동을 보다 오래 지속하게 된다. 초 중생에게 구체적으로 이해시킬수록 설득력이 높아진다. 운동효과는 무엇인가? 운동이 주는 유익함으로 어떤 게 있는가?

가. 어릴 때의 운동이 평생 체력을 결정한다.

근육은 체력과 힘의 원천이다. 근지구력이 좋으면 어떤 일이든 집중력을 높일 수 있다. 근육이 부족한 아이는 활력이 없다. 자세도 구부정해 심폐기능이 떨어지고, 일자목 같은 근골격계 질환이 생긴다. **심폐기능은** 신진대사를 좌우한다. 운동은 심폐기능과 유연성을 높이고 피로 회복도 빨라진다. 어릴 때 심장과 폐에 운동 자극을 준다면 자신이 도달할 수 있는 최고의 심폐지구력 상태에 도달할 수 있다. 성인의 경우 어느 정도의 발달일 뿐 성장기의 발달에는 견줄 수가 없다. 신경계는 10세 이전에 거의 90% 정도 발달된다. 반면에 운동 부족이 10대 자녀들 성장 장애와 성조숙증을 부른다.

나. 운동하면 공부도 잘된다.

운동하면 대뇌 활성 능력이 20% 가량 상승하여 공부에 도움이 된다. 서울 은평구에 있는 하나고는 중학교 내신 석차 백분율 5% 우등생이 다니는 자립형 사립고다. 하나고는 2010년 개교 때부터 '1인 2기'를 운영하며 전교생의 체육 활동을 의무화하고 있다. 체육과 예술 분야에서 한 종목씩 선택해 방과 후 1시간 30분씩 활동하는 프로그램이다. 그 결과 성장점수(체중 근육 지방 등 전반적인 체력 상태를 나타내는 지표. 80점이 표준이고 숫자가 커질수록 건강한 상태다) 상위 10% 학생들의 성적 평균은 50.35**점인** 반면 성장점수 하위 10%는 38.14점에 그쳤다. 쉽게 말해 건강한 아이들이 학업 성적도 좋다는 말이다.

소크라테스는 체육 선생이었고, 그의 제자 플라톤은 레슬링 선수였다. 복잡한 근육 움직임이 필요한 운동 시 인지 기능을 담당하는 뇌 회로가 함께 운동한다. 즉, 운동과 인지 기능은 똑같은 뇌세포로 이루어진 회로를 사용하기 때문에 운동을 통해 강화된 뇌 회로는 인지 기능도 향상시킨다. 그래서 단순한 움직임보다 복잡한 운동이 효과적이다. 맥길대학의 도널드 헤브는 '**사용 의존적 가소성**(use - dependent plasticity) **현상**'을 지적하며 다양하고 색다른 경험, 변형된 운동 과제는 뇌의 움직임을 활발히 해 기억력, 집중력 등 학습 속도를 높일 수 있음을 강조하고 있다.

다. 운동은 스트레스를 효과적으로 해소하며 사회성을 배가시킨다.

광주교대 체육교육과 김인수 교수는 "운동은 자아실현에 도움이 돼 학생 우울증과 자살 예방 효과가 있다."고 강조하며 운동하는 아이가 행복하다는 논문도 발표했다. 스페인의 경우 운동, 특히 축구를 통해 학교 가정 그 외의 공간에서 학생이 만난 스트레스를 푸는 방법으로도 적극 활용하고 있다.(**참고 자료** : 〈건강하면 공부도 잘한다, 중앙일보 2012. 11. 14.수. S2〉, 〈성장호르몬 최대 25배 분비, 중앙일보 2012. 4. 30. 월. S2〉, 〈만능 스포츠맨은 유치원 때 결정된다, 스포츠동아 2010. 9. 28. 화. 14면〉, 〈운동하면 대뇌 활성 능력 20% 상승 등〉.

이 외에도 운동의 효과는 일일이 열거할 수 없을 정도로 많다.

그러나 본인이 운동의 유익함을 정확하고도 깊게 알아야 지속적으로 운동하려는 의지가 일어난다.

(5) 축구뿐만 아니라 다양한 종목을 즐겨라!

미국의 경우, 초중 시절에 여러 스포츠 종목을 경험한다. 이 과정에서 자신에게 가장 적합한 종목을 찾아낼 수 있다. 한 종목에만 집중하면 특정 부위 근육만을 사용하게 되어 특정 움직임만 발달하고 익숙해지기 때문에 근육의 불균형이 오고 부상률이 높아지게 된다.

American Academy of Committee 에서는 "다양한 스포츠에 참여하고 사춘기 이후에 종목을 선정한 선수는 조기에 종목을 정한 선수보다 경기력에 굴곡이 적고 부상도 적으며 해당 종목에서 장기간 운동하는 경향이 있다."고 들려준다. Hecimovich(2004)는 "특정한 스포츠 기술은 사춘기가 시작되기 전에 배우고 완전하게 습득해야 한다."는 주장을 입증할 근거가 없다고 들려준다. 마이클 조던은 12세(초등) 되던 해에 야구 MVP 상을 수상했다. 고교 때 농구를 시작했고 역대 최고의 농구 선수가 되었다.

2) 왜 학부모가 나서야 하는가?

평소 누누이 말했듯이 이렇게 해야만 하는 필연적인 이유가 몇 가지 있다. 한국축구는 135년(1882~2016) 역사 이래 단 한 명의 월드클래스도 배출하지 못했다. 이건 무엇을 말해 주는가? **학부모가 자녀의 소속 팀 감독 코치를 변화시킬 수 있는가? 불가능하다.** 학부모가 선수인 자녀를 성공시킬 수 있는가? 가능하다. 김연아를 만든 사람은 그 어머니 박미희 씨다. 아시아 최고의 이적료 기록을 가지고 있는 손흥민 선수를 만든 사람은 그 아버지 손웅정 감독이다. 손흥민 선수가 학원축구를(육민관중, 동북고) 경험한 기간은 14개월도 안된다.

「이제는 아버지가 나서야 한다」(이해명 지음 / 동아일보사)는 책이름 그대로 왜 부모가 나서야 하는가? 부모가, 아버지가 어머니가 나서서 선수를 대성시켰고, 세계적인 석학으로 만든 사례가 많다. 만약 이들이 침묵하고 움직이지 않았다면 그런 업적을 이룰 수 있었을까? 전혀 그렇지 않다. 한국의 초중고 대학 축구선수의 부모는 얌전한 편이다. 부모가 거의 나서지 않는다. 많은 돈을 투입하고 노력을 쏟아붓고, 그리고 세월이 간다. 문득 대부분이 실패해 있는 걸 발견하게 된다.

왜 계속 이렇게 해야 할까? 도무지 부모가 나서지 않는다. 소극적이다. 간혹 나서서 해보려고 해도 무엇을 어떻게 해야 할지 갈피를 잡지 못하는 경우가 대부분이다. 아래 사례에서 보듯이 자녀를 축구에서 성공시키려면 배우면서, 공부하면서 나서야 한다. 몇 가지 사례를 보여 드린다. 읽고 무엇을 느끼며, 어떤 결의를 하게 되는가?

1. 꿈의 주인은 아이, 꿈의 안내자는 엄마!

내 게으름 때문에, 내 안이함 때문에 아이의 재능을 꽃피우지 못하고 접게 될까봐 나는 두려웠다. 그래서 학교 다닐 때보다 더 열심히 공부했고, 연애할 때보다 더 열렬히 아이에게 몰두했다. 고맙게도 아이 역시 다른 누구보다도 더 열심히 노력했고, 아무도 상상하지 못했던 최고의 자리까지 올라갔다(P6).

연아가 개인 레슨을 시작하면서 나는 내 생활을 완전히 연아에게 맞췄다. 단순히 시간만을 낸 것이 아니라 스케이트 자체를 삶의 중심으로 이동시켰다. 아이를 데리고 오가는 보호자 역할에만 그치지 않고, 연아가 강습을 받고 연습하는 매 순간을 지켜보며 나도 함께 배웠다 (P29).

연아가 스케이트장을 오가는 차 안에서 나는 영어 테이프를 틀어줬다. 그러던 어느 날 연아가 갑자기 영어를 읽었다. 그때 큰 깨달음이 왔다. '아, 이렇게도 공부가 되는구나. 누가 가르쳐 주지 않아도 오로지 듣고 따라한 것만으로도 스스로 깨우칠 수 있구나'(P37 ~ 38).

"엄마가 어쩌다 코치 일까지 하게 되셨어요?"

엄마는 전문가도 될 수 있고, 사회를 바꿔 놓을 수도 있다. 아무 것도 모르던 순둥이 주부였던 나도 피겨와 운동의 원리에 대해서 줄줄 꿸 수 있을 정도가 되었으니 말이다. 모든 것이 엄마의 이름으로 이루어진 일이다 (P43, 46).

연아의 스케이트 날을 맞추는 작업은 전적으로 엄마인 내가 맡았다. 한 번은 도저히 안 되겠다 싶어서 시즌 중인데도 연습을 중단하고 연아를 데리고 일본으로 신발을 맞추러 갔다. 그러나 그것도 쉽지 않았다. 맞춘 뒤 석 달이 지나야 신발이 도착하기 때문이다. (P118, 119)

- 아이의 재능에 꿈의 날개를 달아라 / 박미희 지음 / 폴라북스 / 2008. 7. 7

2. 하버드 교수도 열광한 카를 비테식 '다른 교육'

약 200년 전 독일의 한 시골 마을에서 목회를 하던 카를 비테는 인문고전을 연구하면서 당시 19세기 독일의 교육과 '**다른 교육**'을 이야기하고 있다는 걸 발견했다. 카를 비테는 그 책들이 옳다는 사실을 직감적으로 깨달았고, 자녀를 그 '다른 교육'에 따라 키우기로 결심했다. 그런데 문제가 생겼다. 첫째는 태어난 지 며칠 만에 장티푸스로 죽었고 둘째는 지능이 현저히 낮았다. 카를 비테에게는 확신이 있었다. 비록 아들이 지능이 떨어지긴 했지만 '**다른 교육**'을 받으면 얼마든지 천재가 될 수 있다는 확신, 그는 태어난 지 15일 된 아들에게 위대한 시인들의 시를 읽어주었다. 두 살 때부터는 베르길리우스의 「아이네이스」 같은 고전을 읽어주었고, 여덟 살 때부터는 혼자 그리스 로마 고전을 원전으로 읽게 했다.

카를 비테 주니어의 두뇌는 위대한 천재들이 집필한 인문고전을 지속적으로 접하면서 기적처럼 변했다. 그는 고작 **아홉 살에** 라이프치히 대학 입학 자격을 획득했고 **열세 살에** 기센 대학 철학 박사 학위를 받았고 **열여섯 살에** 하이델베르크 대학 법학 박사 학위를 받았다. **그리고 곧바로 베를린 대학 법대 교수로 임용됐다.** 이후 여든세 살로 세상을 떠날 때까지 당대를 대표하는 대표적인 천재로 칭송받았다. 카를 비테는 지능이 떨어지는 아들을 천재로 키운 비결을 책으로 썼다.

하버드 대학 교수였던 레오 위너는 카를 비테의 책을 읽고 크게 감명을 받은 나머지 기자회견을 열어서 앞으로 태어날 아이들을 천재로 만들겠다고 호언장담했다. 그의 아들 로버트 위너는 **열두 살에** 태프트 대학에 입학해서 **2년 만에** 졸업했다. **열네 살에는** 하버드 대학 대학원에 입학했고, **열여덟 살에** 철학박사 학위를 취득했다. 이후 하버드 대학과 매사추세츠 공과대학 교수가 되었고 인공두뇌학이라는 새로운 학문을 창시했다. 레오 위너의 딸 콘스턴스는 **열네 살에** 래드클리프 여대에 입학했고, 다른 딸 버사는 **열두 살에** 같은 대학에 입학했다. (P61 ~ 63)

- 리딩으로 리드하라 / 이지성 지음 / 문학동네 / 2010. 11. 17 / 15,000 원

3. 린스컴 "아버지는 최고를 알고 있다"

2009년 린스컴(26. 샌프란시스코)이 2008년에 이어 두 번째 사이영상(그 해의 최우수 투수상)을 받던 시상식장. 야윈 얼굴에 백발이 성성한 머리의 노인이 주인공 린스컴의 곁에 섰다. 아버지 크리스 린스컴이었다. 샌프란시스코가 텍사스를 꺾고 56년 만에 월드 시리즈를 제패했던 2010년 11월 2일(한국시간) 린스컴은 월드 시리즈 5차전 선발로 나서 8이닝을 3 피안타 1 실점으로 상대 타선을 틀어막으며 팀의 3 - 1 승리를 이끌었다.

린스컴을 만든 사람은 팀의 감독 코치가 아니라 그의 아버지였다. 아들의 경기가 있는 곳이라면 어디든지 찾아가 두꺼운 공책을 펴들고 투구폼을 분석하던 아버지 크리스가 있기에 가능한 일이었다. 린스컴이 5살 때 재능을 알아보고 손에 야구공을 쥐어 준 이도, 투구폼을 전수해 준 사람도 모두 크리스였다. 크리스는 시애틀의 보잉사에서 40년간 근무한 평범한 직장인이었다. 그러나 전문가 못지않은 야구 지식으로 투구 동작을 가르쳤다.

- 아버지가 5살 때부터 투구 지도 '열혈 야구파파' / 일간스포츠 2010. 11. 4. 목. 6면

4. "8년 걸친 아버지 지옥훈련 덕이죠."

"키가 작고 신체 조건이 열악한 나는 현역 시절 개인기가 부족한 선수였다. 오로지 순발력과 스피드로만 축구를 했다. 내가 축구인이었다는 게 창피할 정도였다." 손흥민의 아버지 손웅정 감독은 아들이 자신의 전철을 밟지 않고 '기본기'가 뛰어난 선수가 되길 원했다. 그의 희망이 현실이 되기에는 한국의 학원 스포츠 시스템으로는 쉽지 않았다. **그래서 초등학교 1학년 때부터 중학교 2학년 때까지 8년 동안 홀로 아들을 가르쳤다.** 리프팅, 컨트롤, 다양한 드리블 기술, 다양한 각도에서의 킥 등 기본기를 '테니스 개인 레슨'하듯 하루 2~3시간씩 철저하고 세심하게 지도했다. 고1 때인 동북고 시절에도 아들이 휴가나 외박을 나

오면 실전에서 나타난 문제점에 대해 다시 특별훈련을 실시했다.

- 스포츠서울, 2009. 11. 11. 수. 2면

왜 한국축구가 유럽과 남미에 아예 경쟁이 되지 않는가?
기억하여 잊지 않기 바란다.

(1) 유럽과 남미는 '집단지성'조직의 조력을 받아 가르친다.

유럽과 남미는 철저하게 클럽축구다. 우리처럼 학원축구는 없다. 프로 축구선수도 거의 대부분이 프로구단 산하의 유스 시스템에서 육성되어 배출된다. 이 과정에서 각계각층의 전문가들로 구성된 집단지성의 지속적인 도움을 받는다. 총괄 매니저, 분석가, 스포츠과학자, 의무 트레이너, 스카우터, 스포츠심리학자, 발달심리학자, 교육공학자, 선수 임대관리, 장비 매니저, 유소년 교육 담당자, 선수 생활지원, 영양사 요리사, 시설 전문가 등이다. 여기에다 오랜 역사 속에서 정립된 앞서 있는 유스 코칭 시스템을 감독 코치가 적용하고 있다.

반면, 한국 초중고 대학팀과 현재 우후죽순저럼 생겨나고 있는 초중고등부 사설 클럽축구팀에는 이게 없다. 오로지 소속 팀 감독 코치가 자신의 지식과 경험으로만 가르친다. 프로 유스팀도 별반 다르지 않다. 한국 프로구단 유스 시스템의 대표격인 포항 스틸러스도 사무국의 유스 담당 직원 한명과 초 중 고 유스팀의 감독 코치들로 구성되어 있다. 구조가 이러하기에 이들에게 세계 경쟁 우위를 확보할 수 있는 무엇이 나오겠는가? 불가능하다. 한국의 축구 감독 코치 중 집단지성을 조직하여 활용한 지도자가 한 명이라도 있는가? 이러니 한국 축구가 유럽과 남미와 경쟁이 되겠는가?

스스로는 열심히 하고 잘하고 있다고 생각하지만 한국 프로구단 유스는 여전히 구석기 시대를 면하지 못하고 있다. 참고로, 유럽 빅 3에 가장 많은 선수를 공급한 팀은 바르셀로나이고, 유럽 축구 전체에 가장 많은 선수를 이적시킨 팀은 아약스다. 프리미어리그에서 유스 시스템이 최고로 앞서 있는 팀이 웨스트 햄이다. 웨스트 햄은 공공연히 "우리는 선수를 길러 파는 것을 목표로 하는 팀이다."고 말한다. "팀을 육성하는 것이 아니다. 선수 개인을 위한다.", "신체의 크기는 전혀 중요하지 않다"고 강조한다. **U 16까지는 공식 경기를 하지 않는다.** 연습 목표도 승리가 아니라 유소년 선수 개인의 발전에 초점을 맞추고 있다. 실제로 제대로 육성하여 많은 이적료를 계속 벌어들이고 있는데, 대표적인 선수로는 프랭크 람파드, 리오 퍼디난드, 조 콜, 저메인 데포, 글렌 존슨, 마이클 캐릭 등 걸출하다.

(2) 감독 코치의 지도력도 유럽과 남미에 뒤지고 있다

여기에다 코칭 철학도 유럽과 남미에 비해 빈곤하고 수준 낮다. 대부분의 지도자가 선수를 지시와 통제의 대상으로 본다. 섬김과 소통의 리더십을 찾아보기 어렵다. 감독 코치의 생각의 크기도 조그마하고 평생교육 시스템도 없다. 유럽은 한국에 비해 오랜 기간에 걸쳐 다양한 내용을 보다 깊이 배운다. 특히 스페인, 이탈리아, 독일은 지도자 강습회 교육과정이 깊고 정밀하기로 유명하다. 무엇보다 협회의 지도자 강습회 목적이 한참 잘못되어 있다는 의구심을 지울 수 없다. 선수 시절 깊고 광범위한 자연, 사회, 인문과학과 고전, 철학, 경영학, 교육학, 정신세계 등을 배우지도 공부하지도 못했기에 스스로 창의성을 길어 올려 새롭고 혁신적인 팀 경영 방안을 만드는 걸 힘들어한다. 독창적인 이론, 깨달음과 통찰을 쥐어주는 연습 방법을 만들어 낼 수 있는 자원이 빈곤하다.

프로 감독이나 코치가 더러 유럽 연수를 가면 약속이나 한 듯 감탄과 칭찬 일색이다. 이래서야 어느 세월에 유럽과 남미를 이길 수 있을까? 유럽과 남미에서 배우는 건 나쁘지 않다. 그러나 여기에서 더 나아가야 한다. 시간과 역량의 한계로 그곳에서 배울 수 있는 건 극히 일부분이며, 이걸 한국에 와서 적용하는 순간 그곳에서는 새로운 지식과 방법이 등장한다. 이런 방법으로는 그들을 이길 수 없다. 그들에게 배우는 동시에 그들을 능가하는 방안을 만들어낼 수 있는 토대(학문)를 가진 사람만이 유럽과 남미를 넘어서는 시스템을 창조할 수 있다.

(3) 축구 시장과 축구 문화에서 그들과 경쟁이 되지 않는다.

가레스 베일의 이적료가 1,200억 원이었다. 호날두 네이마르 이과인 포그바 모두 1,000억 원 이상의 이적료 선수들이다. 대한축구협회의 1년 예산이 850억 원으로 가레스 베일의 이적료 보다 적다. K리그 1년 중계권료가 65억 원이다. 한국프로야구가 360억 원이다. K리그는 한국프로야구의 18%에 지나지 않는다. 중국의 수퍼리그는 2,267억 원이며, J리그는 2,665억 원이라고 한다. 프리미어리그는 2조 9,600억 원으로 K리그의 422배다.

반면, 한국 최고의 스포츠는 프로야구다. 거기다 영화, 게임 등 K리그보다 경쟁력에서 앞서고 있는 분야도 여럿 있고, 계속 등장하고 있다. 비고객이 항상 시장을 움직인다. 비고객은 왜 K리그의 상품과 서비스를 외면하는가? 한국 축구 역사 135년 동안 단 한 명의 월드클래스를 내지 못하고 있는 또 하나의 원인이다.

몇 가지 이유를 들었다. 자녀를 프로 선수로 성공시키려면 반드시 부모가 나서야 하는

근거를 이해했는가? 선수 성공에 감독 코치가 할 수 있는 건 아무리 많아도 100% 중 15%도 안된다. 감독 코치에게만 의존하면 세계적인 선수는 커녕 K리거도 되기 어렵다는 걸 하루 빨리 자각해야 한다. 실제로 초등선수가 K리거가 될 확률은 0.5~0.8%에 불과하다. 어렵게 그리고 운좋게 K리거가 되어도 1년 안에 방출되는 선수가 수두룩하다. K리그 선수 생활이 평균 2년~2년9개월로 길지 않다. 선수의 경기력이 고만고만하기 때문이다. 글쓴이는 한결같이 주장하고 있다. "K리그는 7번째 선택으로 하라, 고3 때 유럽 빅 3 명문팀 주전을 목표로 하라."고. **감독 코치를 변화시킬 수 없으니 부모가 나서야 한다.**

3) 고교 이후에는 어떻게 해야 하는가?

프로선수를 목표로 고교 시기부터 본격적으로 축구하거나 드물게 '축구 신동'으로 평가받아 초중등부터 프로선수를 지향한다면 부모는 무엇을 어떻게 해야 하는가? 실패를 줄이고 성공 가능성을 높이기 위해 해야 할 일이 많다. 몇 권의 책으로 내어도 모자란다. 여기서는 지면 관계상 그리고 읽는 이의 시간을 절약하기 위해 보다 중요한 몇 가지만 제시하기로 한다. 관통하는 일관된 흐름은 '**의도적인 계획, 과학적인 실천 그리고 정확한 피드백**' 이다.

(1) 크고 구체적이며 선명한 목표 가져라.

미리 진출하고자 하는 유럽 빅 3의 한 팀을 정하고 고3의 12월에 주전으로 진출하기를 강력하게 제안한다. 크고 가치 있으며 대담한 목표는 선수를 동기부여하고 지속적으로 근면과 열정을 이끌어낸다. 아직도 목표로 하는 팀, 구체적인 입단 시기를 정하지 않고 축구하고 있는가? 배가 항해하고 있는가, 표류하고 있는가? 일주일 안에 진출하고자 하는 팀을 정하라!

(2) 날이 갈수록 '근면과 열정'을 높여 가라

선수의 재능은 오직 3가지뿐이다. 첫째, 근면과 열정이다. 그 무엇보다 앞서는 가장 중요한 재능이다. 이 둘을 얼마나 오래, 얼마나 강도 높게 실천하느냐에 성패가 난다. 1주일, 1년 근면과 열정을 실천하는 선수는 많다. 그러나 축구 시작부터 은퇴할 때까지 이 둘을 견결하게 지켜가는 선수는 드물다. 세상의 축구 선수는 한 명도 실패하지 않는다. 다만 근면과 열정 부족으로 자멸할 뿐이다. '부상'이라는 불청객도 근면과 열정이 부족한 선수를 집요하게 공격하여 넘어뜨린다.

(3) 학과 공부도 계속해야 한다.

스페인의 경우 후베닐 A(고교 나이)에 들어가야 프로선수를 목표로 입문했다고 주위에서 인정한다. 그렇다고 이 선수가 학과 공부를 등한시하고 축구에 올인하지 않는다. 학과 공부가 일정한 순위(50% 이내)에 들지 않으면 경기에 출전할 수 없고, 유급제도가 시행되고 있다. 공부할수록 축구 경기력도 더 빠르게 향상된다. 두뇌는 우리 몸의 전략사령부다. 운동하면 산소와 영양 공급이 원활해져 뇌 세포 증가가 활발해지고 뇌의 신경회로가 다양해지고 구조화된다. 자연스럽게 판단력 이해력 공간지각능력 추진력 절제력 등 온갖 정신능력이 향상되고, 축구 경기에 그대로 연결되어 발현하기 때문이다. **여기에다 공부해야 대회에 출전할 수 있다.**

2016년 4월 19일 교육부에서는 학교 운동부에서 활동하는 청소년 선수의 경우 내년부터 '**최저학력제**'를 전면 실시한다고 밝혔다. 최저학력제란 수업권 보장을 위해 선수의 점수를 교과별 평균 성적과 비교, 초등학교 50%(국어·영어·수학·사회·과학), 중학교 40%(국어·영어·수학·사회·과학), 고등학교 30%(국어·영어·수학)를 넘어야 대회 참가를 허용하는 제도를 말하며 초등학교 4학년부터 고등학교 3학년까지 시행된다.

더불어 한국대학스포츠총장협의회(KUSF)에서는 2018학년도부터 체육특기자 입학전형에서 수학능력시험 (수능)성적과 내신성적을 일정수준 또는 일정비율 이상 반영하도록 하였으며(제21조 3항), 앞으로 학생 선수는 직전 2개 학기 학점 평균이 C이상을 취득하여야만 협의회 주최 및 주관 또는 승인하는 대회의 경기에 출전할 수 있다고 발표했다.

부산아이파크 U-15 낙동중 오상준, 조위제 선수 전교에서 사이좋게 성적 1, 2등 장신 센터 백 듀오의 막강한 수비력으로 2016 대교눈높이 전국중등축구리그 무패행진 이끌어

부산 지역의 학생 축구선수가 축구도 하며, 나란히 전교 1,2등을 차지해 화제이다. 그 주인공은 부산아이파크 프로축구단 산하 U-15팀인 낙동중학교의 오상준, 조위제 선수이다. 두 선수는 부산 연령별 대표에도 차출이 될 만큼 축구에서 뛰어난 두각을 나타내고 있다. 평소 훈련뿐만 아니라 학업도 게을리 하지 않고 거둔 쾌거라 더 의미가 있다. 부산 아이파크 U-15 낙동중 정수진 감독을 비롯한 코치진은 "상준이는 미래 선수 재목으로 타고났고 특별한 아이다. 주장으로서 예의범절도 바르고, 앞으로도 성장 가능성이 있어 기대가 된다." 고 칭찬하며, "완벽주의자이기 때문에 실수에 자책하는 모습도 있는데 성장 과정의 일부분이니 고민보단 더 크게 성장할 자양분이라 생각하면 좋겠다." 라며 격려했다.

　조위제 선수는 초등학교 회장을 맡을 정도로 친구들 사이에 인기가 많고 모범생이다. 이 두 선수들에게 좋은 성적을 거둔 비결을 물어보자 "수업시간에 선생님이 하시는 말씀을 놓치지 않고 집중했고, 훈련 후 집에 가서도 복습을 게을리 하지 않았다." 라고 답하며 앞으로도 최선을 다하겠다며 포부를 밝혔다.

- 풋볼뉴스 / 블루문 / 2016. 6. 23

　이런 사례에서 우리는 '**할 수 있다**'는 희망을 가지게 된다. 이 두 선수가 지능지수가 특출해서 이런 게 아니다. 학교 수업에 충실하게 출석했고, 심화학습에 필요한 만큼 개인 시간을 투자하여 복습했기 때문이다. 즉, 학습에 필요한 시간만큼 학습에 사용한 시간이 있었기 때문이다. 학습에 필요한 시간은 선행학습 성취도, 적성 등에 따라 학생마다 다르나 학습에 필요한 시간만큼 학습에 사용하면 누구나 완전학습을 달성할 수 있다. 100세 시대에 프로선수로서의 기간은 짧고, 감독 코치 그리고 한 인간으로서의 삶이 훨씬 더 길다. 초중고 대학의 학생선수 시절 공부를 해야 하는 진정한 이유가 여기에 있다. 유럽에 축구 명장(감독)이 많은 것은 학생 시기와 프로선수 시절 꾸준히 공부를 해왔기 때문이다. 이 점은 한국 축구 선수들과는 극명하게 대비되는 점이다. 공부는 전에는 절대로 할 수 없었던 일을 할 수 있게 한다. 감독 코치는 아는 만큼만 가르칠 수 있고, 공부하는 만큼만 가르칠 수 있다.

(4) 매일 세계 최고의 개인 연습을 실행하라

(5) '프로선수 만들기 매뉴얼' 만들어 활용하라

　초등선수가 K리거가 되지 못할 확률이 99.2~99.5%다. 지나치게 너무 높다. 유럽 무대는 그림 속의 떡이다. **현재의 선수 지도, 선수 육성 방법이 터무니없이 비효과적이라는 생생한 증거다.** '**실패했다**'는 건 시도한 그 방법이 잘못되었다는 증거다. 새로운 방법을 찾아야 한다는 신호이기도 하다. 그러나 한국 축구는 실패한 방법을 어제나 오늘도 내일도 끈질기게 답습하고 있다. 학부모도 별다른 대책 없이 그저 세월만 보내고 있는 형국이다. 고교 3년 동안 최소 8,000만 원 이상, 대학선수는 4년간 1억2천만 원 이상 들어간다. 대학에 진학했지만 자신의 실력에 좌절하여 스스로 그만 두는 선수가 속출하고 있다. 그 오랜 기간 쏟아 부은 시간, 돈, 노력, 그 마음이 프로로 진출하지 못하는 어느 순간 수포로 돌아간다. 사회에서도 무엇을 제대로 할 능력도 없다. 다른 분야는 배우지 못했고 연습하지 못했기 때문이다.

고교 선수는 프로 선수를 목표로 한다는 걸 명확히 밝힌 상태다. 취업 준비의 성격이 강하다. 그러나 지금처럼 하면 거의 다 실패한다. 성공 가능성을 높여야 한다. 그 방법을 찾아야 한다. 이때 최고 최선의 선택이 '**프로 선수 만들기 매뉴얼**'을 만들어 활용하는 것이다. 이 일 역시 감독 코치가 하지 않기에 부모가 해야 하지만 이렇게 하는 부모가 있는지 궁금하다. 개인적으로 아직 들어본 적이 없다.

'**프로 선수 만들기 매뉴얼**'은 지금보다 비교할 수 없을 정도로 성큼 높여준다. 비용은 그리 많이 들지 않지만 그 효과는 상상 이상이다. 그리고 한국축구계에서 이 매뉴얼을 온전하게 만들 수 있는 사람은 2명 정도 있다.

(6) 코칭 상품을 적극 활용하라

(7) 의논할 수 있는 멘토를 가져라

자전거 타이어가 펑크 나면 자전거포에 간다. 배가 고프면 음식점으로 간다. 문제와 필요를 해결해주기 때문이다. 선수 생활 역시 선택의 연속이다. 어느 학교로 진학하느냐, 학원축구냐 클럽축구냐, 전방십자인대 파열은 어느 병원이 잘 치료하는가, 축구와 공부를 병행하는 방법이 있는가, 어떻게 해서 담배를 끊게 할까(실제로 술 담배를 하는 선수가 여러분의 생각보다 많다), 시간이 나면 드리블 레슨은 누구에게 배울까, 나에게 어울리는 최적의 축구화는 무엇인가 등등. 현실은 학부모와 선수가 어느 한 분야에도 전문가가 아니다. 그럼에도 혼자 생각하다 결정하거나 전문가가 아닌 주위의 지인들과 의논하여 선택한다. 최적의 선택이 아닐 개연성이 높아진다. 이때 멘토가 필요하다. 각계각층의 전문가(멘토)를 활용하면 시행착오를 줄이고, 목표 성취시기를 앞당기며, 자원을 효과적으로 활용할 수 있다. 이러하기에 평소 여러 분야의 멘토를 만들어 두고 필요 시 의논하여 보다 올바른 선택을 할 수 있다. 인생에서나 축구에서나 열심 이전에 방향이 더욱 중요하다.

(8) K리그는 7번째 리그로 선택하라

크게 생각해야 한다. 언제, 어디서나, 누구에게나 자기 자신을 제한해서는 안된다. 인생은 온통 기적으로 이루어져 있다. 인간 한 사람 한 사람은 모두 우주의 걸작품이다. 〈뉴마인드 코칭론〉(嶋田出雲 지음 / 대경북스)에 이런 내용이 나온다. 군(郡) 대회에서 우승하려면 도(道) 대회에서 우승을 목표로 하는 것처럼 연습하고, 도(道) 대회에서 우승하려면 전국대회에서 우승을 목표로 하는 것처럼 연습하라! 아시안게임에서 우승하려면 세계 대회

우승을, 세계 대회에서 우승하려면 우주 대회에서 우승하려는 것처럼 연습하라!

선수의 목표 설정도 이와 같다. K리그는 7번째 순위로 선택하는 리그로 하기를 권유 드린다. 유럽 빅 3 명문구단 주전을 목표로 하라. 최선을 다해 성취하면 좋고, 안되면 다음 순위에 성공할 개연성이 높다. 유럽리그 서열 4~8위도 있고, 중국리그 중동리그 일본리그도 있다. 프로 축구선수는 축구가 직업이다. 돈 많이 벌어 돈 문제에서 자유로운 재정적 성공을 이루고, 어려운 이웃(고아 노숙자 병자 가난한 자 독거노인 외국인 새터민 등)을 무제한으로 구제하면 아름답고 장엄한 일이다.

그러나 축구 시장이 조그마한 K리그는 K리그 경험이 없는 신인 선수의 자유계약금 상한선이 1억 5천만 원이다. 신인 선수들을 S, A, B 등 3등급으로 나눈 뒤 S등급의 경우 계약기간 5년에 계약금 최고 1억 5천만 원, 연봉 3천 600만 원이다. 계약금이 없는 A, B 등급의 경우 A 등급은 계약기간 3~5년에 연봉 2400만 원~3600만 원이며 B 등급은 1년 계약에 2천만 원으로 묶여 있다. 물론 가까이 일본의 J리그, 중국의 슈퍼리그는 당연히 계약금과 연봉에 상한선이 없다. 실력에 따라 받는다. 2016년 5월 곤살로 이과인(아르헨티나)은 헤베이 화샤 상푸로부터 주급 80만 유로(한화 12억 원)에 달하는 파격적인 대우를 제의 받은 것으로 알려졌다. 연봉으로 환산하면 624억 원(1년은 52주)에 달하는 어마어마한 제안이다. 메시, 호날두(약 280억 원 추정)보다 훨씬 많은 세계 최고액 연봉이다. 이과인은 거부했다.

한국프로야구는 신인선수의 계약금과 연봉에 제한이 없으며, 일례로 롯데 1차 지명 윤성빈의 계약금이 4억 5천만 원이었다. 이보다 많은 경우도 자주 보도되곤 한다. 초등선수가 K리거가 될 확률이 0.5~0.8%로 실낱같은 한 줄기 가능성을 고군분투, 악전고투 끝에 성취하여 전문직이 되었건만 웬만한 중국집 짜장면 배달원도 이보다 많다. 프로축구연맹과 만성적자에 시달리는 K리그 구단의 카르텔(담합)의 구정물을 신인 선수에게 덮어씌우고 있는 모양새다. 16/17 리그를 준비 중인 바이에른 뮌헨이 450억 원의 이적료를 지불하고 18세(1997년 8월 18일 생)의 헤나투 산체스(포르투갈)를 영입했다. 18세의 어린 한 선수의 이적료 450억 원, 23개의 K리그 구단 중 1년 예산으로 이보다 많이 사용하는 구단은 하나도 없다. 34번째 리그를 치르고 있는 K리그 이적료 기록은 김기희(전북 현대)의 72억 원이다.

(9) 개인기의 세계 경쟁력을 가능한 일찍 확보하라.

고교 1학년 때까지는 공식경기를 하지 않아도 아무 문제가 안된다. 이 시기에는 무엇보다 개인기의 세계 경쟁력 확보에 총력을 기울여야 한다. 이게 되면 성공하지 않으래야 성공하지 않을 수 없다.

4) 글을 맺으며

사람마다 지식과 경험이 다르다. 그 결과로 사물과 현상을 판단하고 선택하는 방식도 각양각색이다. 습관도 천차만별하다. 그러나 누구나 자신의 선택과 행위의 결과에 대한 책임을 져야 한다.

누구는 장문이라 아예 읽지도 않을 것이고, 또 누구는 읽고 생각하나 자신의 생각과 다르다고 지나갈 것이다. 그는 '그렇다.'고 생각하나 실천하지 않을 수도 있을 것이다. 가장 잘 활용하는 이는 깊이 그리고 다방면으로 검토한 후 그러하다고 여겨지면 실행에 옮기는 사람이다. 1톤의 생각보다 1그램의 행동이 세상을 변화시킬 때가 많다.

2. 고교 축구선수, 대학에 가야 하는가?

고교 축구선수는 대학에 가야 하는가? 논란이 많은 주제다. 자신이 서 있는 위치에 따라, 이해관계에 따라 서로 다른 입장을 나타낼 것이다. 당면한 고3 선수와 학부모는 어느 한 쪽을 선택해야 할 것이다. 고1,2학년 선수와 학부모도 여기에 대한 고심이 많을 것이다. 거의 대부분의 고교 선수는 이미 프로 축구선수가 되기로 목표를 정한 상태다. 대학 진학이 프로 축구선수가 되는 데 더 유리한가? 아니면 고교에서 바로 프로로 가야 하는가? 정답은 없다.

이 글은 고3 선수와 학부모에게 하나의 판단 자료가 되리라 여겨진다. 그러나 선수와 학부모의 선택에는 거의 영향을 주지 못할 것 같다. 왜냐하면 습관의 관성대로 생각하고 선택할 것이기 때문이다. 이해 당사자인 대학과 고교 감독이 이 글에 반감을 가질 가능성이 많을 것이다. 이들을 존중한다. 우주는 한 생명을 온 천하보다 귀하게 여긴다고 한다. "잘못은 미워하되 사람은 미워하지 말라."는 가르침 그대로 잘못된 행위를 지적할 뿐 결코 사람을 미워하지 않는다. 이 점 오해 없기를 당부드린다. 동시에 이 글이 언제나 어디서나 누구에게나 타당하다고 인정받을 수 있는 정답도 아닐 것이라고 여겨진다. 서로 다른 다양한 견해가 있고, 이러한 다양성이 변화와 발전의 원동력이 된다. 대학, 대학의 감독 코치, 고교 감독 코치, 선수와 학부모, 축구 전문가, 국민은 이미 자신의 입장을 가지고 있다. 이 글을 읽고 이미 가지고 있는 자신의 판단과 비교하고 분석하여 보다 올바른 결론을 얻기를 기대한다.

1) 현재 상황

2015년부터 드래프트제도가 폐지되어 프로 구단은 자유계약제로 선수를 선발한다. 2014년까지는 드래프트, 번외 지명, 우선 지명, 자유계약제 등의 방법으로 선수를 선발했다. 이들 중 주전으로 자리 잡은 선수는 손가락으로 꼽을 정도로 극소수다. 프로 유스 소속으로 우선 지명받은 선수도 프로 팀에 직행한 선수는 드물고 대부분 대학으로 진학하고 있다. 주전 경쟁에서 밀리기 때문에 한 선택이다. 현실은 이러하다. 대부분의 고교 선수와 학부모는 대학에 진학하려고 한다. 그것도 가능하면 서울과 수도권에 있는 대학에….

현실은 고교 선수가 대학에 갈 수밖에 없는 구조다. 160여 개 팀의 고3 선수 중 K리그에 바로 진출하는 숫자는 극소수다. 나머지는 대학에 가거나 실업팀, 아니면 축구를 그만 두는 상황이다. 160여 개 팀의 고3 선수가 80개 정도의 대학에 진학하려니 자연 경쟁이 치열하다. 대학마다 특기자 입학 규정이 있지만 지켜지는 대학은 드물고 인맥 학연 돈으로 대학 선수를 선발한다는 학부모들의 원성도 끊이지 않고 있다. 수시로 6번, 6개 대학에 응시하지만 이미 뽑을 선수는 정해져 있고 들러리에 지나지 않았다는 하소연도 무성하다. 선수는 미리 미리 준비하여 외국 프로구단으로 진출하면 자연스럽게 대학 진학을 놓고 고심하지 않아도 된다. 한국경제가 어렵다고 한다. 제 4차 산업혁명에 따라 가지 못하고, 구조조정도 더디며, 기업가 정신이 쇠락했다고 한다. 브라질은 해마다 600~1,000여 명의 선수와 많은 지도자를 해외에 진출시키는 등 축구산업으로 해마다 83조 원 이상을 벌어들이고 있다. 한국이 인구 대비 세계 1위의 선수 수출국으로 매년 수십조 원의 돈을 벌어들여 한국 경제의 어려움 극복에 큰 힘이 되면 통쾌한 일이 될 것이다.

2) 고교 선수의 대학 진학이 바람직하다는 입장

대학 축구팀 감독과 대학은 고교 선수의 대학 진학을 적극 권장한다. 고교 감독도 그러하다. 선수가 있어야 대학 팀이 유지되기에 대학 축구팀 감독에게는 생계가 걸린 문제고 대학은 재정 확보에 도움이 되기 때문이다. 실제로 2006년을 기점으로 갑자기 40개 대학팀이 생겨나 그 전의 대학 축구팀 수를 일거에 앞질렀다. 현재 남자 대학팀 수는 80개 팀이 넘는다. 아래는 대학 진학을 옹호하고 적극 권장하는 이들의 논리다.

(1) 주전 가능성이 희박하다

축구 경기의 4가지 구성 요소는 체력 개인기 전술 정신력이다. 고3 선수가 아무리 뛰어나도 기존의 프로선수에게 이 4가지 모두 뒤진다. 프로 팀에 직행해도 소수의 몇몇 선수를 제외하고는 주전 가능성이 거의 없다. 대학 가서 좀 더 실력을 쌓은 후에 프로 팀에 가야 고3 때 프로에 직행하는 것보다 주전 경쟁력이 높아지고 보다 안정적인 프로 선수 생활이 가능해진다.

(2) 대학 졸업장과 폭넓은 대인관계는 이후 사회생활에 도움이 크게 된다.

사회 분위기로 볼 때 대학 졸업은 선택이 아니라 필수다. 취업(선수의 경우 프로 팀 입단)을 하든가 자영업을 하든가 그 무엇을 하든 고교 졸업생은 명함을 내밀기 어려운 처지가 아닌가? 거기다 대학시절 만들어 놓은 인적 네트워크는 사회생활에 크게 도움이 된다.

(3) 다른 대안이 없지 않은가?

고교 졸업하면서 프로 팀에 가지 못한 선수가 계속 축구를 하는 방법은 대학 진학이 최선이다. 대학 4년 동안 시간을 벌고 실력도 길러 프로행을 시도할 수도 있지 않은가.

3) 고3 선수의 대학 진학을 반대하는 입장

(1) 대학에서 배울 게 없다

대학 4년은 결코 짧지 않은 기간이다. 엄청 길고 더없이 중요한 시간이다. 최고 최선의 방법으로 가르치면 **늦어도 3년 안에** 유럽 빅 3 명문 프로구단으로 해마다 이적료 200억 원 이상의 선수를 2명 이상 보낼 수 있다. **고교 선수도 3년 안에 완성시켜 이와 같이 할 수 있다.** 누구에게는 불가능하게 여겨지지만 한결같이 축구를 공부하는 사람에게 이 일은 어렵지 않다. 충분히 해낼 수 있는 일이다. 현저하게 탁월한 지도력과 경영을 밝게 알고 있다면…. 현실은 어떠한가? 아직 대학, 고교 축구 지도자 아무도 이 일을 못하고 있다. 한국에서 이렇게 할 수 있는 사람은 오직 두 사람 있으며 이 둘은 재야에 있다.

무협소설에 비유하면 강호에 숨어 있는 초절정고수다. 이미 한국을 넘어 세계 경쟁에 들어가 있으며 월드클래스 육성 시스템을 완비해 두었다. 감독 코치는 수시로 자신에게 질문해야 한다. '지금 나의 지도력이 한계에 와 있지 않은가?'라고. 팀 경영, 선수 지도, 평생교육 등에서 **감독 코치가 아무리해도 풀리지 않을 때** 글쓴이에게 연락하기 바란다. K리그 감독뿐만 아니라 각급 국가대표 코칭스태프 그리고 모든 레벨의 감독 코치는 생각지도 못한 엄청난 영감과 아이디어를 얻어갈 것이다.

(2) 대학 생활은 시간, 돈, 노력, 인생의 낭비다

누가 대학에 가는가? 프로 팀에 가지 못한 고교 졸업 선수와 프로 팀에 선택받았으나 주전에 자신 없는 선수다. 경기력이 부족한 선수가 대학에 간다. 선수는 대학에 가기 위해 축구를 하는 게 아니다. 보다 빨리 프로 팀에 입단하여 보다 오래 선수로 자아실현을 이루고 경제적으로도 자립을 성취해야 한다. 대학 4년을 보내고 28세 전에 입대해야 하는 한국의 현실, 프로 선수생활이 줄어들 수밖에 없지 않는가? 거듭 거듭 말하지만 대학 4년은 돈 낭비, 노력 낭비, 시간 낭비, 인생 낭비다.

(3) 지나치게 비용이 많이 들어간다.

대학 1년에 최소 3000만 원 이상 들어간다. 월 회비 150만 원(웬만한 교교팀도 이 정도 한다), 여름 겨울 전지 훈련비 각 120만 원, 대회 출전비 2회 각 100만 원, 등록금 2회 각 700만 원이면 3640만 원이다.

a. 월 회비 1년 누적 : 1800만 원
b. 전지훈련비 2회 : 240만 원
c. 대회 출전비 2회 ; 200만 원
d. 등록금 2회 : 1400만 원

설 추석 떡값, 스승의 날 선물비, 감독 코치 생일, 차량비, 김장비, 심판 로비비, 대회 우수 성적 사례비, 선수 스카우트비, 프로 구단 취업 로비비, 경기 관람비, 간식비 등 온갖 이름으로 부과되는 비용을 포함시키면 금액이 껑충 늘어난다. 축구화 등 개인 장비 구입비도 만만치 않고 주말리그나 대회에 참관하러 가는 학부모의 경비도 적지 않다.

대학 입학할 때는 목돈이 들어간다. 고교팀 수는 학원팀 167개, U-18 클럽팀 135개로 총 302개 팀 정도다. 대학 팀은 80개다. 2015년 기준 대한축구협회 자료에 따르면 고등학생 등록선수는 현재 5,284명이며 대학생 등록선수는 2,643명으로 고교 등록선수의 절반에 불과하다(김현회 기자). 이러니 대학 입학 경쟁이 치열하고 추악한 비리가 생겨난다. 브로커가 날뛰고 일부 고교 감독이 브로커 역할을 하기도 한다. 대학 진학을 조건으로 선수 부모에게 받은 돈을 대학 감독에게 전하고 일부를 챙기는 것이다. 우수한 선수에게 묻어가는 일명 **'끼워 넣기'로** 들어가는 선수의 부모는 뭉칫돈을 상납하지만 은밀하게 진행되기에 드러나지 않고 있다. 감독은 이 돈을 축구부장(대학의 보직교수)과 체육과 교수에게 상납하기도 한다. 일종의 보험 성격이다. 가증스럽기 짝이 없다.

"나의 경험처럼 확실한 것은 없다."(프란시스 베이컨)는 말 그대로 대학 선수를 둔 적지 않은 학부모 겪은 일이 아닌가. 그 감독이 적지 않은 돈을 요구하자 대학 진학을 포기하고 제주 유나이티드로 입단했다는 **구자철 선수** 아버지의 증언을 모르는 학부모들이 있을까? 서울의 몇몇 명문대는 최소 5천만 원 이상, 수도권 명문대는 3천만 원 이상 이런 소문이 떠돌아다니고 있다. 이건 범죄행위다. 대학 진학을 미끼로 학부모에게 돈을 챙기는 건 '**배임수재**'다. 배임(감독이 맡은 임무를 배반하고) 수재(사사로이 돈과 재물을 챙기는)는 형법상 처벌 대상이다. 더러 발각되어 뉴스화되고 감독직을 물러나거나 구속된 사례도 적지 않다. 감독이 콜 하지 않은 선수가 수시에 합격하자 새 학기에 축구부 숙소에 들어오지도 못하게 하고 이런 저런 불이익을 주자 선수생활을 접었다는 이야기도 들려오곤 한다.

A씨는, 속으로는 거짓되고 심히 부패하여 더러운 악취를 풀풀 풍기지만 겉으로는 교육자인 양 하는 적지 않은 대학 감독들의 추악한 영혼을 불쌍하게 여기고 있다. 이처럼 대학 선수는 감당하기 힘든 돈을 내어야 하기에 부모의 등이 휠 지경이다. 회비와 제반 비용을 제대로 못 내어 아들이 팀에서 구박받자 괴로워하다 자살해버린 아버지도 있다. 저성장으로 침체되어 가는 한국경제, 가계 부채 1,100조 원을 넘어 이자 부담으로 구매력이 낮아지고 하우스푸어가 서서히 등장하는 이 시대에 대학 안가는 게 부모에게 효도하는 확실한 길이다. 선수는 더 이상 부모를 고통스럽게 하지 말라!

4) 대학 낭만보다 9급 공무원, 노량진 몰리는 공딩들

"취업 안 되는 대학 가는 건 시간 낭비"라며 공무원 학원에 등록하는 고3과 재수생이 늘고 있다. 취업난이 만든 신풍속이다. 2016년 1월 11일 오전 8시 30분 서울 동작구 노량진의 E공무원 학원. 영하 6도의 매서운 칼바람을 뚫고 수강생 150여 명이 강의실로 하나 둘 모여들었다. 모니터와 스피커가 설치된 90평 남짓한 대형 강의실에서 수업이 시작됐다. 대학 졸업반 학생부터 40대 늦깎이 공무원 준비생까지 다양한 수강생들이 옹기종기 모여들었다. 그런데 한눈에 봐도 고등학생임을 알 수 있는 앳된 얼굴이 여럿 눈에 띄었다. 실제로 이날 강의를 들은 수강생 150여 명 중 25명이 고등학교 3학년이거나 재수생이었다. 지난 해 수능을 치렀다는 한아영(19. 고3 졸업반)양은 "취업이 보장되지 않는 대학 진학 대신 공무원 시험을 준비하기로 결정했다"며 "아침 8시부터 오후 10시까지 학교에 다니던 고3 때처럼

학원 수업을 듣고 자율학습을 하고 있다"고 말했다. 안지혜(20.재수생) 씨는 "대학에서 어정쩡하게 시간을 낭비하는 것보단 공무원 합격을 위해 하루라도 빨리 공부를 시작하는 게 낫다고 판단해 수강을 시작했다"고 말했다.

- 중앙일보, 2016. 1. 13. 수. 18면

5) 또 하나의 견해

2015년 8월 독특한 한 권의 책이 출간되었다. 「그들은 왜 이기는 법을 가르치지 않는가」 (조세민 지음 / GRIJOA FC / 2015.8.20 /13,500 원)이다. 저자는 스페인에서 5년간 (2010~2014) 축구 유학하면서 UEFA B 라이선스를 보유하고 2013~2014 스페인 UE 코르네아 후베닐 D팀 코치로 일하다 귀국, 현재 이랜드 FC U-12 감독이다.

책에 의하면, 스페인의 초중고 학생은 거의 모두가 축구를 하고 있으며 부모도 적극 권장한다. 건강을 위하여, 취미생활로, 생활 속의 스트레스를 해소하는 통로로 축구를 즐긴다. 그러나 중 3학년 2학기가 되어 축구냐, 공부냐를 선택하기에 학습 결손의 후유증이 없다. 성적이 50% 미만이면 대회에 출전할 수 없도록 되어 있기에 공부하지 않을 수 없도록 해놓았다. 우리처럼 학생 신분의 선수가 공부는 뒷전이고 축구에 올인하는 건 제도적으로, 사회 상식으로 허용하지 않는다.

한국의 초등학교 선수의 합숙 생활, 이런 건 상상도 할 수 없는 어처구니없는 일로 여긴다. 클럽축구가 98% 이상으로 철저히 클럽축구가 정착되었으며 **대학 축구팀은 전무할 정도로 찾아볼 수 없다. 자녀가 선수인 부모는 이 책을 꼭 읽어라고 강력하게 추천드린다**. 읽어가면서 우리와 다른 축구 풍토에 놀라게 되며 부모 자신이 얼마나 자녀를 잘못된 방향으로 몰아가고 있는지 절감하게 될 것이다.

스페인을 비롯한 유럽처럼 초중학생 시절 축구를 취미로 해야 한다. 이 시기는 공부를 우선하고 소수의 특출한 재능만 중학교 3학년 2학기 때 선수의 길로 가면 된다. 부모는 자녀의 인생을 망칠 권리가 없다. 현재 초등 선수가 K리거가 될 수 있는 가능성은 0.5 %도 되지 못한다. 200명 중 한 명 갈까 말까. 어렵게 K리그에 진출해도 선수생활은 그리 길지 못하다. 후보로 전전하다, 부상으로, 감독과의 불화로 또는 가까스로 몇 경기 나서다 주전 경쟁에 밀려 옷을 벗는다. 리그가 끝나면 대폭 물갈이가 이루어진다. 이때마다 수두룩하게 방출된다. 유럽은 아시아 선수를 좋아하지 않는다. 아프리카로 눈을 돌린 지 오래다. 거기다 한국은 선수 이동이 경직되어 있다. 프로 유스가 더하다.

그리고 축구한다고 지금처럼 과도하게 많은 비용을 지출하지 않아야 한다. '**축구 품앗이 시스템**'을 적용하면 초중고 학생들이 월 10만 원 정도로 맘껏 축구를 즐길 수 있다. 그 지역 학부모의 의지만 있으면 간단하게 해결된다. 선수는 왜 축구를 하는가? 자아실현, 돈, 명예욕, 축구 선수가 너무 멋있게 보여서 등등 각자 이유를 가지고 있을 것이다. 다시 선수는 왜 축구를 하는가? **몸이 있기 때문이다.** 드물게 프로선수가 되어도 프로 선수기간은 짧고 인생은 길다. 한국의 모든 축구선수와 학부모에게 이런 선택을 권유 드린다.

프로선수를 목표로 고교부터 본격적으로 축구하는 선수는 고교 3년 안에 작품을 만들어야 한다.

전설적인 육상선수 로저 배니스터는 세계 최초로 1마일 달리기에서 마의 4분 장벽을 깨뜨린 선수다. 그가 기록을 깨기 전까지 이른 바 전문가라는 사람들은 4분 장벽을 인간 육체의 한계라고 믿었다. 그러나 배니스터는 그렇게 믿지 않았다. 배니스터가 4분 장벽을 깨뜨리자, 잇달아 수많은 선수가 기록을 경신했다. 배니스터의 믿음은 자신의 기록뿐 아니라 다른 수많은 육상 선수들의 기록까지 바꾸어 놓았다. 배니스터가 역사적인 기록을 세운 지 한 달 만에 무려 10명의 육상 선수들이 다시 4분 장벽을 무너뜨렸다. 1년 뒤에는 37명이 그 한계를 넘었다. 그리고 2년 만에 그 숫자는 300명으로 늘어났다.

최초로 4분 장벽을 깨뜨리는데 5,000년이라는 세월이 걸렸지만, 그 이후로 300명이 추가되는 데는 2년 밖에 걸리지 않았다. 이것은 배니스터가 그 장벽을 무너뜨리는 것을 보고 다른 사람들도 그렇게 할 수 있다고 믿었기 때문이다. 한때 불가능했던 것이 이제 일상사가 되었다.

- 내 삶의 열정을 채워주는 성공학 사전 / 조원기

1마일을 4분 안에 뛰는 것은 인간에게 불가능하며 만약 그러면 심장이 파열되어 죽게 된다는 고정관념이 인류를 사로잡은 때가 있었다. 스포츠 전문가들과 의학자들은 "인간이 1마일을 4분 안에 돌파할 수도 없으며, 그렇게 하면 폐와 심장이 파열되고 심한 스트레스와 긴장으로 뼈가 부러지고 관절이 파열되며 근육과 인대, 힘줄이 찢어진다."고 경고했다. 이러한 고정관념 때문에 수십 년 동안 1마일을 4분 안에 돌파하는 사람은 아무도 없었다.

- 나는 도서관에서 기적을 만났다 / 김병완 / 아템포 / P 191

1922년부터 인류는 세계에서 가장 높은 산인 에베레스트를 정복하기 위해 끊임없이 시도해 왔다. 하지만 그 산을 정복하는 인간의 수는 기껏해야 1년에 2명에서 3명뿐이었다. 아무리 많은 이들이 도전해도 그 산을 정복하는 사람의 수는 1년에 3명을 넘기기 힘들었다. 이는 60년 이상 지속되었다. 그러다가 놀라운 사건이 일어났다. 1988년을 기준으로 해서 그전에는 1년에 고작 3명 정도만이 그 산을 정복했지만, 1988년 이후부터 그 산을 정복하는 사람들의 수가 기하급수적으로 늘어나기 시작한 것이다. 1987년에도 2명밖에 에베레스트 정상을 밟지 못했다.

하지만 1988년에 무려 50명이 그 산의 정상을 밟았고, 그 후로 성공한 사람들의 숫자가 72명, 90명, 129명으로 늘어났다. 그 이유는 무엇이었을까? 한마디로 고정관념에서 벗어났기 때문이다. 1988년 이전까지는 에베레스트를 등정하고자 하는 모든 원정대는 해발 2000~3000m 지점에 베이스캠프를 설치했다고 한다.

하지만 1988년에 어떤 한 팀이 해발 5000m나 되는 높은 곳에 베이스캠프를 설치했다. 그러자 성공 확률이 갑자기 엄청나게 높아져 버렸다. 그래서 그 팀은 등정에 성공했다. 그것을 본 다른 팀들 역시 하나같이 그것을 따라 했다. 그러자 한 해에 기껏해야 2명이 성공하던 어려운 일이 50명 이상 성공할 수 있는 쉬운 일로 바뀌어 버렸다. 해발 2000m의 낮은 지대에 베이스캠프를 설치하던 고정관념을 깨버리고 해발 5000m의 고지대에 베이스캠프를 설치함으로써 성공 확률이 수십 배 높아진 것이다.

- 나는 도서관에서 기적을 만났다/ 김병완 / 아템포 / P 209 ~210

위의 두 가지 사례에서 보듯이 누구는 시작도 하기 전에 할 수 없다고 말하고 시도조차 하지 않지만 또 다른 누구는 기존의 고정관념을 깨고 성취해내고 있지 않는가! 거듭 말하지만 선수에게 대학 4년은 시간, 돈, 노력, 인생 낭비다. 거기에다 한국은 만 28세 이전에 군에 입대하여 1년 8개월 이상 복무해야 한다. 고교 3년은 결코 짧지 않은 기간이다. 충분히 선수를 완성시킬 수 있는 시간이다. 고 3학년 1학기 때 유럽 빅 3의 여러 팀으로부터 경쟁적인 콜을 받는 실력을 만들어야 한다. 고3 때 목표로 하는 유럽 빅3 명문팀 주전으로 진출해야 한다. 그것도 거액의 이적료를 받고…. 이때 소속 팀 감독 코치의 지도력만으로는 부족하니 — 이런 사례가 한국에 없었다 — 부모 특히 아버지가 나서야 한다. 선수를 성공시키는 열쇠는 감독 코치가 아니라 부모에게 있다는 걸 학부모는 하루 빨리 깨달아야 한다.

거듭 말하지만 한국축구는 월드클래스를 육성할 수 없는 구조적 한계를 가지고 있다. 국내에서 프로 유스 시스템에서 앞서 있다는 포항 스틸러스, 울산 현대, 수원 삼성 모두 너무나 부족하다.

    대학 입시철이다. 현재 고3은 준비할 시간이 없지만 고1,2학년은 졸업 때까지 1~2년이 남아 있다. 이 기간 새로운 마음으로 최고 최선의 방법을 찾아내고 지극하게 실천하여 유럽 빅3 명문팀 주전으로 갈 수 있도록 도전하기를 권유 드린다. K리그는 7번째 선택 순위로 하자. 초등과 중등 선수와 부모는 구체적이고 명쾌한 단기 및 중장기 성공 시나리오를 가지고 추진해야 한다. 학부모 여러분은 이걸 가지고 있는가? 부지런히 연습하면 실력이 점점 향상되고 프로에 갈 수 있겠지, 이런 안이한 태도로는 낭패를 보게 된다. 일의 본질을 꿰뚫어 보는 분별력과 통찰력이 있으면 복잡하게 얽힌 상황 속에서도 최선의 대안을 발견할 수 있다.

    정리해보자.
    초중학교 때까지는 취미로 클럽축구를 하자.
    물론 축구보다 공부에 더 집중해야 한다.
    중학교 3학년 2학기에 공부냐, 축구냐를 선택하자.
    축구를 선택하여 고교 선수가 되었다면 절대로 대학 가지 말고 고3 가을에 유럽 명문구단 주전으로 진출하자.
    K리그는 7번째 순서에 두자.

3. 혼돈과 미몽, 축구선수 부모의 최대의 적!

    이 글은 축구선수 학부모에게 자신의 축구인식이 어떠한지 생각해볼 수 있는 기회를 제공하려는 의도에서 작성했다. 다양성이 민주주의 특징이다. 견해가 서로 다를 수 있고, 자연스러운 일이다. 글 내용이 객관도 타당도 신뢰도가 높은 것도 있고, 그렇지 못한 주장도 있을 것이다. 아무쪼록 생각하고 취사선택하는 과정에서 축구인식이 성큼성큼 성장하여 때때로 만나는 중요한 선택의 기로에서 최적의 선택을 하는 능력을 소유하기를 기원드린다.

1) 들어가며

    여기서 두 가지 사례를 만나보자. 우리에게 무엇을 말해주고 있는가? 이 메시지를 우리는 어떻게 받아들여야 하는가? 그냥 읽고 흘려버려야 하는가? 그렇게 하면 무슨 변화가 일어날 수 있을까?

「**천재들의 뇌**」에 따르면 일본의 바이올린 연주자이자 음악 교육가였던 스즈키 신이치는 일종의 음악교육실험을 했다. 그는 교육에 참가한 부모들에게 다음과 같이 주문했다.
  a. 아이가 한 살이 되면 클래식 음악을 들려줄 것
  b. 두 살 때부터는 음악 감상의 강도를 본격적으로 높일 것
  c. 음악 감상의 효과를 높이기 위해 교육에 참가한 다른 아이들 또는 부모와 함께 들을 것
  d. 부모는 클래식 악기를 배울 것

아이들이 자라면서 음악교육이 보다 전문적으로 진행되었고 아이들은 다들 훌륭한 연주자로 성장했다. 5%는 전문 연주자의 길을 가도 될 정도의 재능과 실력을 갖추게 되었다. **하지만 천재 음악가는 한 명도 나오지 않았다.**

소련은 각 나라의 대표적인 수학 영재들을 모아서 수학 올림피아드를 조직했다. 그리고 12년 동안 세상에 존재하는 온갖 특별한 교육을 시켰다. 천재 수학자를 배출하기 위해서였다. **하지만 소련 정부의 파격적인 후원에도 불구하고 천재 수학자는 나오지 않았다.**

스즈키 신이치의 음악교육과 소련의 수학 올림피아드 교육에 빠진 게 하나 있다. **인문고전 독서교육이다.** 만약 두 실험교육이 카를 비테식 '다른 교육'의 정신과 방법 하에 진행되었다면 어떻게 되었을까? 나는 분명히 천재가 나왔을 거라고 생각한다. 이렇게 말할 수 있는 근거는

  a. 카를 비테가 자신이 창안한 '다른 교육'을 받으면 누구라도 천재가 될 수 있다고 확언했고
  b. 실제로 카를 비테식 교육을 받은 인물 중에 천재가 나왔고
  c. 바흐, 헨델, 베토벤, 바그너 같은 천재 음악가와 데카르트, 파스칼, 뉴턴, 라이프치히, 오일러 같은 천재 수학자들이 하나 같이 **인문고전 독서가였기 때문이다.**
  － 리딩으로 리드하라 / 이지성 지음 / 문학동네 / 2010. 11. 17 / P 68 ~ 69)

여기서 '**열심히**' 하는 것도 중요하지만 '**올바른 방향**'이 결정적으로 성패를 좌우한다는 걸 알게 된다. 그렇다면 축구선수 부모와 선수는 올바른 방향으로 가고 있는가? 학부모가 자녀의 소속 팀 감독 코치를 변화시킬 수 있는가? 불가능하다. 이게 현실이다. 이러하기에 자

녀를 축구선수로 성공시키겠다면 부모가 먼저 올바른 방향을 알아야 한다. 그리고 구체적인 방안을 자녀와 함께 실천해야 한다. "세상에 인재 없다고 한탄하지 말라. 자기 자신이 인재가 되면 된다"(도산 안창호). 이 가르침에 동의하는가? 부모가 깨어 있지 않으면 축구에서의 자녀의 목표 달성은 연목구어다. 부모와 선수가 함께 '~ 척하는' 경우가 너무나 많다. '아는 척', '할 수 있는 척', '올바른 방향으로 가고 있는 척'… 이런 미신과 허위의식을 깨뜨려야 밝게, 환하게, 올바르게 나아갈 수 있다.

2) 한국은 축구하기가 쉽지 않은, 너무나 어려운 나라다!

한국은 축구선수로 성공하기가 매우 어려운 나라다. 돈이 너무 많이 들어간다. 학년이 높아질수록 선수 부모는 혹독한 대가를 치른다. 돈을 입금하라는 총무의 문자가 오면 피가 마른다. 선수는 수업도 제대로 받을 수 없다. 학습권이 일상적으로 침해되고 있다. 중고 대학으로 가면 정규수업을 모두 하고 연습하는 팀이 얼마나 되는가? 최고 수준이나 월드클래스 선수는 아직 한 명도 배출되지 않고 있다. 현대축구는 감독 코치에게 새로운 패러다임을 요구하고 있으나 여전히 전근대적인 행태를 보이고 있다. 유럽의 웬만한 프로 팀이 갖추고 있는 '첨단 경기 분석 시스템'이 대한축구협회에는 없다. "한국축구는 유럽보다 30년 뒤져 있다"고 적지 않은 유럽 축구 인사들이 말하고 있다.

대학 나온 축구선수 출신 실업자가 이곳저곳을 기웃거리고 있으나 회사에서 일할 수 있는 업무 수행 능력을 배운 적이 없다. 우후죽순 격으로 클럽축구팀이 생겨나고 있지만 한정된 학생 수이기에 서로 간의 치열한 경쟁으로 취미반이든 선수반이든 수강생 모으기가 갈수록 어려워지고 있다. 앞으로 학원축구도 별반 다르지 않을 것이다. 2년 후에는 현재의 대학 정원 보다 수능 응시자 수가 더 적을 것이라고 한다. 이게 현실이다.

3) 선수 성공의 가장 큰 걸림돌이 바로 선수 부모다!

이 대목에서 의아해하는 선수 부모들이 많을 것이다. 분개하는 이들도 적지 않을 것이다. "아니, 선수를 성공시키기 위해 온갖 뒷바라지를 다하고 있는데 선수 성공의 가장 큰 걸림돌이 바로 선수 부모라니!"

선수 부모는 자녀의 감독 코치가 최고로 가르쳐주기를 기대한다. 이건 감독 코치가 세계에서 가장 치열하게 공부해야 가능하다. 여기서 알아야 한다. 선수 부모가 소속 팀 감독 코치를 변화시킬 수 있는가? 불가능하다. 이러하기에 선수 부모가 변해야 한다. 의식의 전환이 요구되는 것이다. 이건 가능하다.

적지 않은 선수 부모를 만났고, 만나고 있고, 알고 있다. 축구카페 〈축구선수 학부모 연합회〉, 〈영 싸커〉 등 선수 부모가 많이 가입하여 글 올리고 다는 댓글을 통해서 선수 부모의 축구 인식을 읽을 수 있었다. 어떤 분들은 이치에 맞게 생각하고, 축구 인식이 건강하며, 올바른 방향을 설정하고 있었다. 하지만 이런 분들은 많지 않았다. 드물었다. 거의 대부분이 엉뚱한 방향으로 자녀를 안내하고 있고, 중요한 선택에서 잘못하고 있으며, 성급했다. 자녀를 성공한 선수로 만들려는 열망이 한결 같았으나 정작 축구 공부에 투자하는 시간이 많지 않았다. 그 결과로 축구에 대해 여전히 모르고 있었다. 모르기에 감독 코치에게 끝없이 휘둘리고 있었다. 10년 이상 축구를 한 대학선수의 부모도 예외는 아니었다. 단기, 중장기 목표를 서면으로 수립하여 실천하는 부모는 만나보지 못했다. 자녀에 대한 사랑과 열정이 강렬하나 준비나 전략이 부재했다.

경기를 해석하는 능력에서도 과학적인 구조를 가지지 못해 자녀의 경기력을 객관적으로 분석하지 못하고 있다. 당연히 연습에서 감독 코치가 선수에게 무엇을 가르쳐야 하는지 부모가 알지 못하고 있다. 감독 코치가 어떻게 가르쳐야 하는지(교수학습이론)에 대한 이해도 부족하다. 이 외에도 일일이 열거하지 못할 정도로 많다. **결론은?** 축구선수인 자녀의 성공을 가로 막고 있는 가장 큰 걸림돌이 선수 부모였다. 한국에서는 부모의 축구 인식만큼 선수가 성장한다. 선수를 성공시키려면, 최소한 K리거라도 만들려면 부모가 감독 코치의 축구 인식을 능가할 때만 가능하다.

구체적으로 말해달라고요? 좋습니다. 그렇게 하지요. 한정된 지면이기에 몇 가지만 점검해보기로 하자.

4) 아는 만큼 실천할 수 있다!

여기에 대한 기초적인 내용만 적어도 책 한 권으로 모자란다. 언제 그 책을 출간할 수 있는 가능성으로 남겨두기로 한다. 지면 한계로 몇 가지만 제시하며, 이걸 바탕으로 더 깊이 생각을 전개해나가기를 권유 드린다.

(1) 방향이 올바른가?

축구 선진국 유럽을 보면 방향이 명쾌해진다. 초중등부터 축구에 올인하는 일, 유럽에는 없다. 한국에는 많다. 어린 초중등 선수는 올바르게 판단하고 선택할 수 있는 자원을 충분히 가지고 있지 못하다. 자신의 최고 재능이 무엇인지 모르고 있다. 이걸 알고 이 길로 가야 한다. 왜 축구를 하는지에 대해서도 모르고 있다. 축구선수가 멋있어서, 프로선수가 되면 돈과 인기 명예를 모두 누릴 수 있어서···. 이런 동기로 축구를 시작했다면 너무 무모하고 위험한 발상이다. **부모도 유럽처럼 자녀를 인도해야 한다.** 왜 자녀를 고통의 구렁텅이로 밀어 넣는가? 97% 이상 실패하는 길로 걸어가게 하는가? 부모 자신도 왜 바닥을 알 수 없는 늪으로, 수렁으로 빠져 들어가려고 하는가? 초중 시절은 클럽 팀에서 취미로 축구를 해야 한다.

(2) 경기에서 주전에 연연하고 있는가?

이해는 한다. 그러나 동의하지는 않는다. 부모는 자녀가 경기에 출전하기를 바란다, 그것도 교체가 아닌 주전으로. 주말리그나 전국대회에 응원하러 가서 초등 6학년인데 경기에 나서지 못하면 실망한다. 안타까워하며 걱정한다. 심지어 자녀의 경기 출전을 감독에게 로비하는 경우도 있다. 주전이냐, 후보냐? 여기에 초점을 맞추어서는 안된다. 팀 성적도 무시해버려야 한다. 팀 전체가 스카우트 되는 게 아니고 선수 개인이 프로에 진출하지 않는가!

오직 선수의 성장에 집중해야 한다. 선수의 개인 기술 능력과 상황 판단 능력이 세계 경쟁 우위를 가지고 있느냐에 천착해야 한다. 이 둘을 향상시키는 데 전력투구해야 하는 것이다. 이 일 역시 감독 코치가 해주지 않기에 부모가 해야 한다. 이 과정에서 경기력이 빠르게 향상되고 주전이, 팀의 중심선수가 저절로 되는 것이다. 프리미어리그의 웨스트햄은 잉글랜드 프로구단 중 유스 육성 시스템에서 가장 앞서 있다. 유소년 육성을 위한 최고의 클럽으로 평가받고 있다. 그들은 **"선수를 육성시켜 고가로 파는 게 목적이다."** 라고 공공연하게 말하고 있다. 웨스트햄을 견학하고 조사한 후 2014년 1월 한국프로축구연맹 교육지원팀에서 〈웨스트햄 유나이티드 유스 시스템 벤치마킹 레포트〉를 작성하여 K리그 구단에 배포했다. 레포트에는 이런 내용들이 있다.

"**팀을 육성하는 게 아니다. 선수 개인을 위한다.**"(P7)
"**신체의 크기는 전혀 중요하지 않다.**"(P16)
"**16세까지는 공식 경기가 없다.**" 11의 목표는 선수 개인의 성장을 위한다.
연습경기 시 상대의 전술을 고려하지 않는다.
연습경기를 통해 개인의 성장을 확인하고 목표를 재설정한다. "(P22)

학부모 여러분의 축구인식과 다른 게 있으니, 이 글을 읽는 학부모 여러분의 생각이 옳고 오랜 기간 집단지성으로 만들어낸, 성과도 확실한 웨스트햄의 유스 시스템이 잘못되어 있다는 말인가? 오히려 선수 부모 여러분의 축구 공부와 축구 인식의 수준이 어느 정도인지 질문하고 싶다.

(3) 자녀의 경기 관전보다 K리그 관전이나 EPL을 시청해야 한다.

자녀의 주말리그를 관전하러 간다. 전국대회가 열리면 멀리까지 가서 응원한다. 인지상정이다. 하지만 이 역시 변화가 요구된다. 주말리그, 가끔씩 가서 보면 된다, 가능한 강팀과의 경기로. 전국대회, 전혀 안가도 아무 문제 없다. 그 대신 K리그 클래식 경기를 보자. EPL(프리미어리그) 중계방송을 시청하자. 왜냐? 가장 수준 높은 경기를 보아야 가장 수준 높은 경기 분석이 가능해지기 때문이다. 고만고만한 실력의 동네 바둑을 평생 두어도 실력이 향상되지 않는다. 고수에게 지도 받으면 기력이 성큼 성큼 향상한다.

초중 시절 취미로 축구하다 고교선수가 된 자녀를 성공시키려면 부모는 객관적이며 과학적인 경기 분석을 할 수 있어야 한다. 감독 코치를 능가해야 한다. 이 역시 조금씩 계속 공부하면 어렵지 않다. 스스로 경기 분석틀을 만들면 더욱 좋다. 이 역시 쉽다. 여러분은 대학 나온 어른이다. 자녀의 경기를 섬세하게 분석해야 정확한 처방을 하며, 경기력이 혁신을 일으키게 될 것이다. 참고로, 선수 개인의 경기력 구성 요소는 체력, 개인기, 전술, 정신력이며 팀 경기력의 구성 요소는 이 4가지에다 동기 부여, 스쿼드, 감독의 용병술, 공격력, 수비력, 중원 지배력이다.

(4) 화려하고 현란한 고난이도 개인기에 열광하는 건 사상누각, 모래 위에 집짓기!

위에서 말했듯이 선수 개인의 경기력은 체력, 개인기, 전술, 정신력으로 평가된다. 축구에는 6대 개인기가 있으니, 킥 패스 슛 드리블 헤딩 볼 컨트롤이다. 한국 축구선수는 6대 개인기에서 모두 유럽과 남미에 뒤지고 있다. 경쟁력이 없다. 그러면 방법이 없는가? 쉽지 않은 일이다. 방법이 없다고 해도 그리 틀리지 않는다.

그러나 방법을 찾아야 한다. 감독 코치가 날마다 세계 최고 수준으로 가르치고, 선수가 날마다 세계에서 경기력 향상 속도를 가장 빠르게 하면 된다. 그런데 이렇게 할 수 있을까? 누가 이렇게 할 수 있을까? 이런 공부가 되어 있는 감독 코치가 누구일까? 축구든, 다른 분야든 이치에 맞게 생각하고 행동해야 후유증이 없다. 기초를 충실히 하는 게 가장 확실하고 빠른 길이다. 기초 중의 기초를 탄탄하게 하면 더욱 효과적이다. 경기에서 가장 많이 사용되는, 가장 빈도 높게 나타나는 상황이 기초 기술을 사용해야 할 때다. 뛰어난 선수란 상대의 압박 속에서도 기초기술을 실수 없이 완벽하게 수행해내는 선수다. 기초 기술 마스터 없이 고난이도 기술 습득은 불가능하다. 반면에, 기초 기술, 기본기를 마스터하면 고난이도 개인기는 마스터는 쉽다. 이 반대는 없다.

그러나 선수는 화려한 기술을 보면 바로 '저걸 배워 경기에서 사용해야지!'하고 덤벼든다. 시간 낭비고 의욕의 소모가 일어난다. 좌절감을 맛보게 된다. 왜냐? 기초가 되어 있지 않는데 어떻게 이게 가능하겠는가? 비유하면, 운동장에서 날아서 한 번에 3층 교실에 들어가려는 것과 같다. 가장 확실하고 빠른 방법이 현관을 지나 계단을 오르는 방법이다. 하룻강아지는 범 무서운 줄 모르고(범을 만난 적이 없으니) 초중고 대학선수들은 세계 축구의 치열한 경쟁을 모르고, 잊고, 습관이라는 현실에 마춰되어 해가 뜨고 해가 진다. 이렇게 세월이 간다.

슛, 패스, 드리블 등 하나 하나의 주제에 대한 축구 이론을 밝게 아는 선수가 거의 없다. 설명해보라면 말을 제대로 못한다. 그러면서 듣고 난 뒤에는 다 알고 있는 거라고 부모에게 말한다. 남을 가르칠 수 없으면 알고 있다고 할 수 없다. 순간순간 상황이 바뀌는 경기에서 사용할 수도 없다. 연습 중에 "지금 우리가 무슨 연습을 하며, 이 연습을 하는 목적이 무엇인가?"라고 물으면 10명 중 1명 정도가 겨우 대답한다. 기막힌 연습 현장이다. 아무 생각 없이 시키는 대로만 하고 있다는 말인가?

(5) 부모가 자녀를 가르쳐서는 안 되고, 감독 코치에게 맡겨야 한다?

이렇게 말하는 학부모가 적지 않은데, 그저 놀라울 뿐이다. 어처구니없고, 터무니없다.

왜 부모가 가르쳐서는 안 되는가? 김연아를 만든 사람은 감독 코치가 아니라 그 어머니 박미희 씨였다. 「아이의 재능에 꿈의 날개를 달아라」(박미희 지음 / 폴라북스)를 읽으면 자신의 생각이 어떻게 잘못되어 있고, 얼마나 느슨하고 한가한지 알게 될 것이다. 손흥민 선수는 육민관중학교, 동북고에서 몇 개월 학원축구를 경험한 게 모두다. 그 아버지 손웅정 감독에게 배웠다. 손웅정 감독이 선수 출신이기에 가능하고, 그렇지 않은 나는 할 수 없다고 생각한다면 개미가 웃을 일이다. 선수 출신이 아니라도 얼마든지 할 수 있다. 축구를 공부해가면서 현저하게 탁월하게 가르칠 수 있다. 김연아 선수 어머니 박미희 씨는 피겨스케이팅 선수 출신이 아니었다. 평범한 가정주부였다. 그렇지만 세계 최고의 피겨스케이팅 선수로 만들어 동계올림픽, 세계선수권 등 쟁쟁한 대회를 휩쓸었다. 선수 아버지가 조기축구를 하고 있다면 이미 충분히 잘할 수 있다. 공부해서 아는 것부터 가르치면 된다.

가르칠 수 있는 부분에서는 아버지는 자녀에게 감독이 되어 책임지고 마스터시켜야 한다. 어머니는 수석코치, 형제자매는 코치가 되어야 한다. 아버지가 자녀에게 개인적인 감독이 되어야 한다. 이런 권유를 비웃는 학부모가 적지 않았는데, 몰라도 한참을 모르는 사람들이다. 축구 공부하는 시간을 확보하기 위해 사업도 취직도 하지 않는, 한국을 세계 축구의 중심으로 만들려고 준비하는, 이미 월드클래스 육성 시스템을 준비해둔 글쓴이보다 그 학부모가 축구를 더 잘 알고 있을까? 아마 한국 최초의 월드클래스 선수는 글쓴이를 통해서 육성되지 않을까, 하는 확신이 들곤 한다. 여러분은 긍정도, 부정도 할 필요가 없고 지켜본 후 평가하면 될 것이다.

누구나 알고 있는 것만 가르칠 수 있다. 감독 코치는 자신이 모르는 건 절대로 가르칠 수 없다. 동시에 어떤 걸 가르치더라도 최고 수준으로 가르칠 수 없는 경우가 대부분이다. 일례로, 드리블을 가르치더라도 지도 수준이 서울의 K감독에 가까이 가지도 못한다. 발끝으로, 양쪽 어깨로, 가슴으로, 등으로, 발바닥으로 볼 리프팅하면서 온 몸으로 자유자재로 프리스타일 시범을 보일 수 있는 감독 코치가 얼마나 될까? 이 경우에 프리스타일의 대가 전권, 김병준 선생이 있다.

K감독에게 드리블을, 전권 선생에게 프리스타일을 배우게 하는 것도 부모가 나서는 일이다. 감독 코치에게만 맡겨두든 부모가 나서든 각자 자신의 습관대로 선택한다.

(6) 선수에게 감독 코치보다 부모가 해야 할 일이 훨씬 더 많다

흔히 선수 성공은 어떤 감독 코치를 만나느냐에 달려 있다고 한다. 15% 정도 맞는 말이다. 한 팀에는 25~45명 정도의 선수가 있고, 감독 1명 코치 2명 정도로 구성되어 있다. 선수 수에 지도자 수로 나누면 산술적으로는 지도자 1명이 10명 이상의 선수를 담당하고 있다. 경기와 연습 그리고 일상생활에서 1 : 1 밀착 지도가 쉽지 않은 구조다. 실제로 거의 모든 팀에서 감독 코치와 선수 간의 면담이나 개별지도, 생활상담 등이 거의 이루어지지 않고 있다. 선수 1명이 1년에 많아야 기껏 2~5회 정도다. 깊이는 어느 정도일까? 팀마다 약간의 차이가 있지만 매일 감독 코치가 선수에게 하는 역할을 자세히 관찰해보면 그리 많지 않다는 걸 확인하게 될 것이다. 휴가 왔을 때 자녀와 대화하면서 적어보면 바로 드러난다.

사실 감독 코치가 마음만 먹으면 참으로 많은 일을 할 수 있다. 선수 성장에 엄청난 영향력을 행사할 수 있다. 그러나 현실은 지나치게 소극적이고 조용하다. 자녀인 선수와 1 : 1로 만나는 부모는 감독 코치보다 더 많은 일을 할 수 있다. 하지만 하고자 하는 열정이 충만하나 무엇을 어떻게 해야 할지 알지 못해 실천하지 못하고 있다. 사용할 수 있는 많은 자원을 가지고 있으나 방법을 몰라 활용하지 못하고 있는 모양새다. 이쯤에서 부모가 선수에게 무엇을 해야 하고, 할 수 있는지 잠시 살펴보자.

무엇보다 '선수 성공 매뉴얼'을 만들어야 한다. 탁월한 헬스 트레이너에게 웨이트 트레이닝 방법 배우기, 선수에게 축구이론 공부할 수 있는 자료 전하기, 최적의 건강보조식품 섭취, 10일마다 독서 1권 목표로 책 선정하고 전달하기, 건강 위생 매뉴얼 만들어 습관화시키기, 진출하고자 하는 팀과 진출 시기 정하기, 멘토와의 대화 정례화, 개인시간 활용 방안 알려주기, 앞에서 말한 전권 선생과 드리블의 K 감독 등 한 분야에 일가를 이룬 분들에게 배울 기회 만들어주기, 각종 코칭상품 구입 및 활용, 부상 시 최적의 의사 정보 확보 및 치유, 여러 축구 카페의 정보를 기록 후 전해주기 등 너무나 많이 있다. 감독 코치가 이런 일을 해주는가? 감독 코치가 이런 일들을 하지 않기에 부모가 해야 하는 것이다.

부모가 나서지 않으면 선수와 부모의 목표 달성은 불가능하다.

(7) 선수 시절보다 은퇴 후가 더 중요하다. 선수 시절 항상 은퇴를 준비해야 한다.

초등선수가 K리거가 될 수 있는 확률이 0.8%라고 한다. 부상으로, 감독 코치와의 불화로, 축구로 성공하기 어렵다는 걸 알고 스스로, 축구 풍토에 환멸을 느끼고, 경제적인 어려움으로 등등 온갖 사정으로 도중에 축구를 그만 두는 선수들이 많다. 어떻게 해서 대학까지 진학하더라도 많은 선수들이 현실을 깨닫고 도중에 알아서 그만 둔다. 운 좋게(이 표현이 가장 적확하지 않을까?) K리거가 되어도 극소수를 제외하고는 신분 보장이 불안하다. 강등되거나 성적이 부진하면 감독이 바뀌고, 선수단이 대폭 물갈이된다. 정규리그 한 경기도 못 뛰고 은퇴하는 경우도 비일비재하다. 이처럼 언제 선수 생활이 끝날 지 알 수 없다.

고교 이상의 레벨에서 선수 생활하다 그만두거나 은퇴한 선수는 감독 코치로 가는 경우가 가장 많다. 축구가 직업인 K리거나 실업선수는 이 기간 동안의 선수생활이 길어야 평균 5년 미만이다. 30세에 은퇴하여 지도자 생활을 한다면 적어도 40년 이상도 가능하다. 5년 : 40년, 이러하기에 선수 시절보다 은퇴 후의 지도자 시절이 훨씬 더 중요하다. 초중고 대학 실업 K리거에 이르기까지 선수는 항상 은퇴를 준비해야 한다. **은퇴 준비, 그것은 공부를 하는 것이다.**

그러나 현실은 이렇게 하는 선수가 드물다. 그냥 축구만 한다. 공부를 해야 한다. 선수 시절에 공부하는 습관을 길러두어야 한다. 책, 인터넷, 사람에게 일상적으로 배워야 한다. **특히 인문고전과 철학서적을 읽어야 한다.** 선수 시절부터 준비하면 탁월하게 지도할 수 있고, 뛰어난 선수와 우수한 성적이 저절로 따라온다. 곳곳에서 스카우트 제안이 오고 더 높

은 레벨의 팀을 지도할 수 있고, 외국으로 진출할 수도 있다. "감독의 종류는 단 2가지다. 하나는 해고된 감독이고, 또 하나는 앞으로 해고될 감독이다."(켄 레플러) 라고 하지만 공부하는 감독 코치는 더 오래, 더 높은 레벨에서 지도자 생활을 할 수 있을 것이다.

결론은?
선수 시절보다 은퇴 후가 더 중요하다.
그러므로 선수 시절부터 항상 은퇴를 준비해야 한다. 그것은 공부를 하는 것이다.
지면 관계상 이 정도로 하기로 하자.

5) 정리하며

습관 고치기는 너무나 어렵다고 한다. 중요한 선택을 앞두고 오래 심사숙고하여 내린 결정이지만, 그 결정도 습관의 관성에 의해 내린 결정이라고 한다. 이 글을 읽고 난 뒤의 평가도 각자의 습관에 의해 이미 결정되어 있다. 유연성이란 곧 포용력이다. 유연해야 다른 관점에 관심을 가질 수 있다. 누구나 별 의문 없이 오랫동안 지내오면 타성에 젖어 혁신이 일어날 수 없다. 습관의 관성에 지배당하지 않으려면 자발적이고 깨어 있으며 의식적인 노력(시도)이 요구된다. 이 글의 객관성, 타당도, 신뢰도가 어느 정도인지 알 수 없다. 다만 이치에 맞게 판단하고 취사선택하여 축구 인식을 고양시켜 상황 판단력을 배가하기를 기대한다.

동시에 축구선수인 자녀의 성장에 적용하여 목표 달성에 도움이 되기를 희망한다. 글쓴이는 어렵고 힘들게 축구하는 선수와 그 부모의 고통을 해소하는 방법을 찾는 노력을 멈추지 않을 것이다. 새로운 시스템을 만들어 모든 팀에 침투시켜 바람직한 변화를 이루어내려는 열망이 가득하다. 사람이 존중받고, 이치에 맞게 일처리가 이루어지며, 세계 경쟁력을 가지고 있는, 부정부패가 발붙일 수 없는 구조를, 축구에 드는 비용을 획기적으로 낮추는, 감독 코치에게 수준 높은 평생교육을 제공하며, 국민 누구나 어디서나 손쉽게 축구 배우고 축구를 생활화하는 생활축구의 천국을 만들어야 하는 사명이 축구를 사랑하는 여러분과 글쓴이 모두에게 주어져 있다.

제5부 함께 일할 프로축구단을 찾고 있습니다!

그동안의 축구 공부를 프로구단에서 실천하고자 합니다.
축구 공부하는 시간을 확보하고자 사업도, 취업도 하지 않고 준비해 왔습니다.
그동안 출간한 6종 7권의 축구 전문서가 조그마한 증거입니다.
지금은 「슈팅」을 쓰고 있습니다. 이 다음에는 「패스」를 쓸 계획입니다.
저의 축구 서적 집필은 멈추지 않을 것입니다.

프로구단에서 어떤 일을 할 수 있을까요?
방대한 축구 분야 중에서도 보다 핵심적인 영역인 유스 육성과 구단 마케팅, 생활축구, 1군 경기력 향상에 초점을 맞추어 준비해 왔습니다.
새롭고 혁신적인 방안으로 모범사례를 계속 만들어가면서 한국 축구계에 전파하고자 합니다.
프로구단에서 아래와 같은 일을 할 수 있습니다.
요청 시 프레젠테이션이 가능하며, 적극 환영합니다.

1. 제안자 : 김기호

HP 010. 3776. 5935
이메일 : aw78kkh@hanmail.net
축구 카페 : http://cafe.daum.net/soccos

2. 분야

1) 유스 육성 및 프로 1군 경기력 향상

(1) 유스 육성

　가. 월드클래스 선수 육성 시스템을 적용하여 고교 유스의 경우 늦어도 3년 안에 완성시켜 유럽 빅3(잉글랜드 스페인 독일)로 K리그 이적료 신기록으로 해마다 1명 이상 이적 가능함

　나. 이전과는 차원이 다른 유스 육성 시스템 적용 및 전파

(2) 프로 1군 경기력 향상

　가. 코칭스태프에게 획기적인 평생교육 및 집단지성그룹 조력 제공

　나. 이전보다 수준 높은 경기로 관중 배가 효과

2) 구단 마케팅

(1) 늦어도 3년 안에 흑자 경영 달성

(2) '구단 자립기금' 적립으로 구단 자생력 만들기 사업 시작

(3) 지금까지 K리그 구단이 시도하지 않은 다양하고 실현 가능한 방안 추진

3) 생활축구

(1) 프로구단 연고지를 세계 최고의 생활축구 모범지역으로 만듦

(2) K리그가 아직 시도하지 않은 가장 효과적인 '지역밀착 마케팅'임

(3) 구단 수익창출에 결정적인 역할을 함.

(4) 획기적인 관중 배가로 스폰서 계약이 자연스럽게 이루어짐.

3. 직책 : 기획 경영 팀장 및 유스 담당

　구단의 대표이사 사장이나 단장도 가능하며, 이전과는 차원이 다른 성과를 약속드립니다.

4. 예상되는 효과

1) 구단 흑자 경영 달성
늦어도 3년 안에 가능합니다!

2) 지속적인 유스 선수 유럽 이적
선수 1명 이적료가 구단 1년 예산을 능가합니다!

3) 세계 최고의 생활축구 선진지
획기적인 구단 수익 창출과 관중 배가가 달성됩니다!

4) 프로 1군 경기력 향상
이전과는 다른 관중석 점유율을 달성하여 대형 스폰서 유치가 이루어집니다!

5) 한국 축구를 선도하는 프로구단
모범사례를 창출하여 계속 한국 축구계에 전파합니다!

5. 주문

위에서 말씀드린 그대로 제안자를 활용하는 프로구단은 두고두고 큰 업적을 이루어나갈 것입니다. 구단 입장에서는 이전에 한 번도 만나지 못한 절호의 기회가 될 것입니다!

그동안의 공부를 실천하고자 프로구단을 찾고 있는 제안자와 먼저 계약하여 세계적인 명문구단으로 도약하기를 강력하게 권유 드립니다.

함께 힘 모아 한국 축구를 성큼성큼 성장시키기를 희망합니다.

전화를 기다리고 있습니다!

1등 축구팀을 만드는 비결

발행 _ 2017년 1월 25일
인쇄 _ 2017년 1월 23일
지은이 _ 김기호
펴낸이 _ 김명석
편집인 _ 김영세
표 지 _ 김영세
마케팅 _ 김미영
제작인쇄 _ 정문사
펴낸곳 _ 도서출판 엘티에스 출판부 "사람들"
등 록 _ 제2011-78호
주 소 _ 서울시 관악구 신림동 103-117번지 5F
전 화 _ 02-587-8607
팩 스 _ 02-876-8607
블로그 _ http://blog.daum.net/ltslaw
이메일 _ ltslaw@hanmail.net

* 이 책의 판권은 지은이와 도서출판 엘티에스 출판부 "사람들"에 있습니다.
  양측의 서면 동의 없는 무단전재 및 복제를 금합니다.
* 저자와의 협의 하에 인지는 생략합니다.

ⓒ 2016
저자 이메일 aw78kkh@hanmail.net
ISBN 979-11-6081-000-4 13690
정가 15,000원